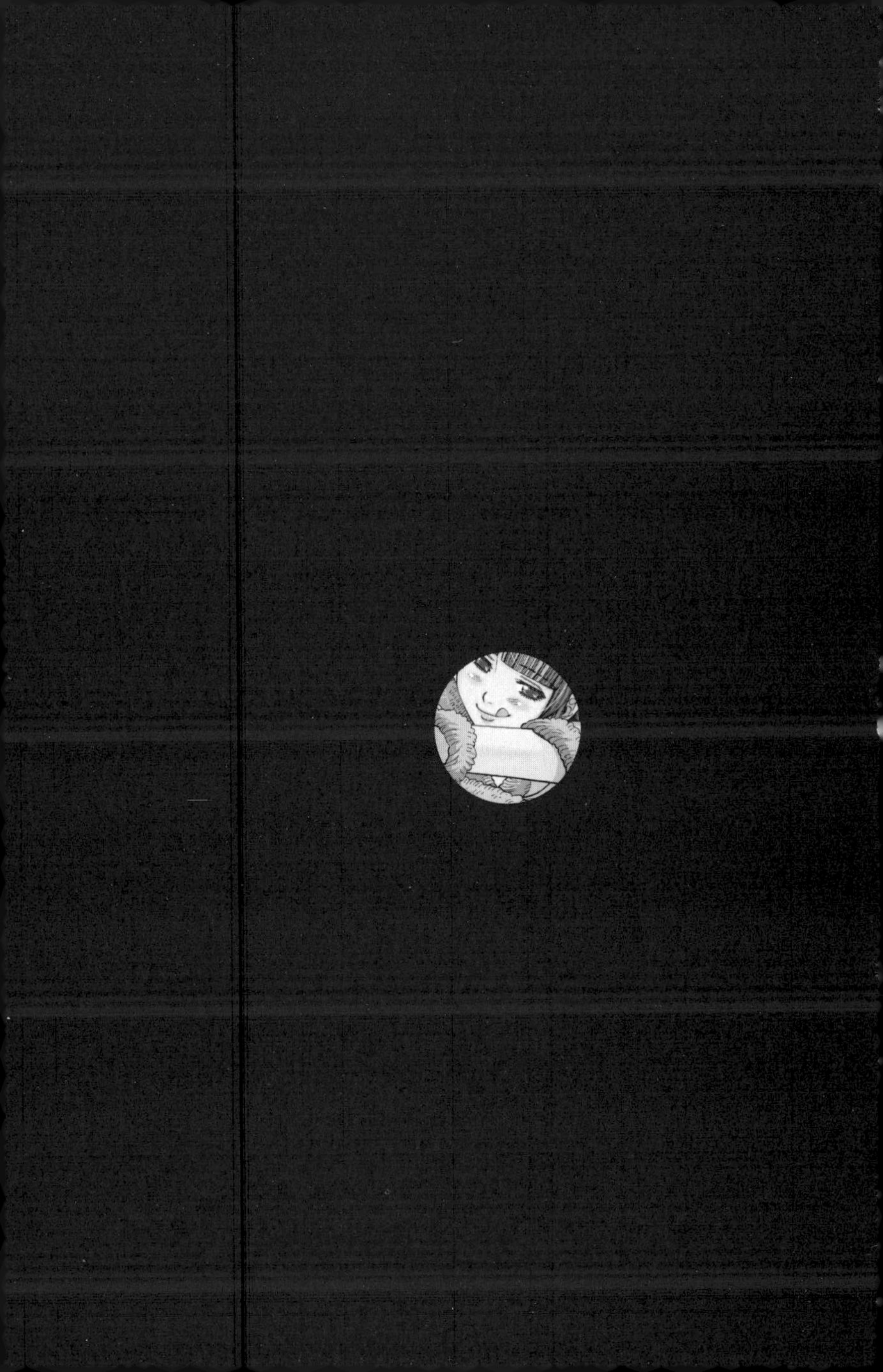

HEIMLICHE BLICKE 10

von Wakoh Honna

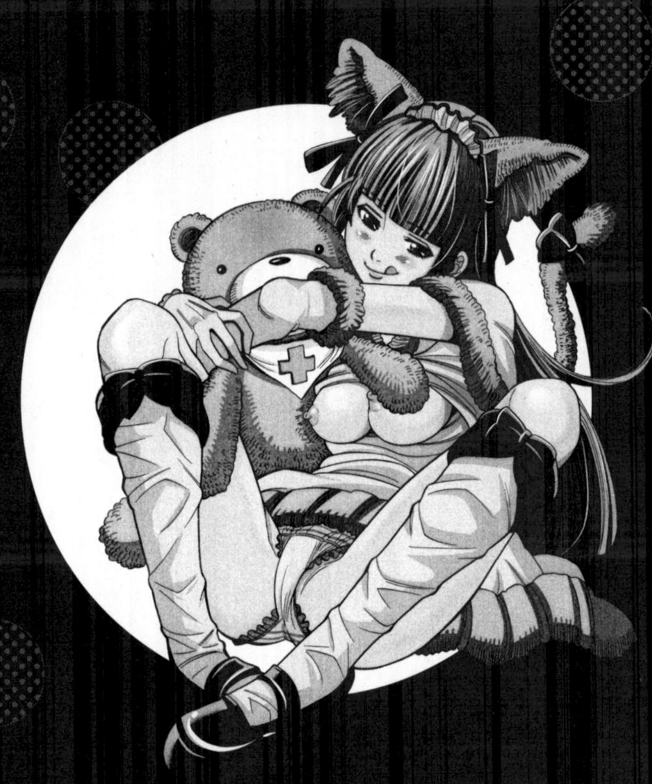

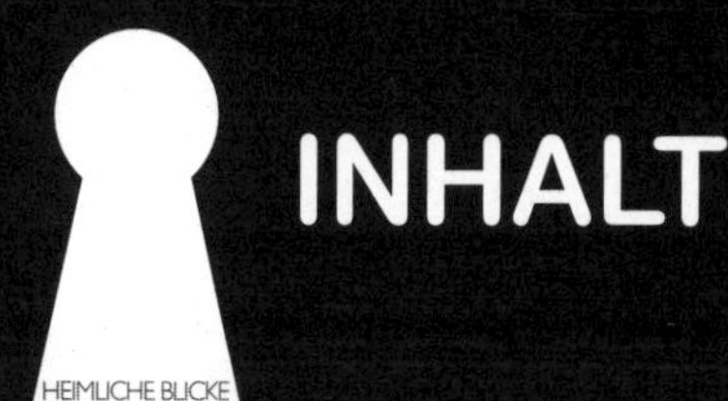

INHALT

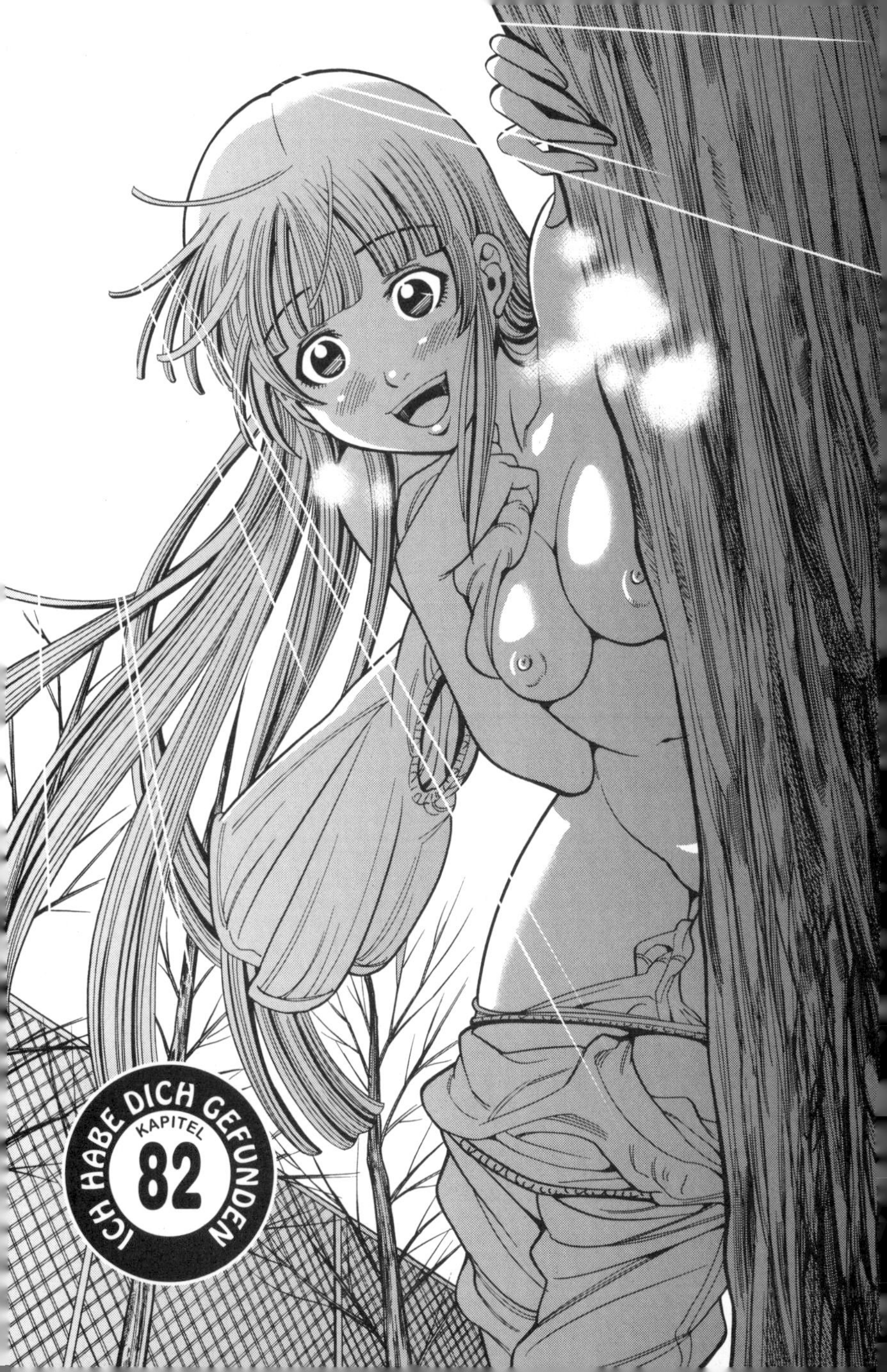
ICH HABE DICH GEFUNDEN
KAPITEL
82

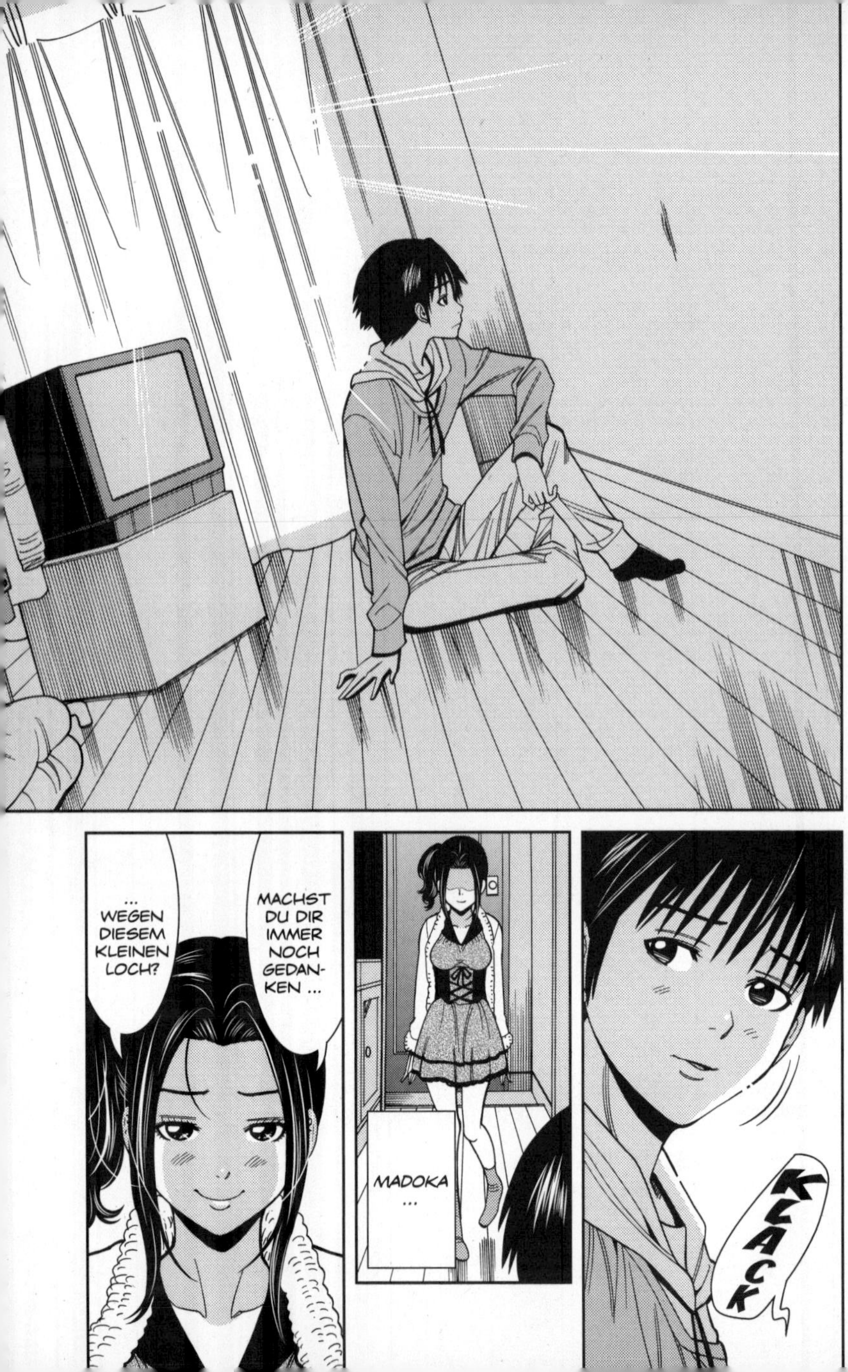

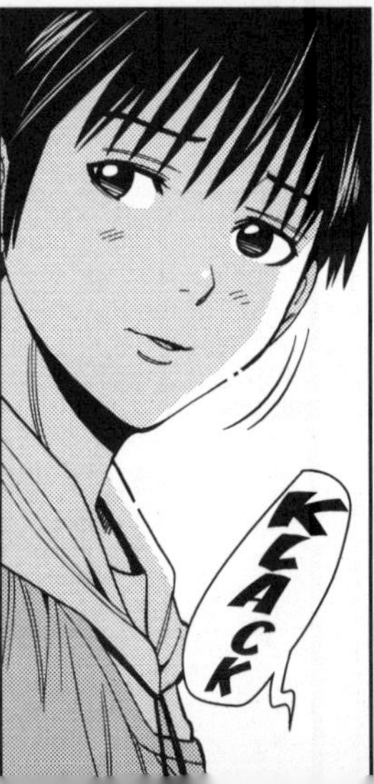
KLACK

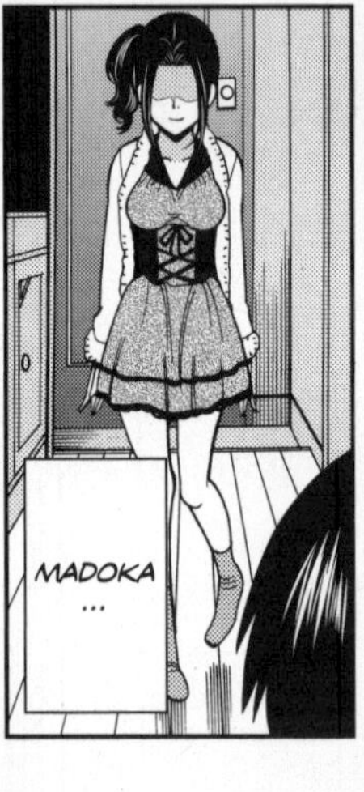
MADOKA ...

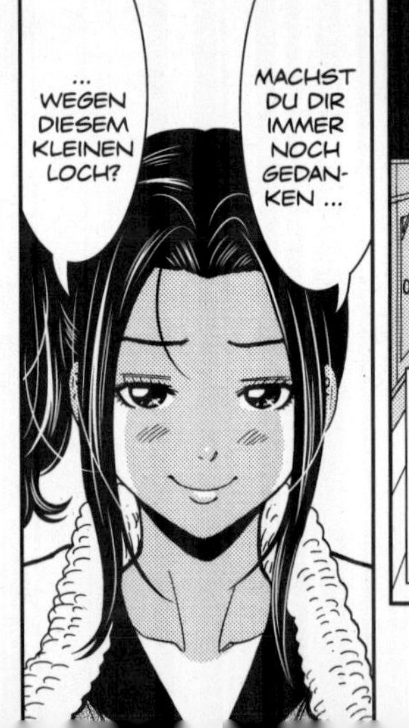
MACHST DU DIR IMMER NOCH GEDANKEN ...
... WEGEN DIESEM KLEINEN LOCH?

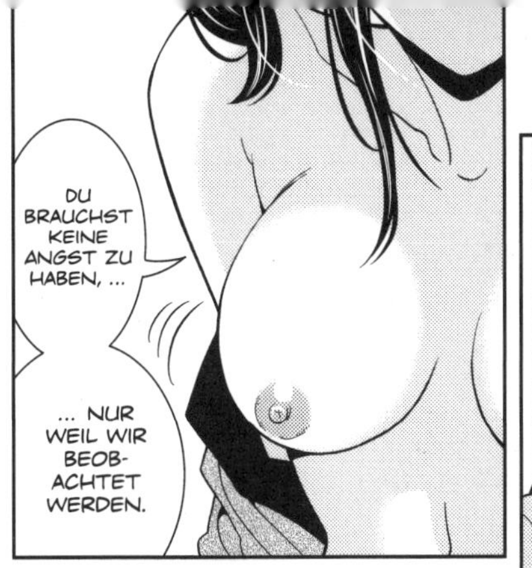
DU BRAUCHST KEINE ANGST ZU HABEN, ...
... NUR WEIL WIR BEOBACHTET WERDEN.

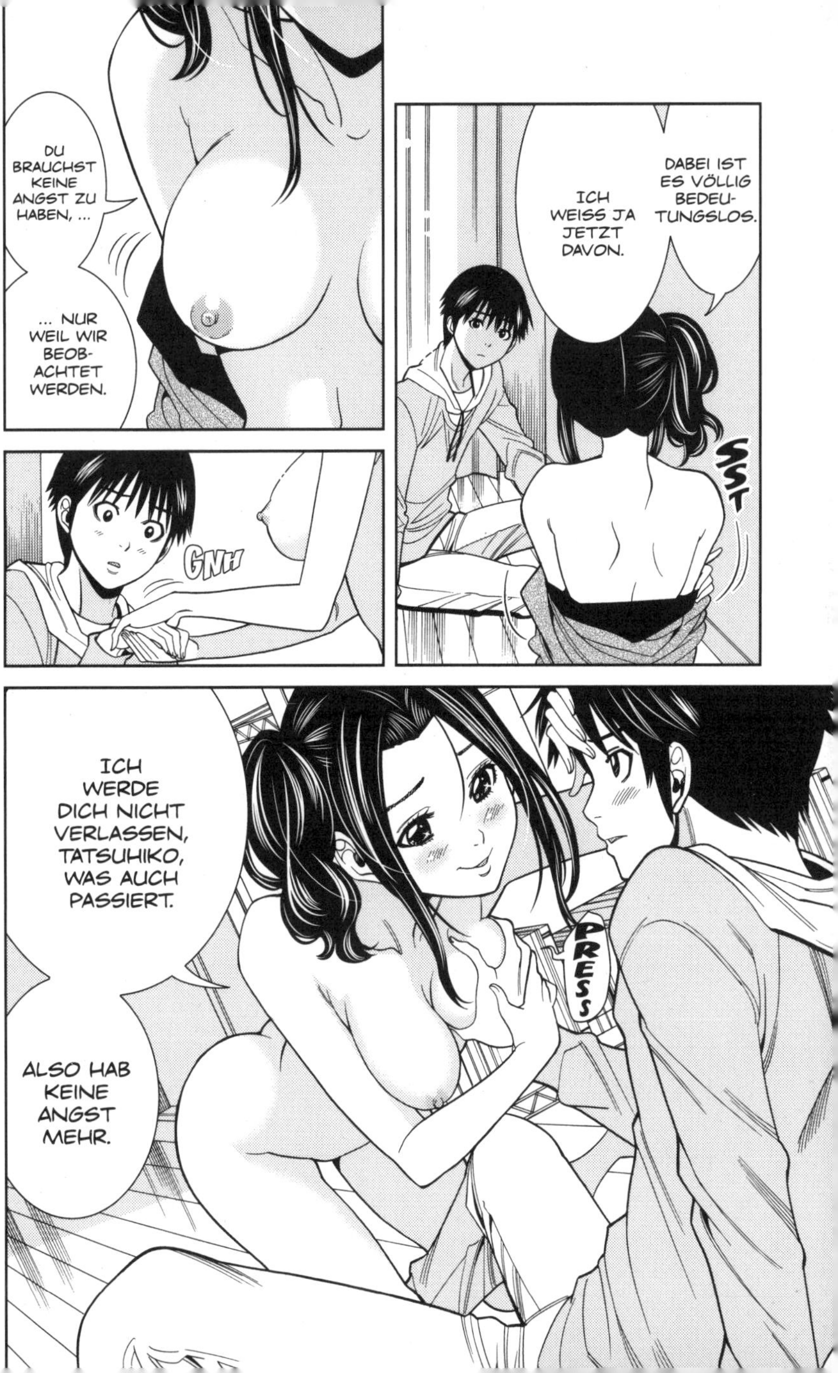

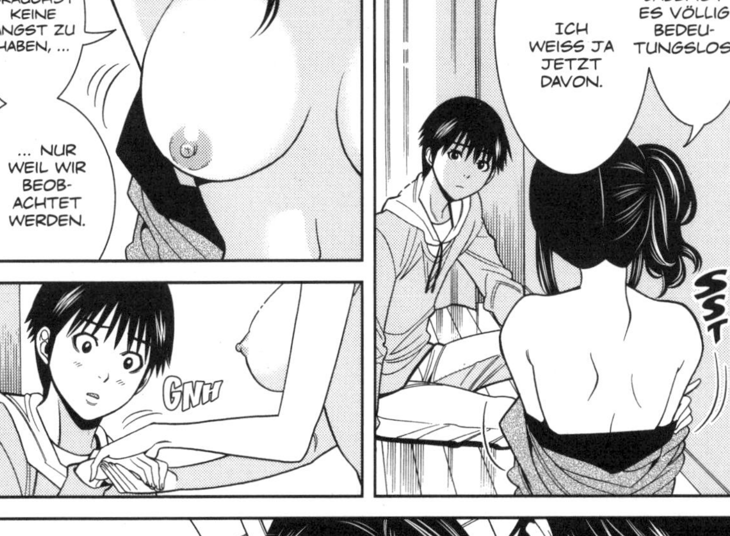
DABEI IST ES VÖLLIG BEDEU-TUNGSLOS.
ICH WEISS JA JETZT DAVON.
SST
GNH
ICH WERDE DICH NICHT VERLASSEN, TATSUHIKO, WAS AUCH PASSIERT.
PRESS
ALSO HAB KEINE ANGST MEHR.

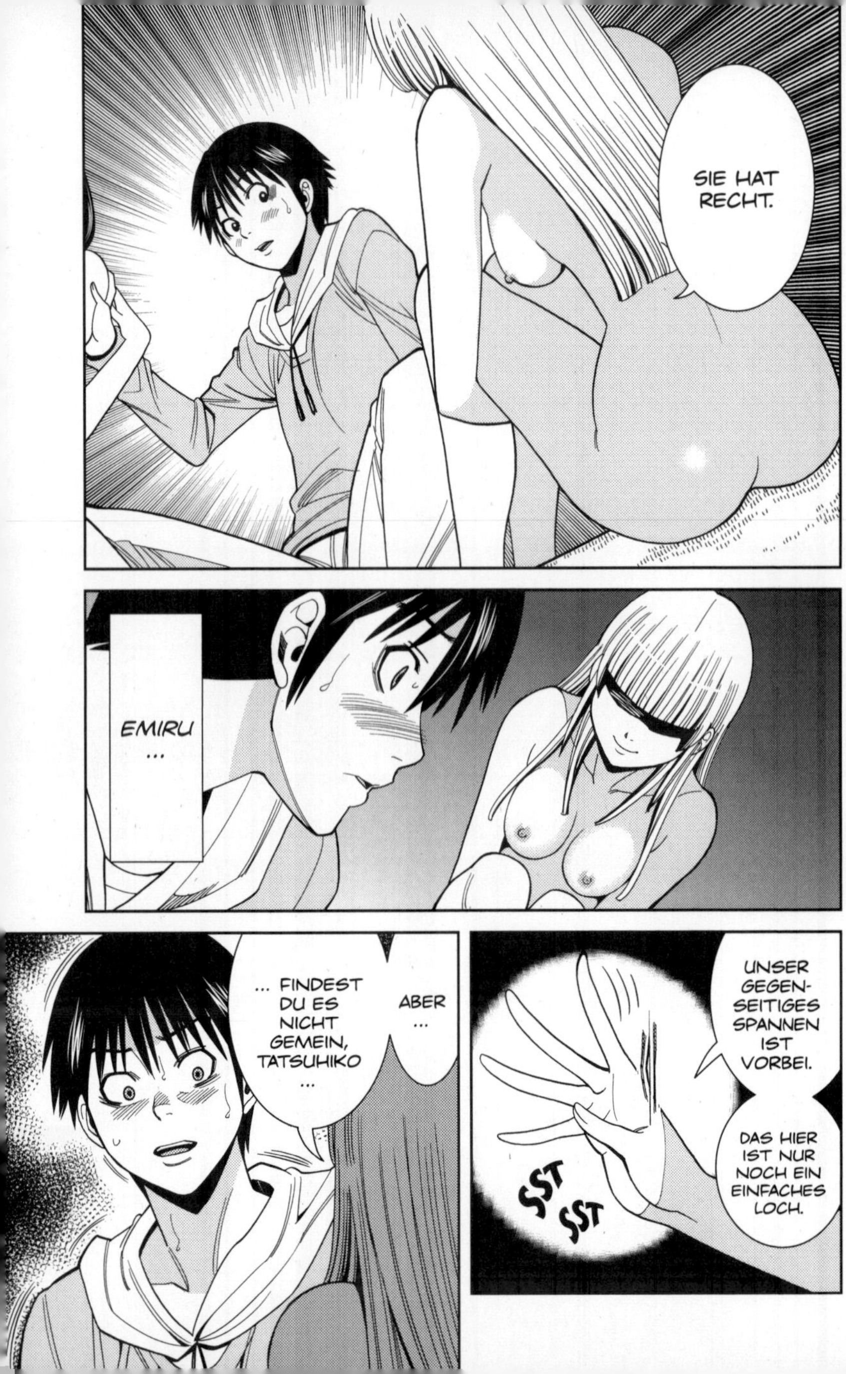

SIE HAT RECHT.

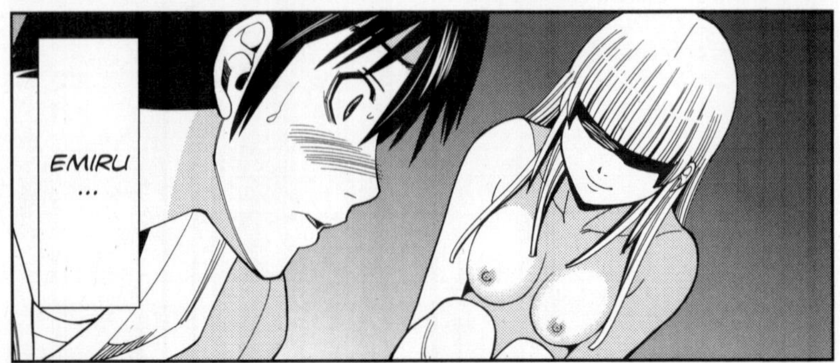

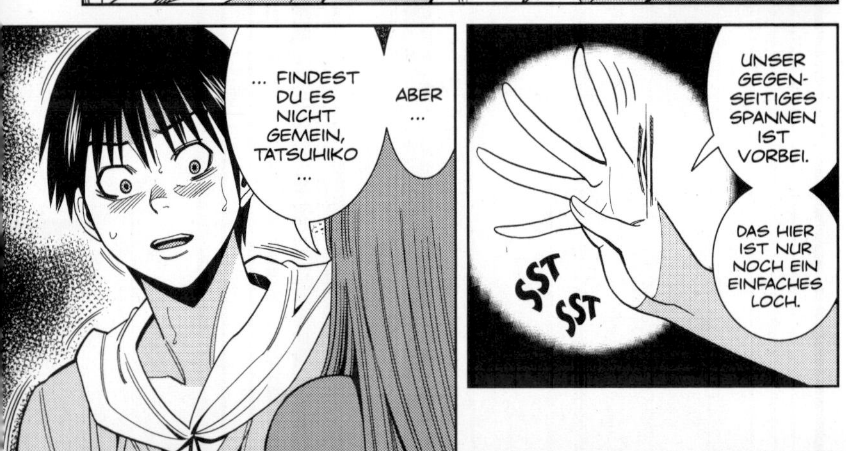

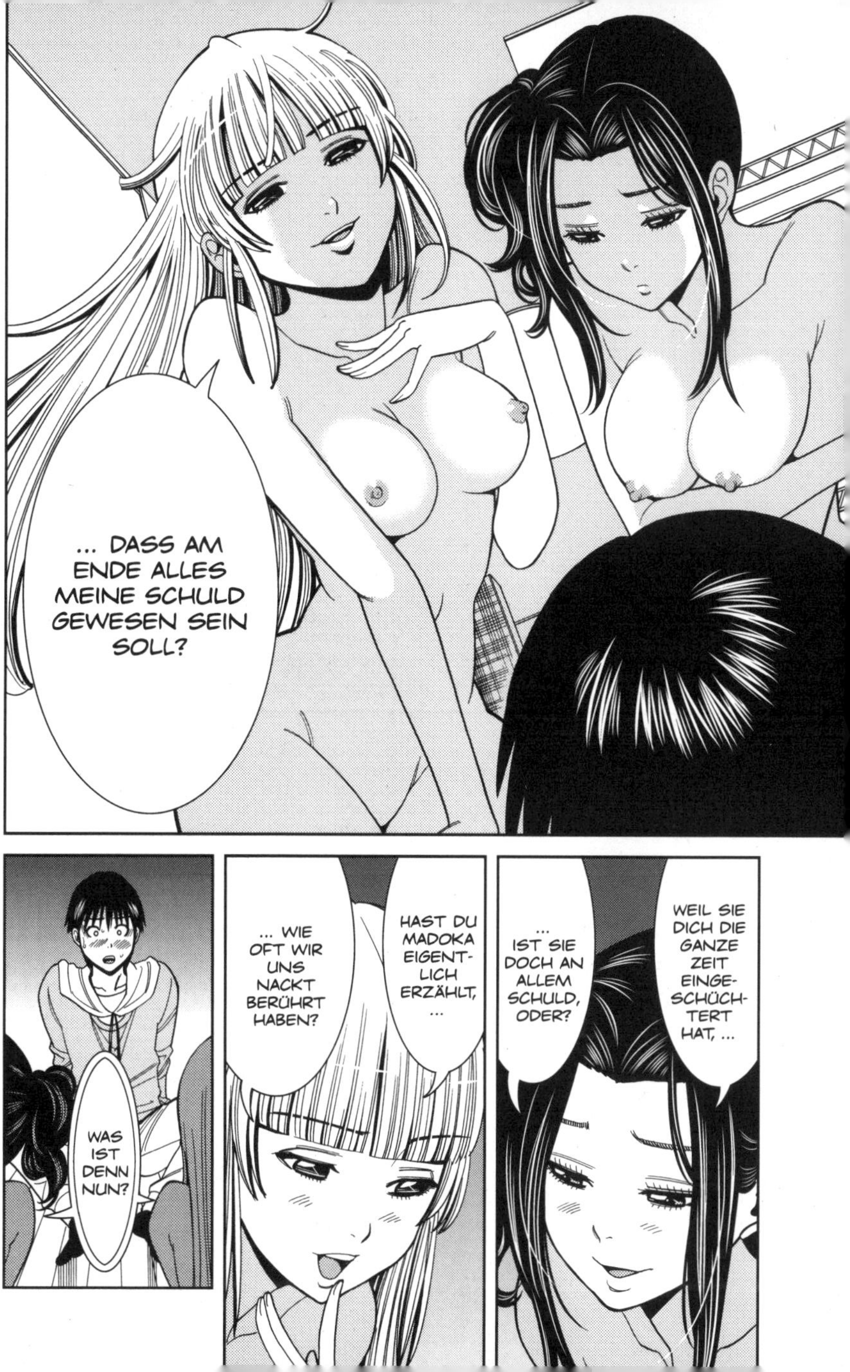

... DASS AM ENDE ALLES MEINE SCHULD GEWESEN SEIN SOLL?

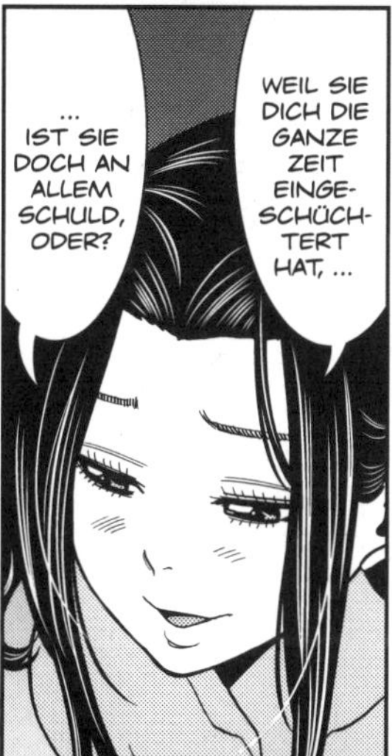
WEIL SIE DICH DIE GANZE ZEIT EINGE-SCHÜCH-TERT HAT, ...
... IST SIE DOCH AN ALLEM SCHULD, ODER?

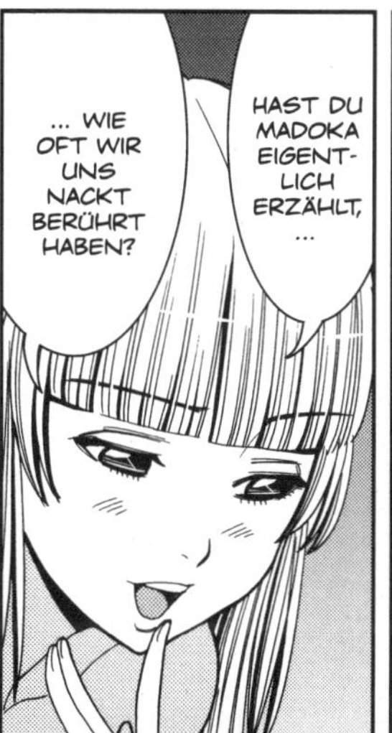
HAST DU MADOKA EIGENT-LICH ERZÄHLT, ...
... WIE OFT WIR UNS NACKT BERÜHRT HABEN?

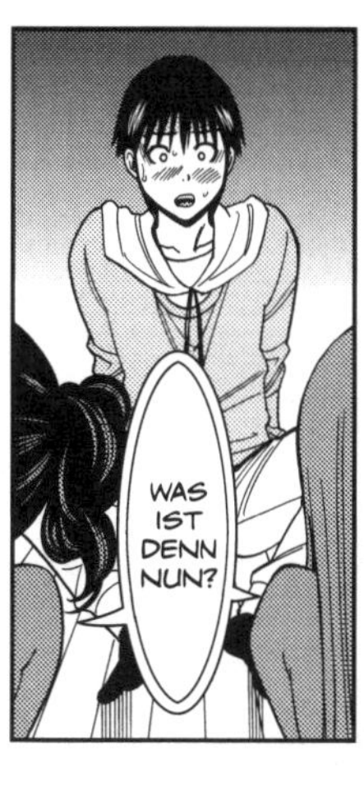
WAS IST DENN NUN?

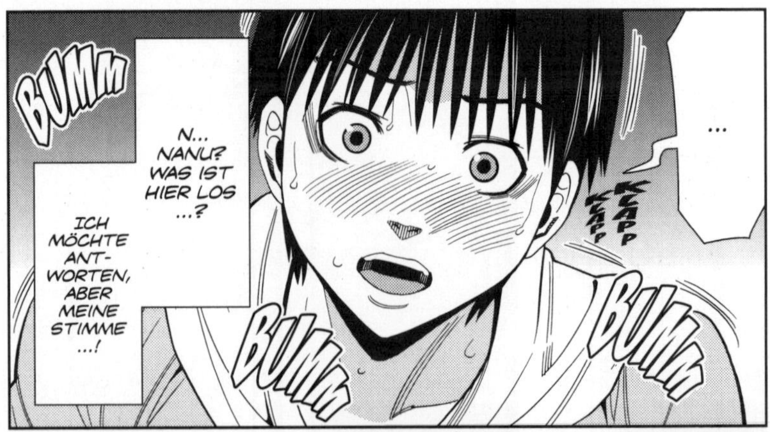
...
KLAPP KLAPP
BUMM
N... NANU? WAS IST HIER LOS ...?
ICH MÖCHTE ANT-WORTEN, ABER MEINE STIMME ...!
BUMM
BUMM

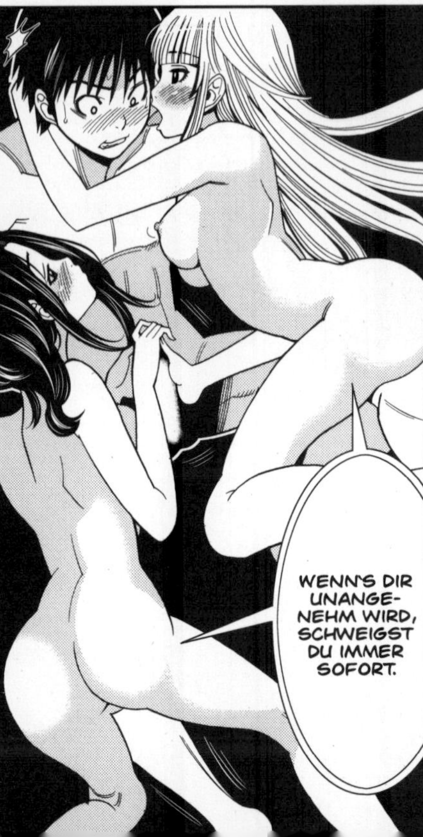
WENN'S DIR UNANGE-NEHM WIRD, SCHWEIGST DU IMMER SOFORT.

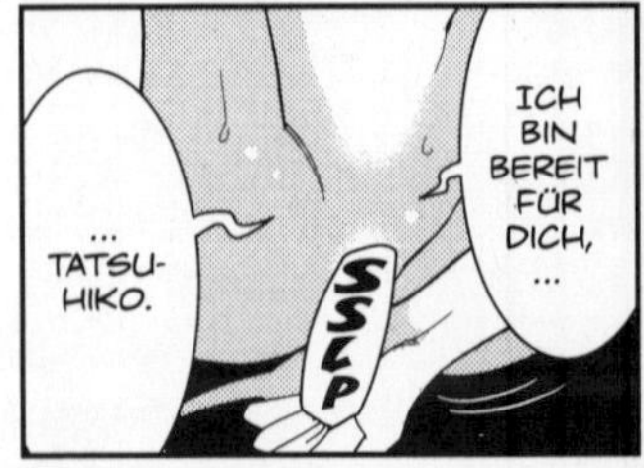
ICH BIN BEREIT FÜR DICH, ...
SSLP
... TATSU-HIKO.

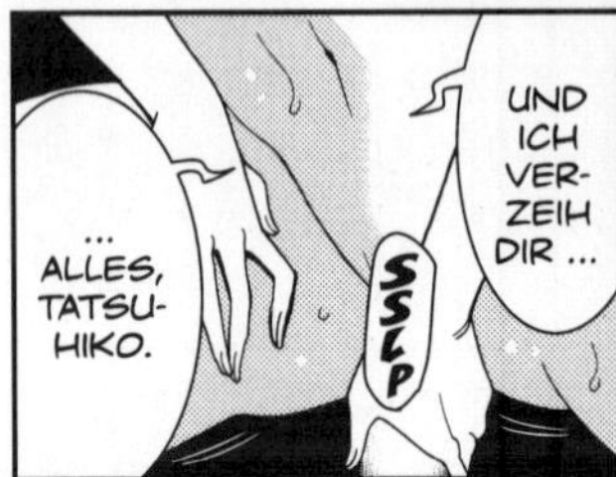
UND ICH VER-ZEIH DIR ...
SSLP
... ALLES, TATSU-HIKO.

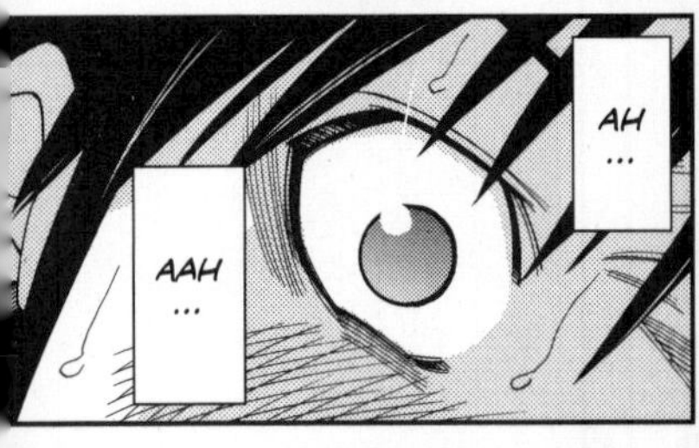
AH ...
AAH ...

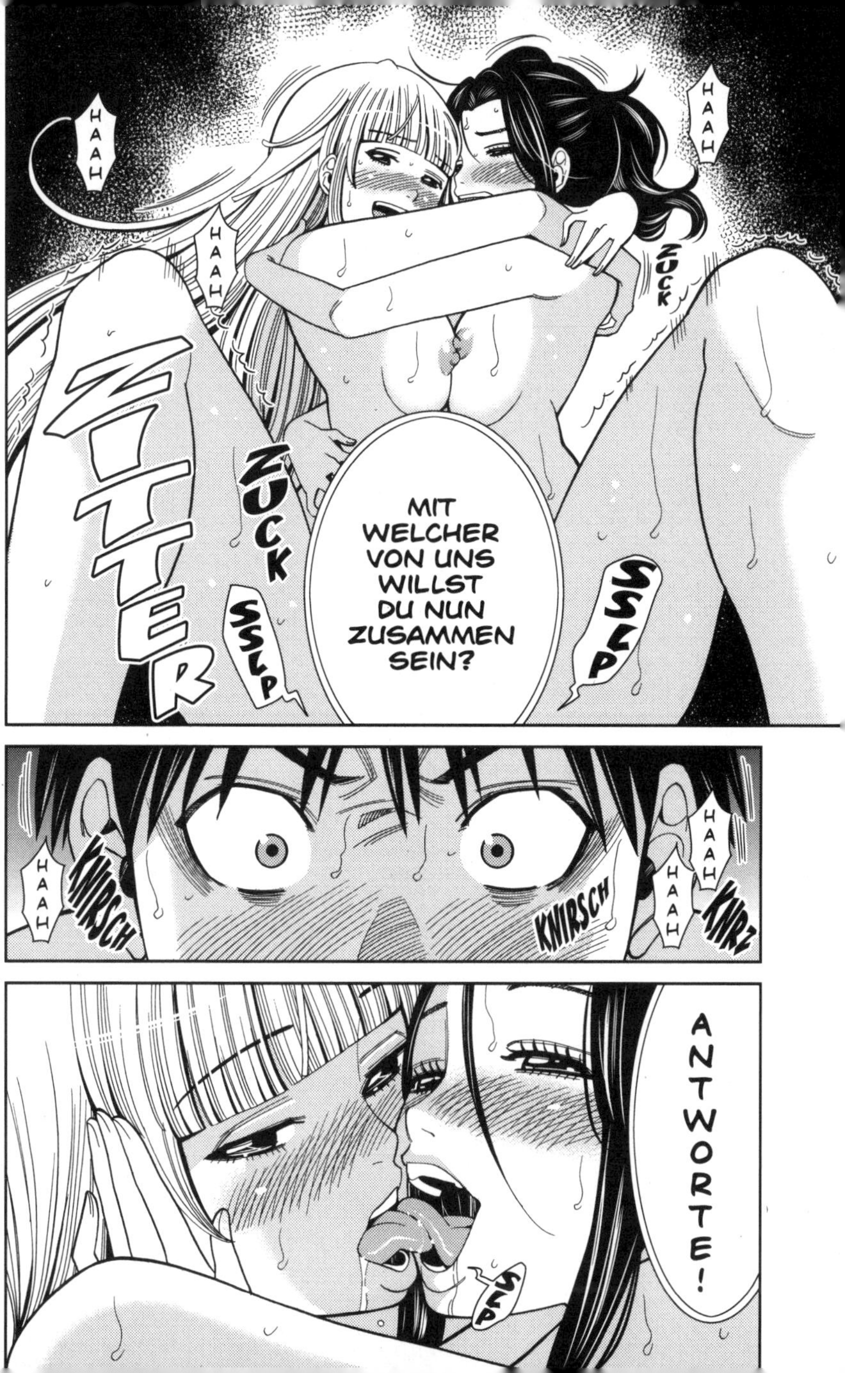

HAAH
ZUCK
SSLP
MIT WELCHER VON UNS WILLST DU NUN ZUSAMMEN SEIN?
SSLP
ZUCK
ZITTER
HAAH
HAAH

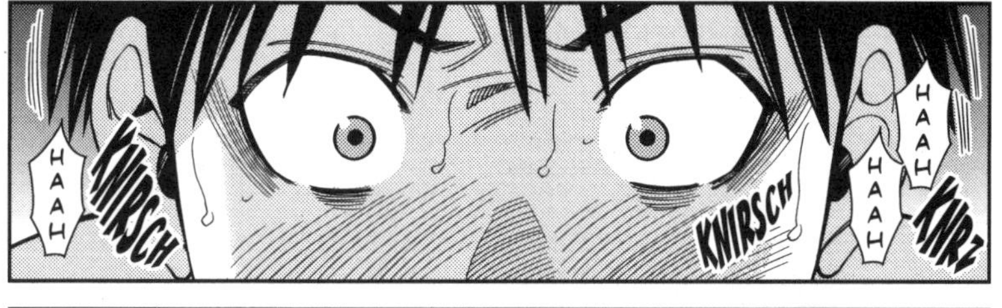

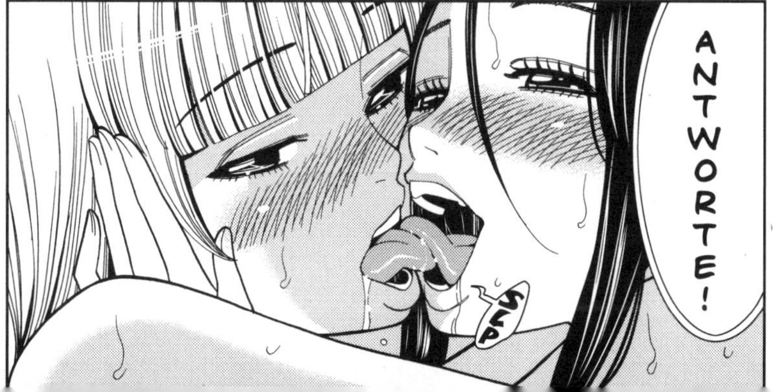

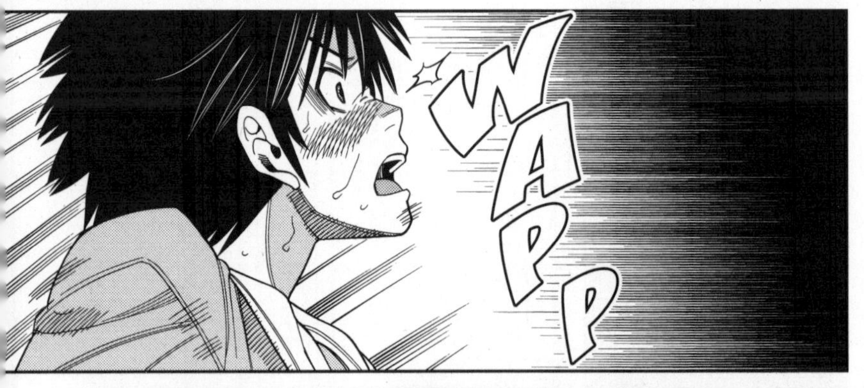
WAPP

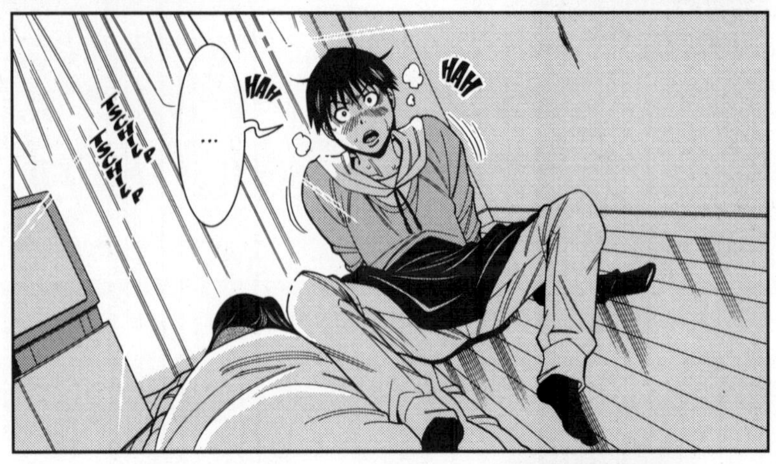
HAH
HAH
...
TSCHILP
TSCHILP

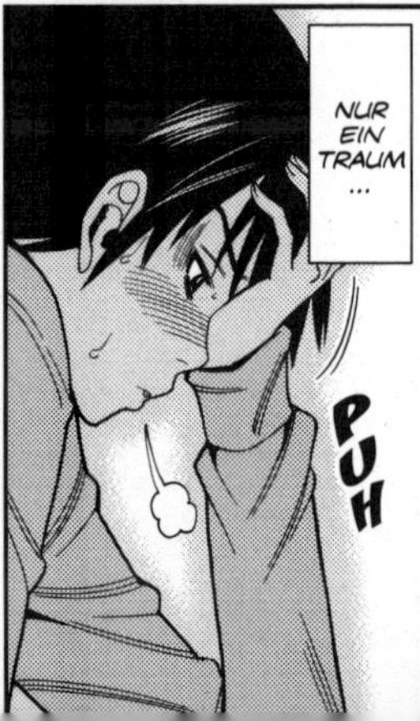
NUR EIN TRAUM ...
PUH

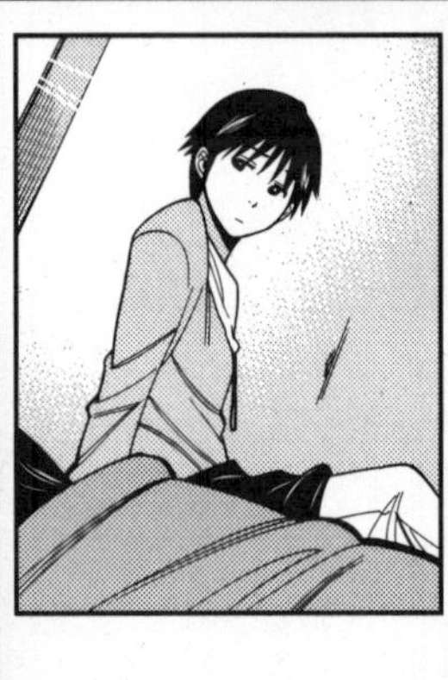

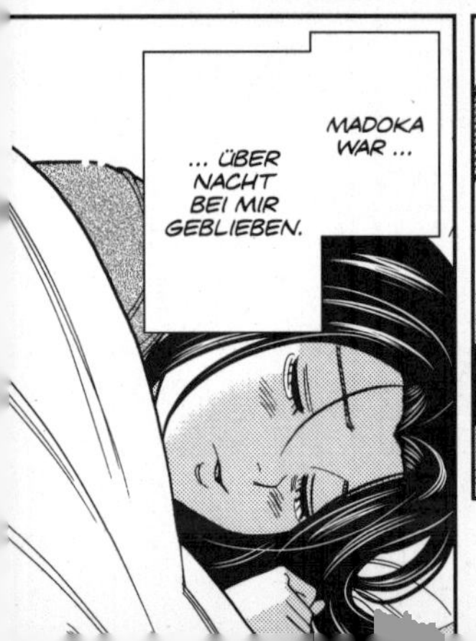
MADOKA WAR ...
... ÜBER NACHT BEI MIR GEBLIEBEN.

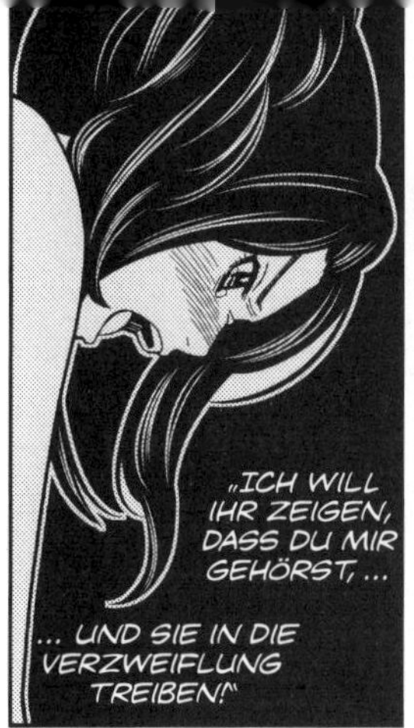
„ICH WILL IHR ZEIGEN, DASS DU MIR GEHÖRST, ...
... UND SIE IN DIE VERZWEIFLUNG TREIBEN!"
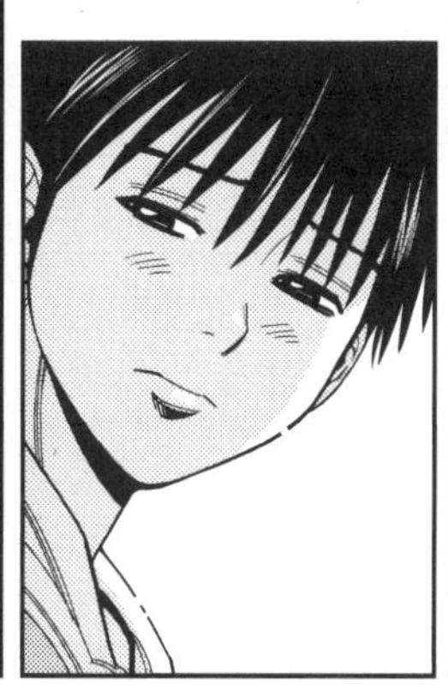
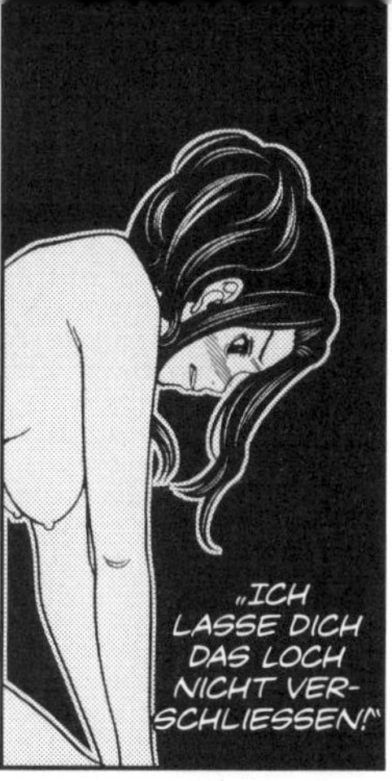
„ICH LASSE DICH DAS LOCH NICHT VERSCHLIESSEN!"
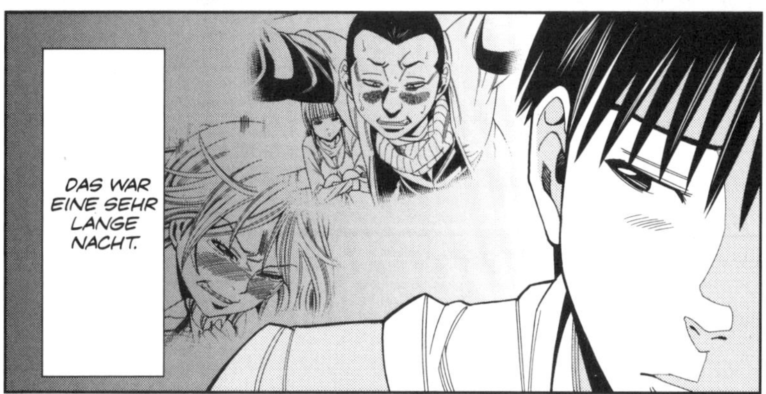
DAS WAR EINE SEHR LANGE NACHT.
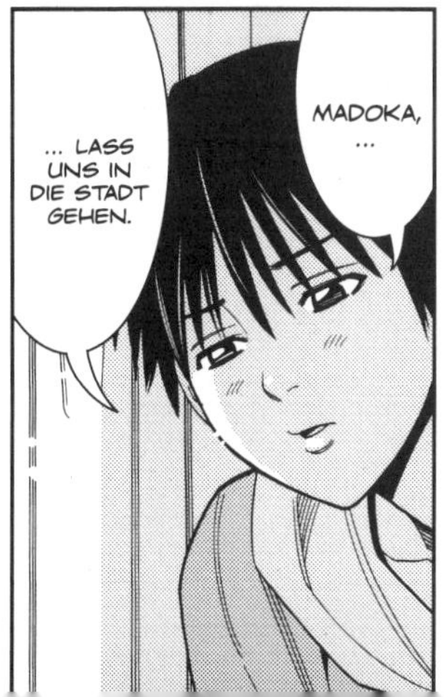
MADOKA, ...
... LASS UNS IN DIE STADT GEHEN.
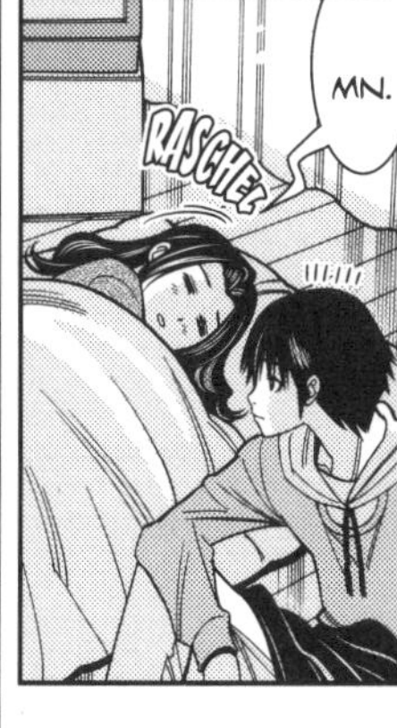
MN.
RASCHEL
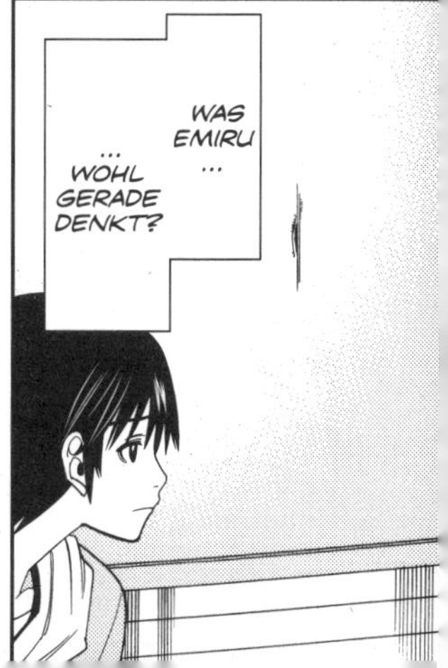
WAS EMIRU ...
... WOHL GERADE DENKT?

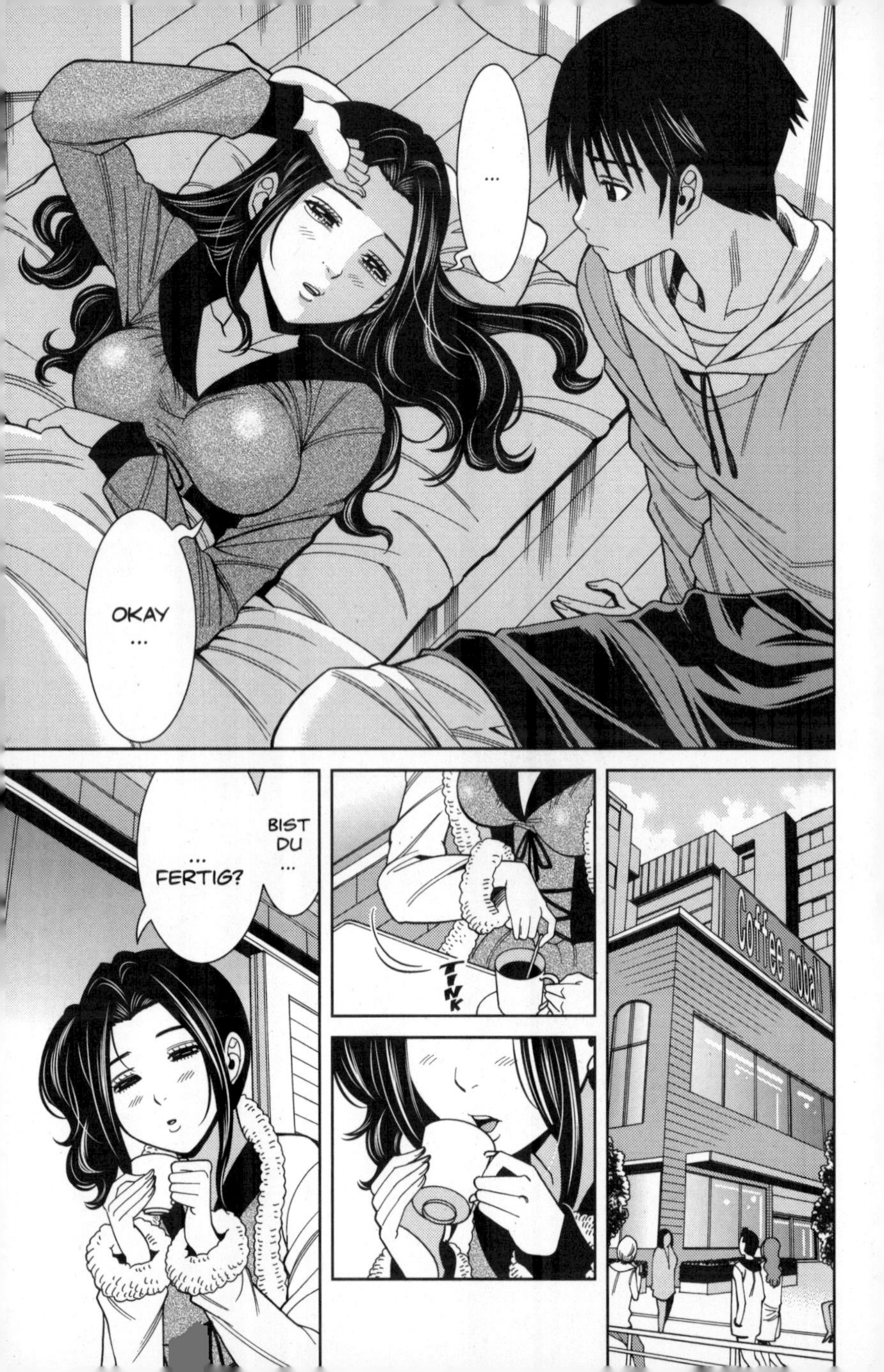

...

OKAY ...

TINK

BIST DU ...

... FERTIG?

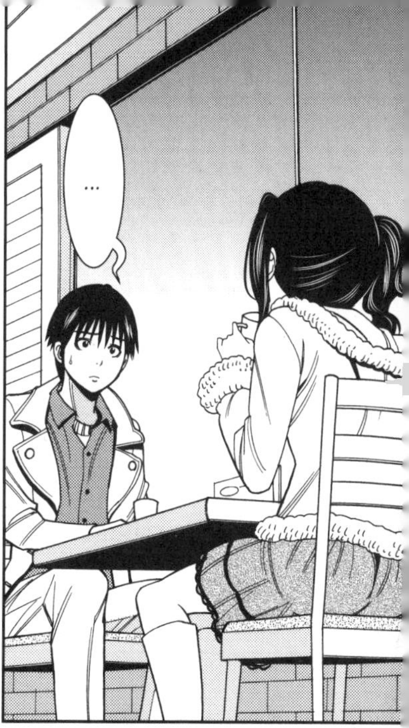
...

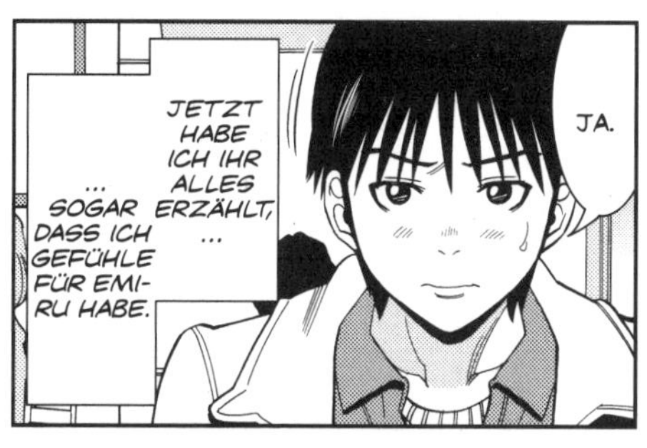
JA.
JETZT HABE ICH IHR ALLES ERZÄHLT, ...
... SOGAR DASS ICH GEFÜHLE FÜR EMIRU HABE.

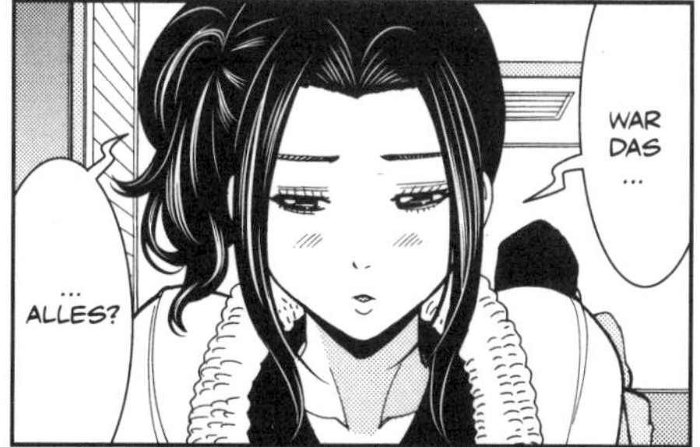
WAR DAS ...
... ALLES?

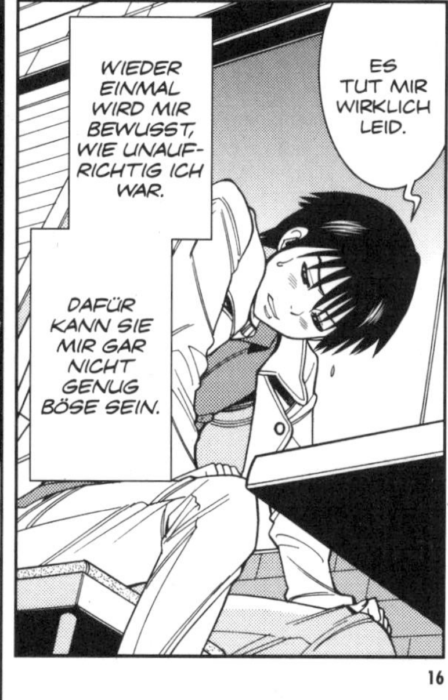
ES TUT MIR WIRKLICH LEID.
WIEDER EINMAL WIRD MIR BEWUSST, WIE UNAUFRICHTIG ICH WAR.
DAFÜR KANN SIE MIR GAR NICHT GENUG BÖSE SEIN.

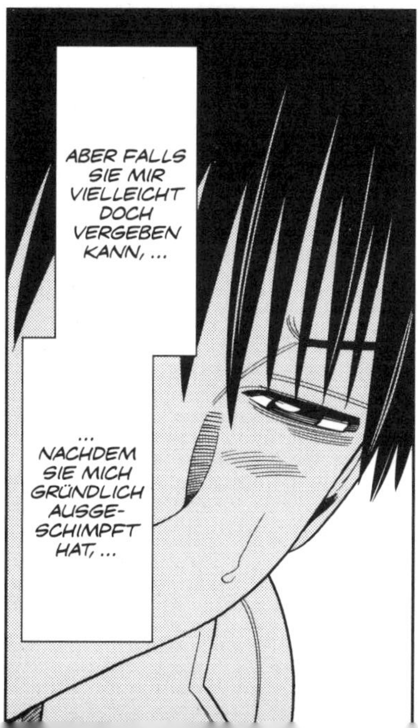
ABER FALLS SIE MIR VIELLEICHT DOCH VERGEBEN KANN, ...
... NACHDEM SIE MICH GRÜNDLICH AUSGESCHIMPFT HAT, ...

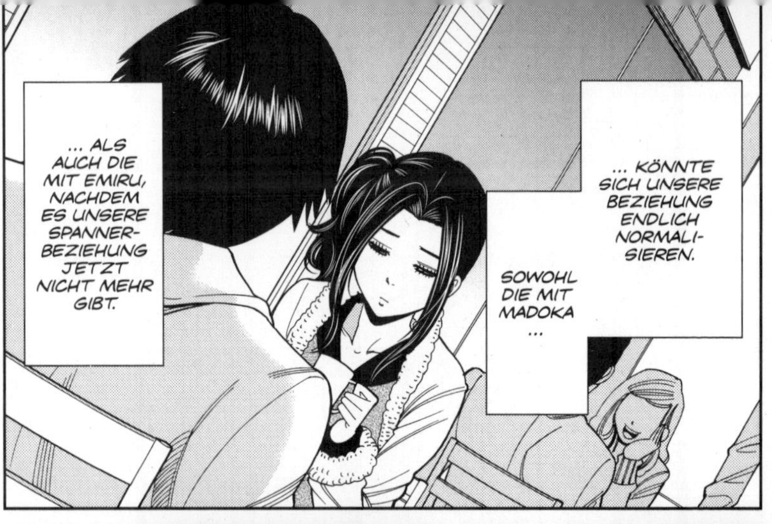
... KÖNNTE SICH UNSERE BEZIEHUNG ENDLICH NORMALISIEREN.
SOWOHL DIE MIT MADOKA ...
... ALS AUCH DIE MIT EMIRU, NACHDEM ES UNSERE SPANNERBEZIEHUNG JETZT NICHT MEHR GIBT.

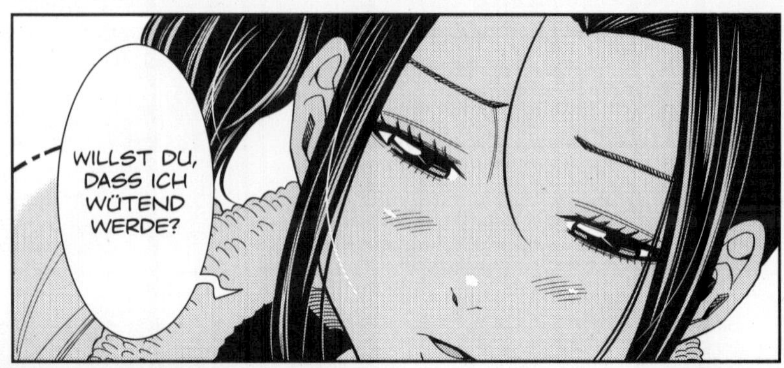
WILLST DU, DASS ICH WÜTEND WERDE?

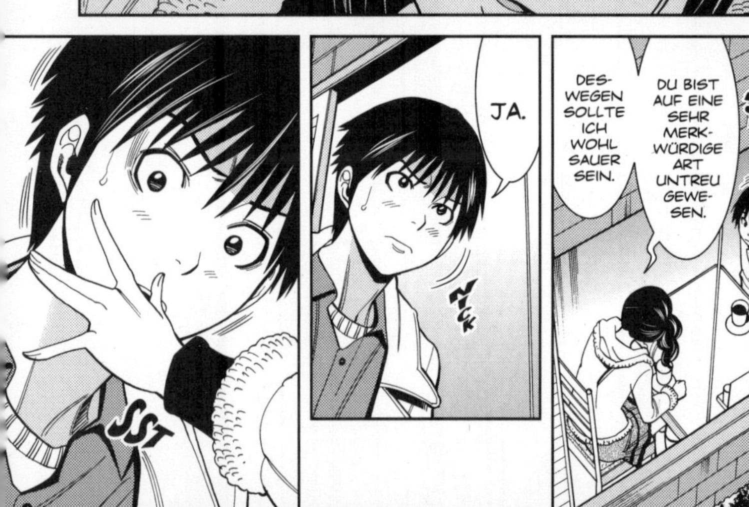
!
BUBUMM
DU BIST AUF EINE SEHR MERKWÜRDIGE ART UNTREU GEWESEN.
DESWEGEN SOLLTE ICH WOHL SAUER SEIN.
JA.
NICK
SST

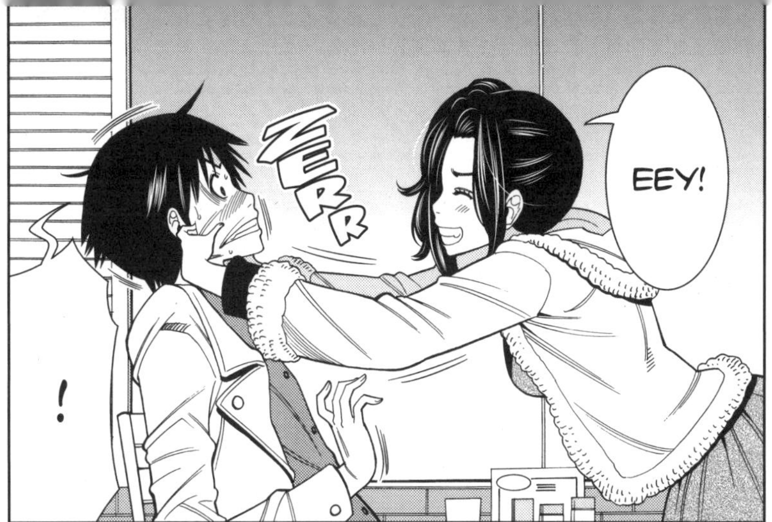
EEY!
ZERR
!

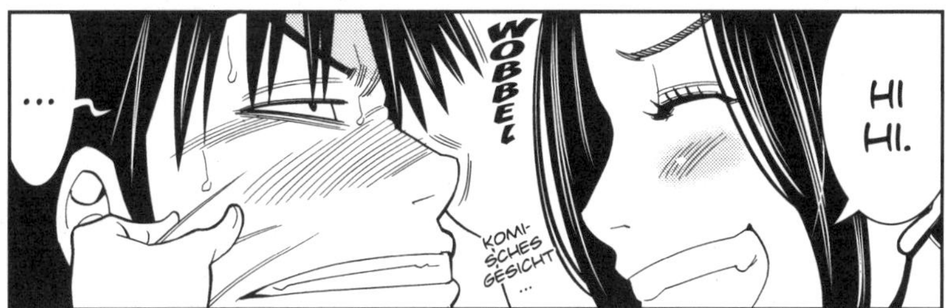
HI HI.
WOBBEL
KOMISCHES GESICHT ...
...

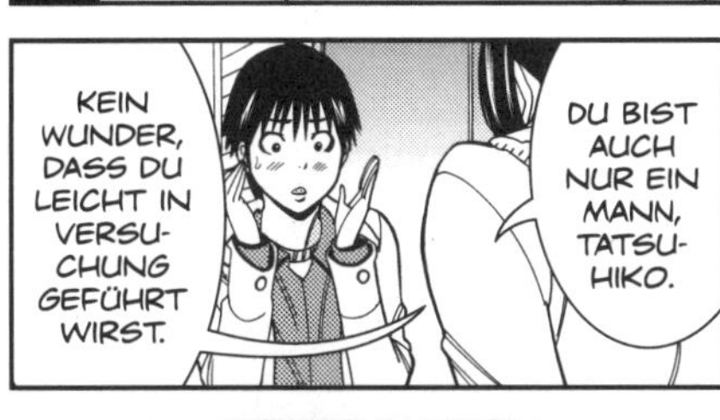
DU BIST AUCH NUR EIN MANN, TATSUHIKO.
KEIN WUNDER, DASS DU LEICHT IN VERSUCHUNG GEFÜHRT WIRST.

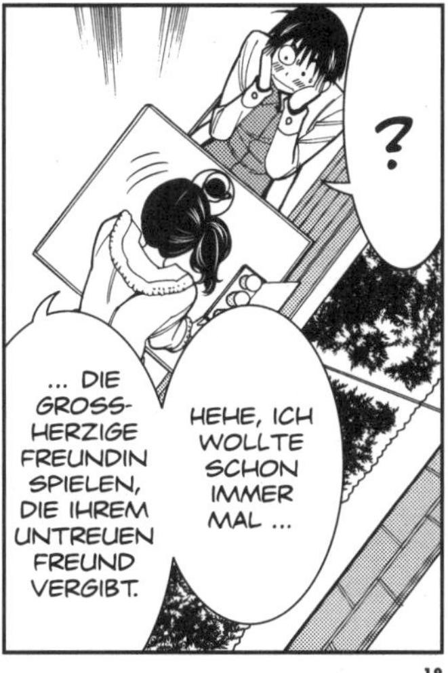
?
HEHE, ICH WOLLTE SCHON IMMER MAL ...
... DIE GROSSHERZIGE FREUNDIN SPIELEN, DIE IHREM UNTREUEN FREUND VERGIBT.

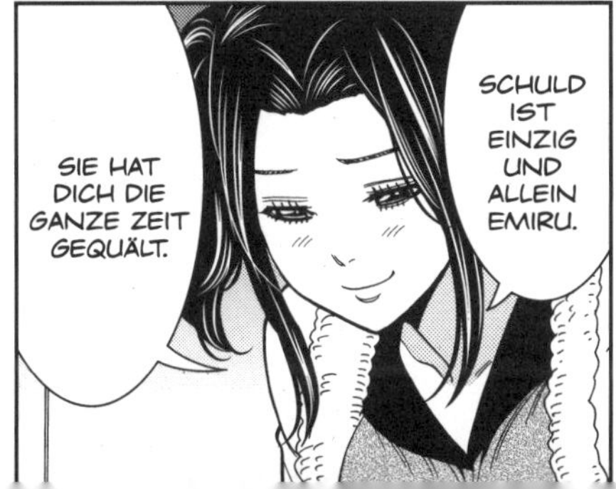
SCHULD IST EINZIG UND ALLEIN EMIRU.
SIE HAT DICH DIE GANZE ZEIT GEQUÄLT.

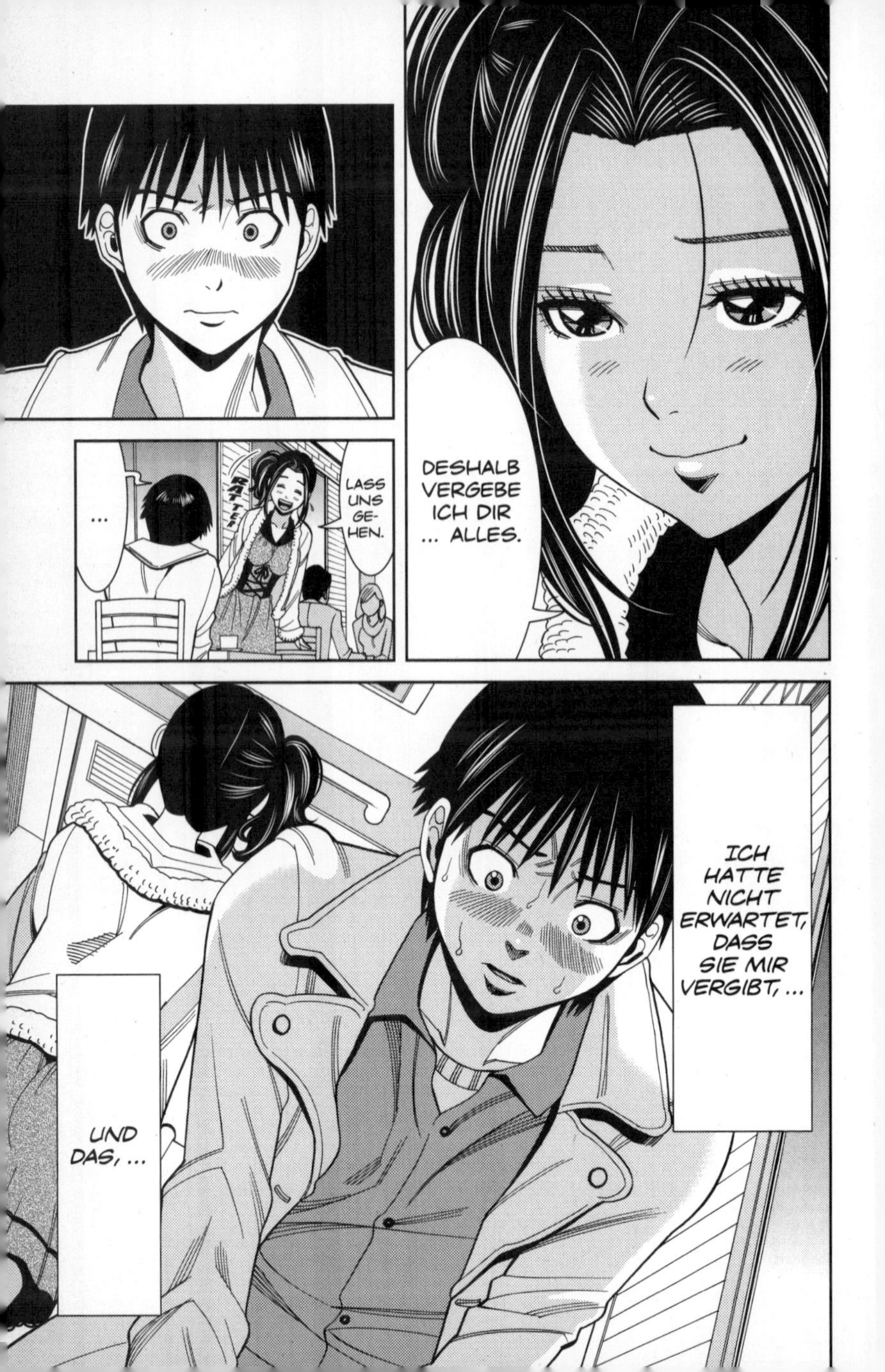

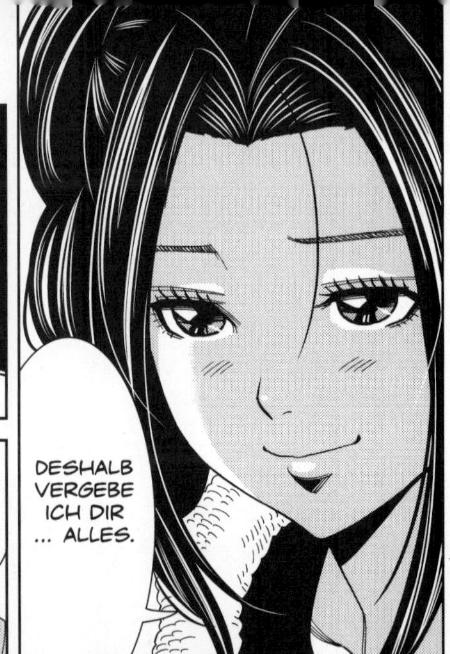

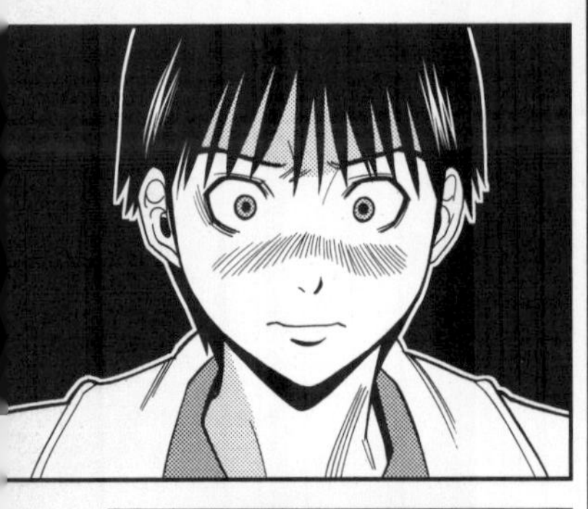

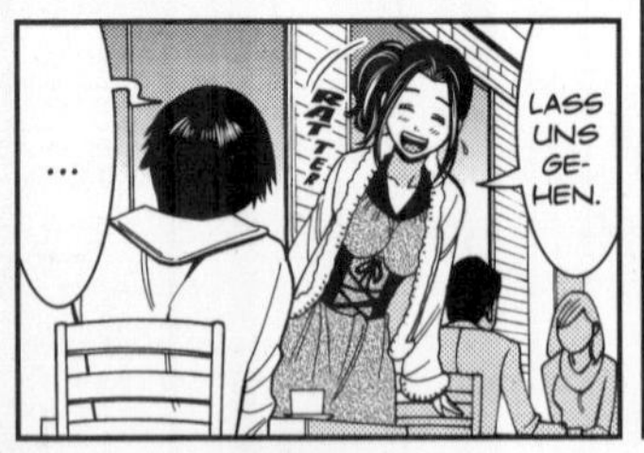

ICH HATTE NICHT ERWARTET, DASS SIE MIR VERGIBT, ...

UND DAS, ...

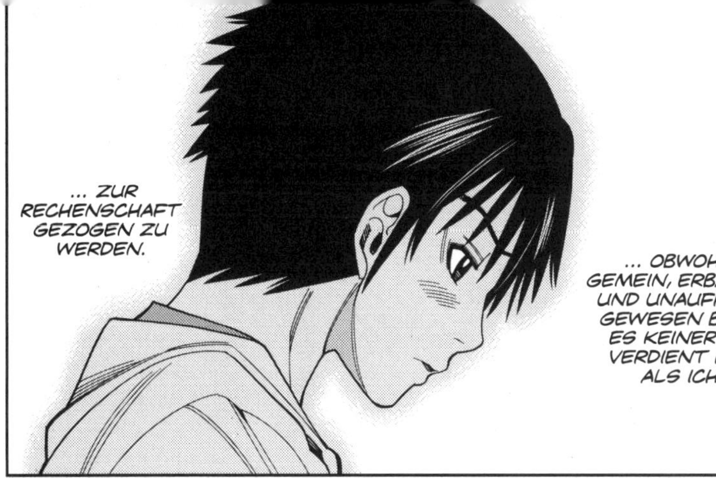

OFFEN-SICHTLICH ABER WAR MADOKA DAZU ENTSCHLOS-SEN, ...

... MIR ZU VER-GEBEN UND EMIRU ZU HASSEN.

WIE OFT ICH MICH AUF DEM RÜCKWEG AUCH ENTSCHULDIG-TE ... IMMER TAT SIE DAS MIT EINEM LÄCHELN AB.

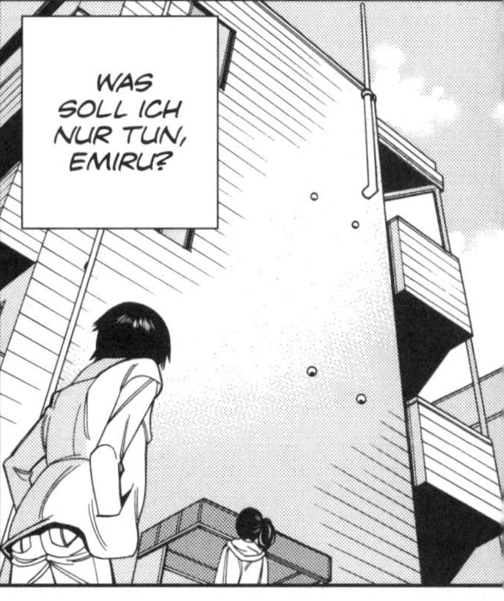

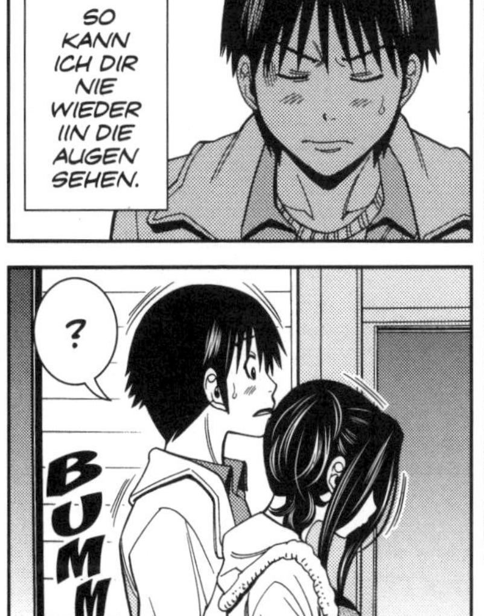

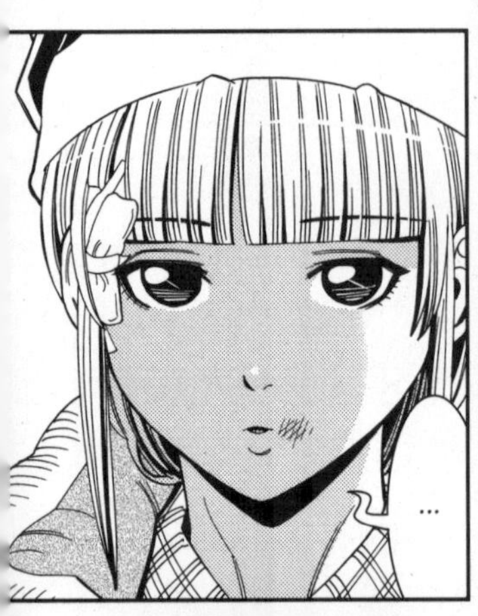
...

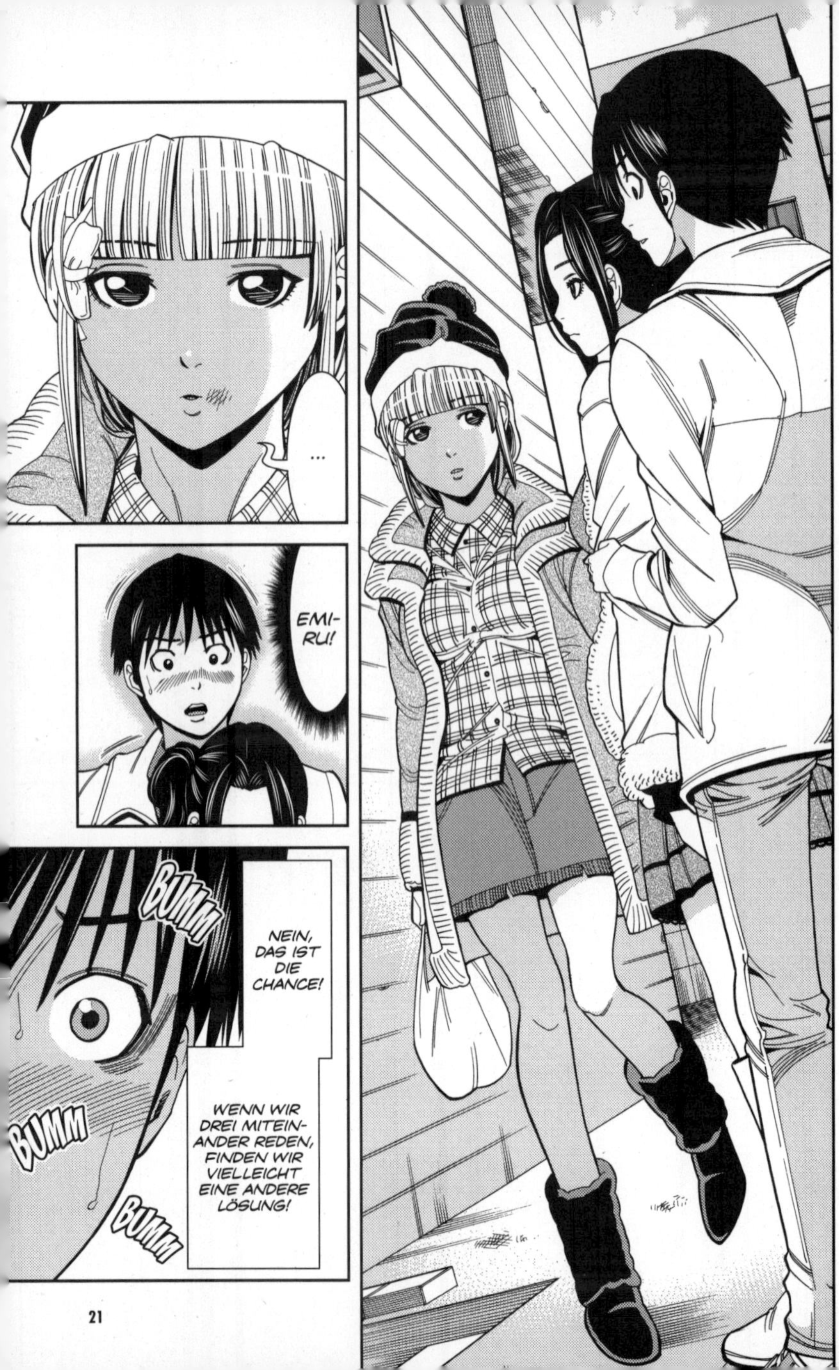

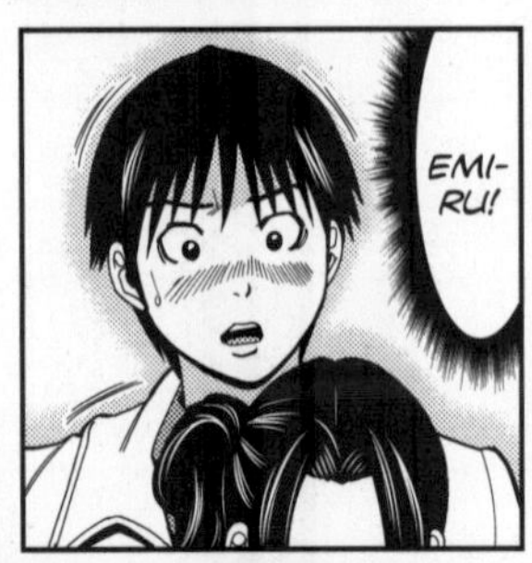
EMI-
RU!

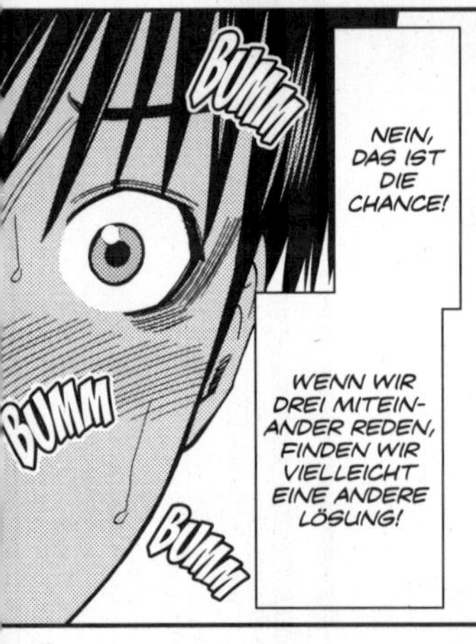
BUMM
NEIN, DAS IST DIE CHANCE!
WENN WIR DREI MITEIN-
ANDER REDEN, FINDEN WIR VIELLEICHT EINE ANDERE LÖSUNG!
BUMM
BUMM

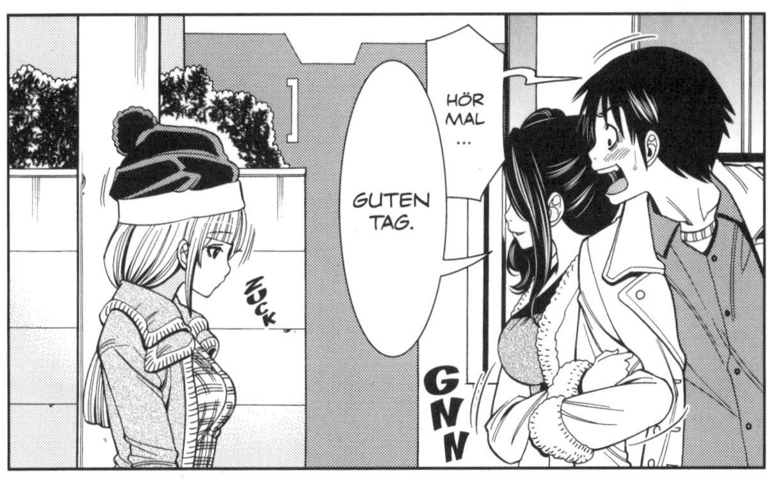
HÖR MAL ...
GUTEN TAG.
ZUCK
GNN
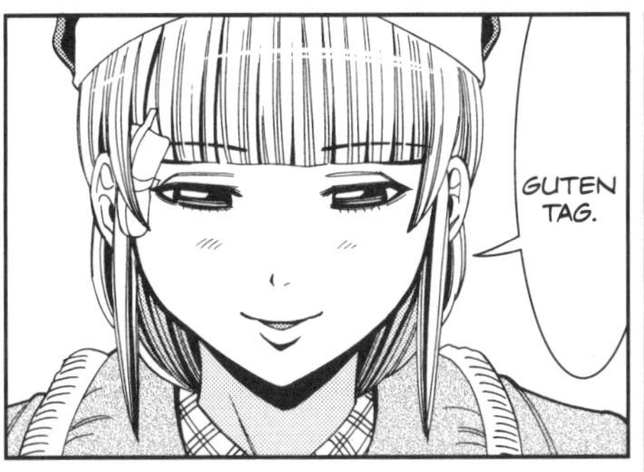
GUTEN TAG.
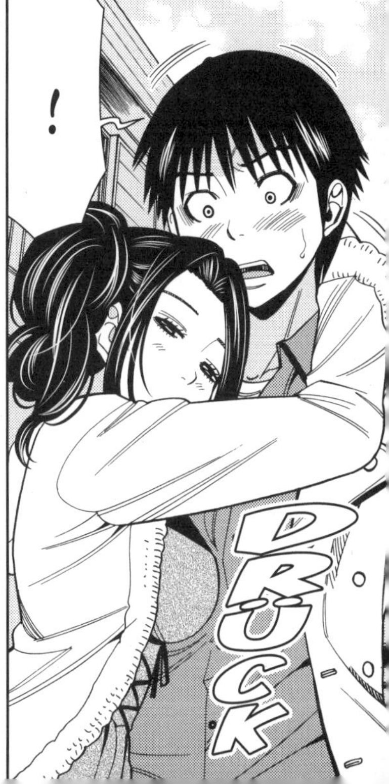
!
DRÜCK
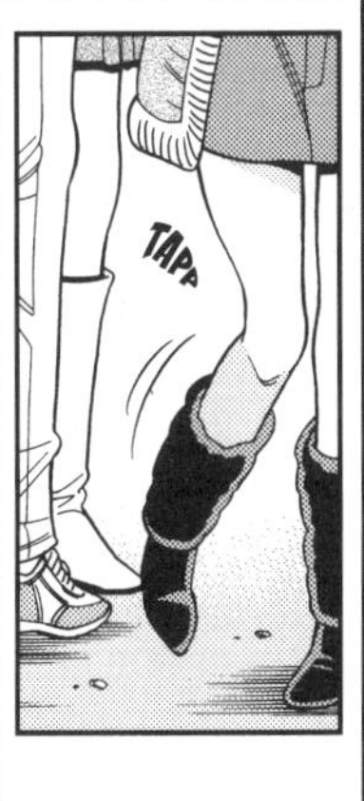
TAPP
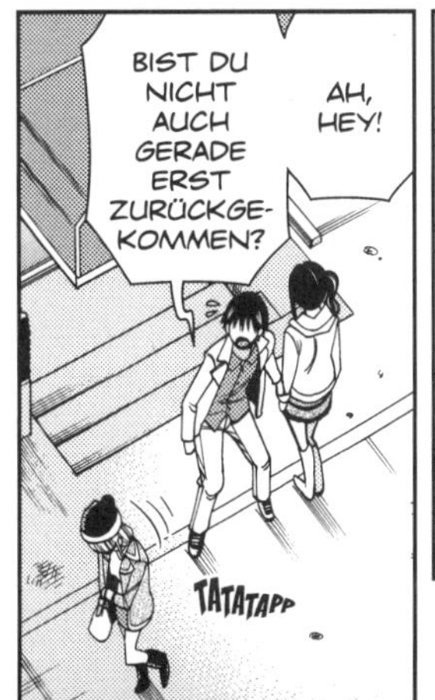
AH, HEY!
BIST DU NICHT AUCH GERADE ERST ZURÜCKGE-KOMMEN?
TATATAPP

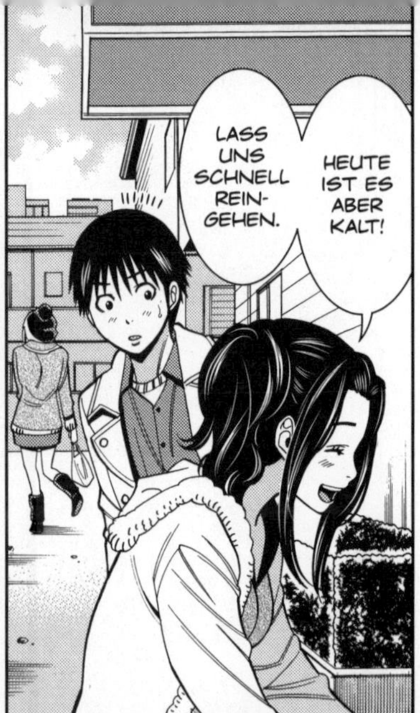
HEUTE IST ES ABER KALT!
LASS UNS SCHNELL REIN-GEHEN.

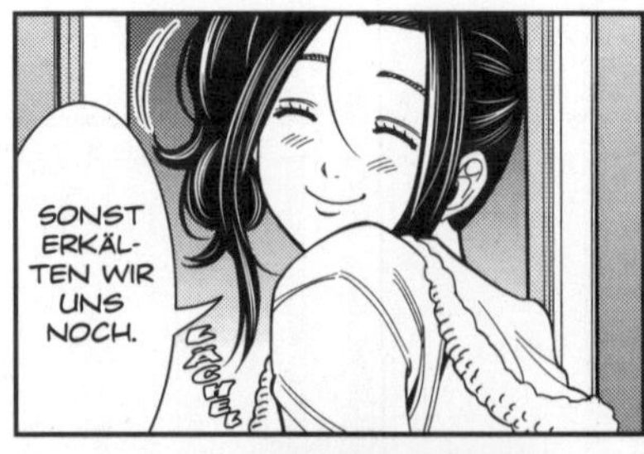
SONST ERKÄL-TEN WIR UNS NOCH.
LACHEL

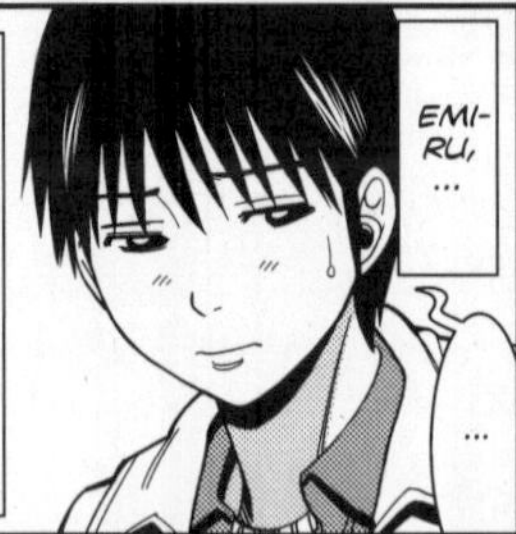
EMI-RU, ...
...

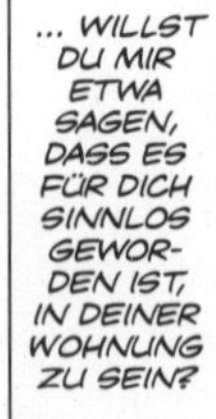
... WILLST DU MIR ETWA SAGEN, DASS ES FÜR DICH SINNLOS GEWOR-DEN IST, IN DEINER WOHNUNG ZU SEIN?

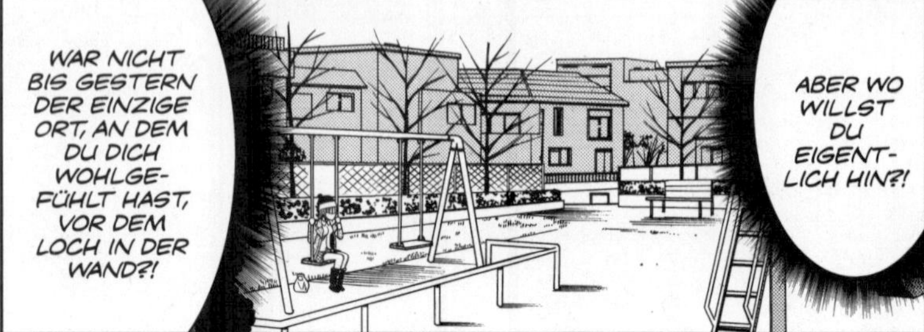
ABER WO WILLST DU EIGENT-LICH HIN?!
WAR NICHT BIS GESTERN DER EINZIGE ORT, AN DEM DU DICH WOHLGE-FÜHLT HAST, VOR DEM LOCH IN DER WAND?!

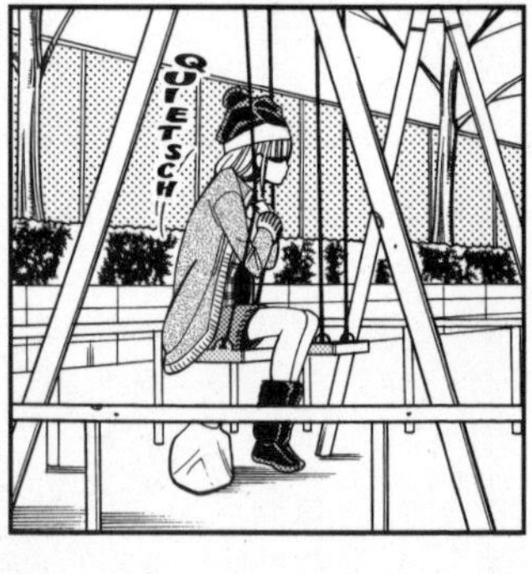
QUIETSCH

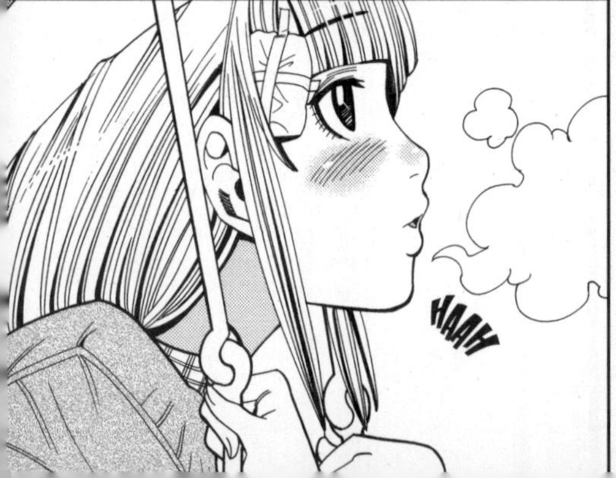
HAAH

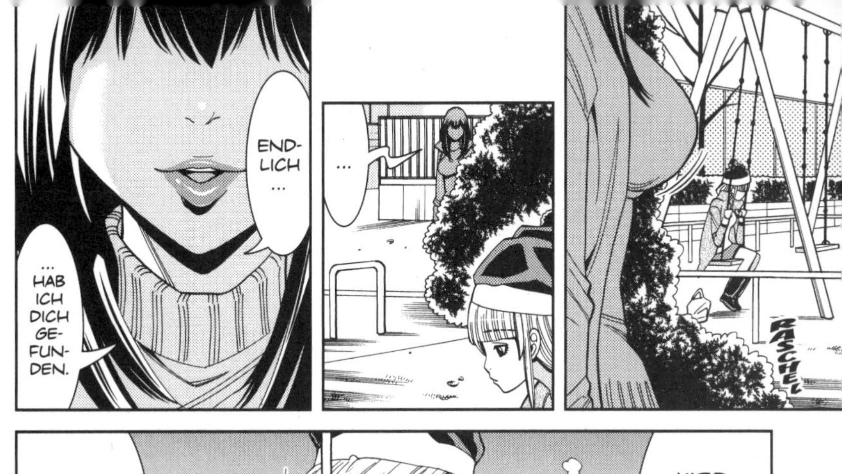
RASCHEL
...
ENDLICH ...
... HAB ICH DICH GEFUNDEN.

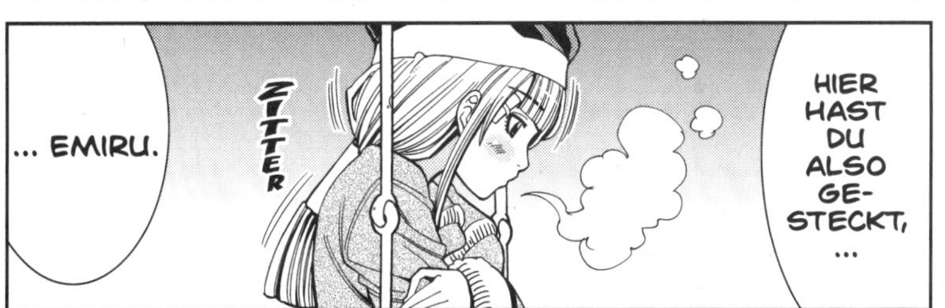
HIER HAST DU ALSO GESTECKT, ...
ZITTER
... EMIRU.
HAH

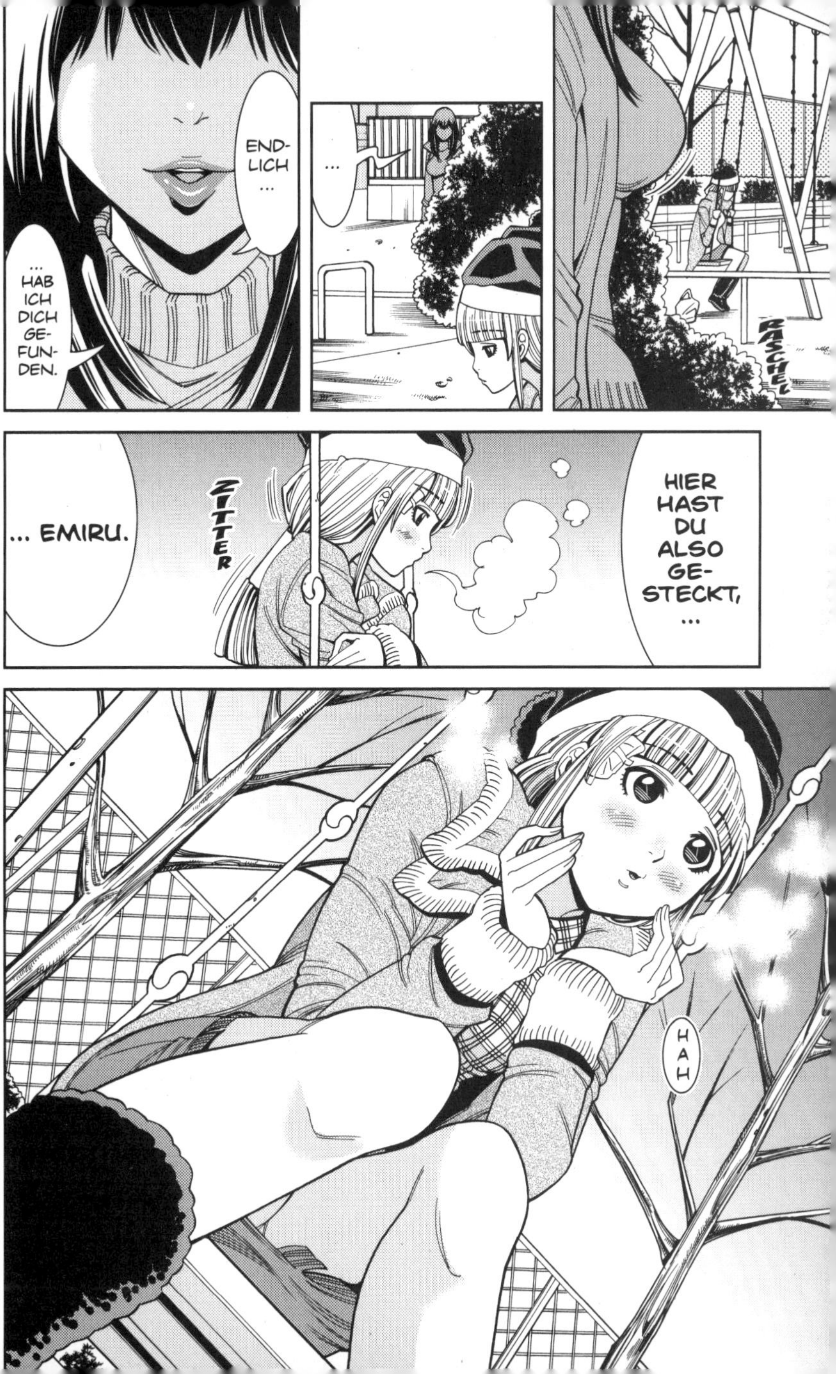

HEIMLICHE
BLICKE
10

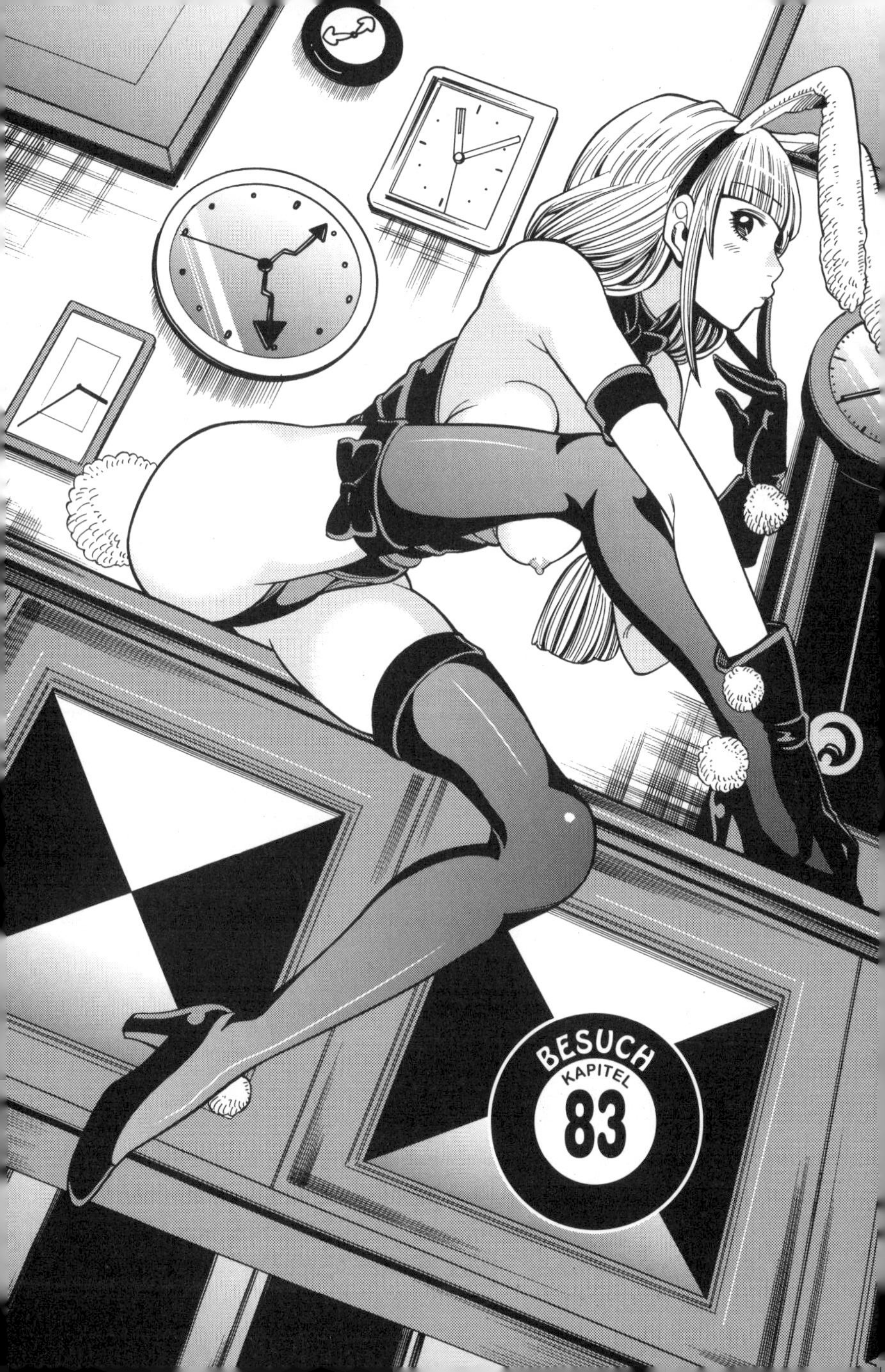
BESUCH
KAPITEL
83

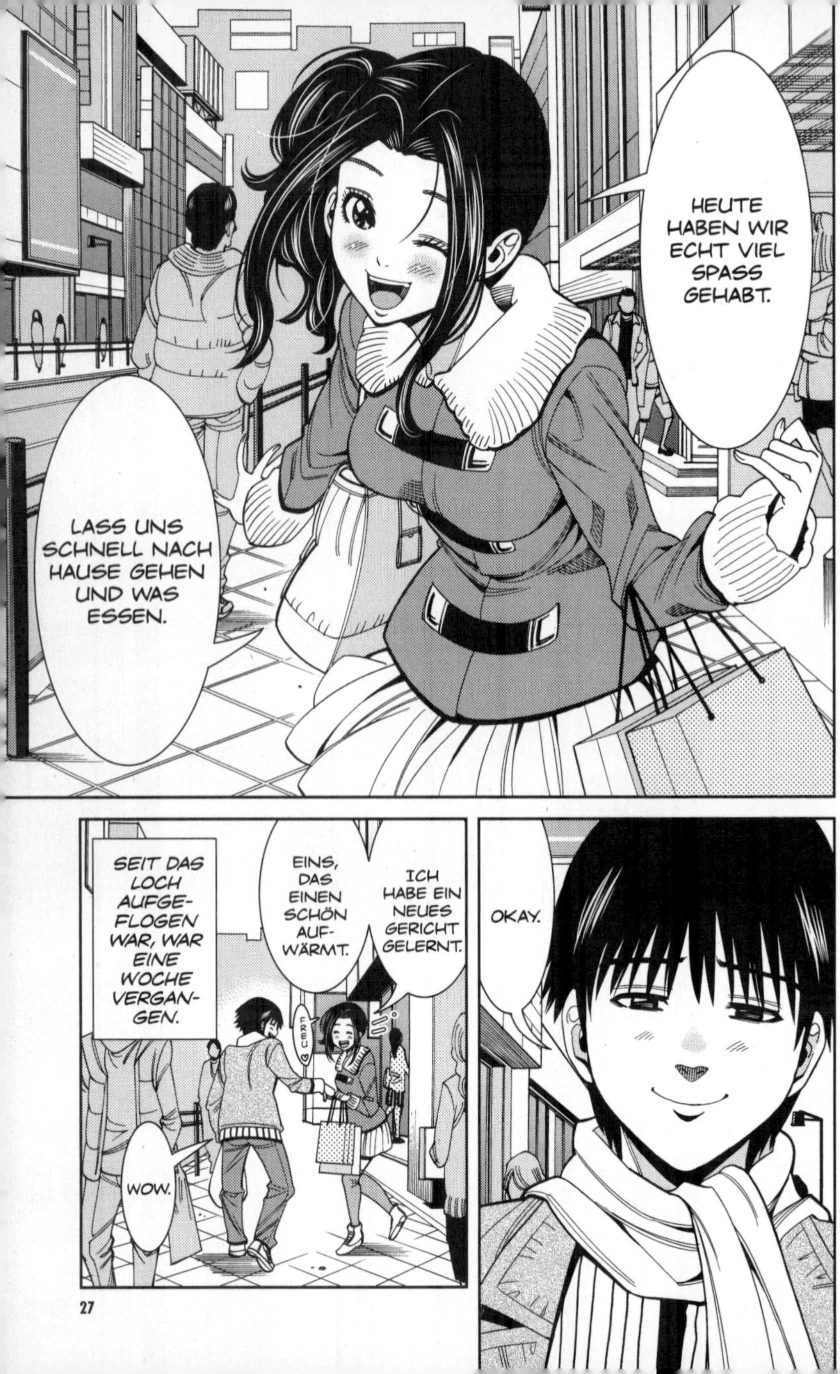

HEUTE HABEN WIR ECHT VIEL SPASS GEHABT.
LASS UNS SCHNELL NACH HAUSE GEHEN UND WAS ESSEN.

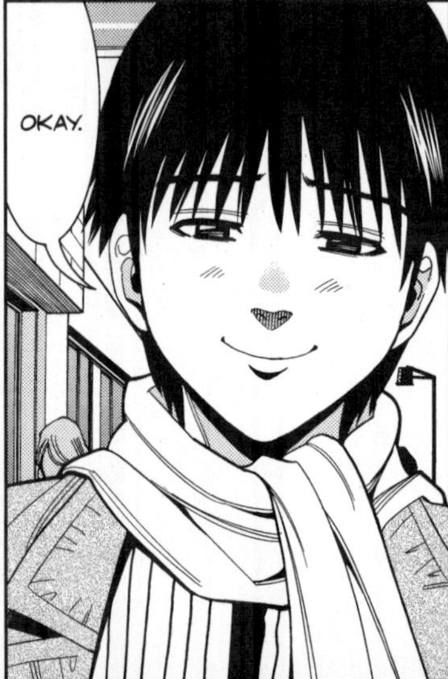
OKAY.

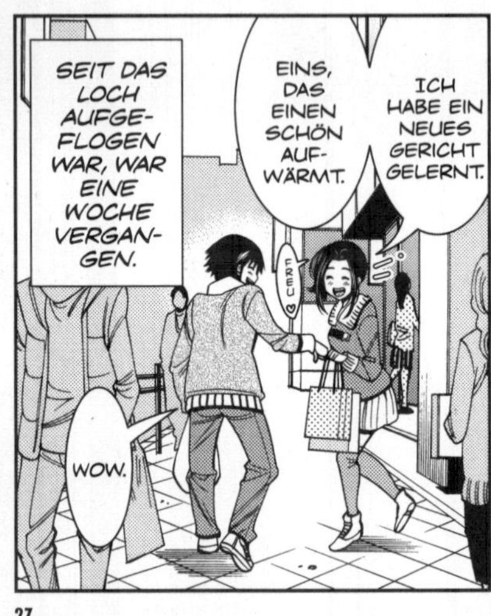
ICH HABE EIN NEUES GERICHT GELERNT.
EINS, DAS EINEN SCHÖN AUFWÄRMT.
SEIT DAS LOCH AUFGEFLOGEN WAR, WAR EINE WOCHE VERGANGEN.
FREU ♡
WOW.

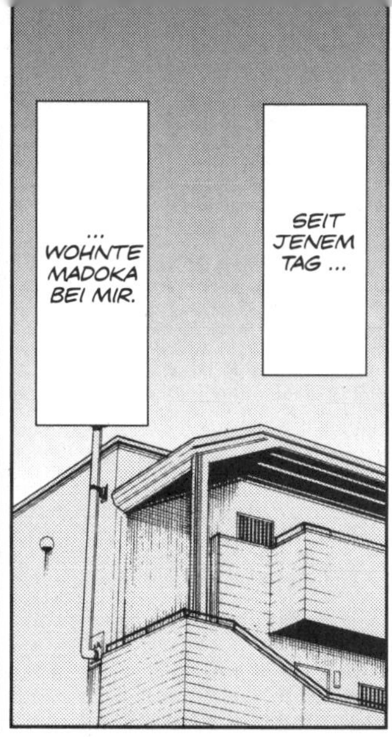
SEIT JENEM TAG …
… WOHNTE MADOKA BEI MIR.

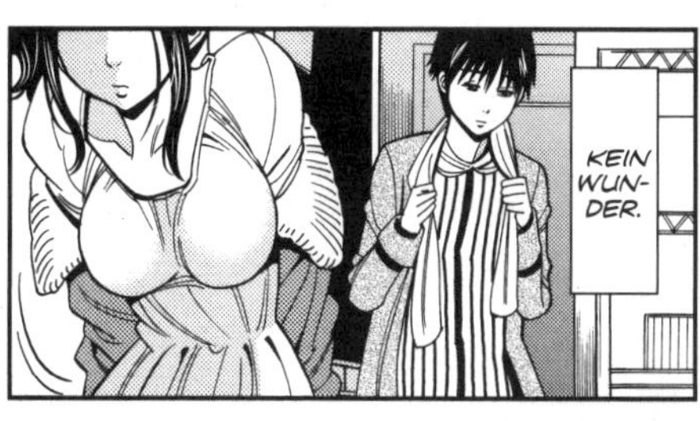
KEIN WUN-DER.

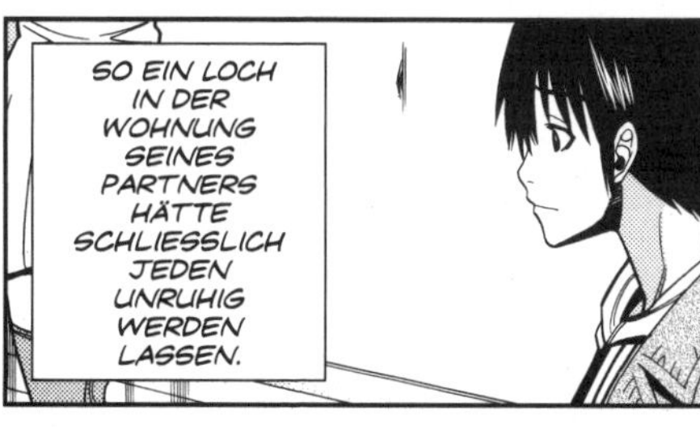
SO EIN LOCH IN DER WOHNUNG SEINES PARTNERS HÄTTE SCHLIESSLICH JEDEN UNRUHIG WERDEN LASSEN.

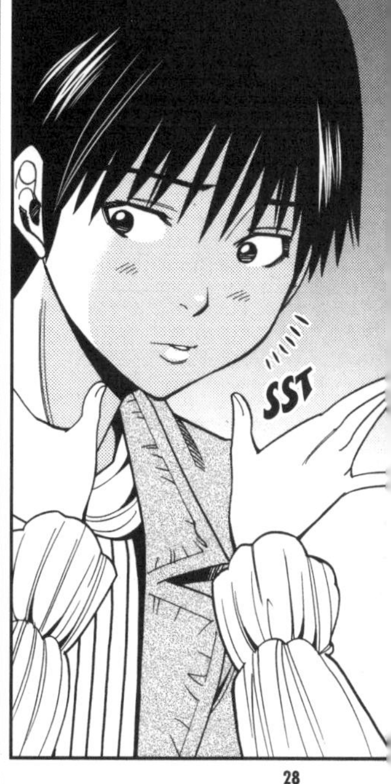
SST

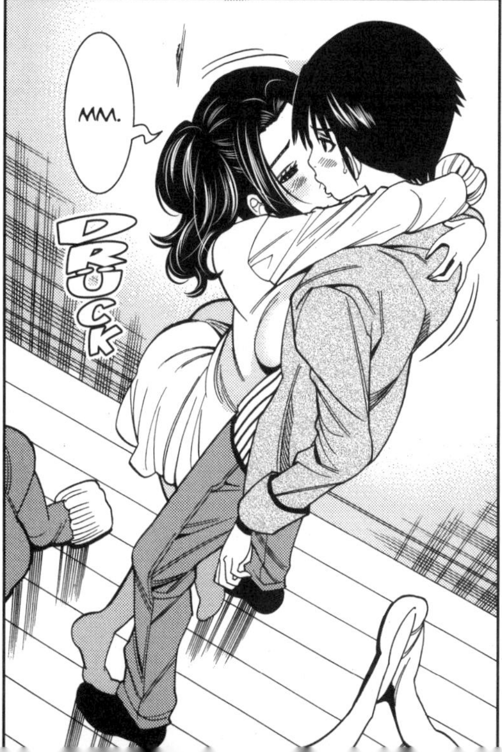
MM.
DRUCK

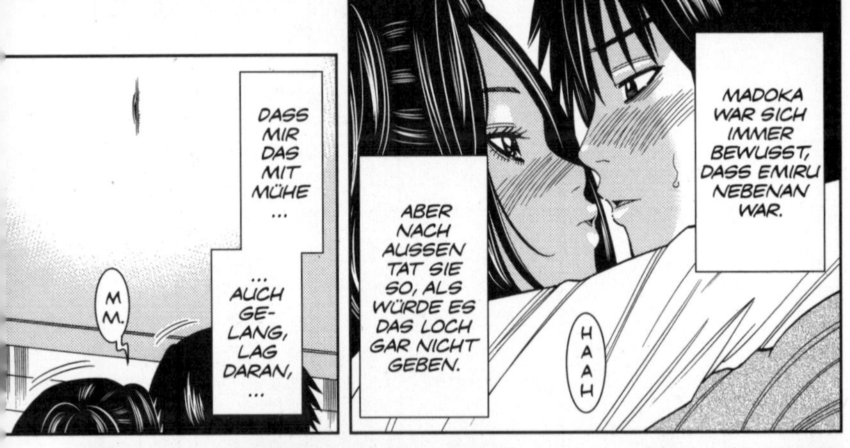
MADOKA WAR SICH IMMER BEWUSST, DASS EMIRU NEBENAN WAR.
HAAH
ABER NACH AUSSEN TAT SIE SO, ALS WÜRDE ES DAS LOCH GAR NICHT GEBEN.
DASS MIR DAS MIT MÜHE ...
... AUCH GE-LANG, LAG DARAN, ...
MM.

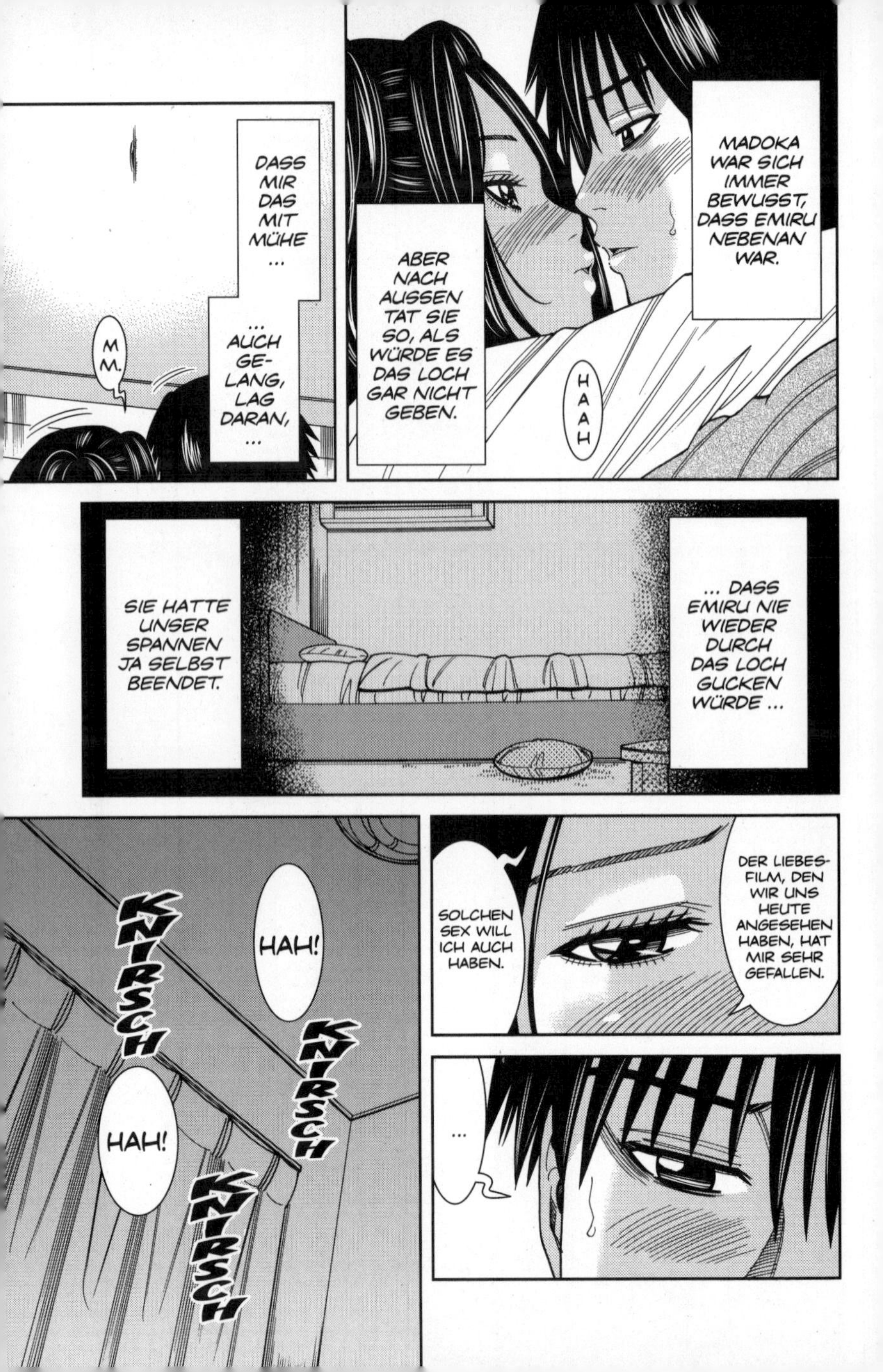

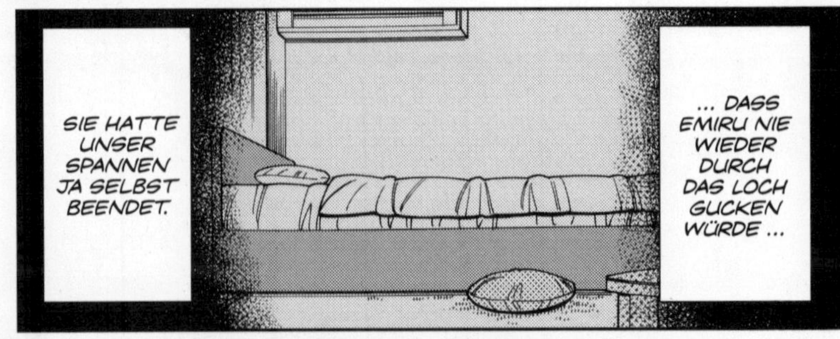
... DASS EMIRU NIE WIEDER DURCH DAS LOCH GUCKEN WÜRDE ...
SIE HATTE UNSER SPANNEN JA SELBST BEENDET.

DER LIEBES-FILM, DEN WIR UNS HEUTE ANGESEHEN HABEN, HAT MIR SEHR GEFALLEN.
SOLCHEN SEX WILL ICH AUCH HABEN.
...
KNIRSCH
HAH!
KNIRSCH
HAH!
KNIRSCH

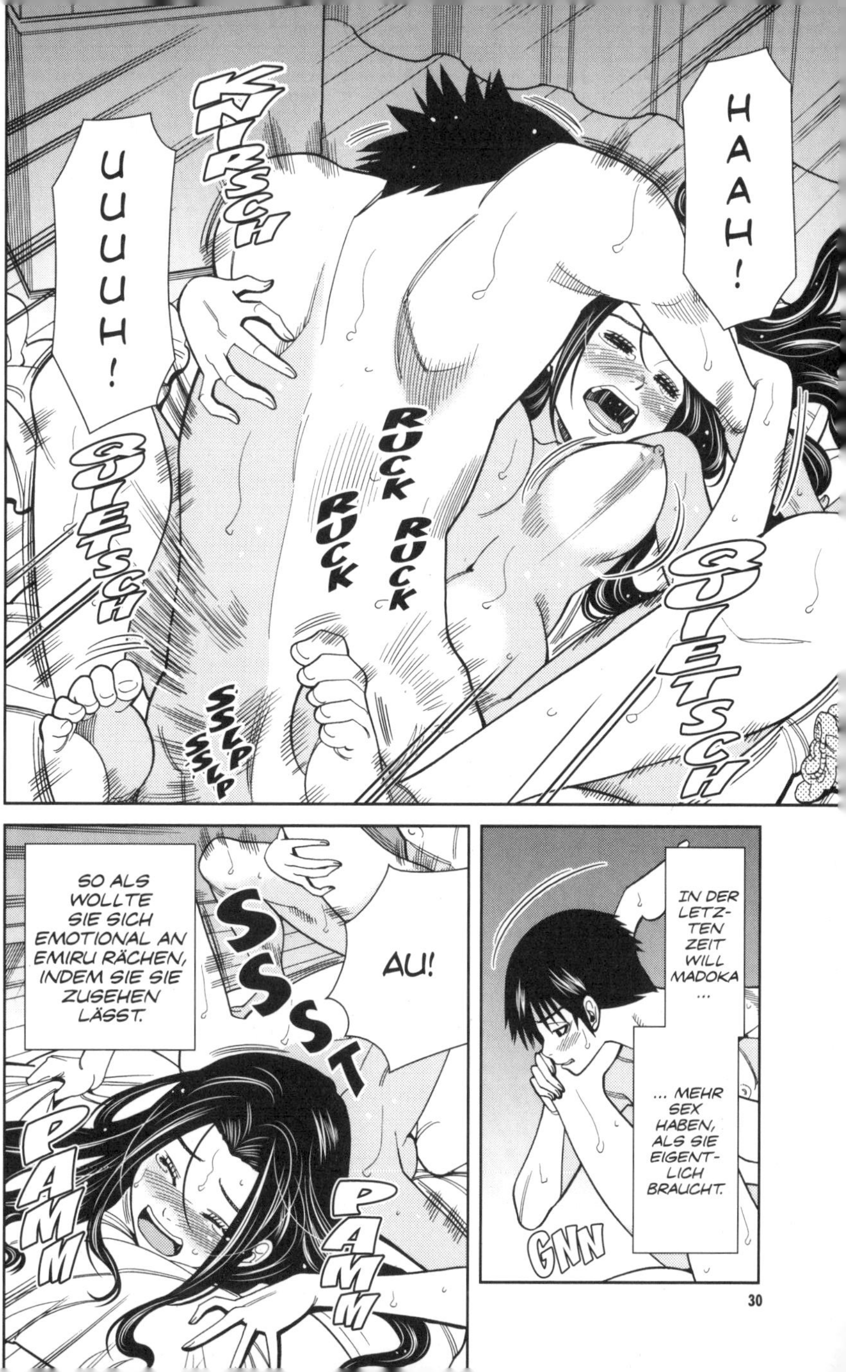

HAAH!
KNIRSCH
UUUUUH!
RUCK RUCK
RUCK
QUIETSCH
SSLUP SSLUP
QUIETSCH

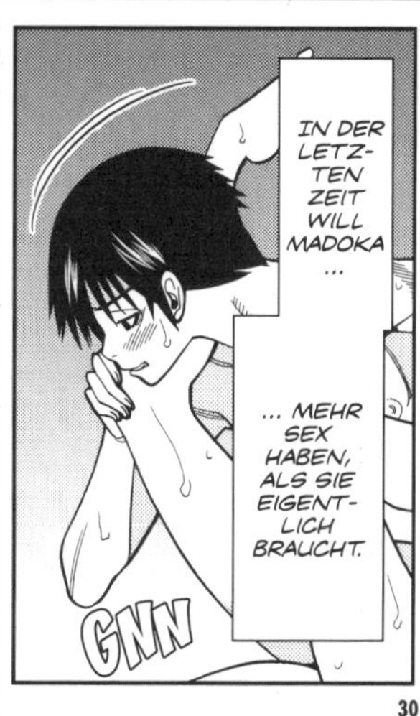

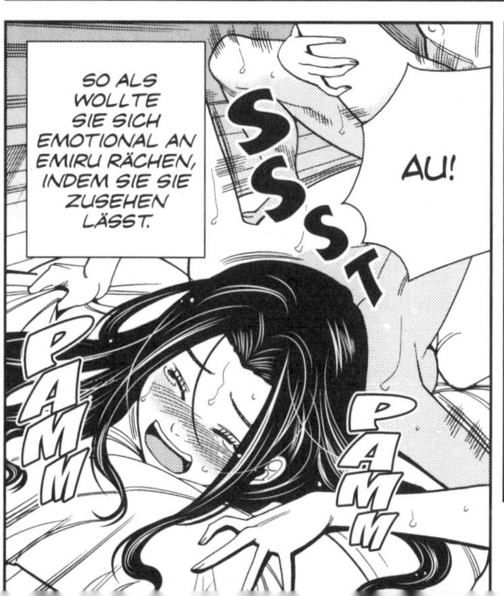

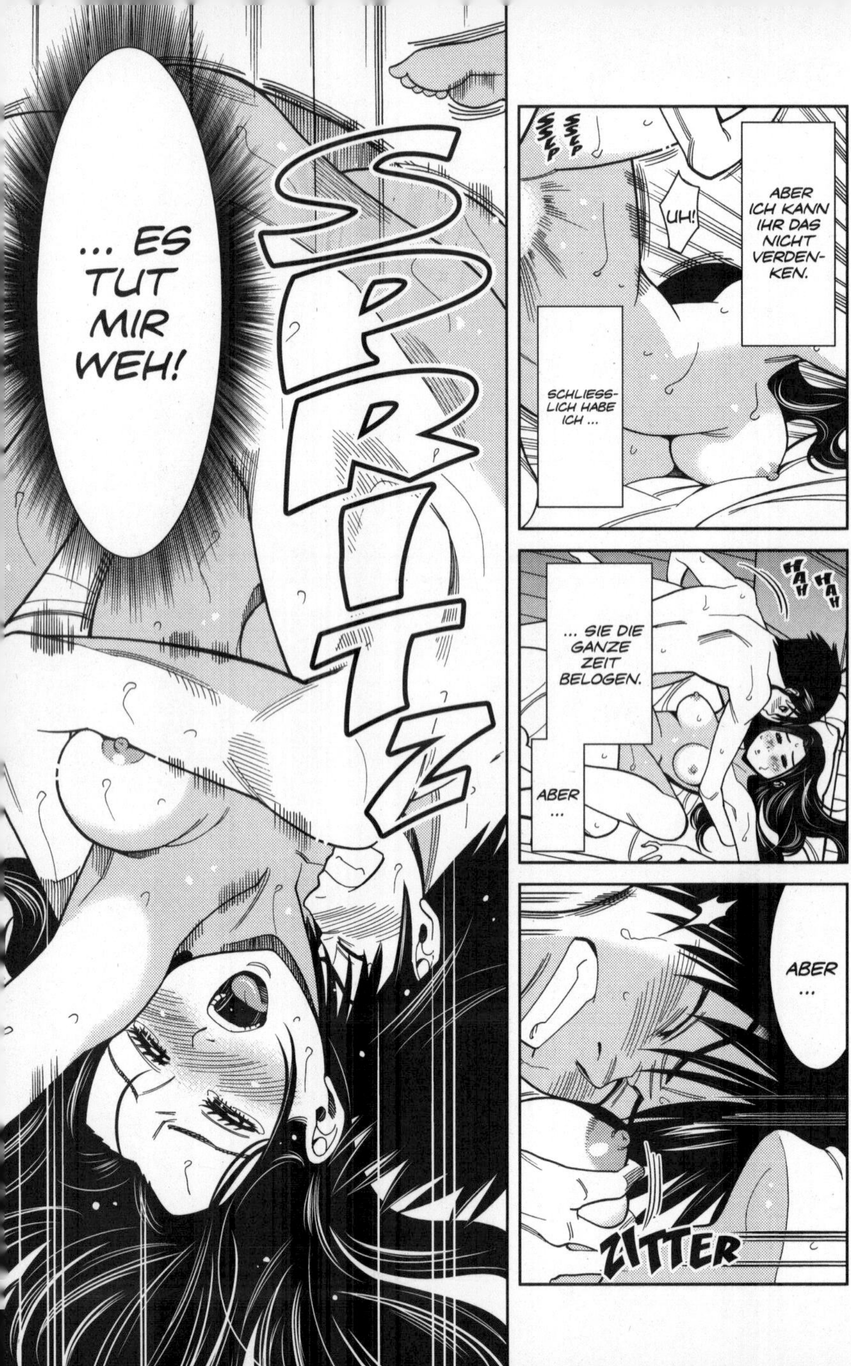

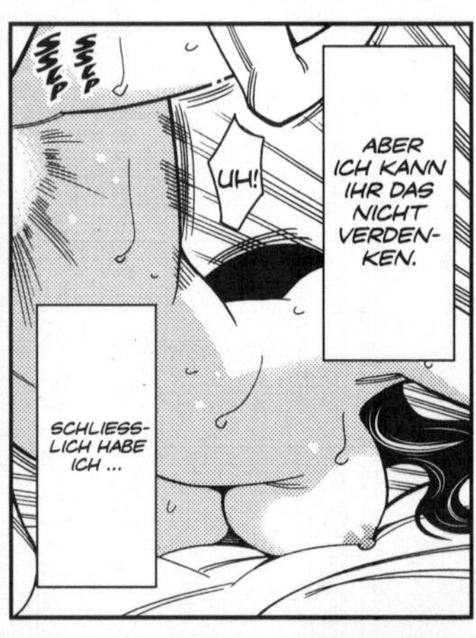

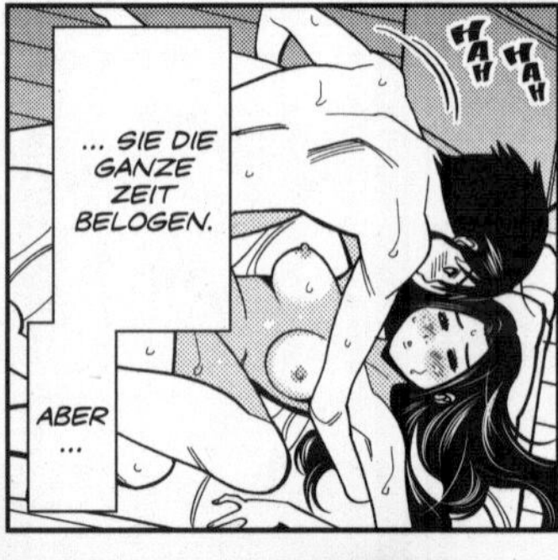

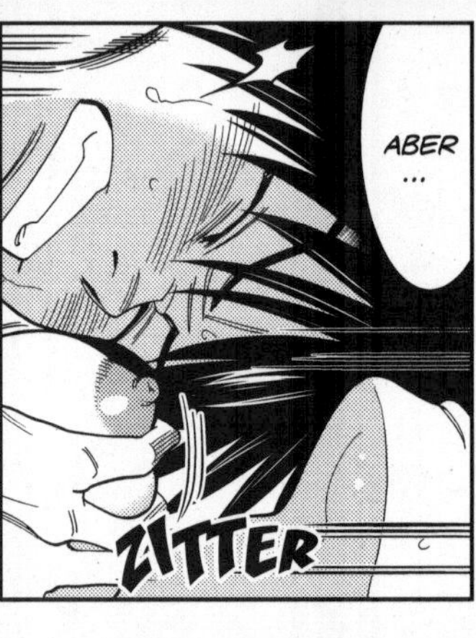

... ES TUT MIR WEH!

SPRITZ

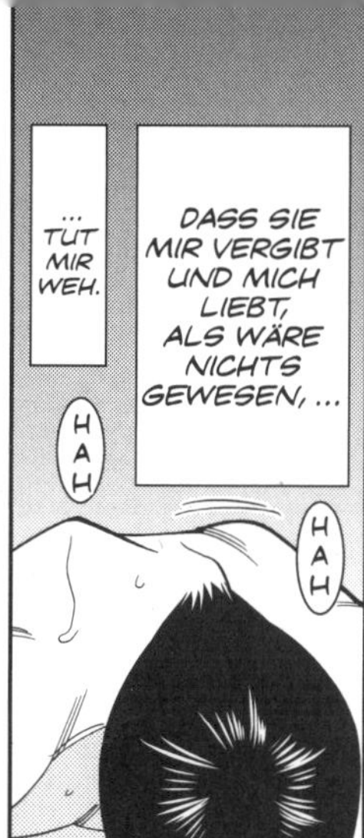
DASS SIE MIR VERGIBT UND MICH LIEBT, ALS WÄRE NICHTS GEWESEN, ...
... TÜT MIR WEH.
HAH
HAH

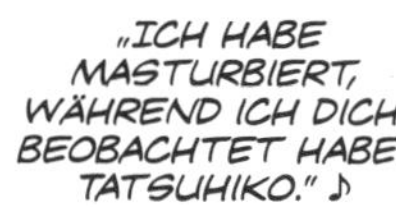
„ICH HABE MASTURBIERT, WÄHREND ICH DICH BEOBACHTET HABE, TATSUHIKO.“ ♪

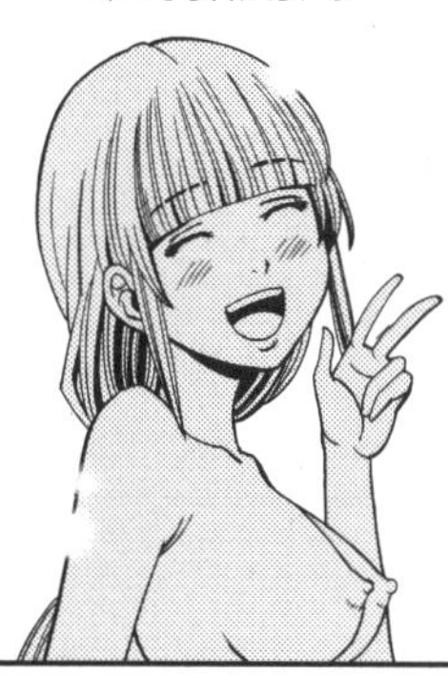

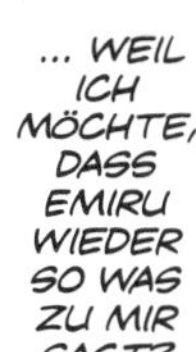
SCHLAFE ICH NUR DESHALB MIT MADOKA, ...
... WEIL ICH MÖCHTE, DASS EMIRU WIEDER SO WAS ZU MIR SAGT?
IEEK

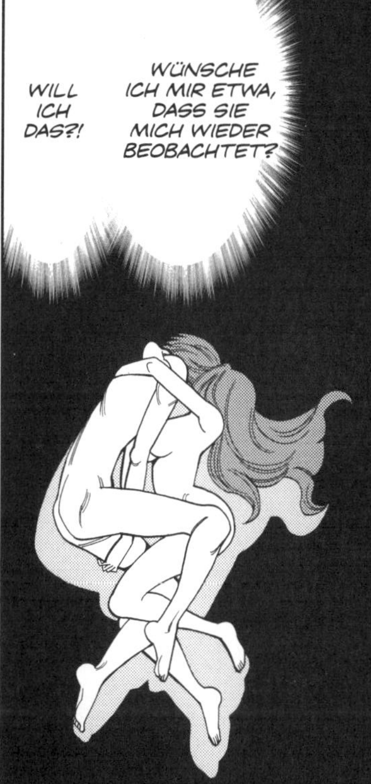
WÜNSCHE ICH MIR ETWA, DASS SIE MICH WIEDER BEOBACHTET?
WILL ICH DAS?!

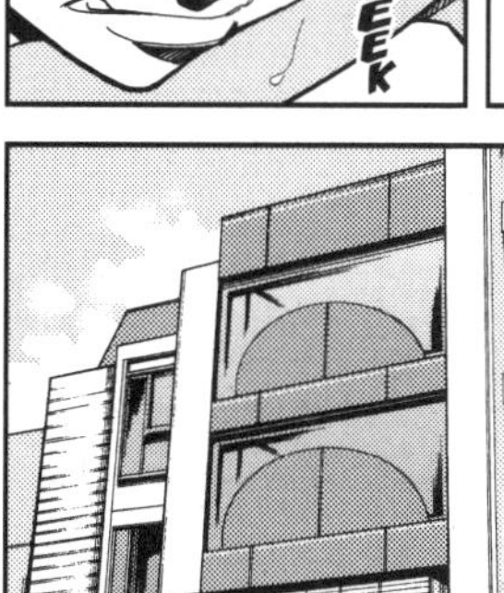

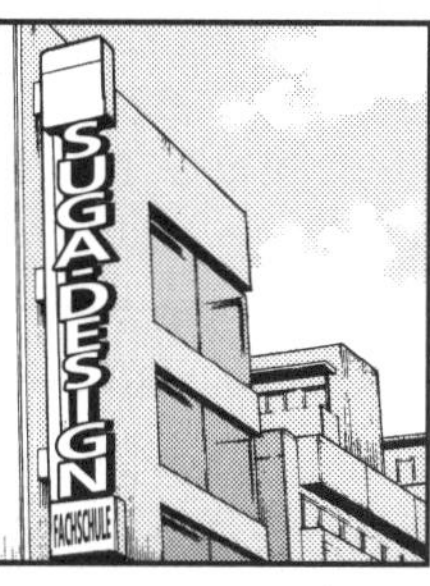
SUGA-DESIGN
FACHSCHULE

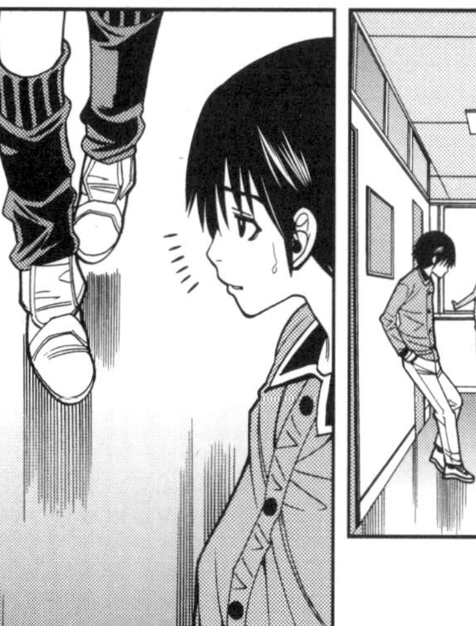

!

NUCK

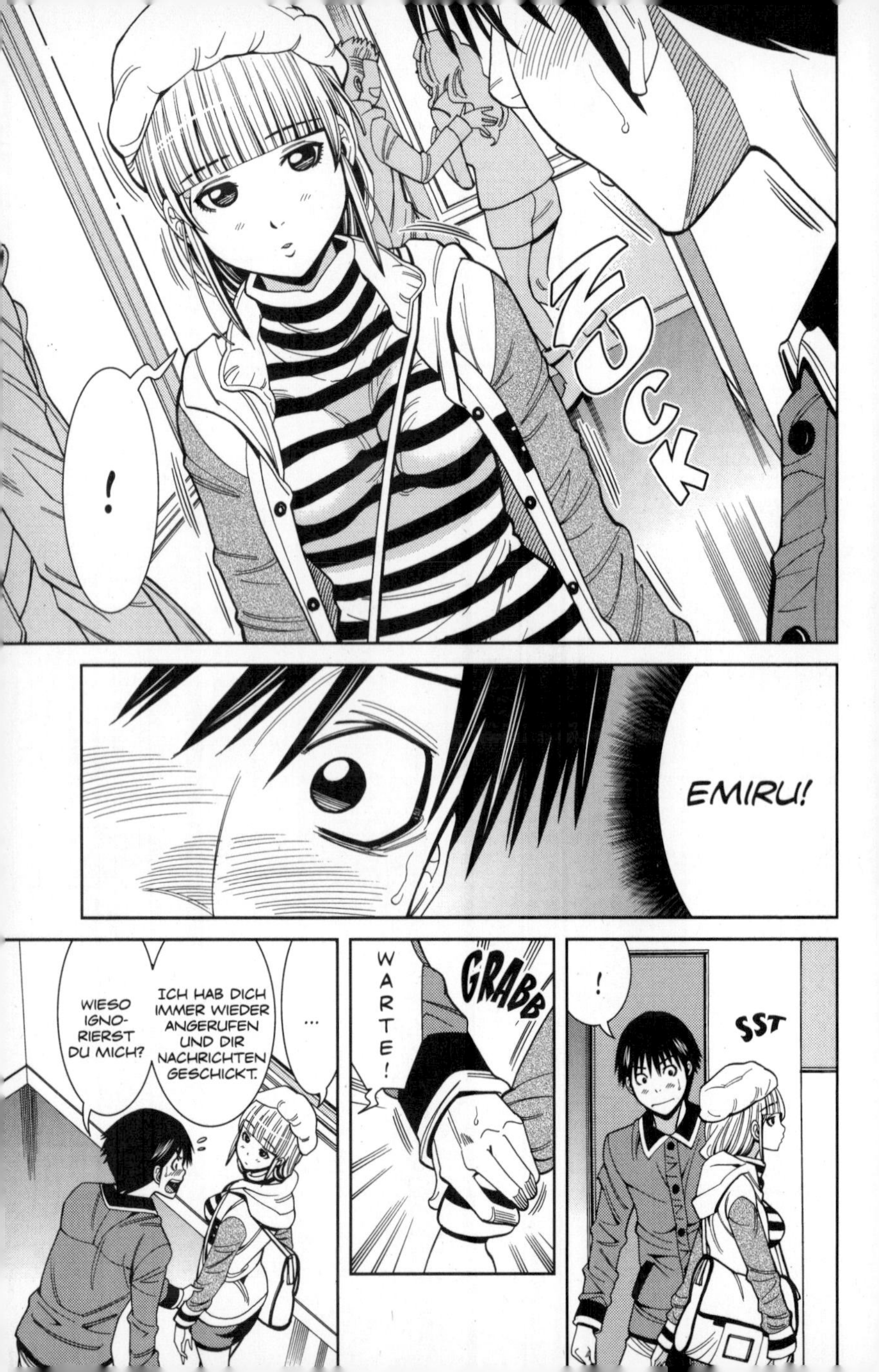

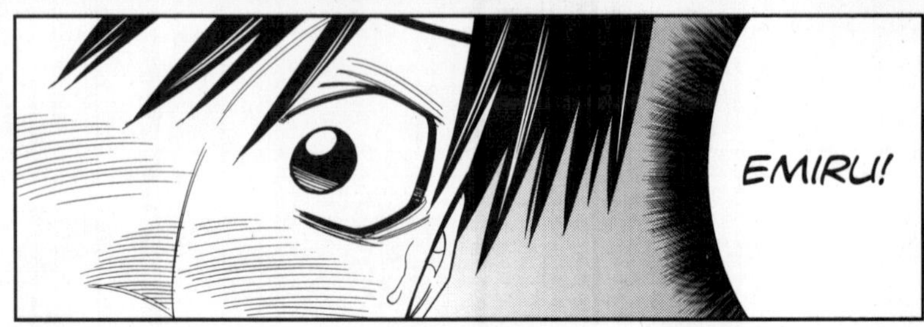
EMIRU!

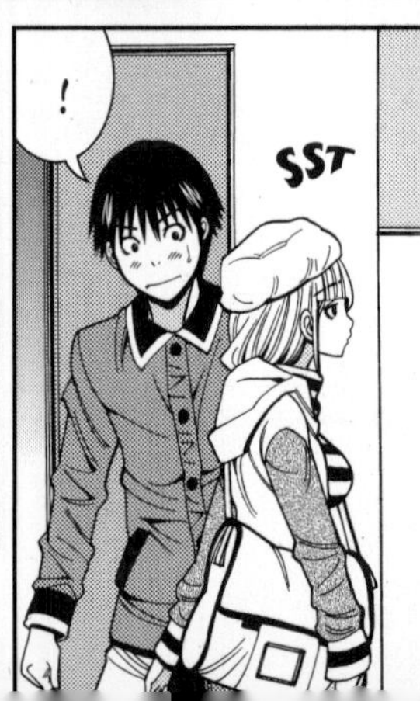
!
SST

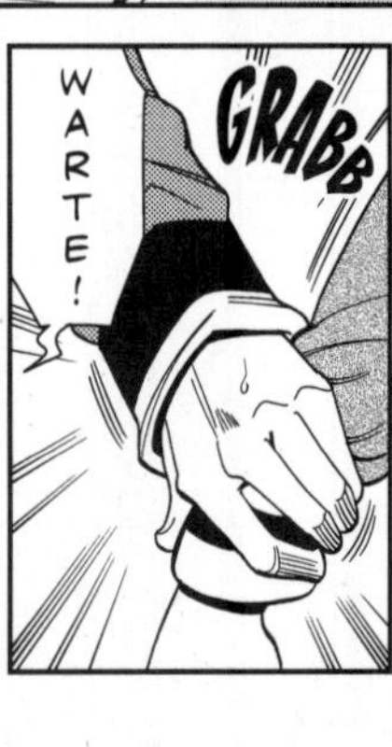
WARTE!
GRABB

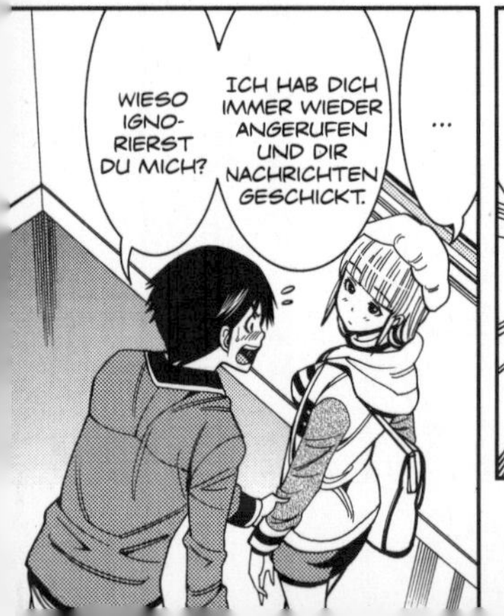
...
ICH HAB DICH IMMER WIEDER ANGERUFEN UND DIR NACHRICHTEN GESCHICKT.
WIESO IGNORIERST DU MICH?

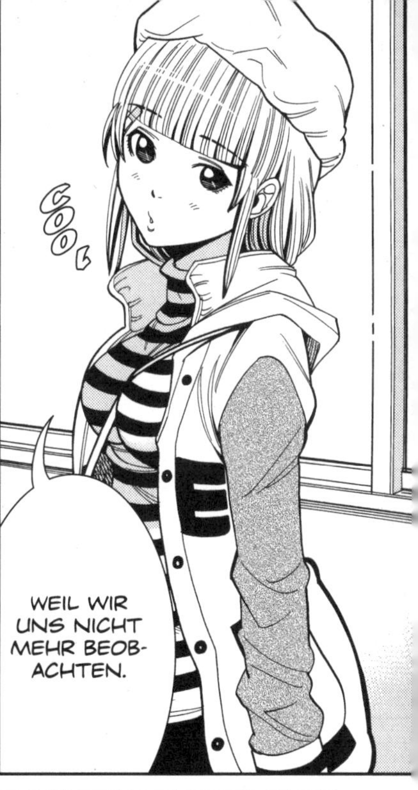
COOL
WEIL WIR UNS NICHT MEHR BEOBACHTEN.

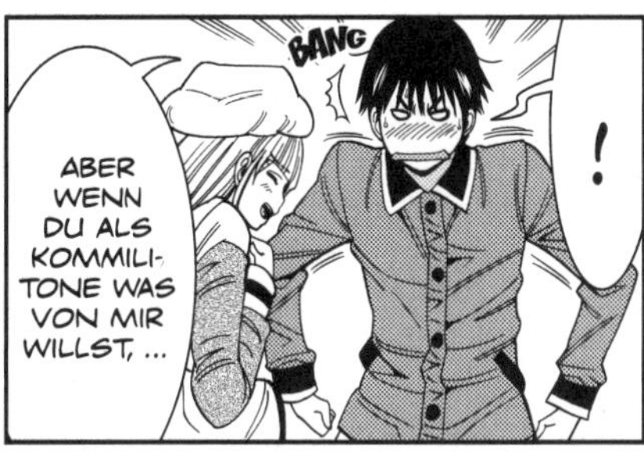
BANG
!
ABER WENN DU ALS KOMMILITONE WAS VON MIR WILLST, ...

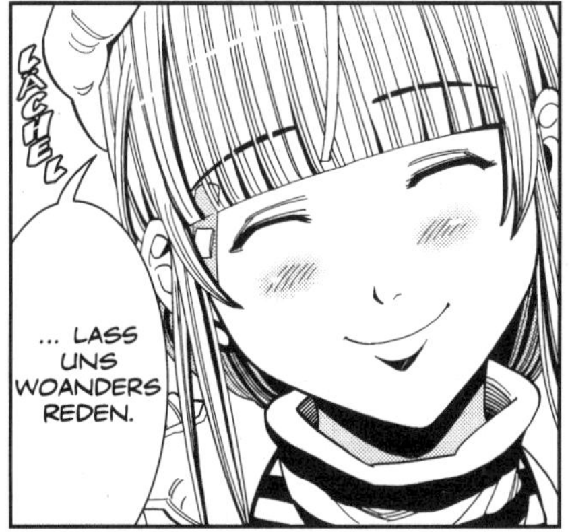
LÄCHEL
... LASS UNS WOANDERS REDEN.

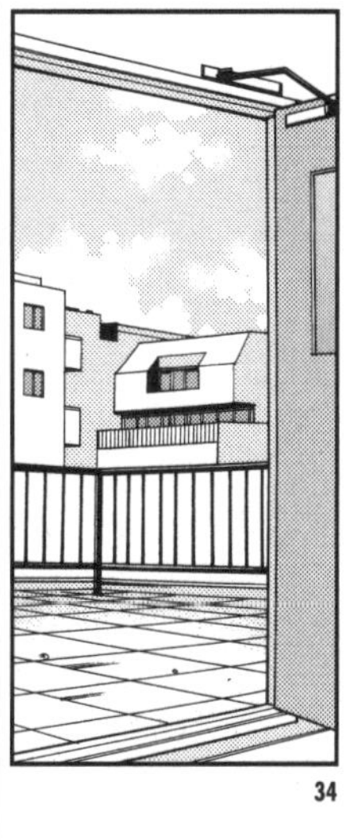

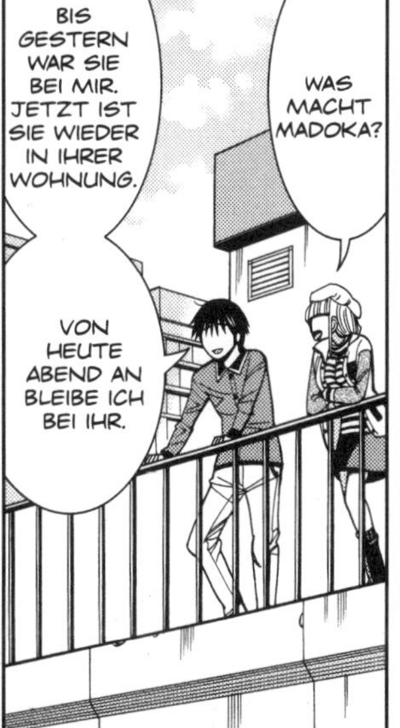
WAS MACHT MADOKA?
BIS GESTERN WAR SIE BEI MIR. JETZT IST SIE WIEDER IN IHRER WOHNUNG.
VON HEUTE ABEND AN BLEIBE ICH BEI IHR.

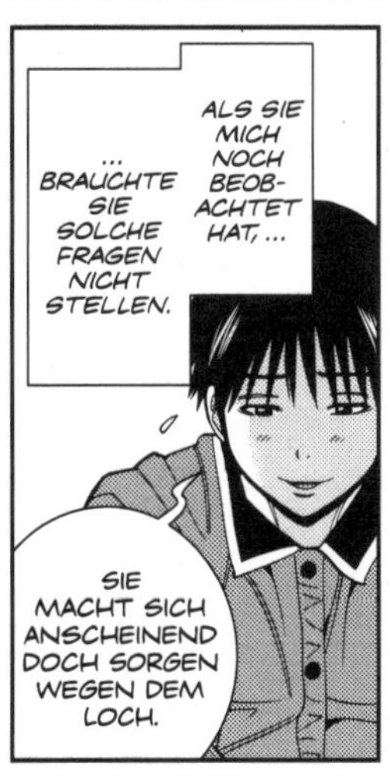
ALS SIE MICH NOCH BEOBACHTET HAT, ...
... BRAUCHTE SIE SOLCHE FRAGEN NICHT STELLEN.
SIE MACHT SICH ANSCHEINEND DOCH SORGEN WEGEN DEM LOCH.

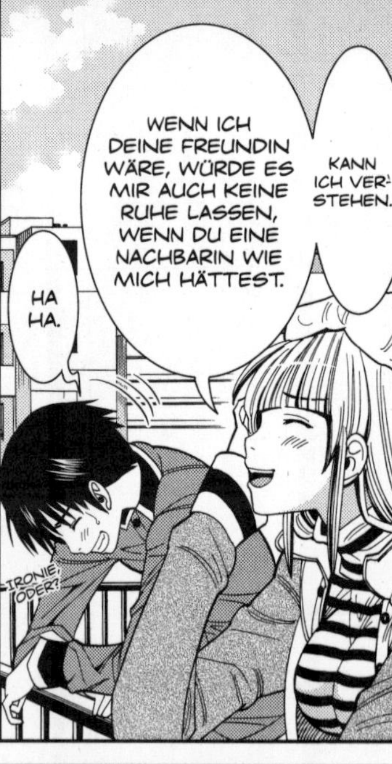
KANN ICH VERSTEHEN.
WENN ICH DEINE FREUNDIN WÄRE, WÜRDE ES MIR AUCH KEINE RUHE LASSEN, WENN DU EINE NACHBARIN WIE MICH HÄTTEST.
HA HA.
IRONIE, ODER?

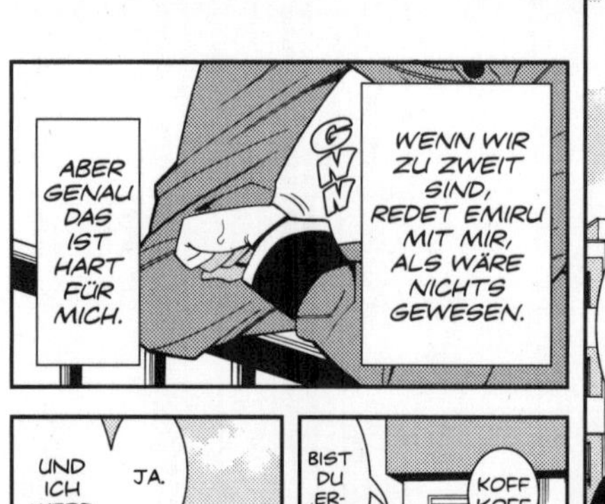
GNN
WENN WIR ZU ZWEIT SIND, REDET EMIRU MIT MIR, ALS WÄRE NICHTS GEWESEN.
ABER GENAU DAS IST HART FÜR MICH.
KOFF KOFF
BIST DU ERKÄLTET?
JA.
UND ICH WERD ES EINFACH NICHT LOS.
KOFF

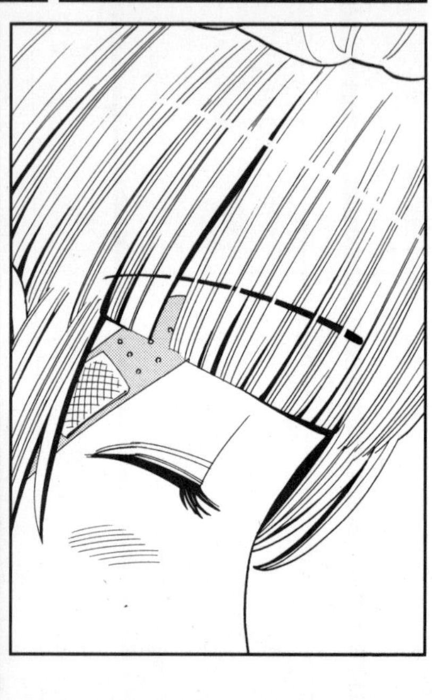

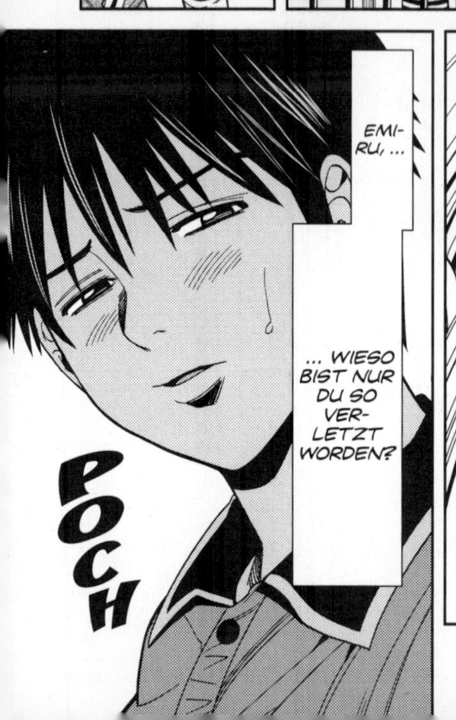
EMIRU, ...
... WIESO BIST NUR DU SO VERLETZT WORDEN?
POCH

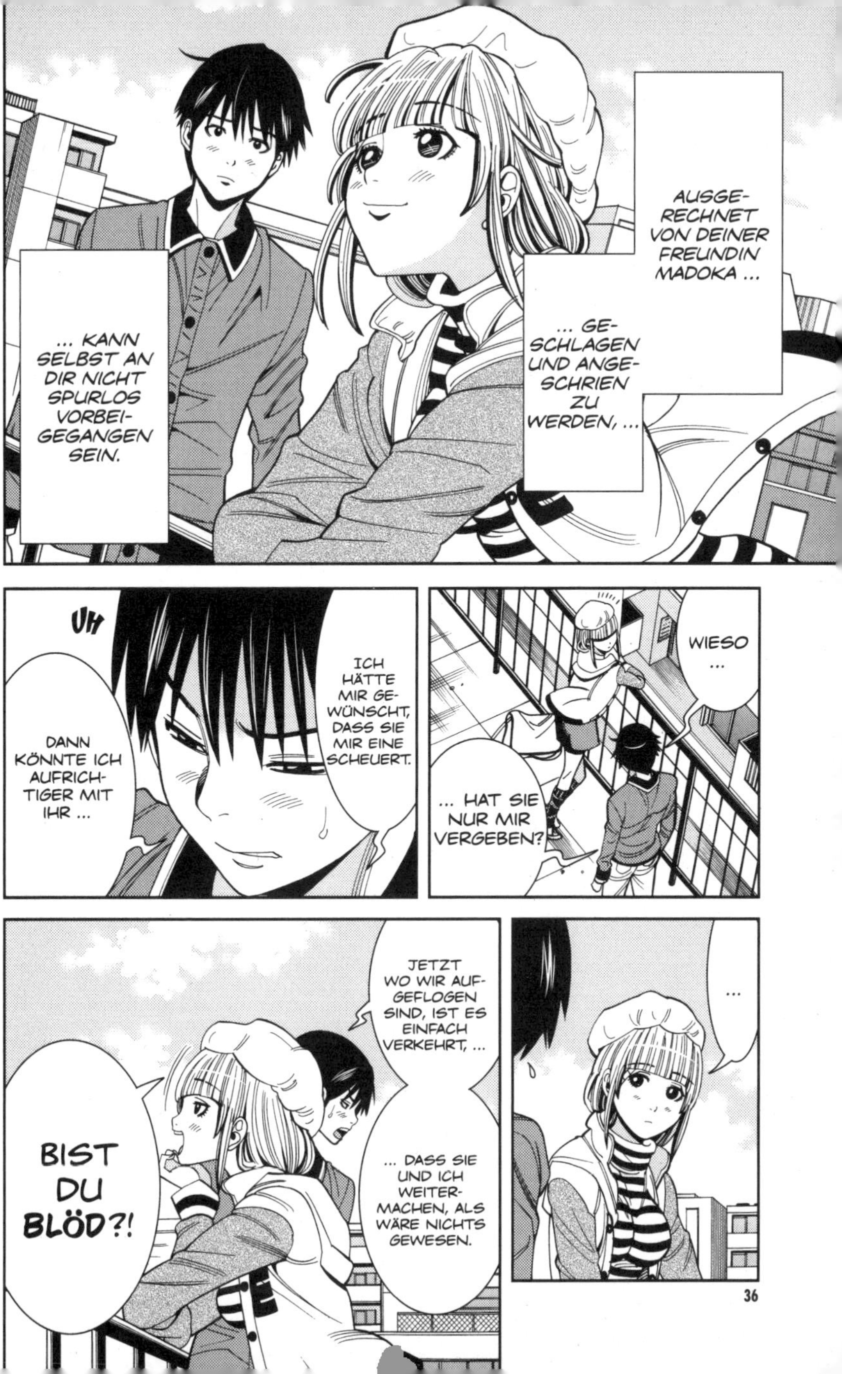

AUSGERECHNET VON DEINER FREUNDIN MADOKA ...

... GESCHLAGEN UND ANGESCHRIEN ZU WERDEN, ...

... KANN SELBST AN DIR NICHT SPURLOS VORBEIGEGANGEN SEIN.

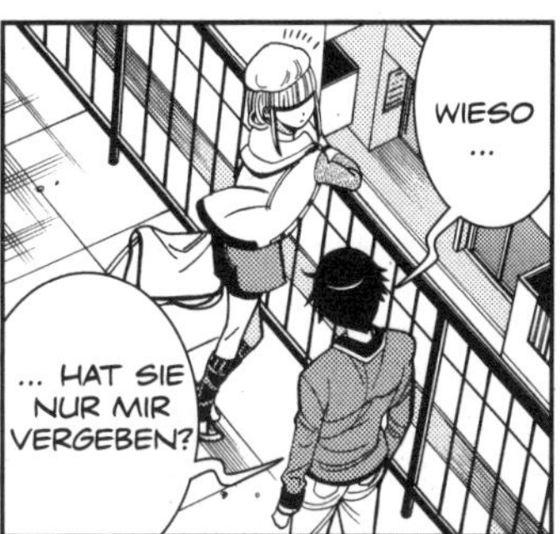

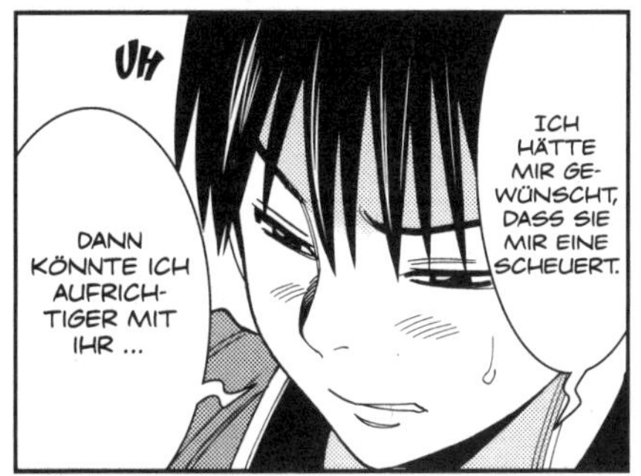

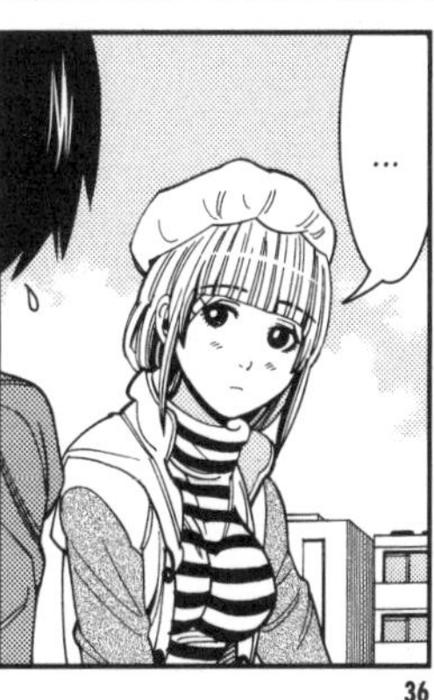

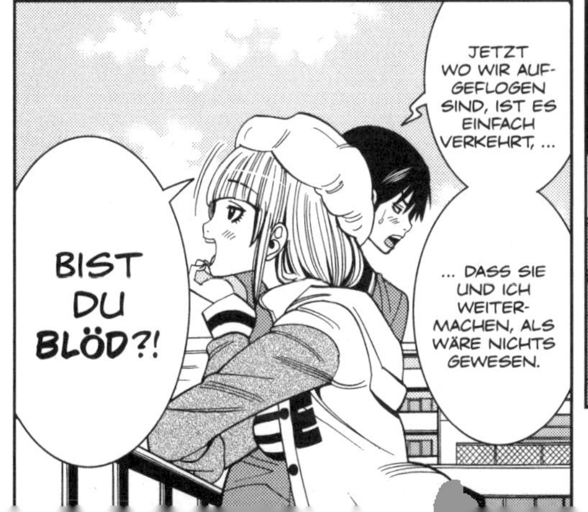

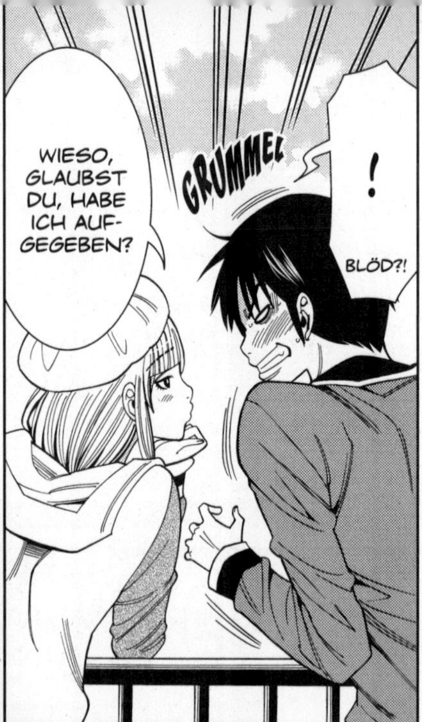
BLÖD?!
!
GRUMMEL
WIESO, GLAUBST DU, HABE ICH AUF-GEGEBEN?

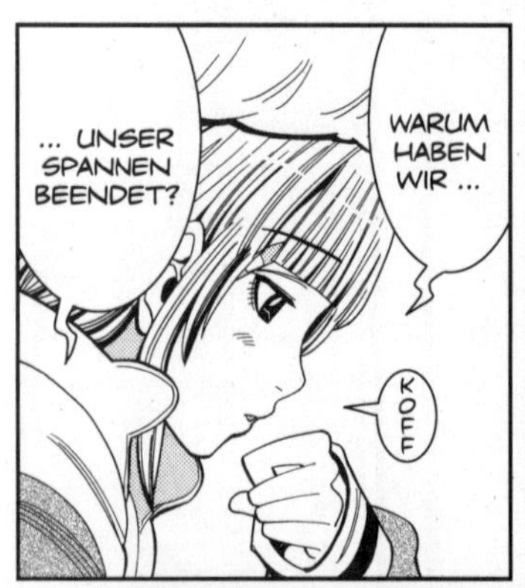
WARUM HABEN WIR ...
... UNSER SPANNEN BEENDET?
KOFF

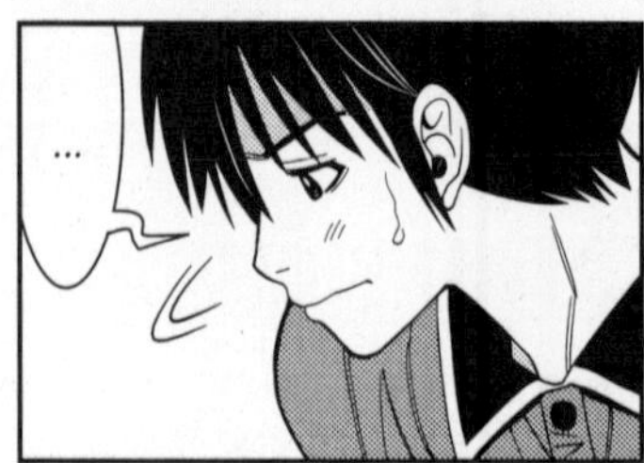
...

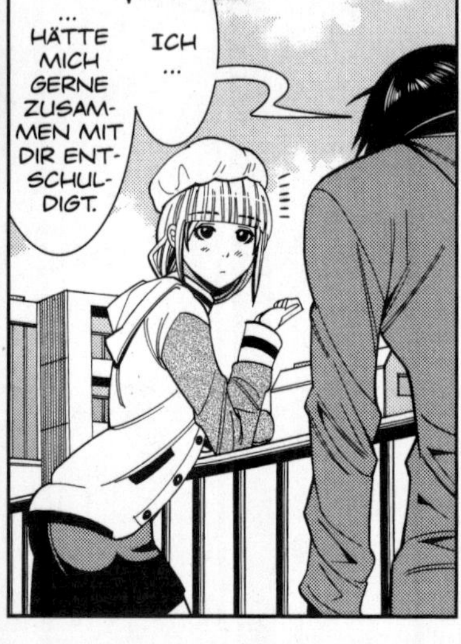
ICH ...
... HÄTTE MICH GERNE ZUSAM-MEN MIT DIR ENT-SCHUL-DIGT.

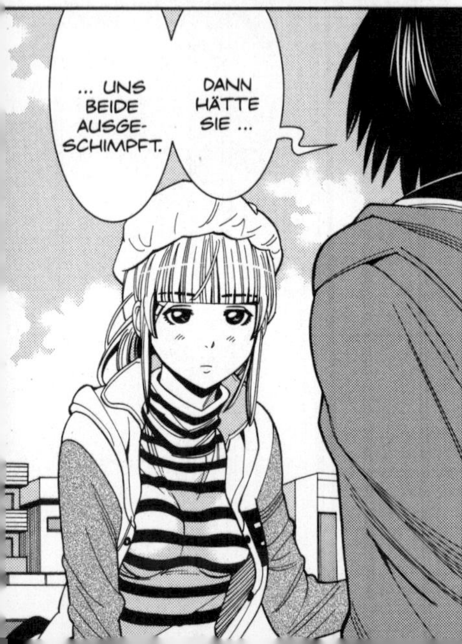
DANN HÄTTE SIE ...
... UNS BEIDE AUSGE-SCHIMPFT.

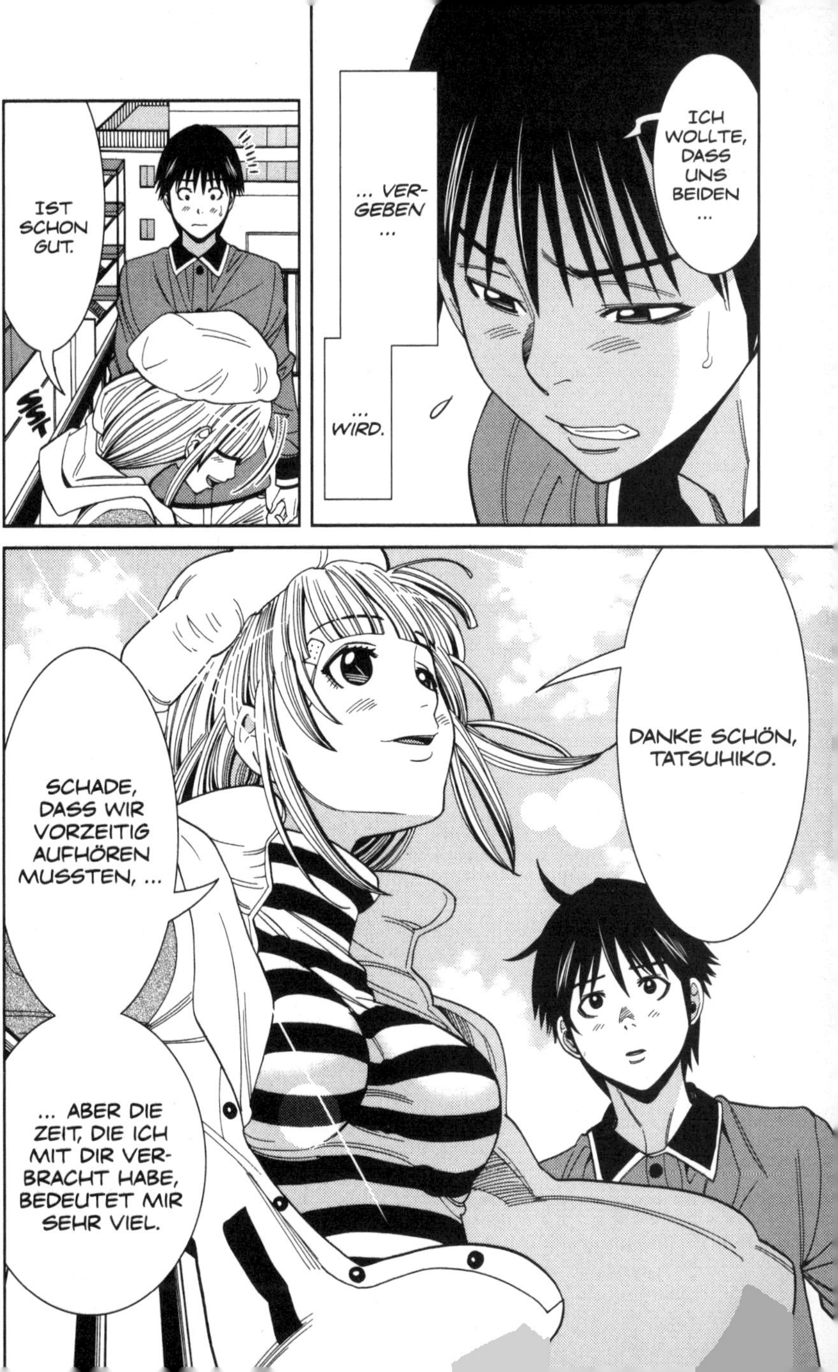

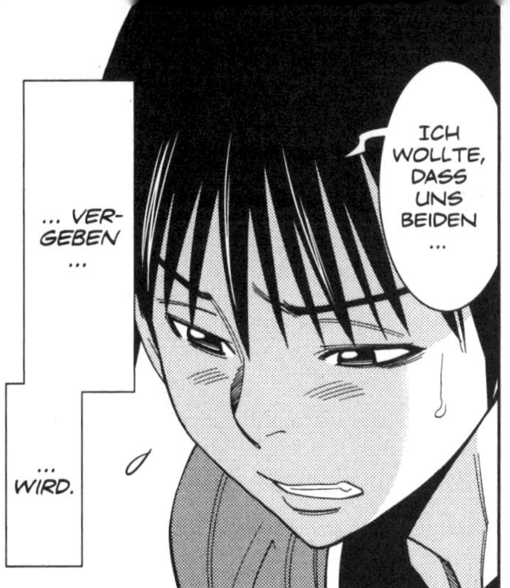

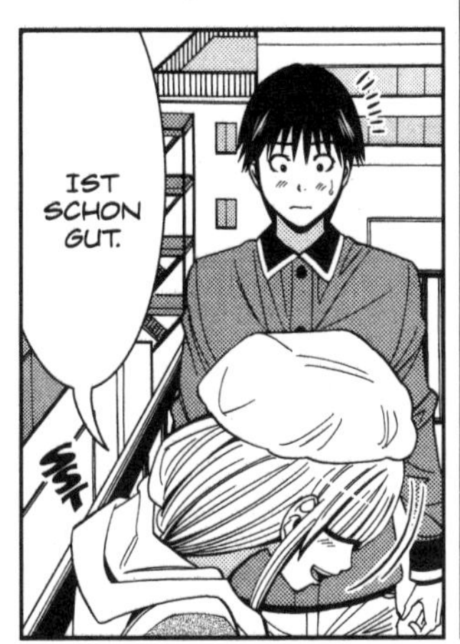

DANKE SCHÖN, TATSUHIKO.

SCHADE, DASS WIR VORZEITIG AUFHÖREN MUSSTEN, ...

... ABER DIE ZEIT, DIE ICH MIT DIR VERBRACHT HABE, BEDEUTET MIR SEHR VIEL.

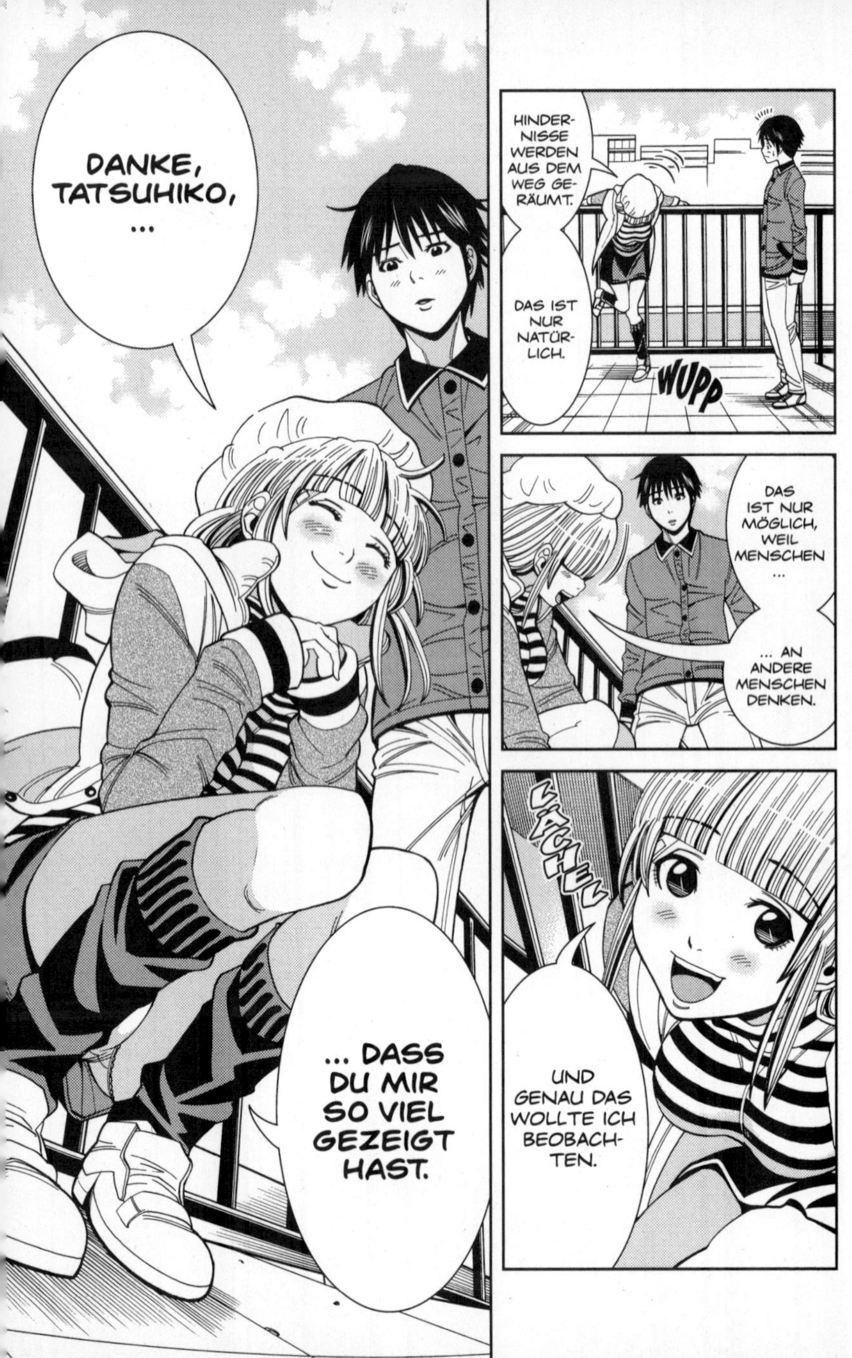
HINDER-NISSE WERDEN AUS DEM WEG GE-RÄUMT.
DAS IST NUR NATÜR-LICH.
WUPP
DAS IST NUR MÖGLICH, WEIL MENSCHEN ...
... AN ANDERE MENSCHEN DENKEN.
LÄCHEL
UND GENAU DAS WOLLTE ICH BEOBACH-TEN.
DANKE, TATSUHIKO, ...
... DASS DU MIR SO VIEL GEZEIGT HAST.

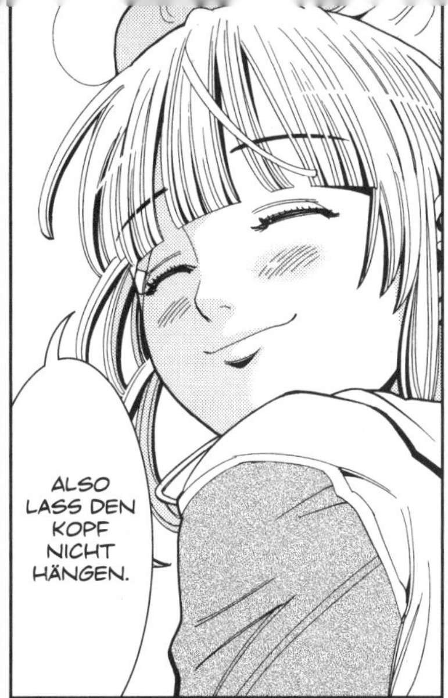
ALSO LASS DEN KOPF NICHT HÄNGEN.

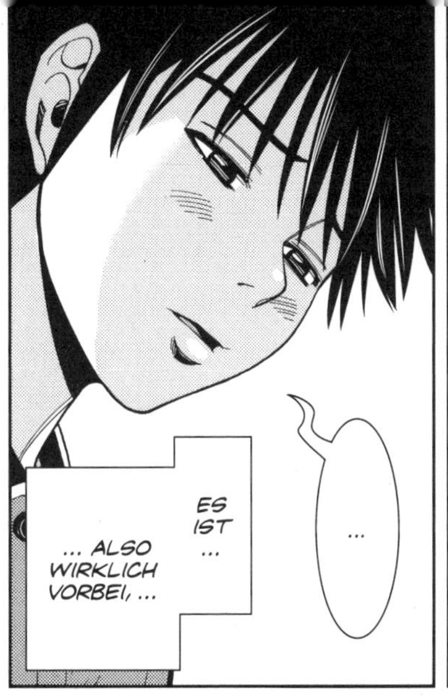
...
ES IST ...
... ALSO WIRKLICH VORBEI, ...

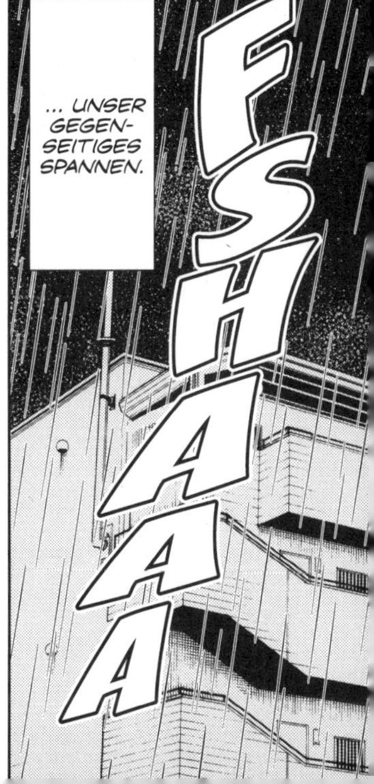
... UNSER GEGEN-SEITIGES SPANNEN.
FSHAAAA

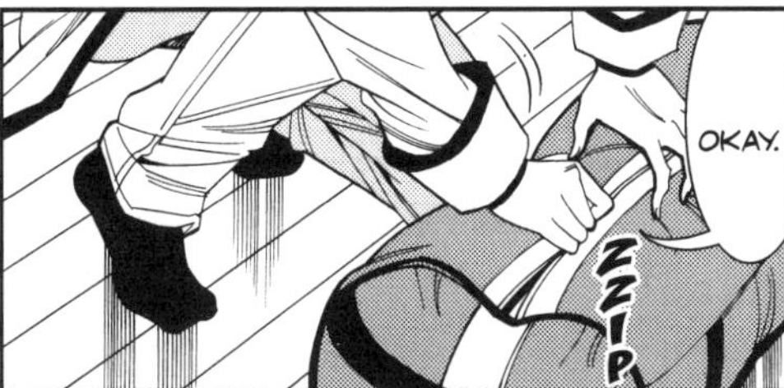
OKAY.
ZZIP

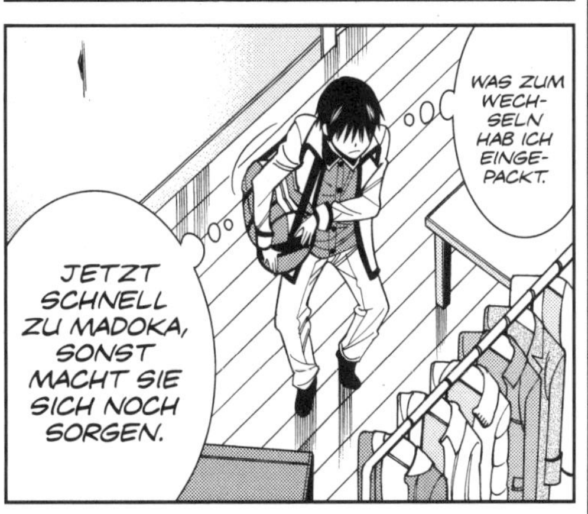
WAS ZUM WECH-SELN HAB ICH EINGE-PACKT.
JETZT SCHNELL ZU MADOKA, SONST MACHT SIE SICH NOCH SORGEN.

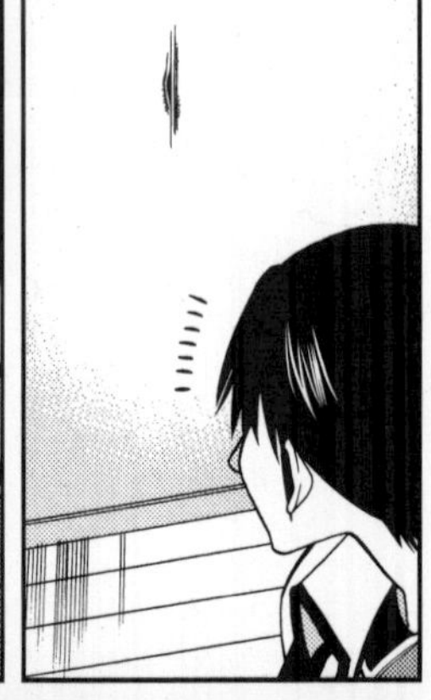
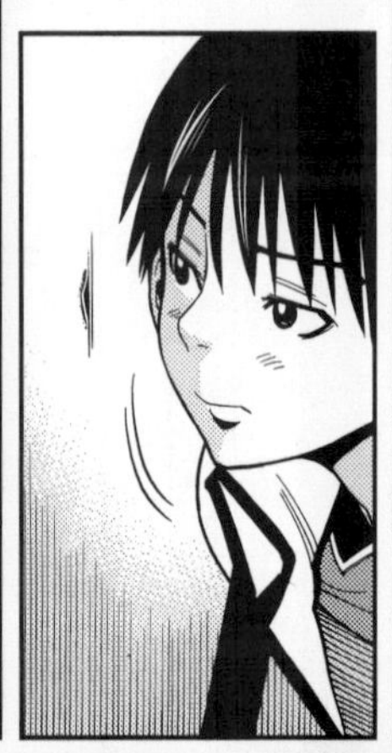
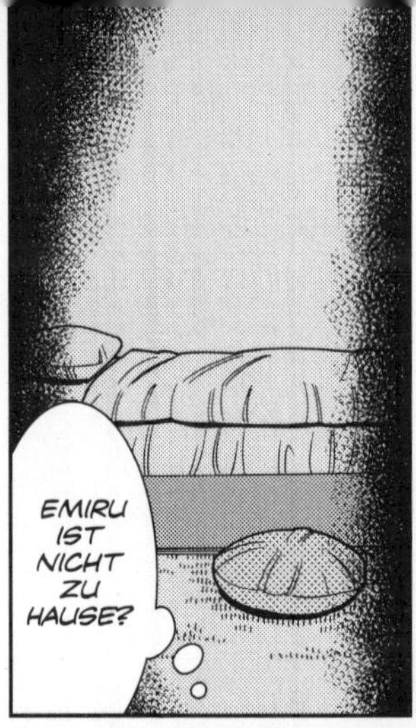
EMIRU IST NICHT ZU HAUSE?
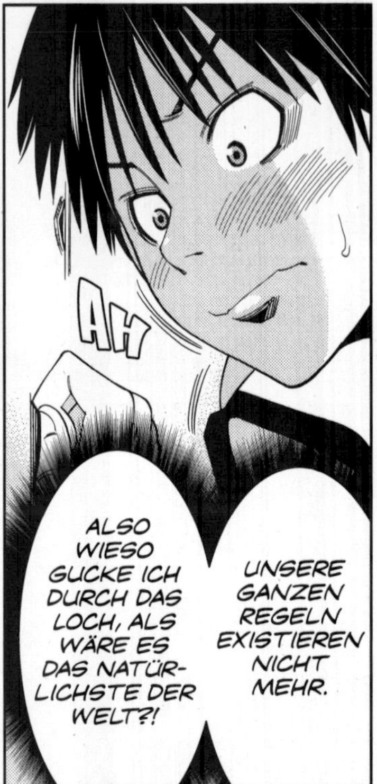
AH
UNSERE GANZEN REGELN EXISTIEREN NICHT MEHR.
ALSO WIESO GUCKE ICH DURCH DAS LOCH, ALS WÄRE ES DAS NATÜRLICHSTE DER WELT?!
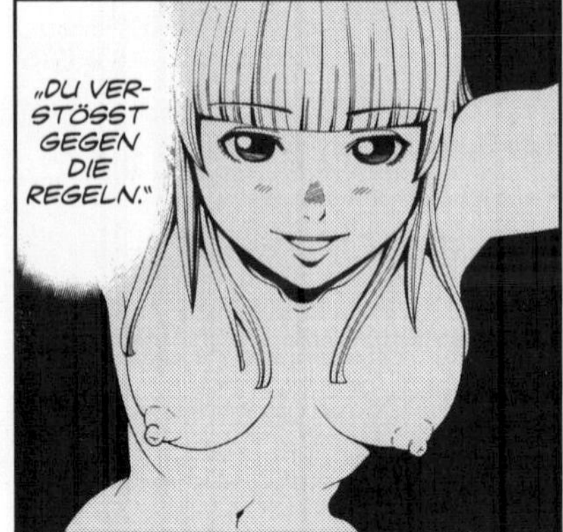
„DU VERSTÖSST GEGEN DIE REGELN."
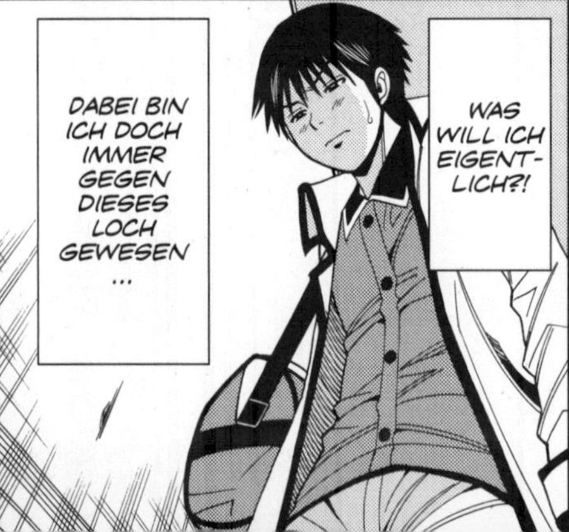
WAS WILL ICH EIGENTLICH?!
DABEI BIN ICH DOCH IMMER GEGEN DIESES LOCH GEWESEN ...

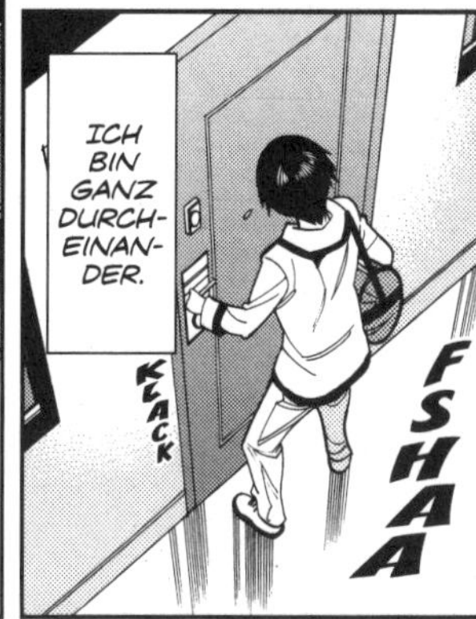
ICH BIN GANZ DURCHEINANDER.
KLACK
FSHAA

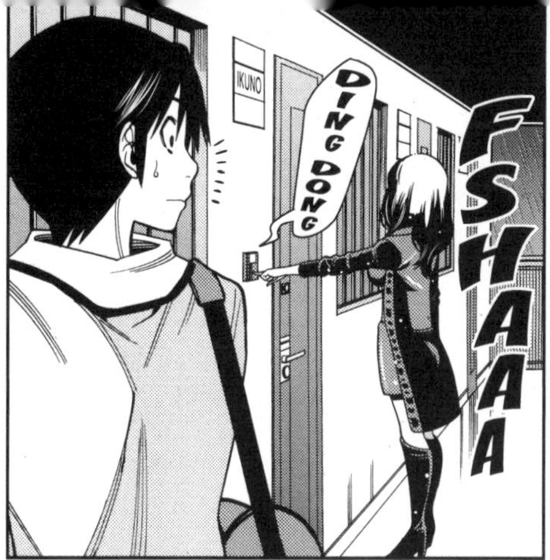
IKUNO
DING DONG
FSHAA

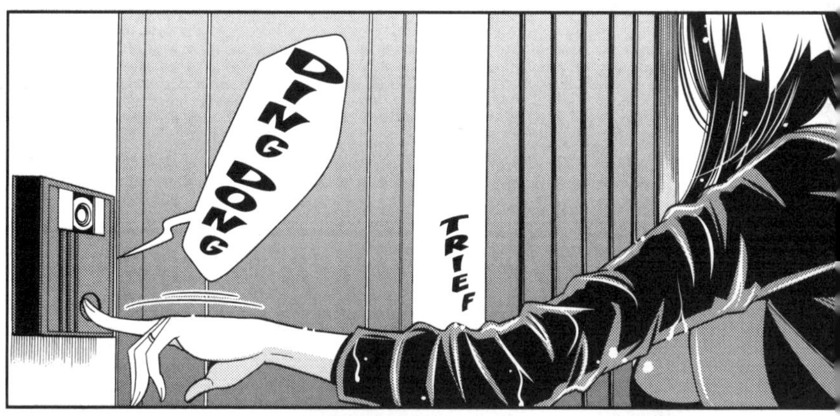
TRIEF
DING DONG

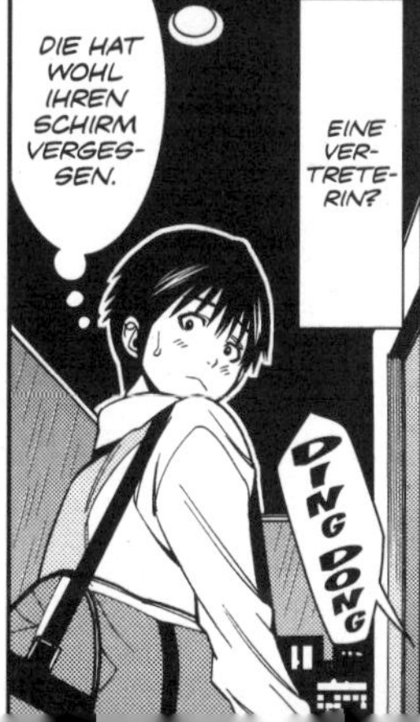
EINE VERTRETERIN?
DIE HAT WOHL IHREN SCHIRM VERGESSEN.
DING DONG

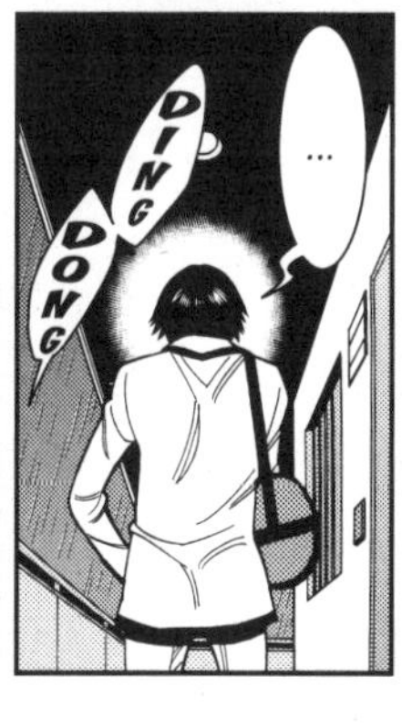
...
DING DONG

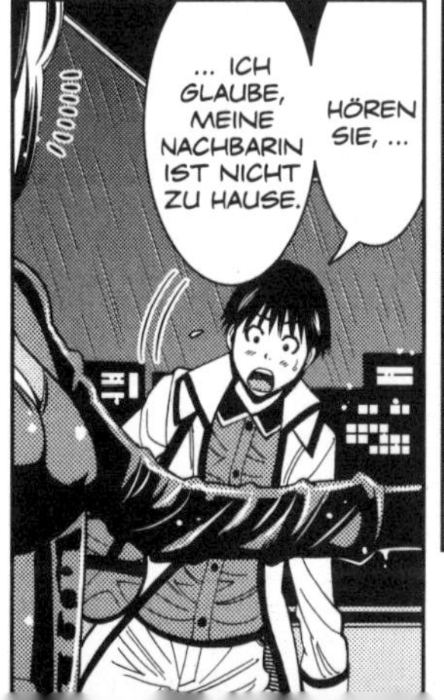
HÖREN SIE, ...
... ICH GLAUBE, MEINE NACHBARIN IST NICHT ZU HAUSE.

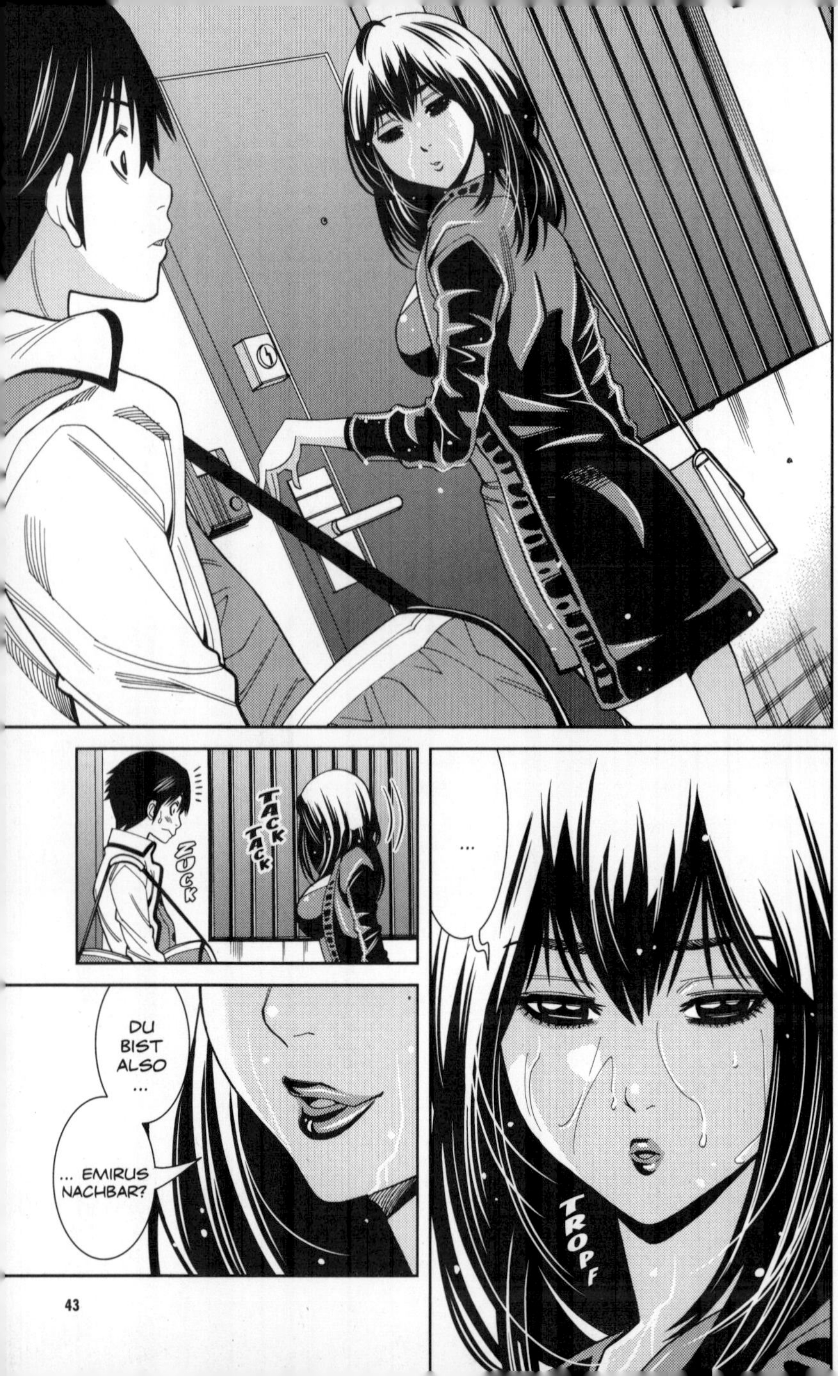

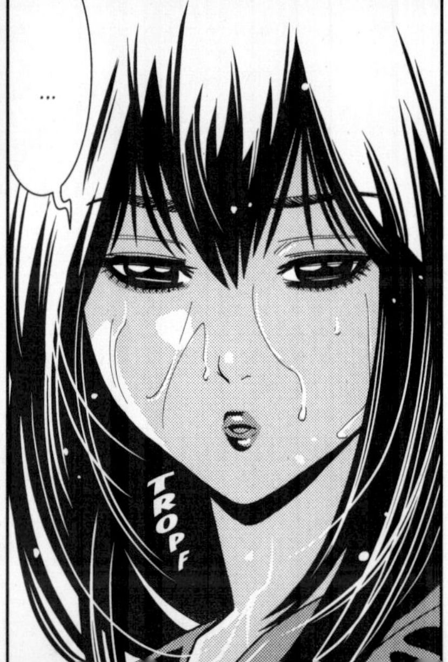
...
TROPF

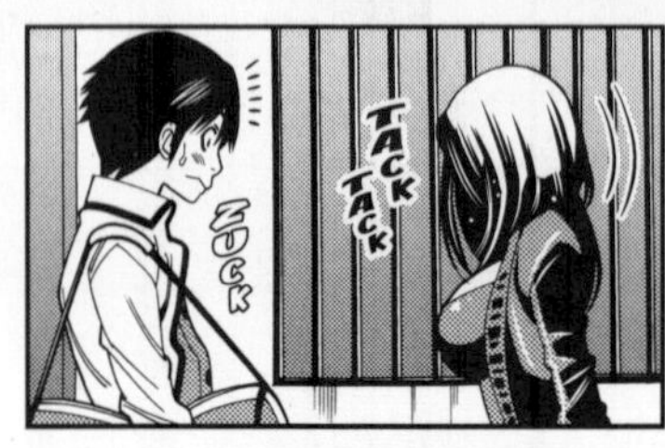
TACK
TACK
ZUCK

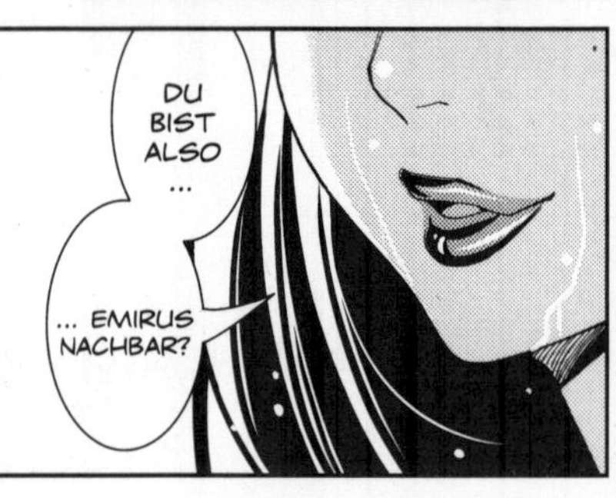
DU BIST ALSO ...
... EMIRUS NACHBAR?

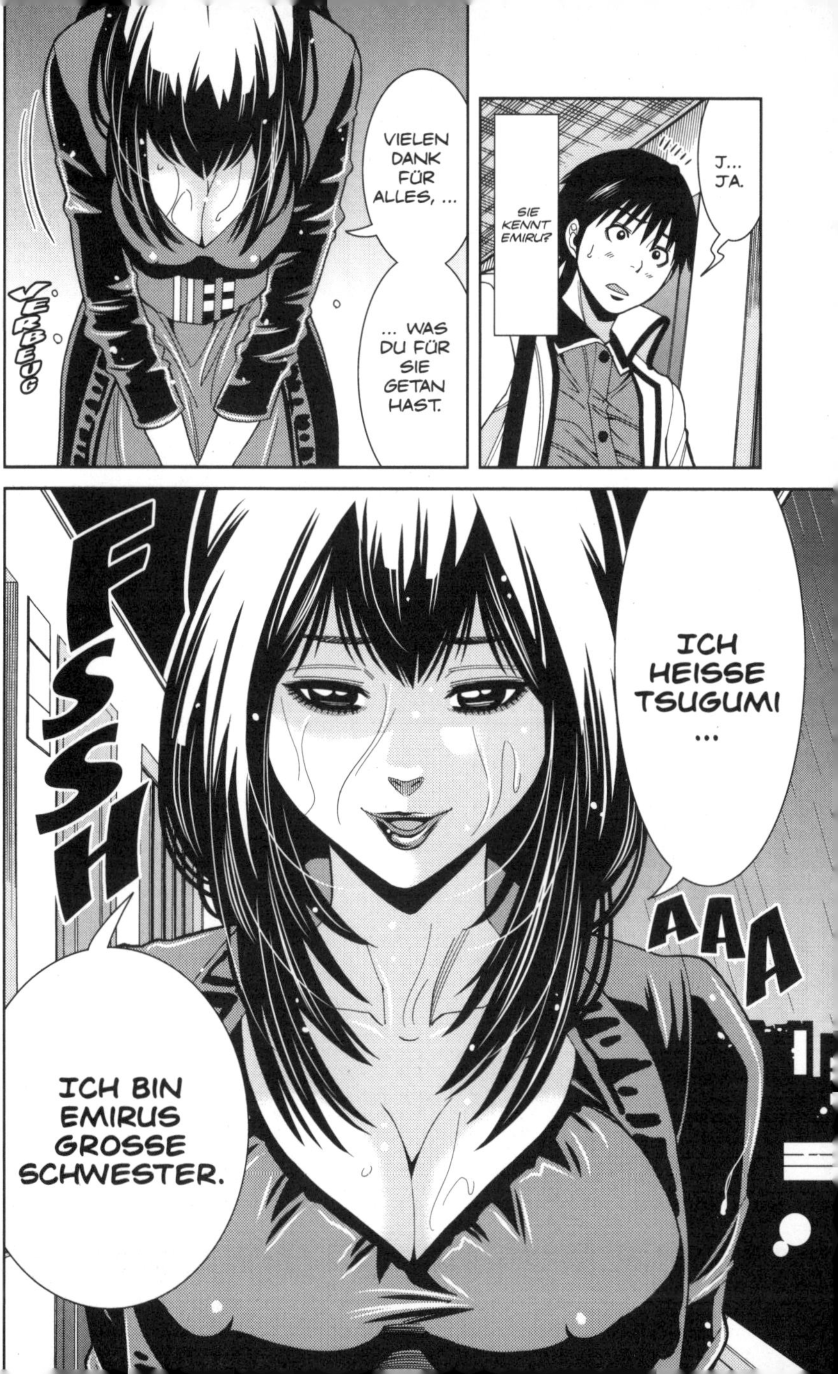

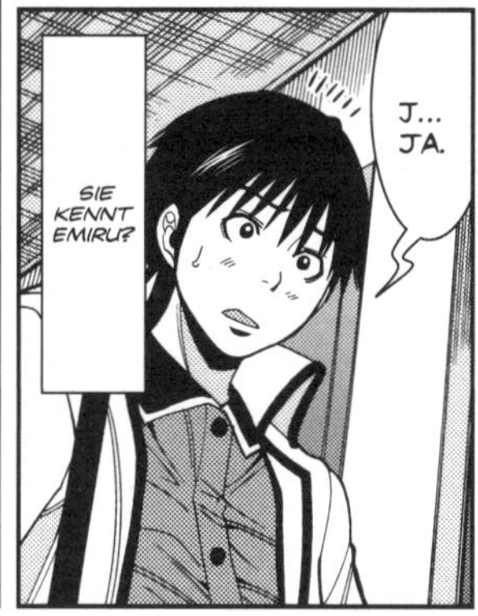

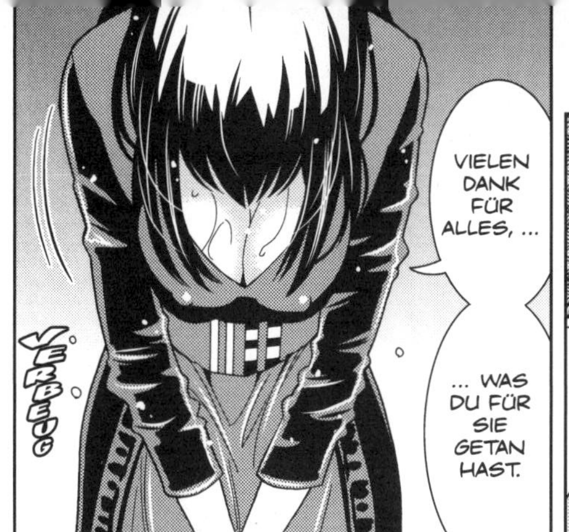

ICH HEISSE TSUGUMI ...

AAA

FSSH

ICH BIN EMIRUS GROSSE SCHWESTER.

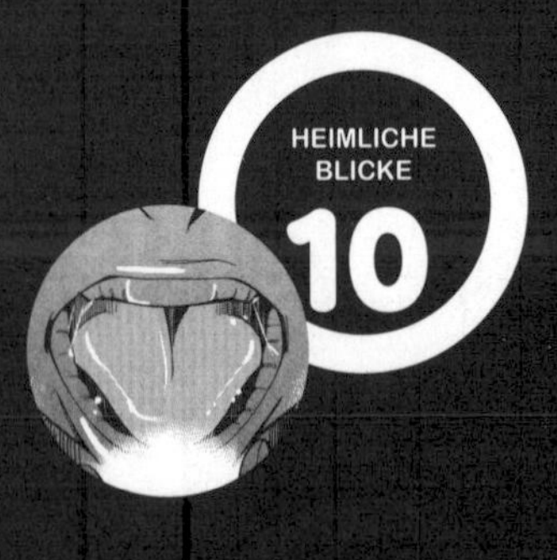
HEIMLICHE
BLICKE
10

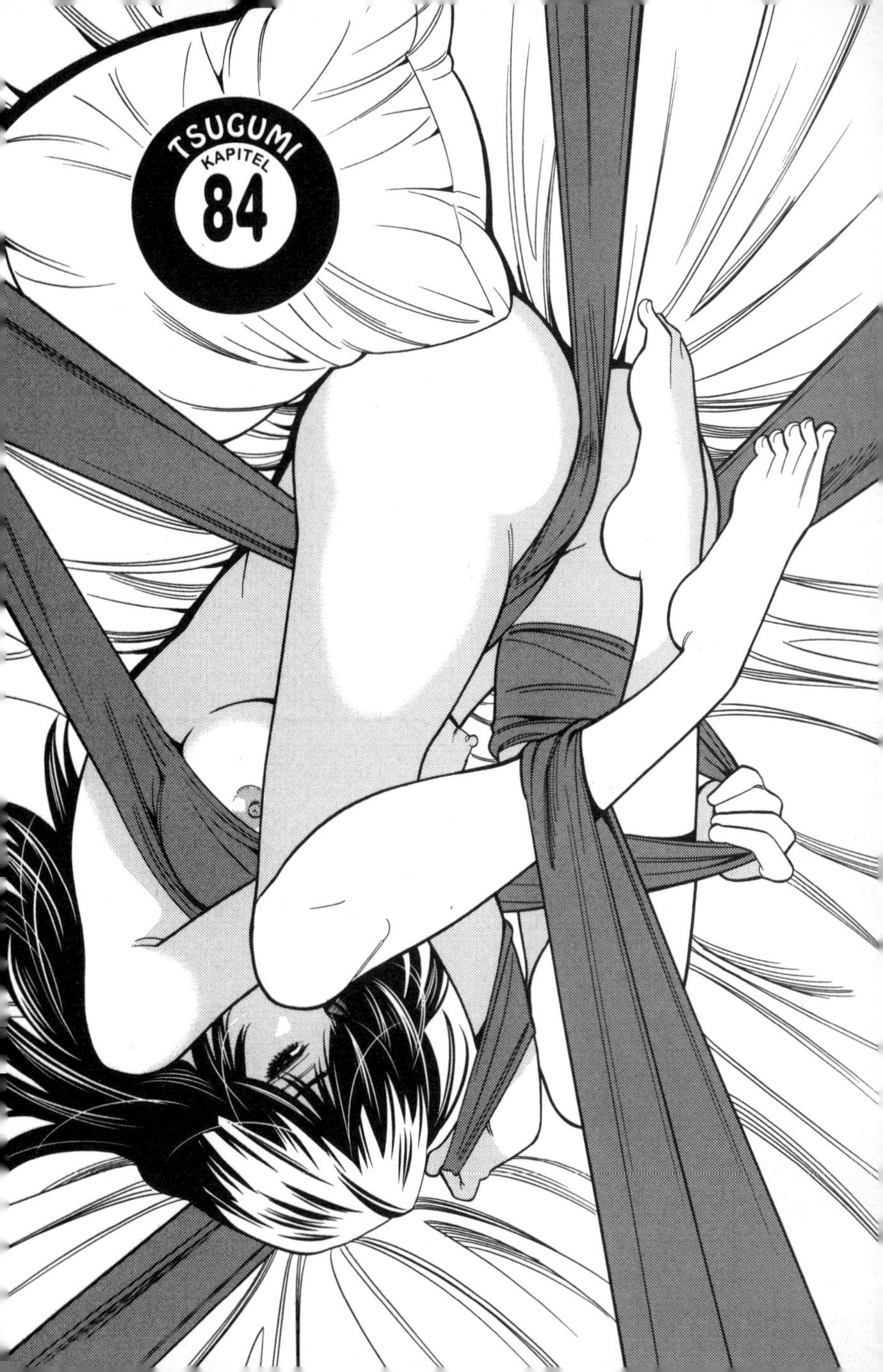
TSUGUMI
KAPITEL
84

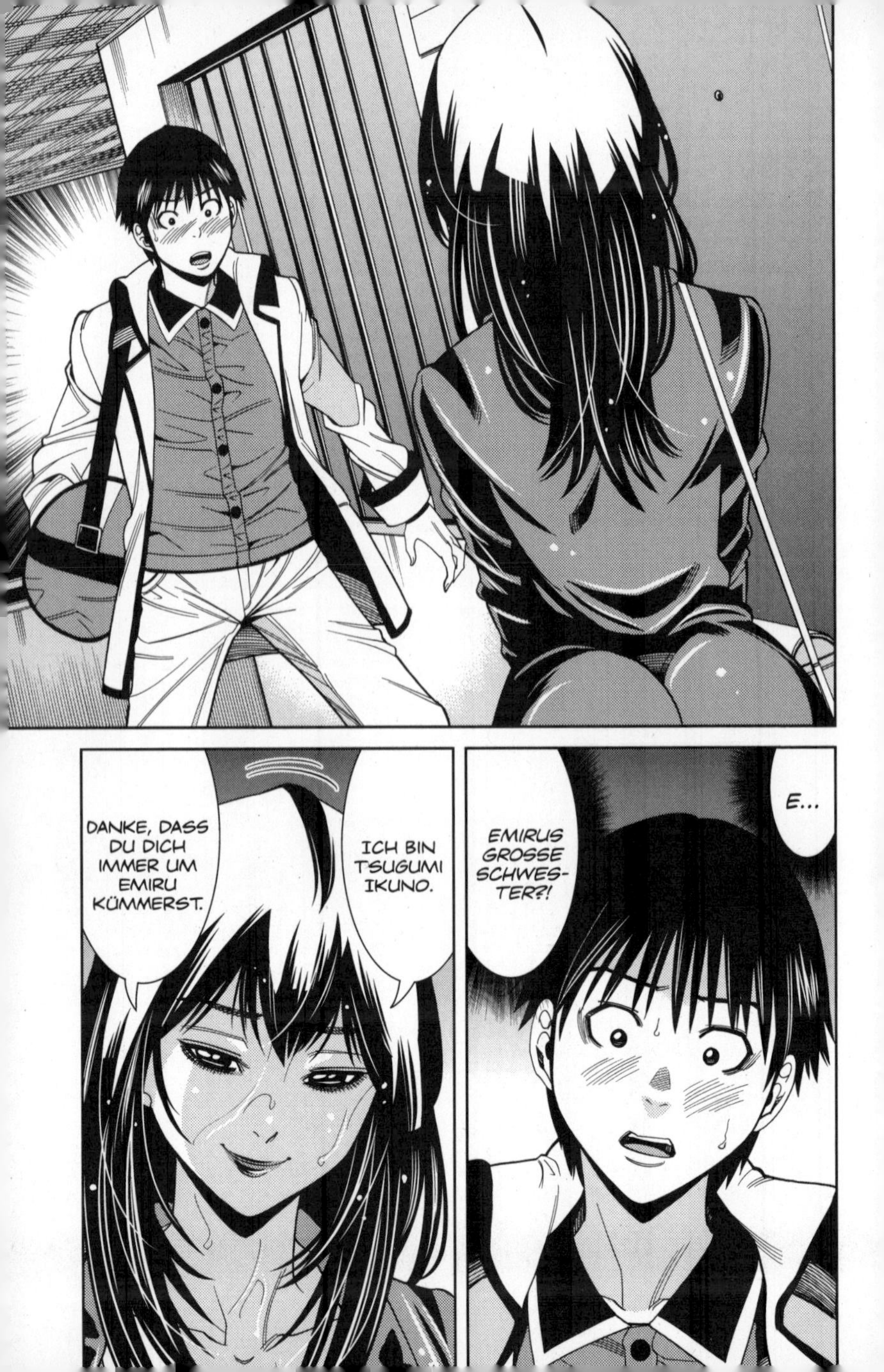

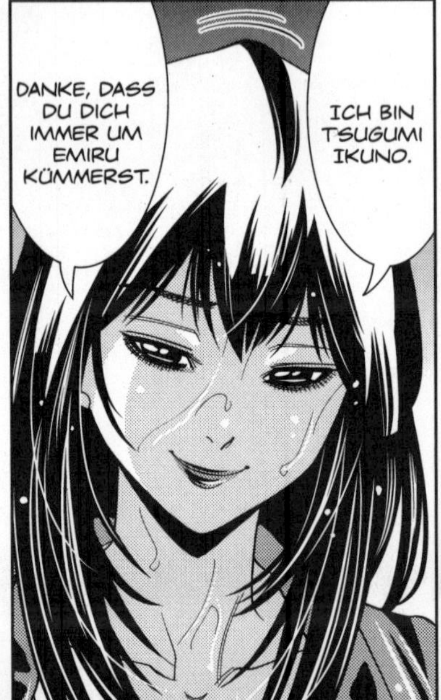
ICH BIN TSUGUMI IKUNO.
DANKE, DASS DU DICH IMMER UM EMIRU KÜMMERST.

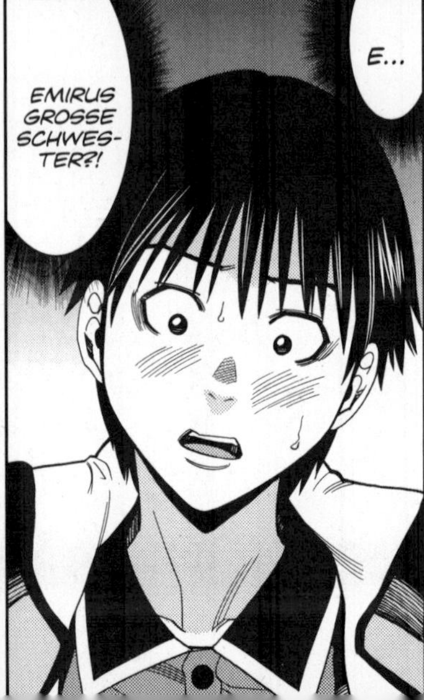
E...
EMIRUS GROSSE SCHWES-TER?!

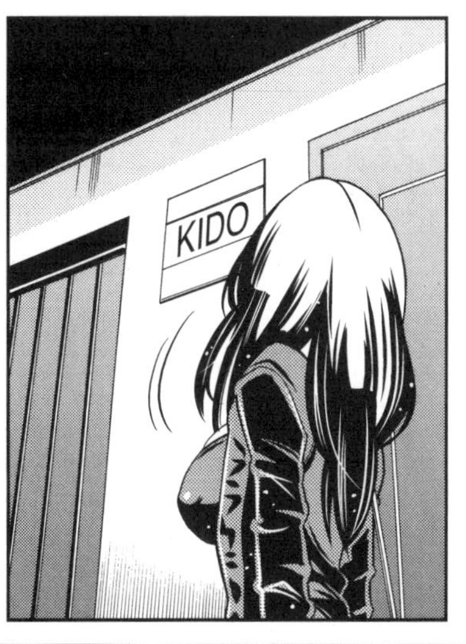
KIDO

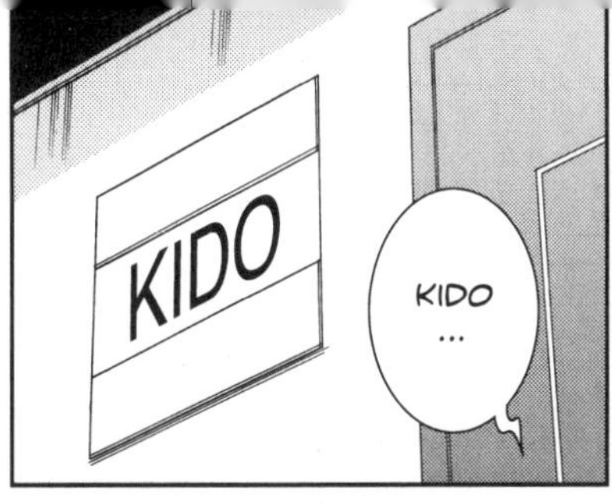
KIDO
KIDO ...

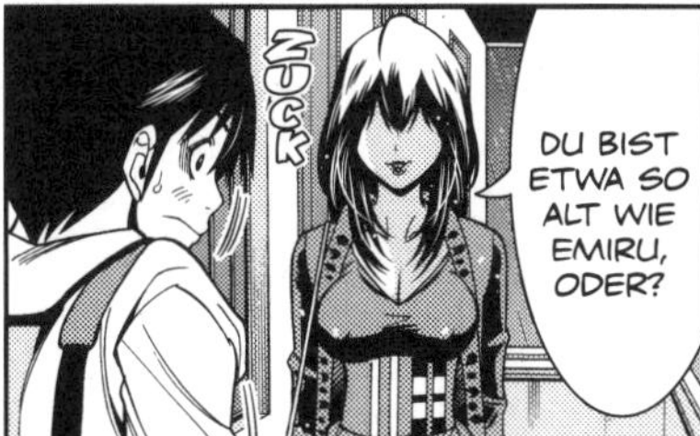
ZUCK
DU BIST ETWA SO ALT WIE EMIRU, ODER?

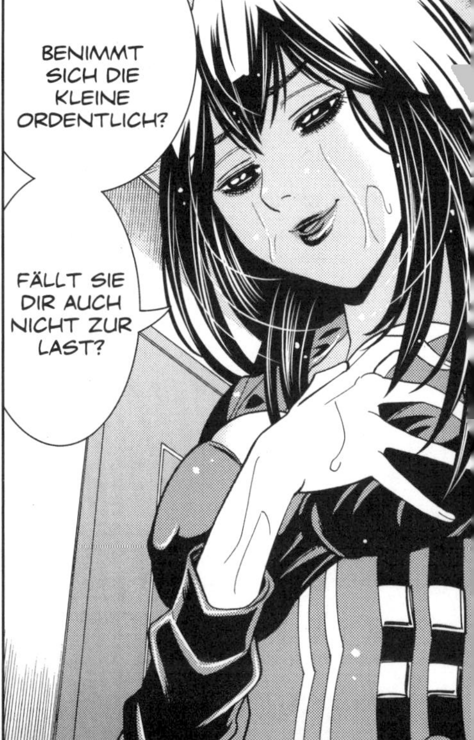
BENIMMT SICH DIE KLEINE ORDENTLICH?
FÄLLT SIE DIR AUCH NICHT ZUR LAST?

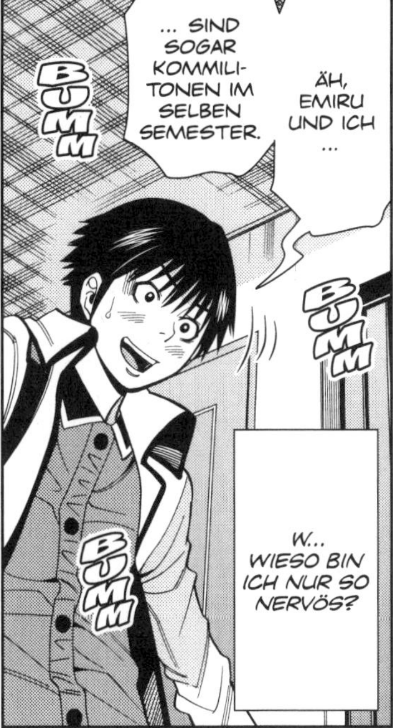
ÄH, EMIRU UND ICH ...
... SIND SOGAR KOMMILI-TONEN IM SELBEN SEMESTER.
BUMM
BUMM
BUMM
W... WIESO BIN ICH NUR SO NERVÖS?

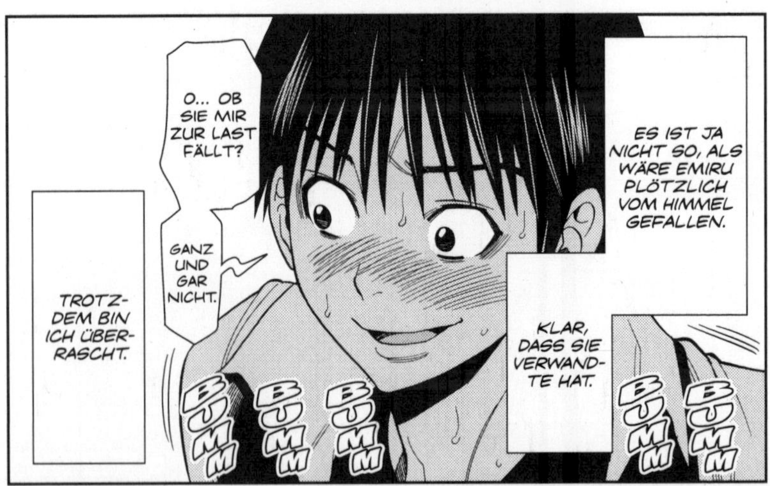
ES IST JA NICHT SO, ALS WÄRE EMIRU PLÖTZLICH VOM HIMMEL GEFALLEN.
KLAR, DASS SIE VERWANDTE HAT.
O... OB SIE MIR ZUR LAST FÄLLT?
GANZ UND GAR NICHT.
TROTZ-DEM BIN ICH ÜBER-RASCHT.
BUMM BUMM
BUMM BUMM BUMM

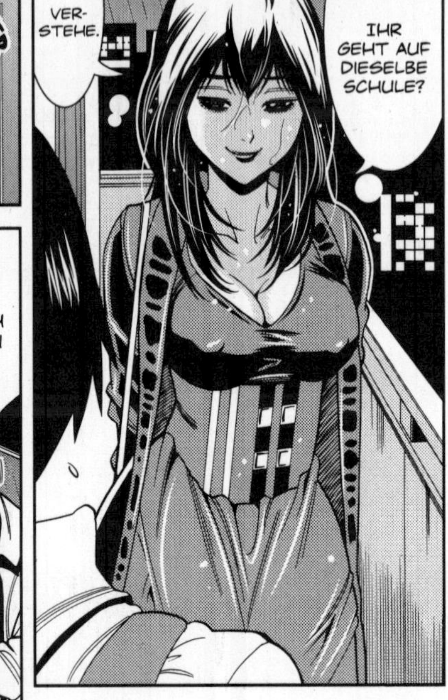
IHR GEHT AUF DIESELBE SCHULE?
VER-STEHE.

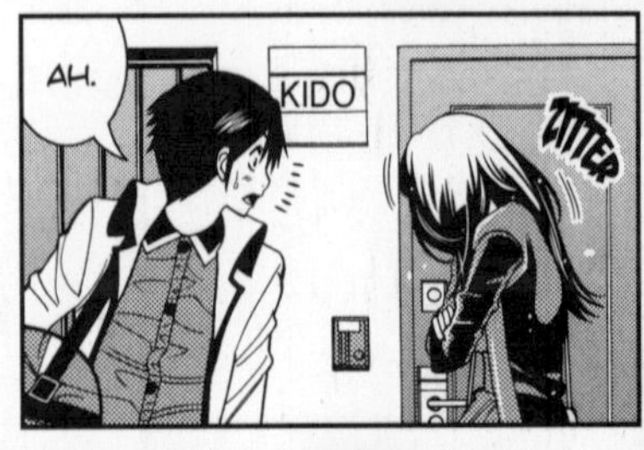
ZITTER
KIDO
AH.

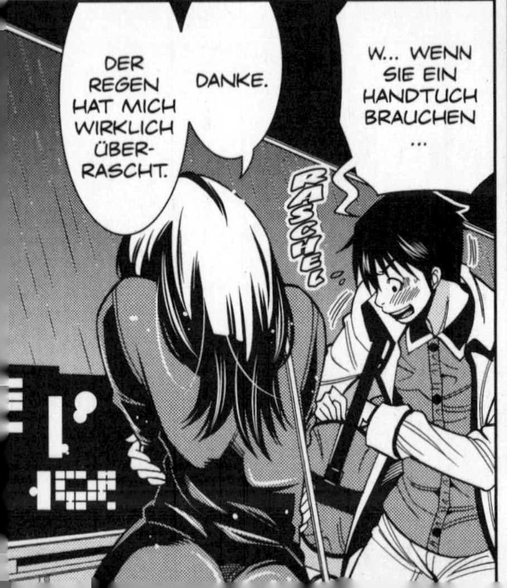
W... WENN SIE EIN HANDTUCH BRAUCHEN ...
DANKE.
DER REGEN HAT MICH WIRKLICH ÜBER-RASCHT.
RASCHEL

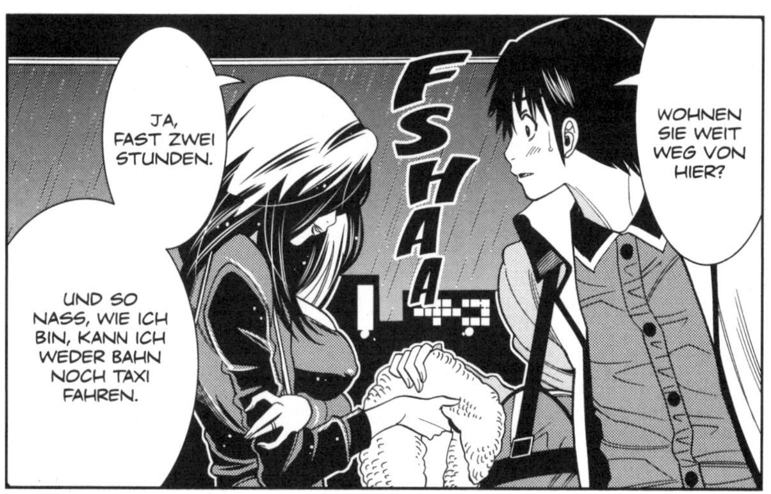
WOHNEN SIE WEIT WEG VON HIER?
FSHAA
JA, FAST ZWEI STUNDEN.
UND SO NASS, WIE ICH BIN, KANN ICH WEDER BAHN NOCH TAXI FAHREN.

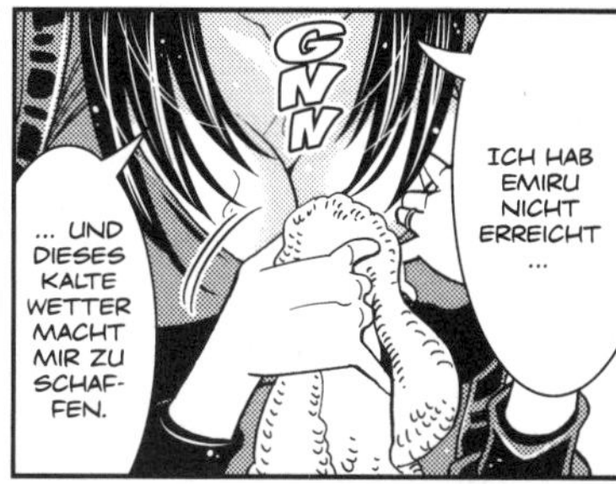
ICH HAB EMIRU NICHT ERREICHT ...
GNN
... UND DIESES KALTE WETTER MACHT MIR ZU SCHAF-FEN.

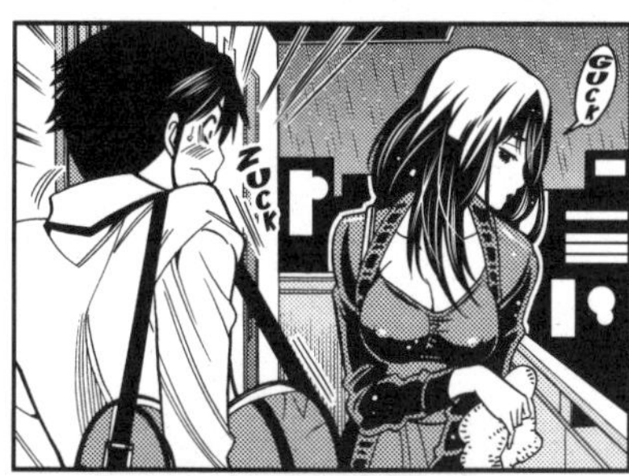
GUCK
ZUCK

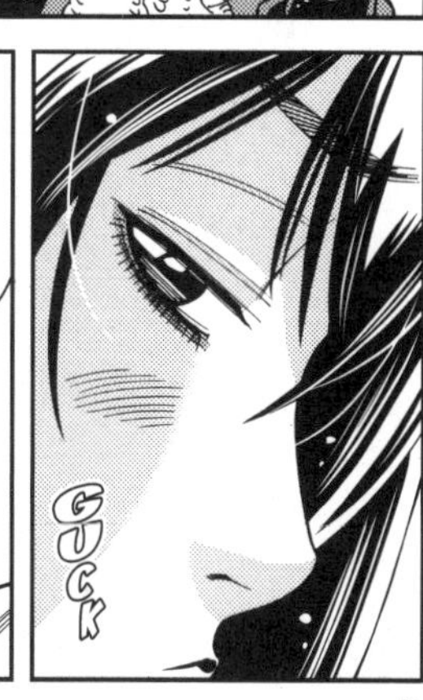
GUCK

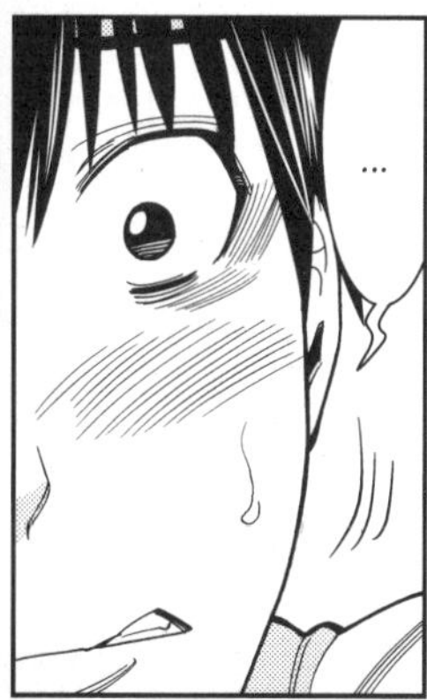
...

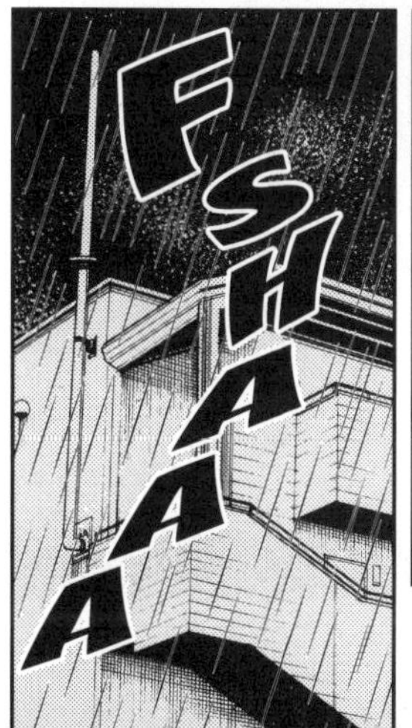
FSHAAAA

SCHSCHSCH

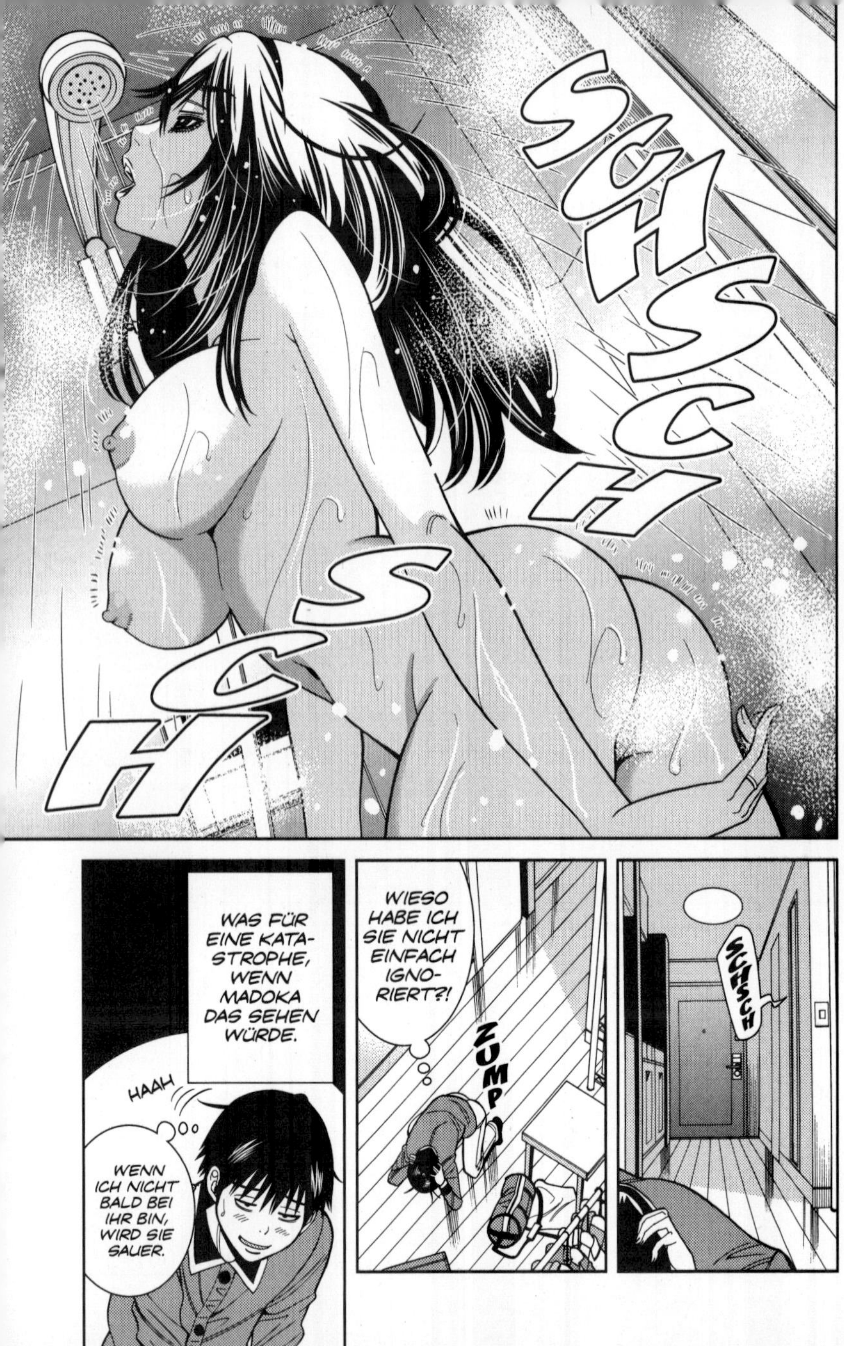

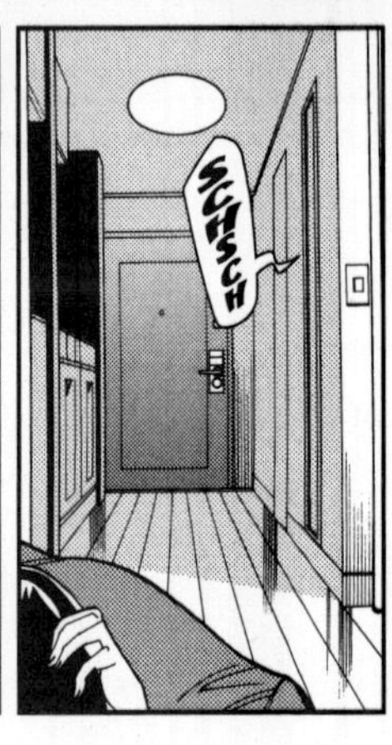
SCHSCH

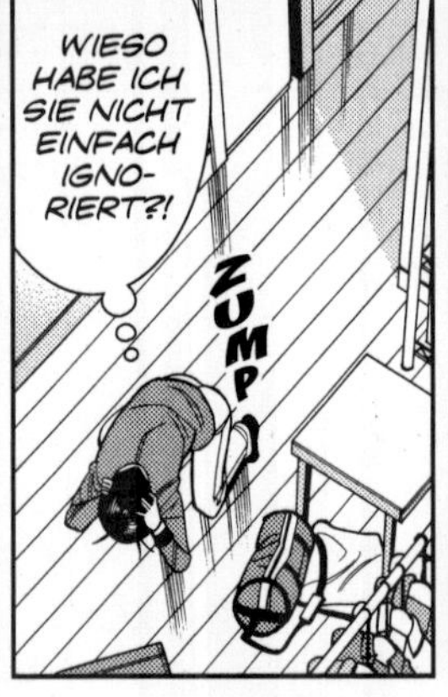
WIESO HABE ICH SIE NICHT EINFACH IGNO-RIERT?!
ZUMP

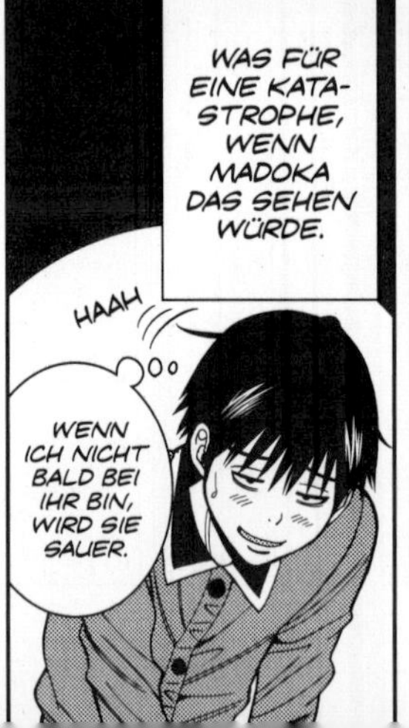
WAS FÜR EINE KATA-STROPHE, WENN MADOKA DAS SEHEN WÜRDE.
HAAH
WENN ICH NICHT BALD BEI IHR BIN, WIRD SIE SAUER.

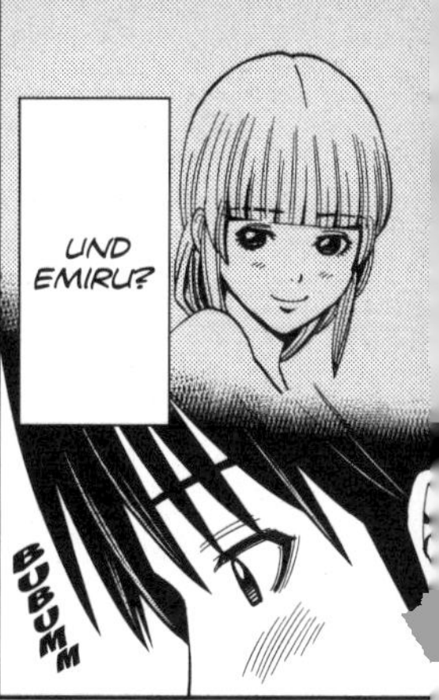
UND EMIRU?
BUBUMM

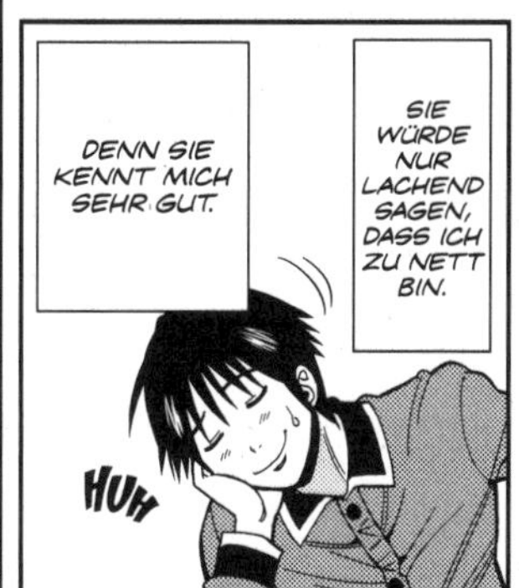
SIE WÜRDE NUR LACHEND SAGEN, DASS ICH ZU NETT BIN.
DENN SIE KENNT MICH SEHR GUT.
HUH

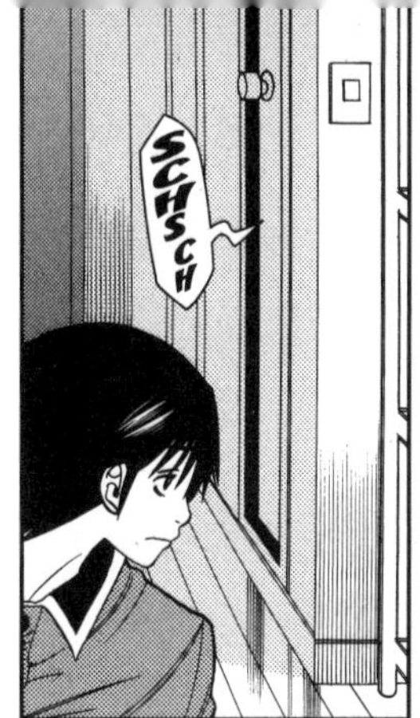
SCHSCH

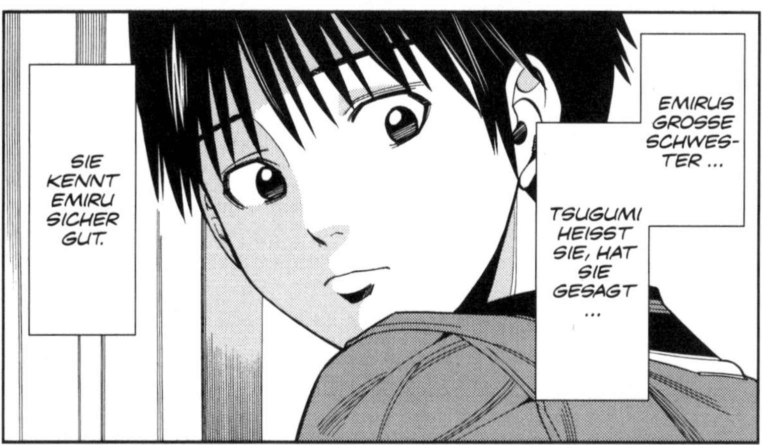
EMIRUS GROSSE SCHWESTER ...
TSUGUMI HEISST SIE, HAT SIE GESAGT ...
SIE KENNT EMIRU SICHER GUT.

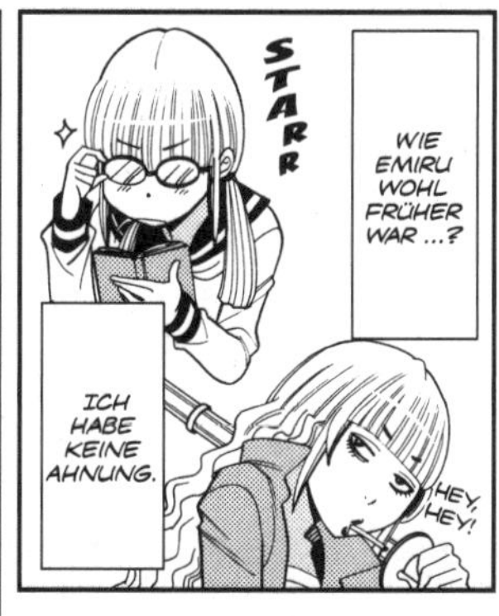
WIE EMIRU WOHL FRÜHER WAR ...?
STARR
ICH HABE KEINE AHNUNG.
HEY, HEY!

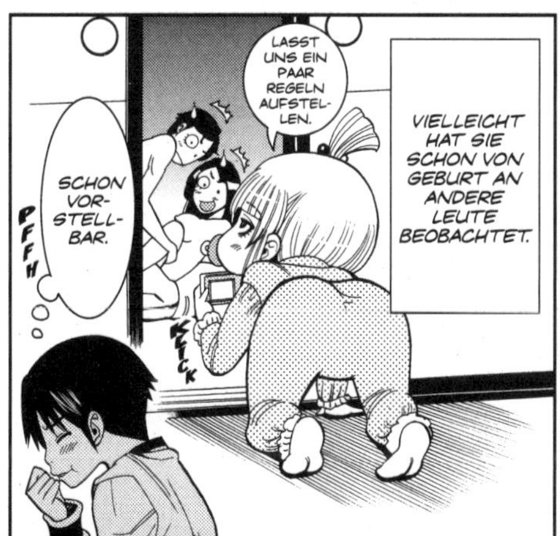
VIELLEICHT HAT SIE SCHON VON GEBURT AN ANDERE LEUTE BEOBACHTET.
LASST UNS EIN PAAR REGELN AUFSTELLEN.
KLICK
SCHON VORSTELL-BAR.
PFFH

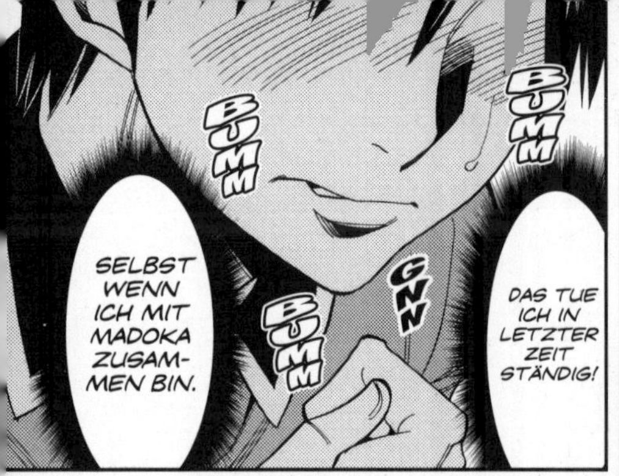
BUMM
BUMM
SELBST WENN ICH MIT MADOKA ZUSAMMEN BIN.
BUMM
GNN
DAS TUE ICH IN LETZTER ZEIT STÄNDIG!

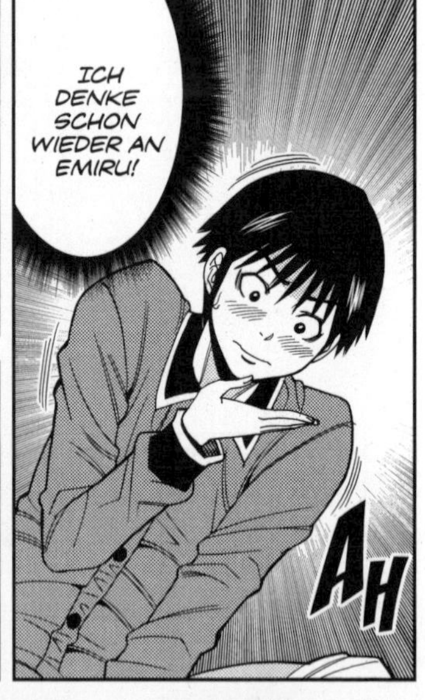
ICH DENKE SCHON WIEDER AN EMIRU!
AH

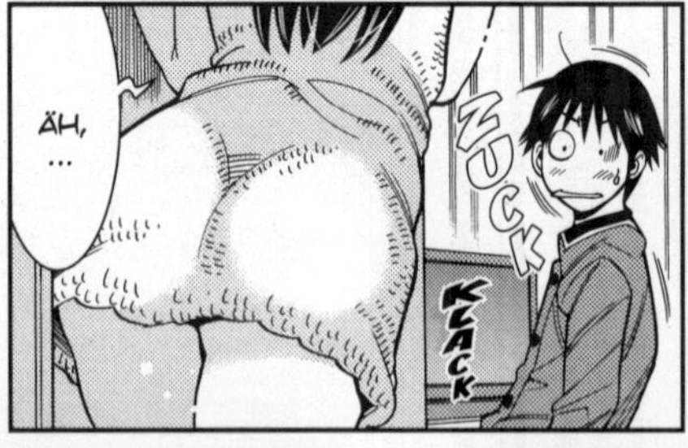
MUCK
KLACK
ÄH, ...

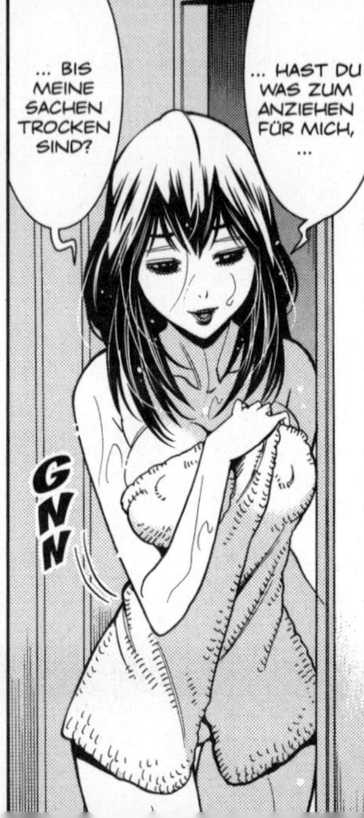
... HAST DU WAS ZUM ANZIEHEN FÜR MICH, ...
... BIS MEINE SACHEN TROCKEN SIND?
GNN

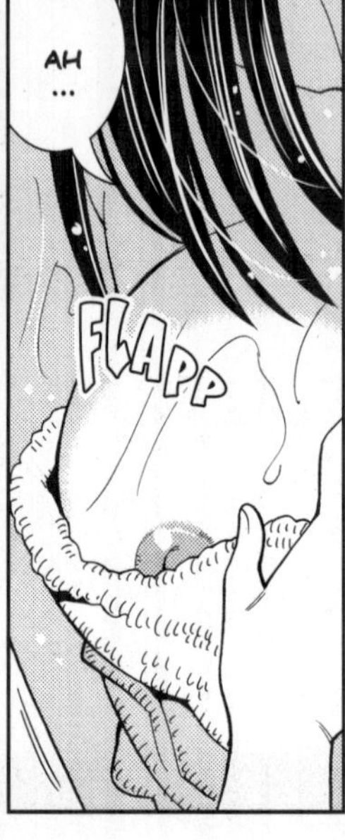
AH ...
FLAPP

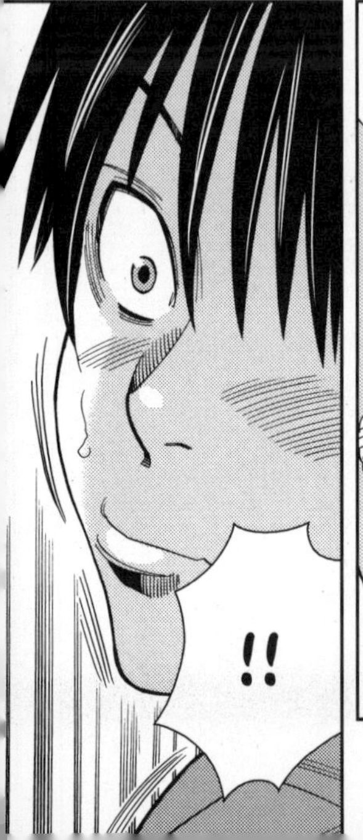
!!

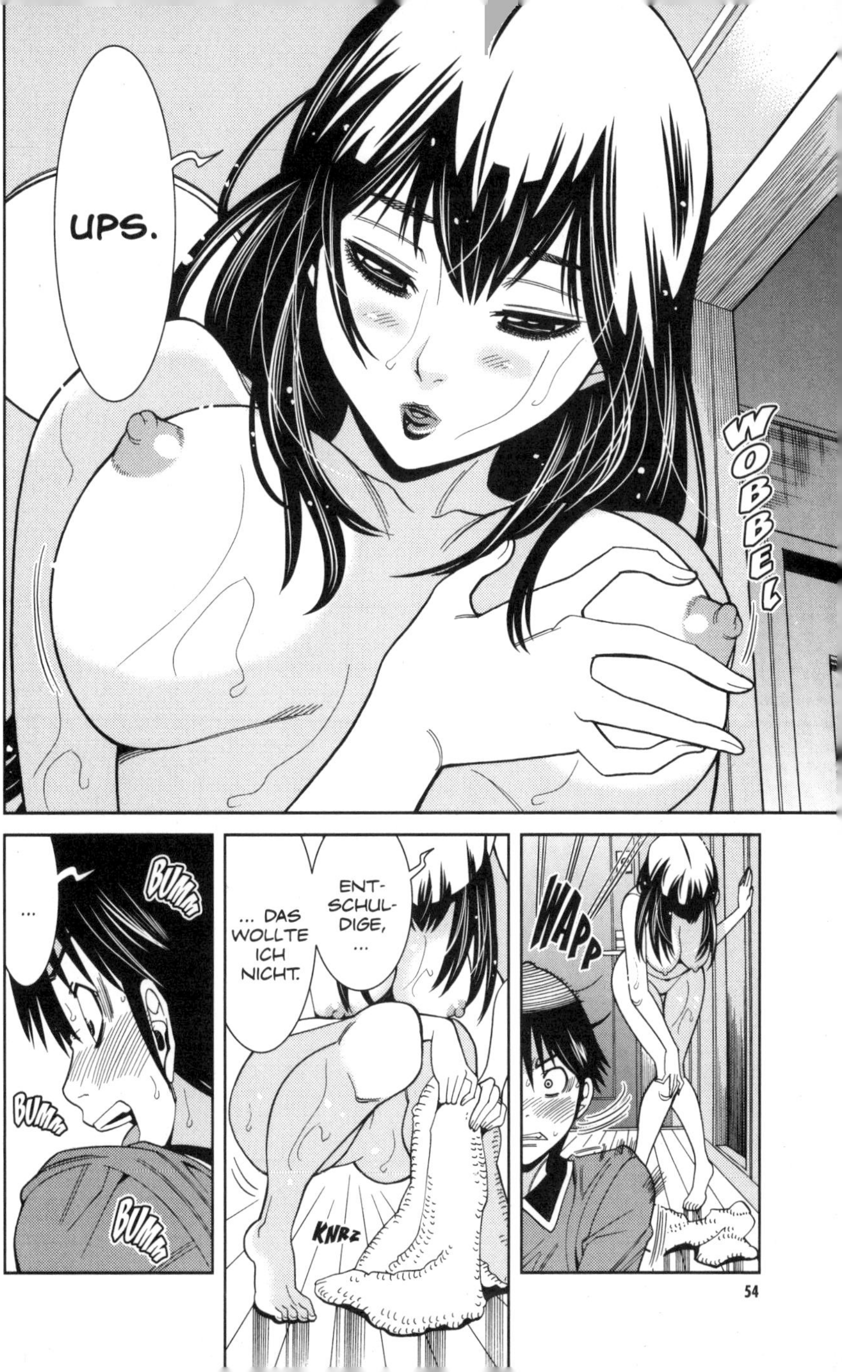

UPS.

WOBBEL

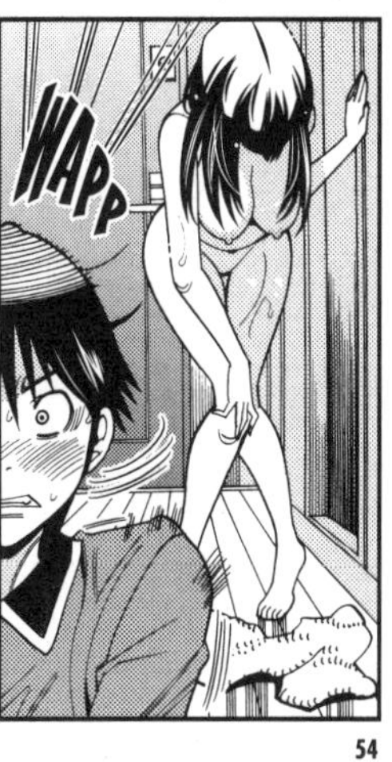

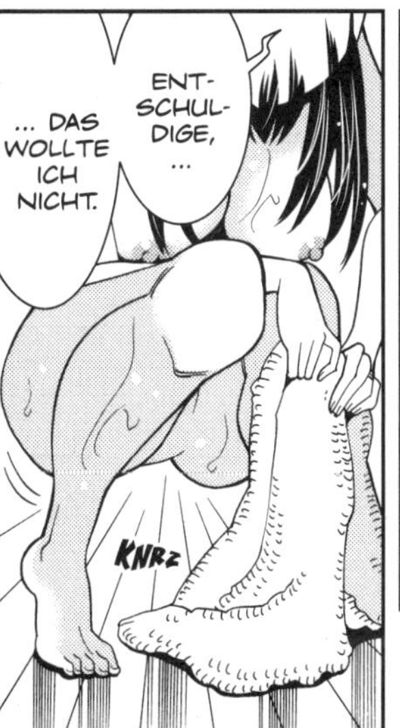

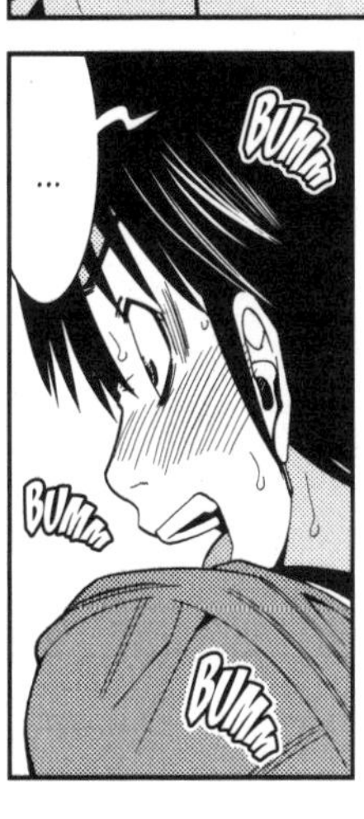

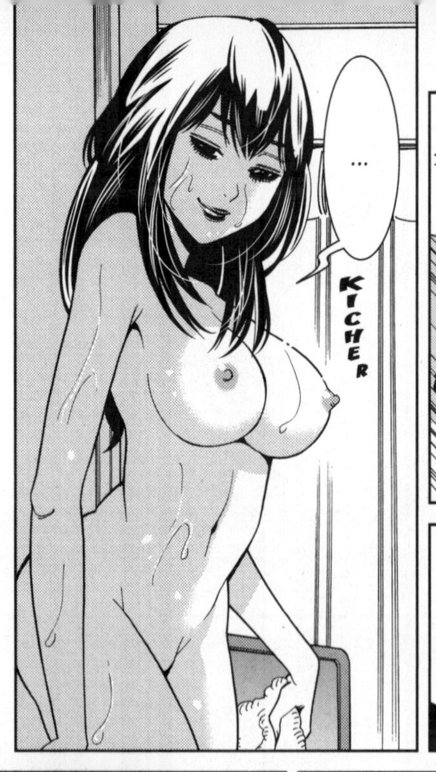
...
KICHER
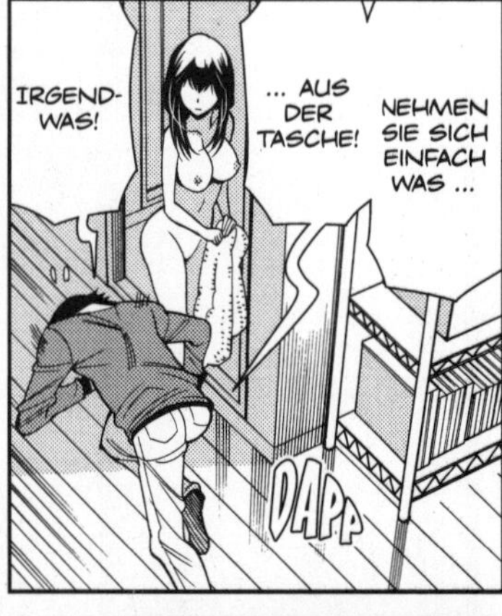
NEHMEN SIE SICH EINFACH WAS ...
... AUS DER TASCHE!
IRGEND-WAS!
DAPP
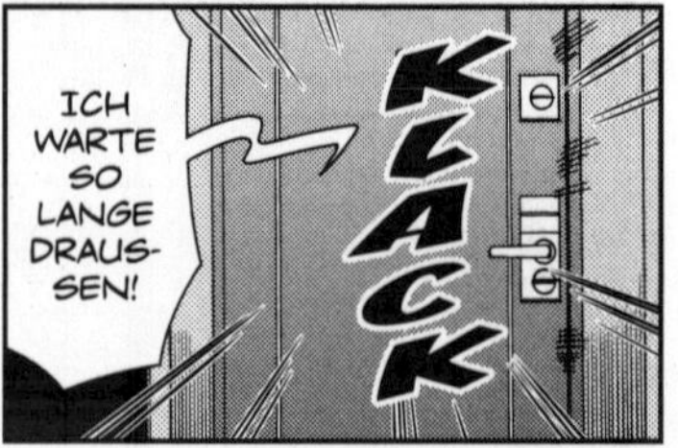
KLACK
ICH WARTE SO LANGE DRAUS-SEN!
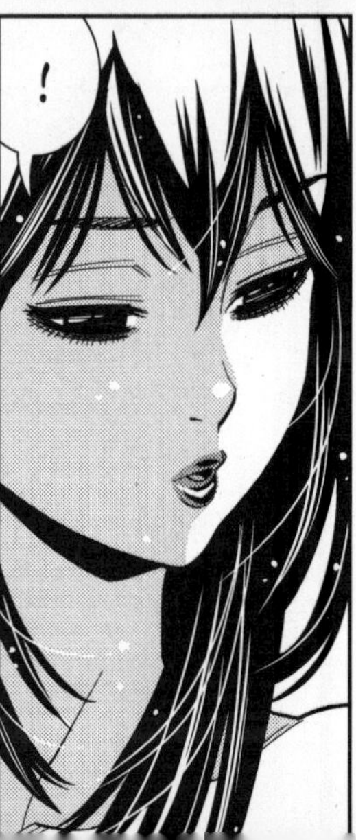
!
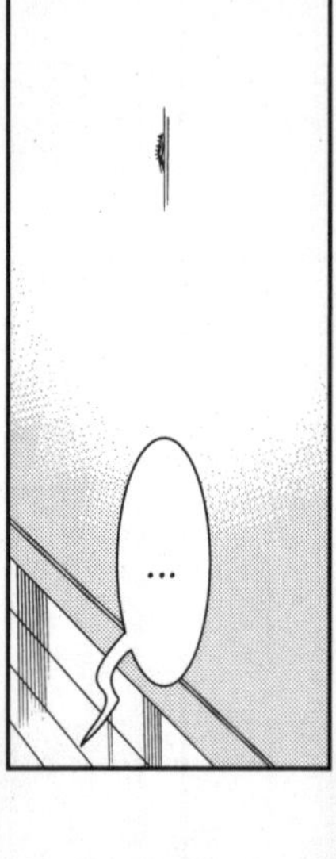
...
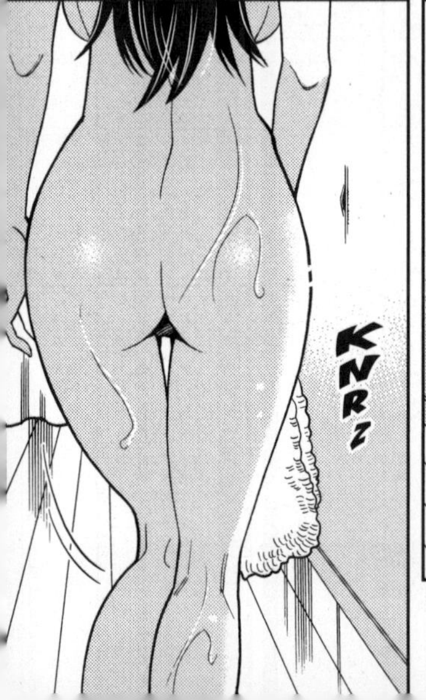
KNRZ

GNN

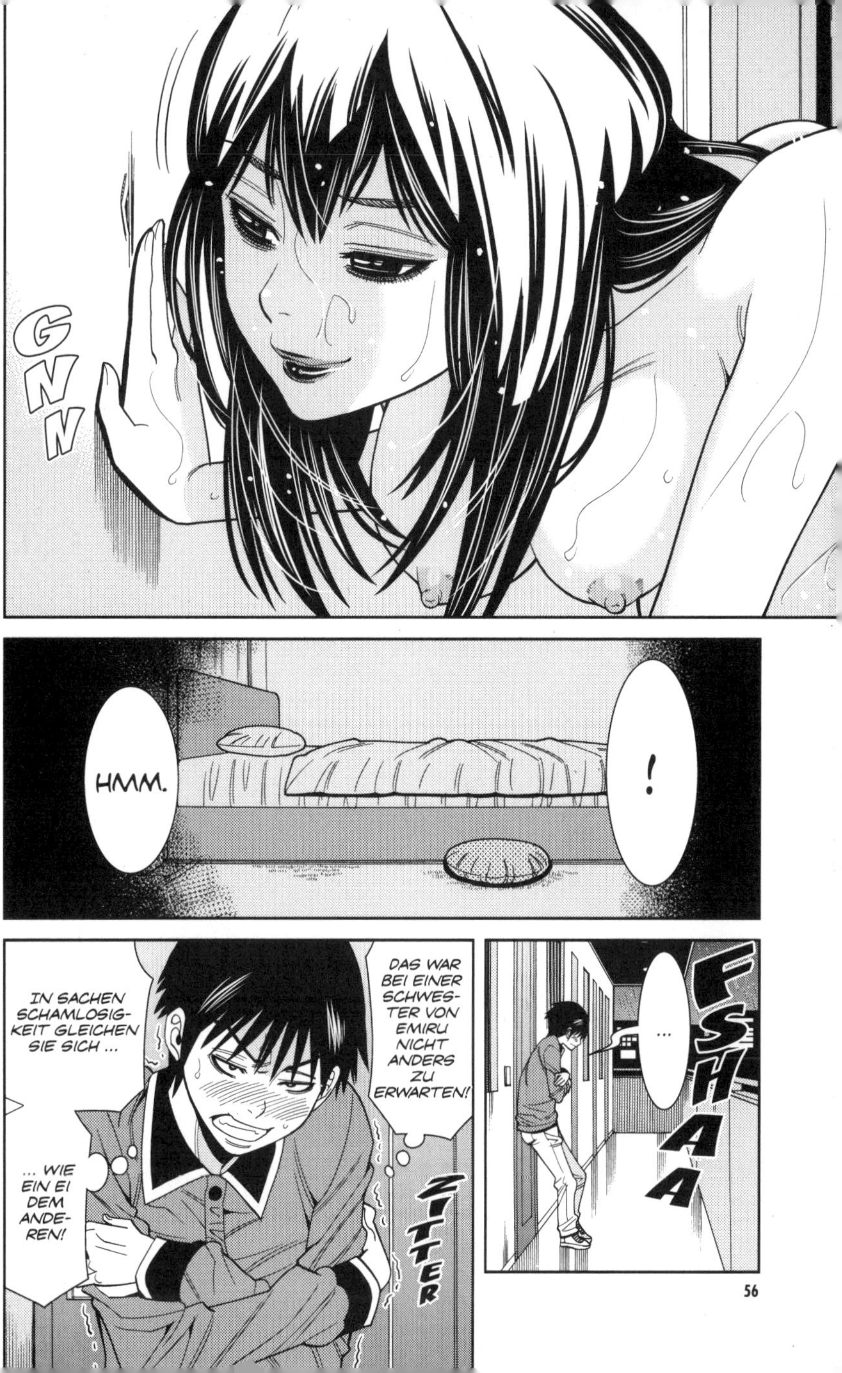

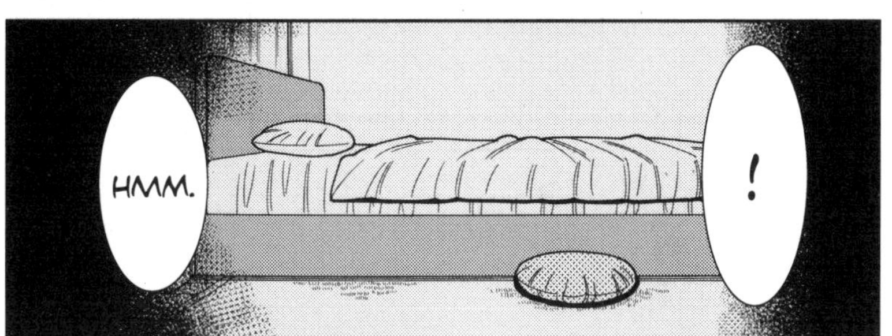
!
HMM.

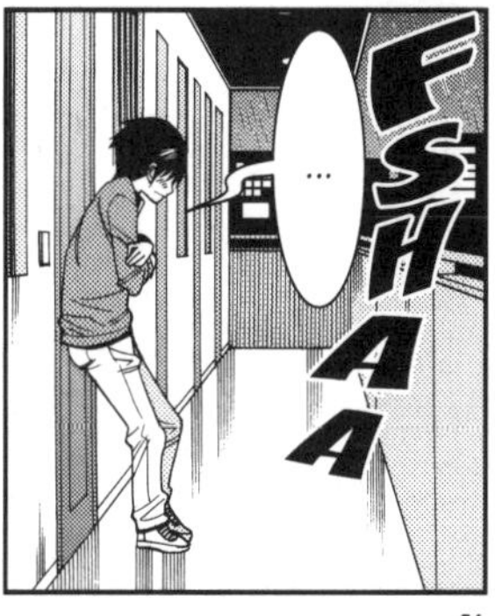
...
FSHAAA

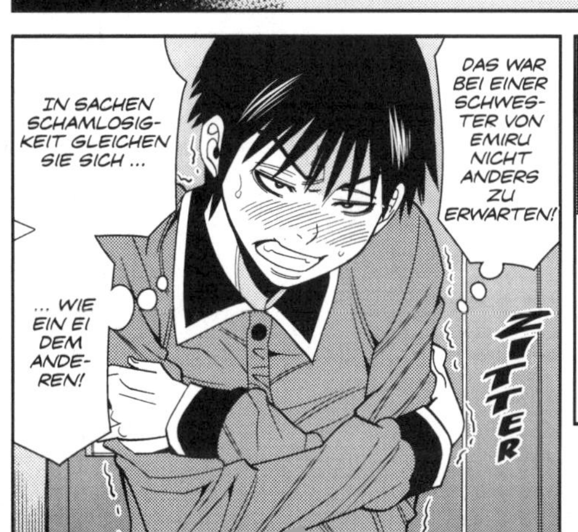
DAS WAR BEI EINER SCHWESTER VON EMIRU NICHT ANDERS ZU ERWARTEN!
IN SACHEN SCHAMLOSIGKEIT GLEICHEN SIE SICH ...
... WIE EIN EI DEM ANDEREN!
ZITTER

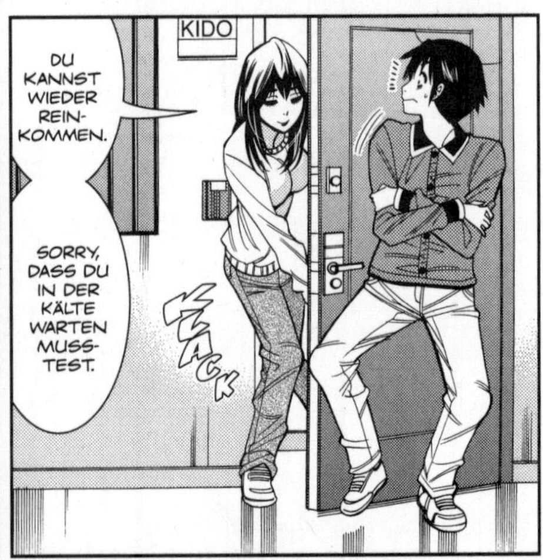
KIDO
DU KANNST WIEDER REIN-KOMMEN.
SORRY, DASS DU IN DER KÄLTE WARTEN MUSS-TEST.
KLACK

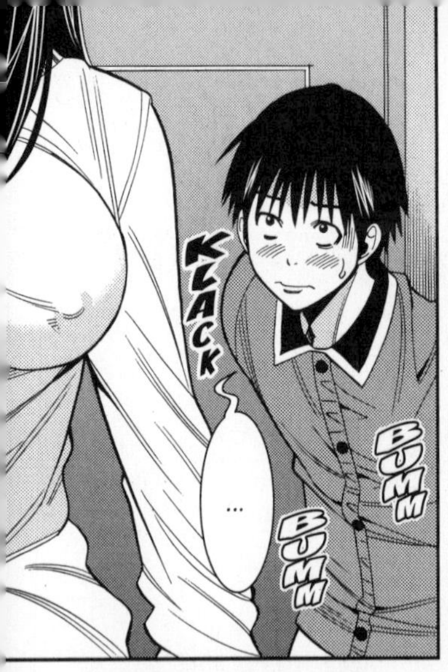
KLACK
...
BUMM
BUMM

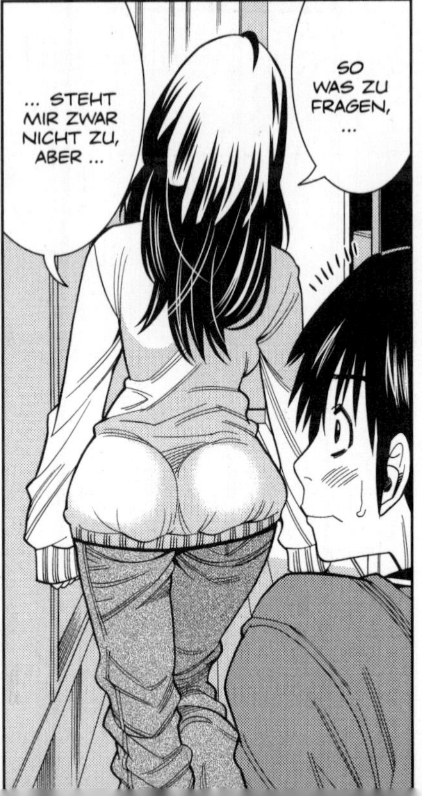
SO WAS ZU FRAGEN, ...
... STEHT MIR ZWAR NICHT ZU, ABER ...

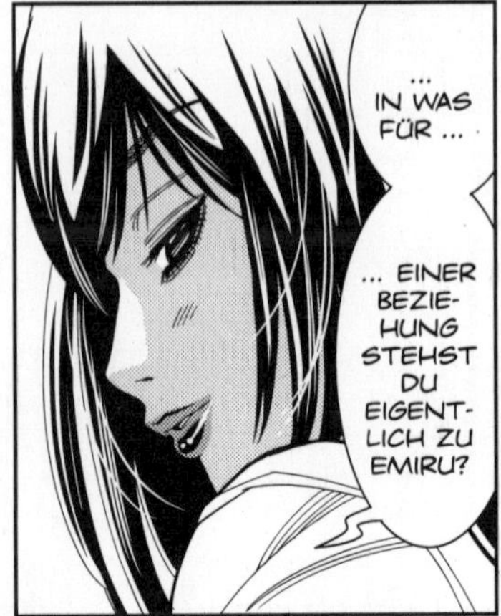
... IN WAS FÜR ...
... EINER BEZIE-HUNG STEHST DU EIGENT-LICH ZU EMIRU?

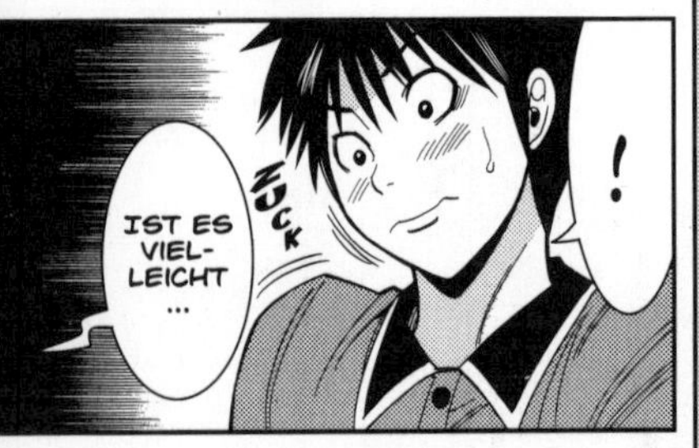
!
ZUCK
IST ES VIEL-LEICHT ...

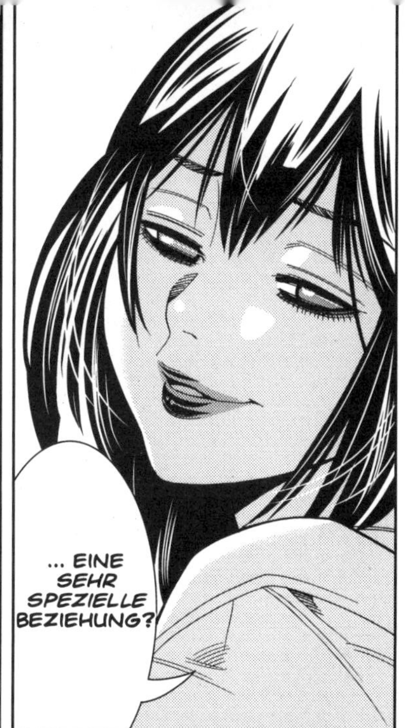
... EINE SEHR SPEZIELLE BEZIEHUNG?
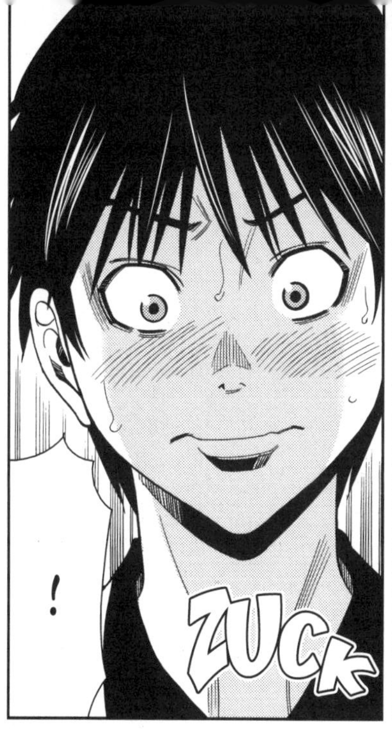
!
ZUCK
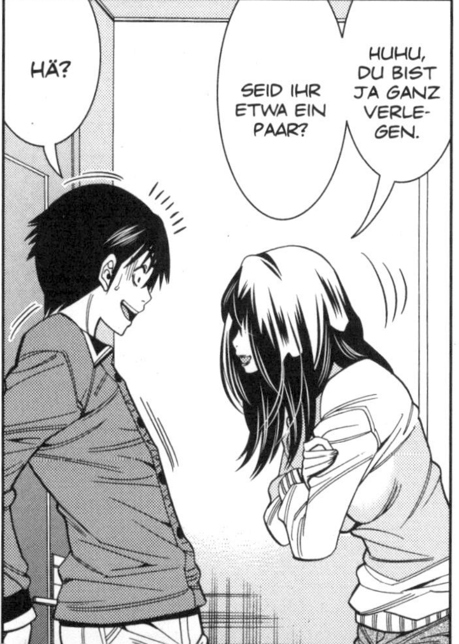
HUHU, DU BIST JA GANZ VERLE-GEN.
SEID IHR ETWA EIN PAAR?
HÄ?
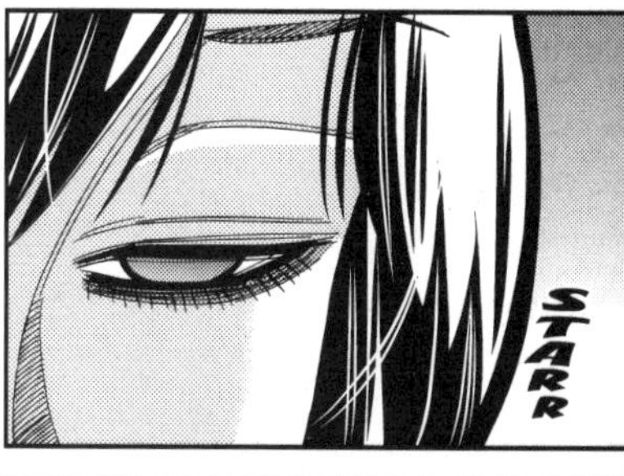
STARR
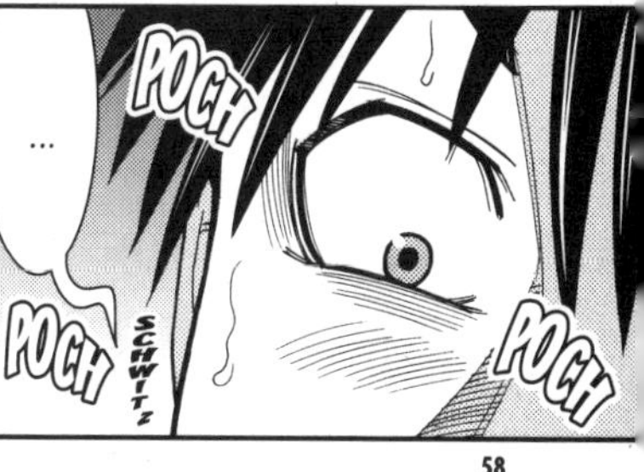
POCH
...
POCH
SCHWITZ
POCH

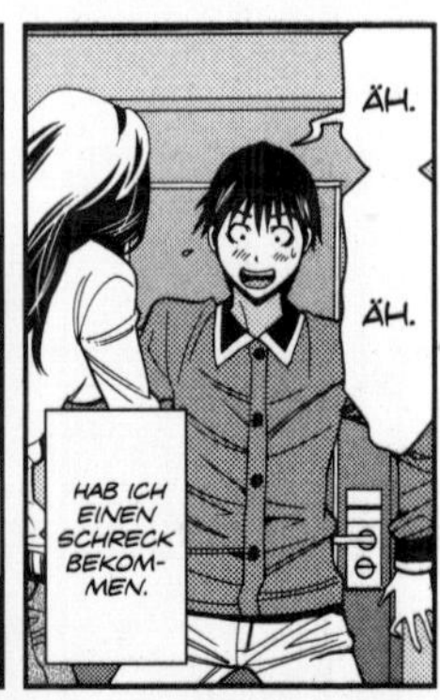
ÄH.
ÄH.
HAB ICH EINEN SCHRECK BEKOMMEN.

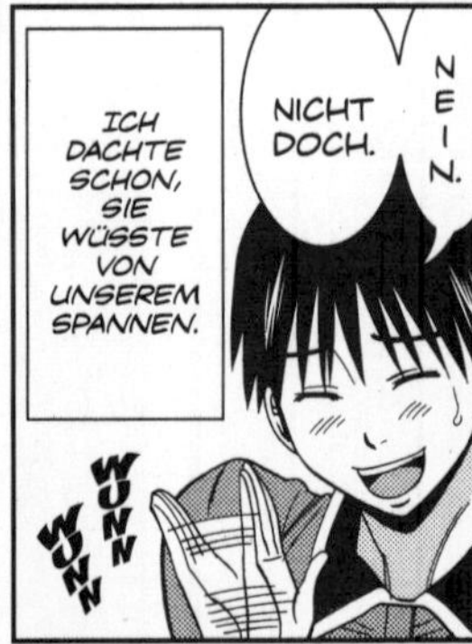
NEIN.
NICHT DOCH.
ICH DACHTE SCHON, SIE WÜSSTE VON UNSEREM SPANNEN.
WUNN WUNN

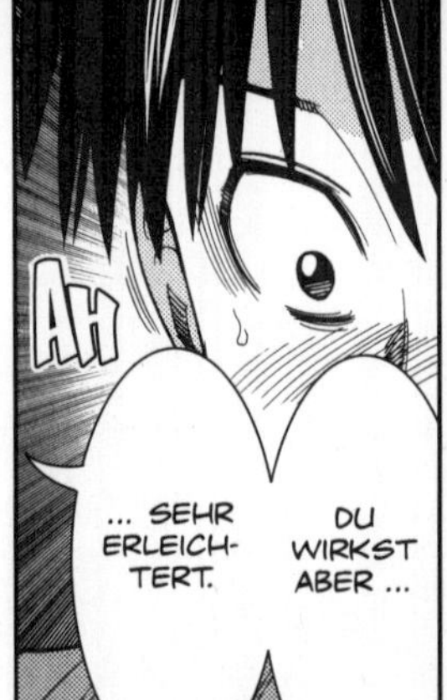
AH
DU WIRKST ABER ...
... SEHR ERLEICHTERT.

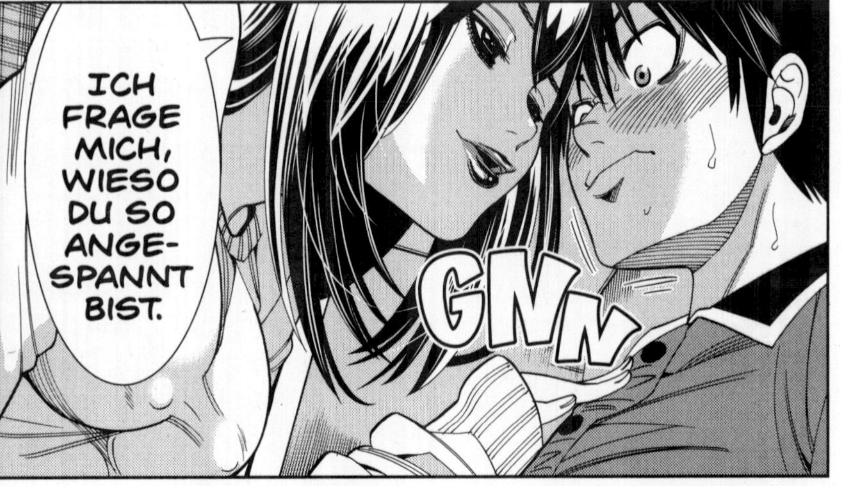
ICH FRAGE MICH, WIESO DU SO ANGESPANNT BIST.
GNN

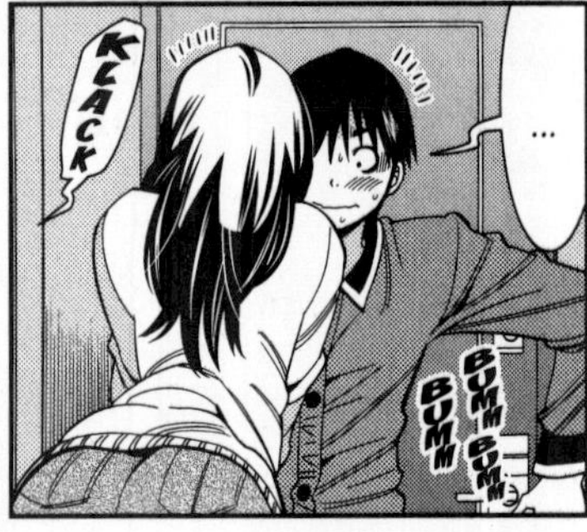
...
KLACK
BUMM BUMM BUMM BUMM

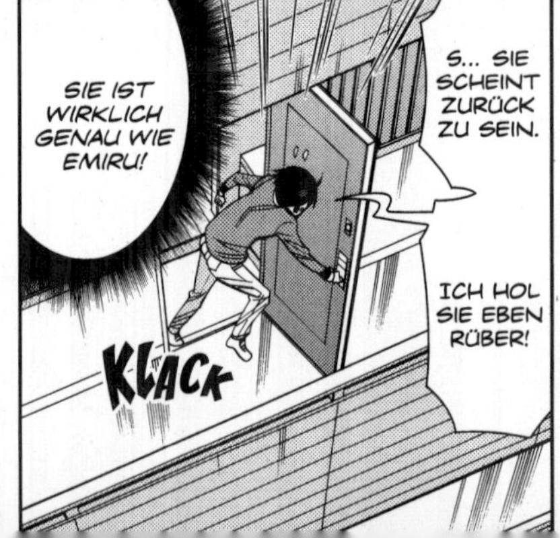
S... SIE SCHEINT ZURÜCK ZU SEIN.
ICH HOL SIE EBEN RÜBER!
SIE IST WIRKLICH GENAU WIE EMIRU!
KLACK

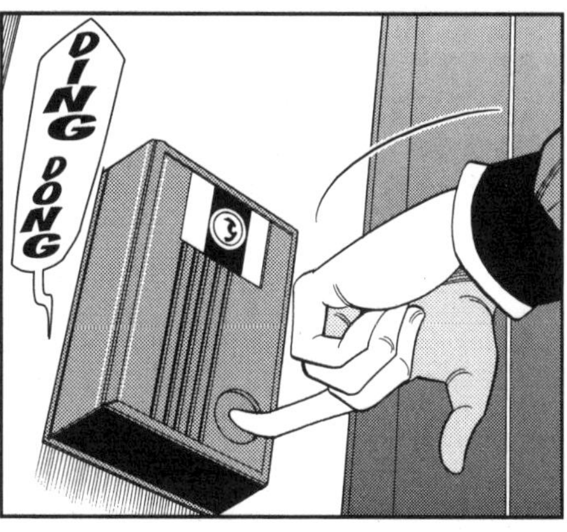
DING DONG

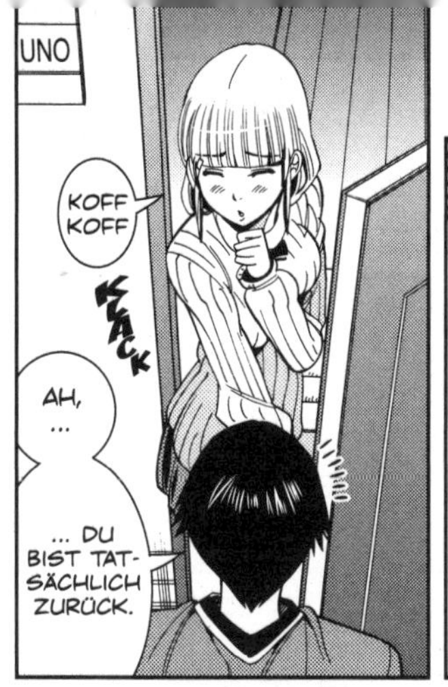
UNO
KOFF KOFF
KLACK
AH, ...
... DU BIST TATSÄCHLICH ZURÜCK.

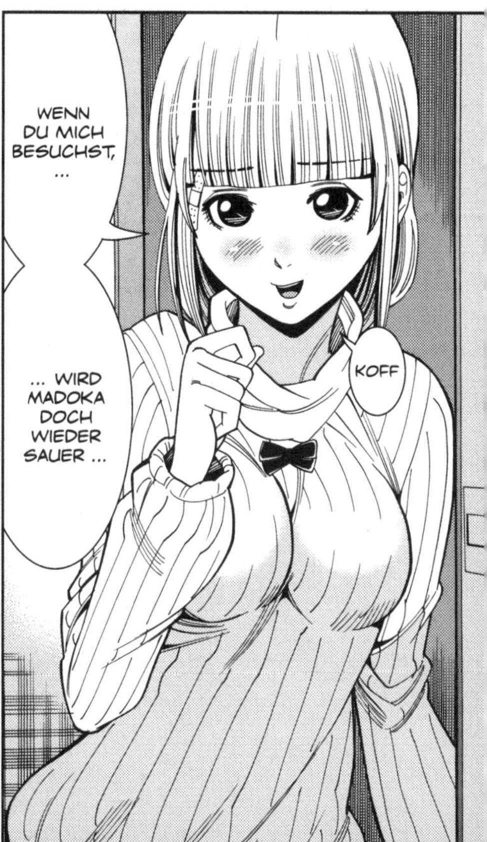
WENN DU MICH BESUCHST, ...
... WIRD MADOKA DOCH WIEDER SAUER ...
KOFF

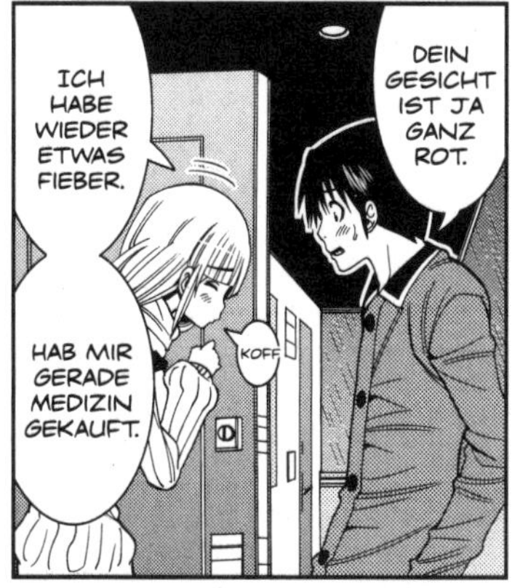
DEIN GESICHT IST JA GANZ ROT.
ICH HABE WIEDER ETWAS FIEBER.
HAB MIR GERADE MEDIZIN GEKAUFT.
KOFF

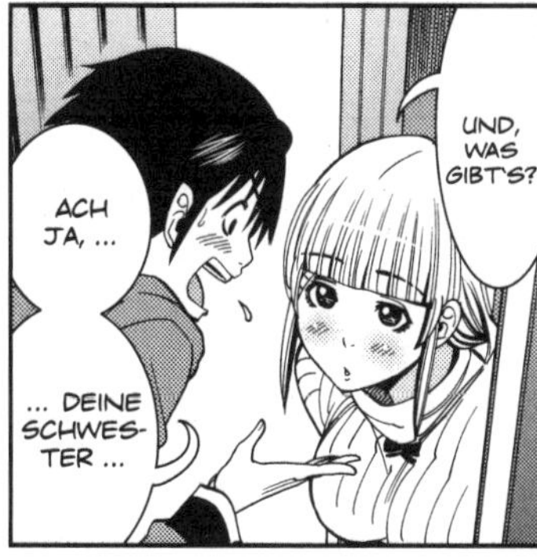
UND, WAS GIBT'S?
ACH JA, ...
... DEINE SCHWESTER ...

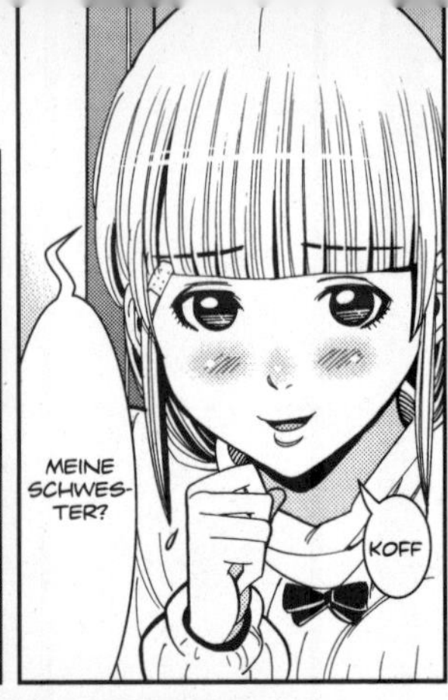
MEINE SCHWESTER?
KOFF

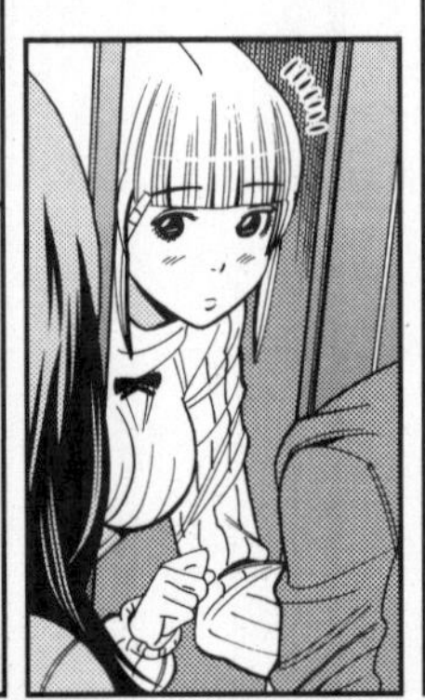

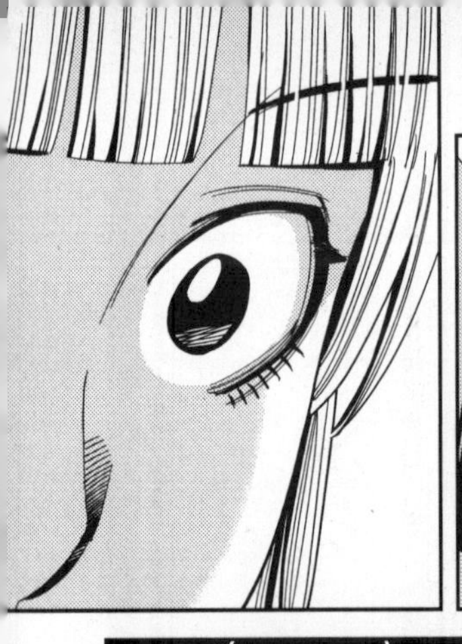

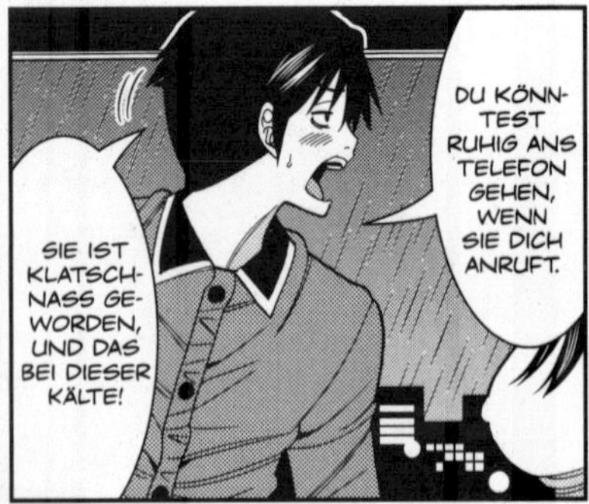
DU KÖNNTEST RUHIG ANS TELEFON GEHEN, WENN SIE DICH ANRUFT.
SIE IST KLATSCHNASS GEWORDEN, UND DAS BEI DIESER KÄLTE!

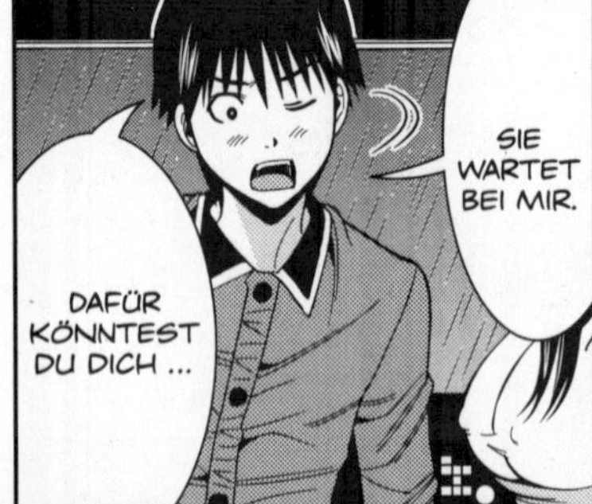
SIE WARTET BEI MIR.
DAFÜR KÖNNTEST DU DICH ...

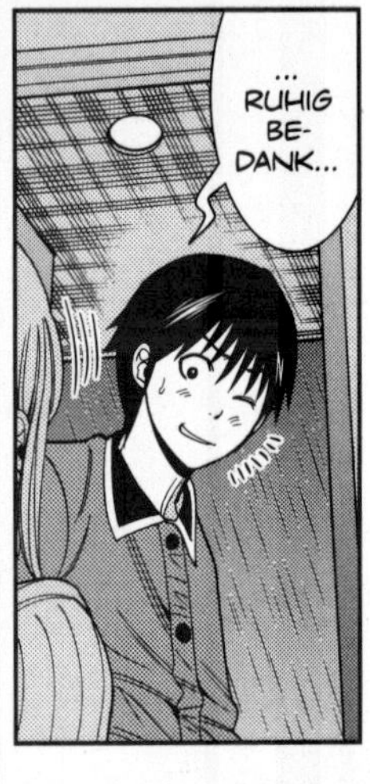
... RUHIG BEDANK...

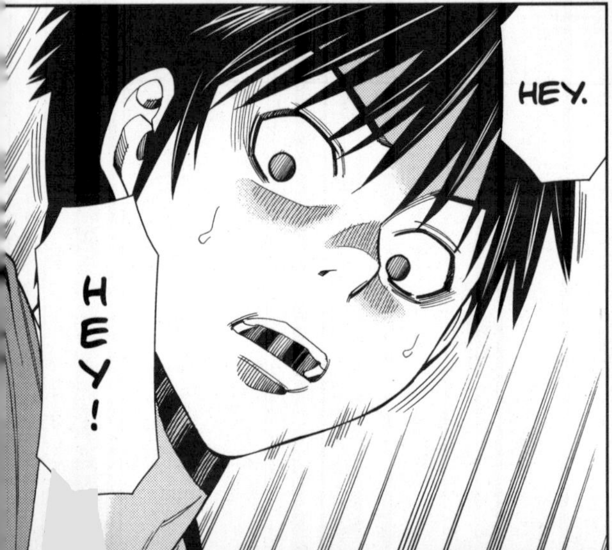
HEY.
HEY!

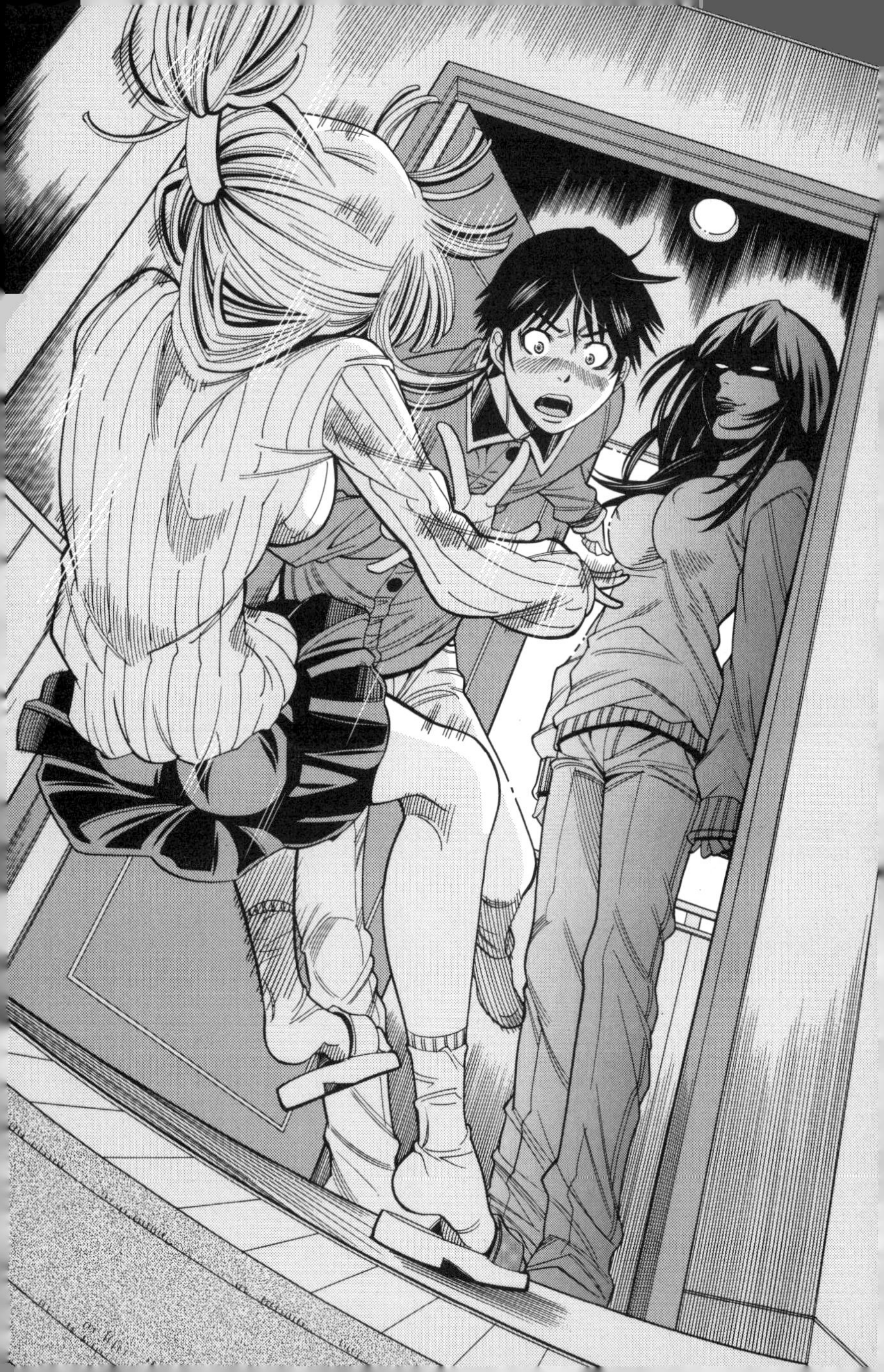

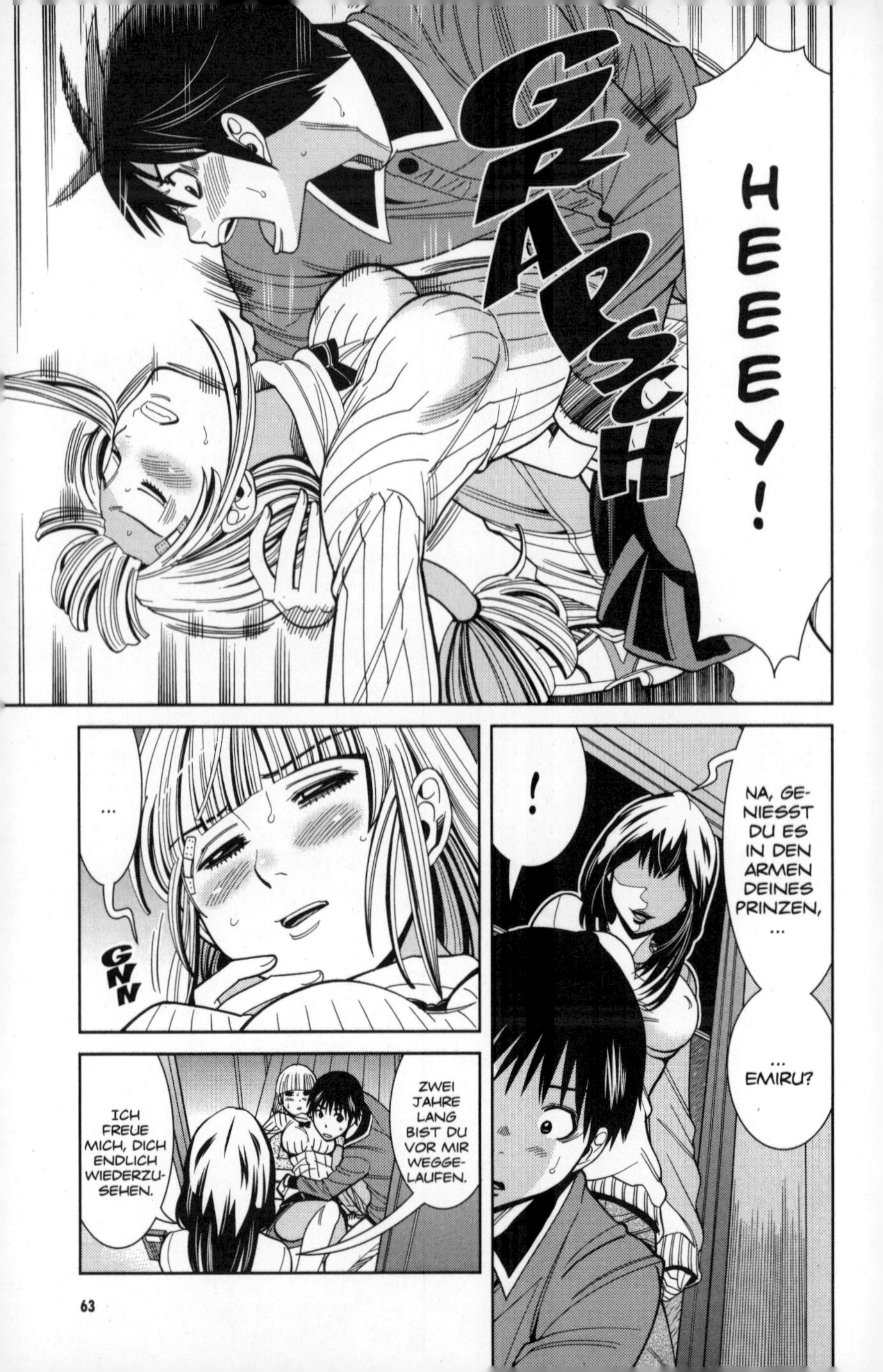

GRAPSCH
HEEEEY!

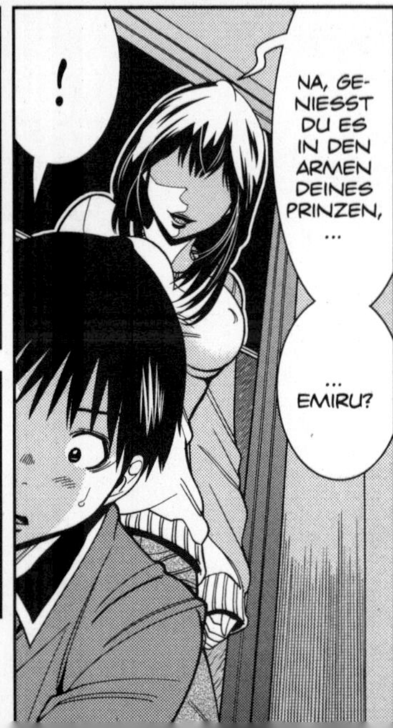

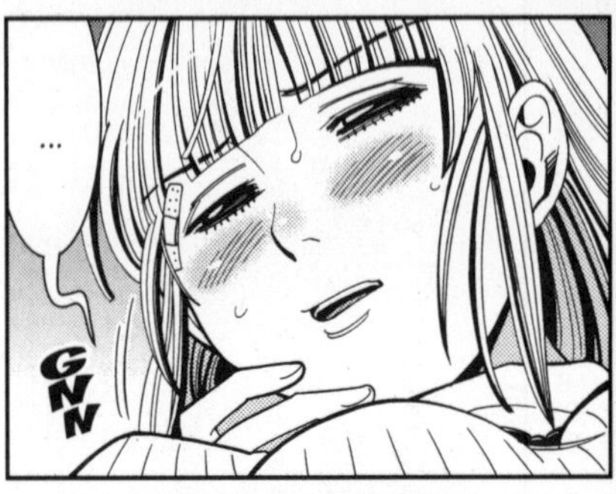

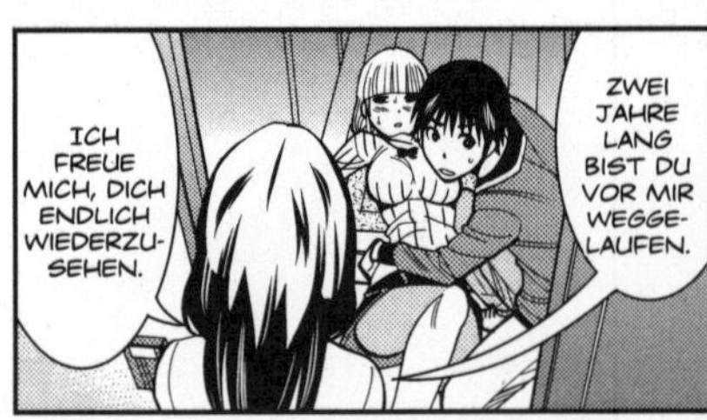

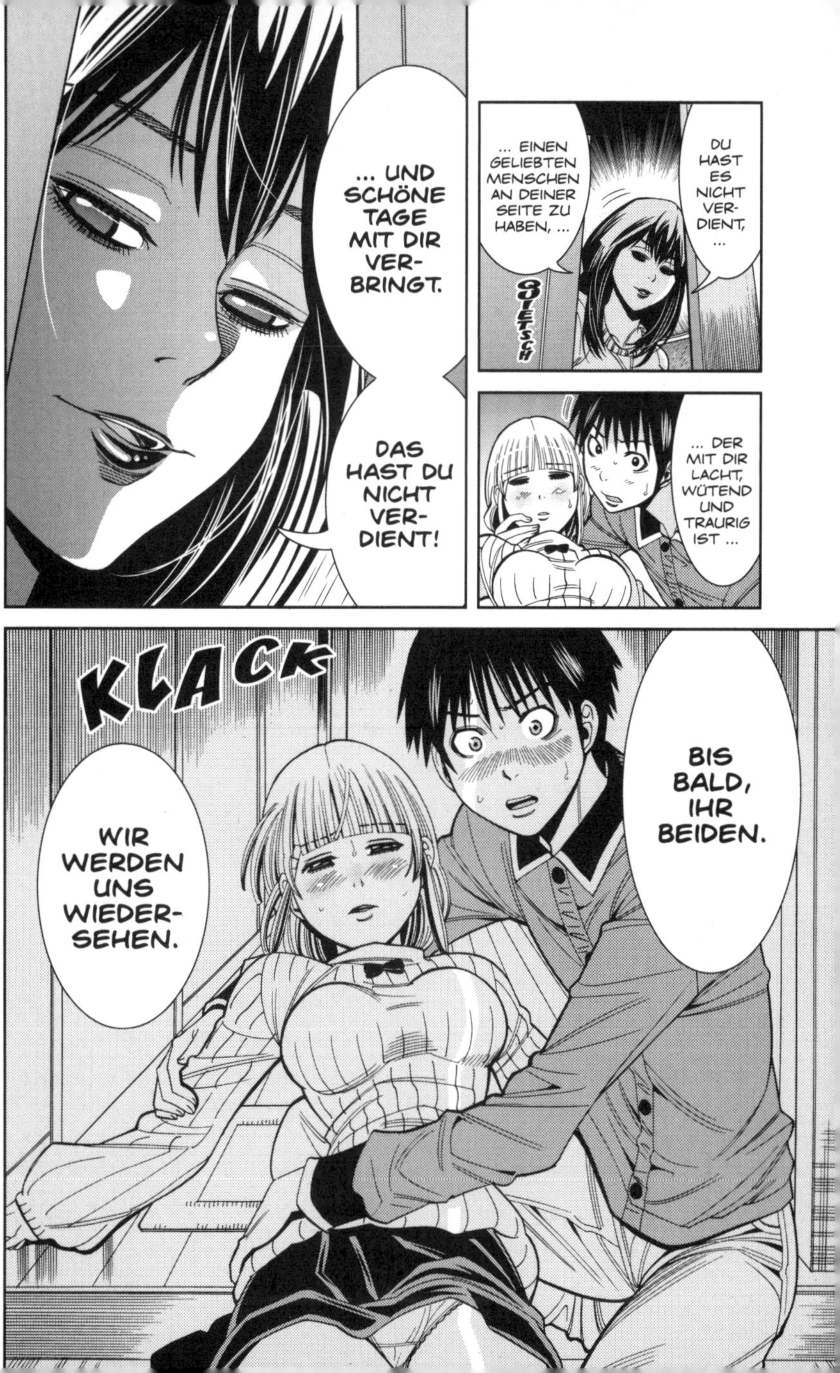

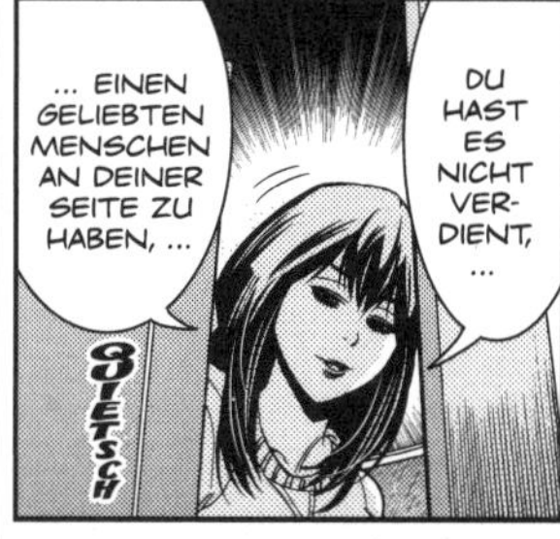
DU HAST ES NICHT VER-DIENT, ...
... EINEN GELIEBTEN MENSCHEN AN DEINER SEITE ZU HABEN, ...
QUIETSCH

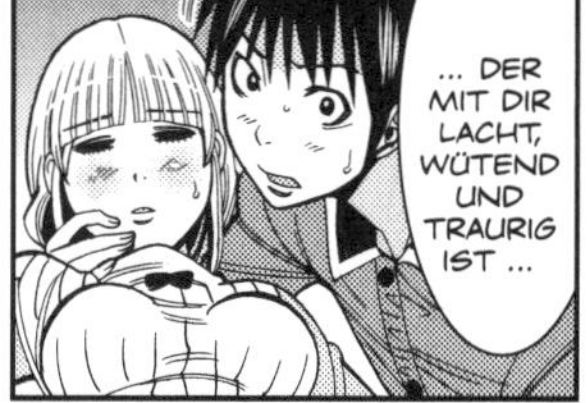
... DER MIT DIR LACHT, WÜTEND UND TRAURIG IST ...

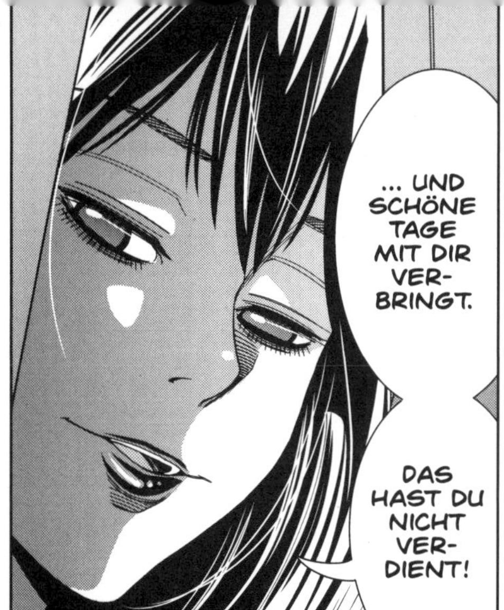
... UND SCHÖNE TAGE MIT DIR VER-BRINGT.
DAS HAST DU NICHT VER-DIENT!

KLACK
BIS BALD, IHR BEIDEN.
WIR WERDEN UNS WIEDER-SEHEN.

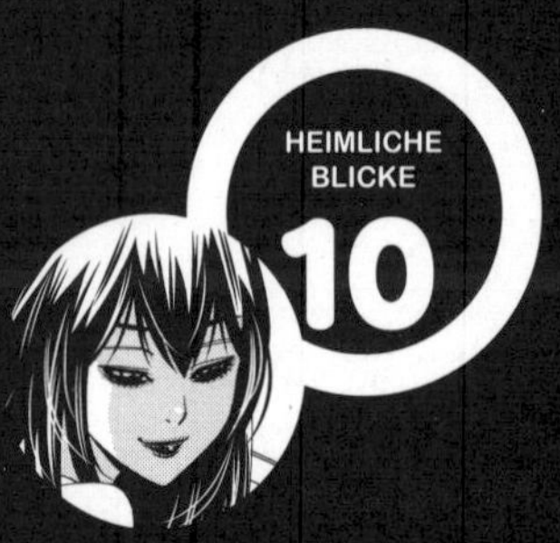
HEIMLICHE
BLICKE
10

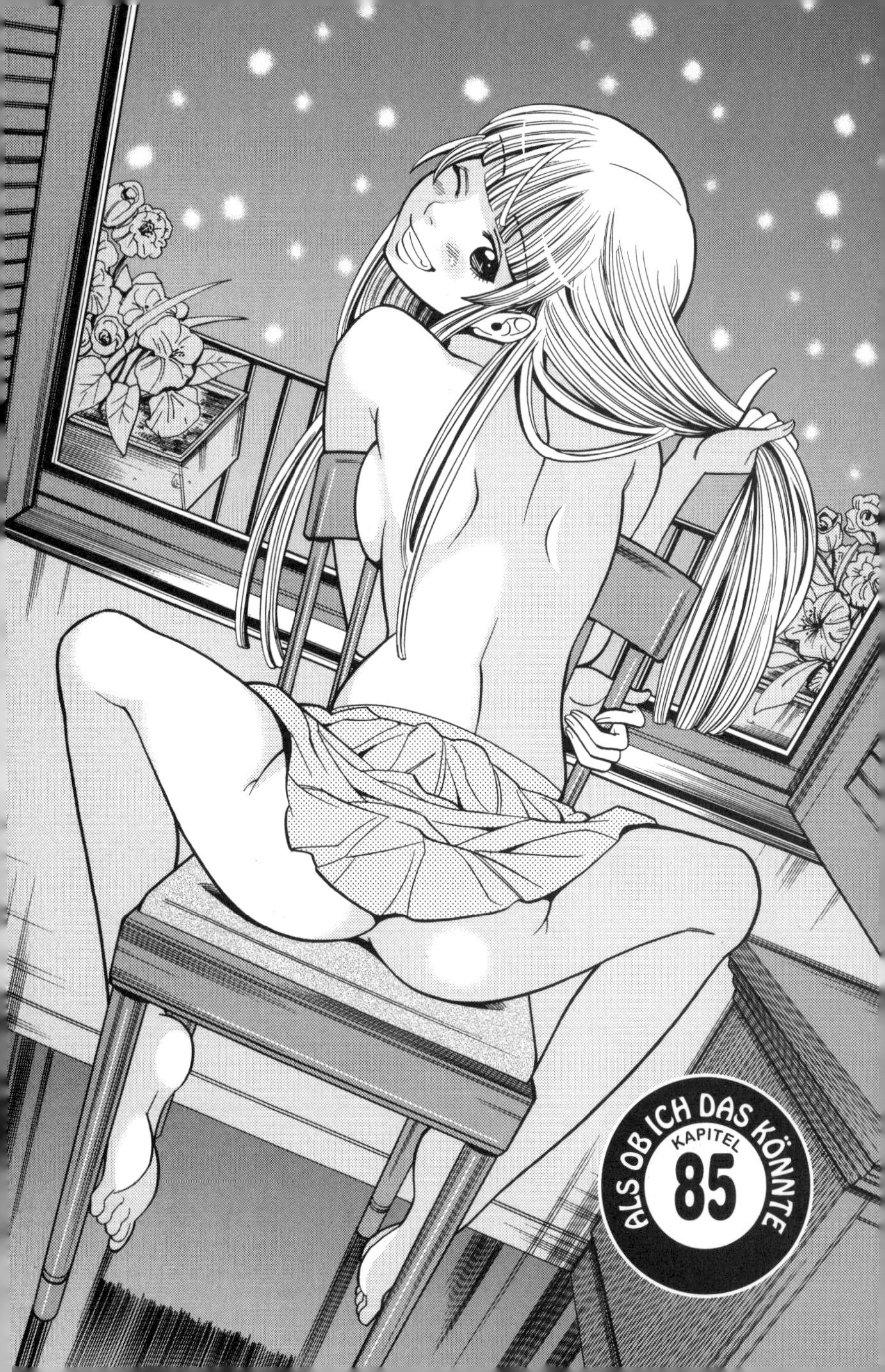
ALS OB ICH DAS KÖNNTE
KAPITEL
85

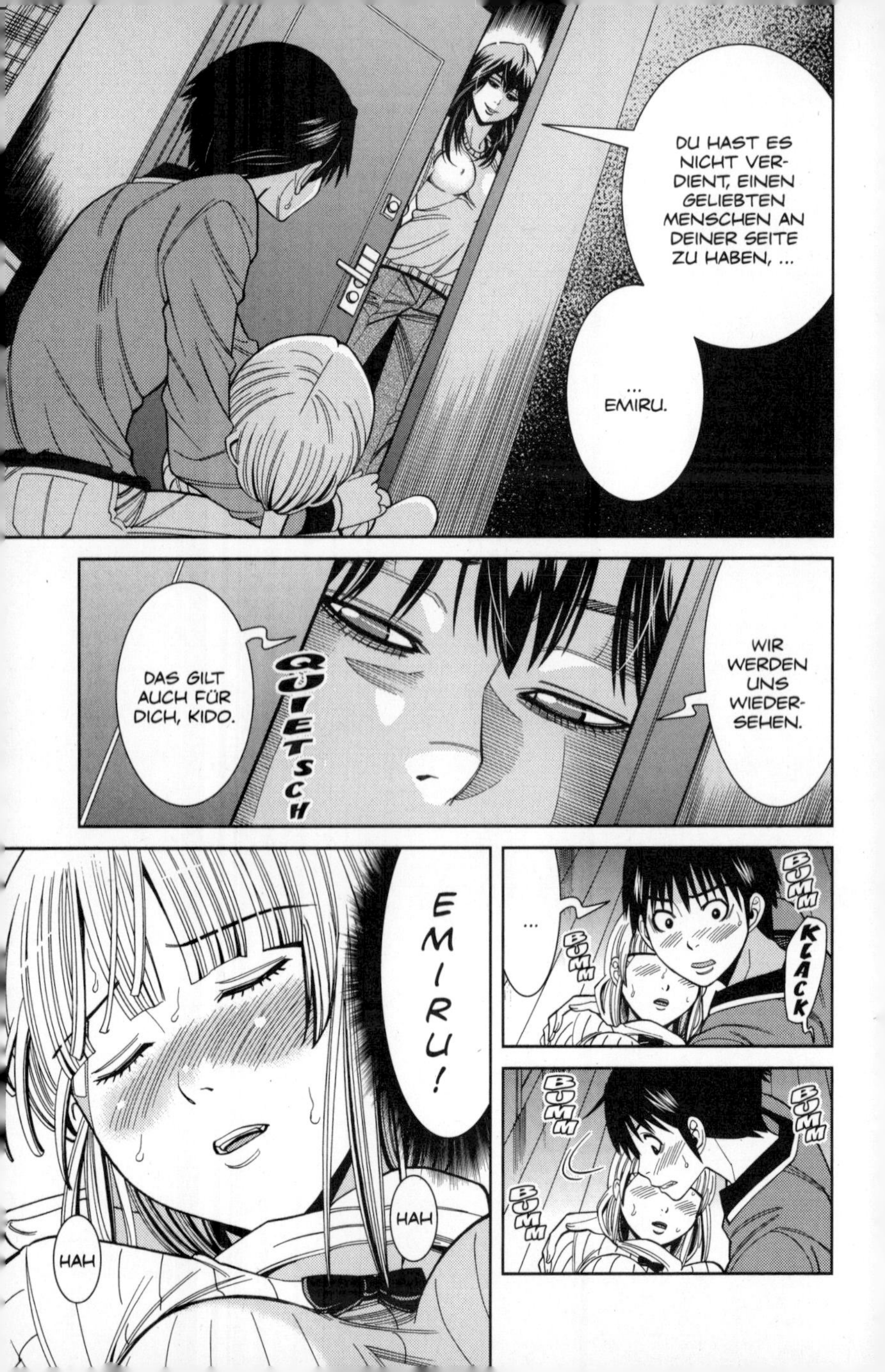

DU HAST ES NICHT VERDIENT, EINEN GELIEBTEN MENSCHEN AN DEINER SEITE ZU HABEN, ...

... EMIRU.

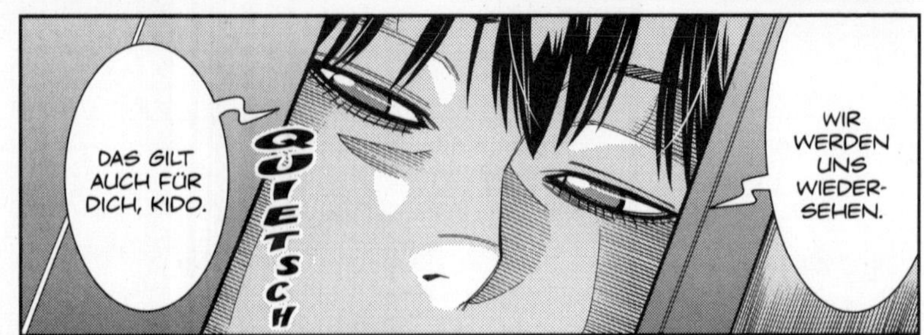

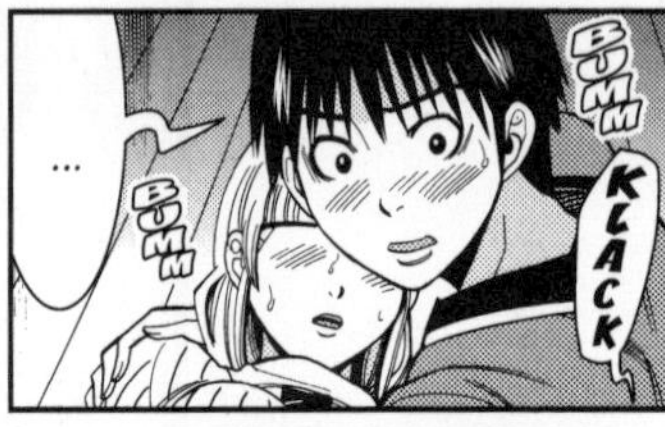

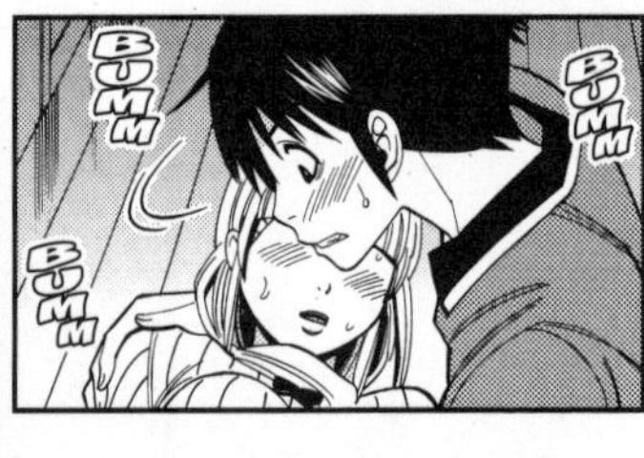

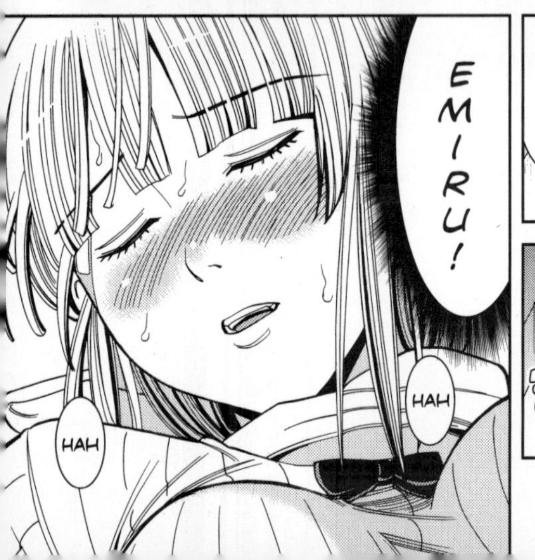

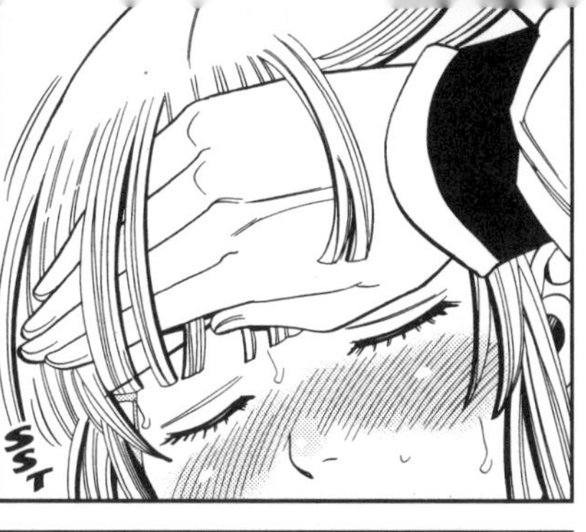
SST

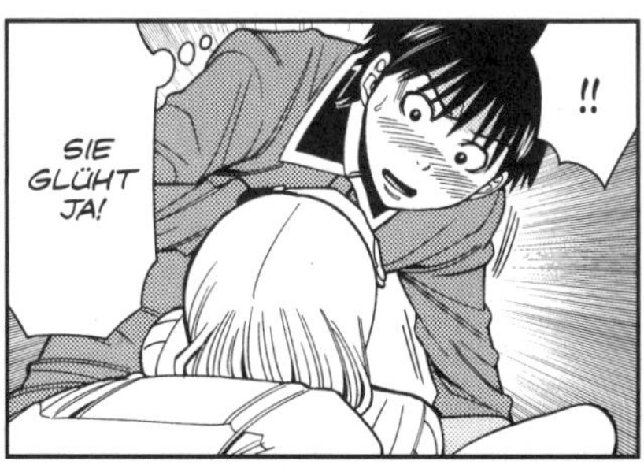
!!
SIE GLÜHT JA!

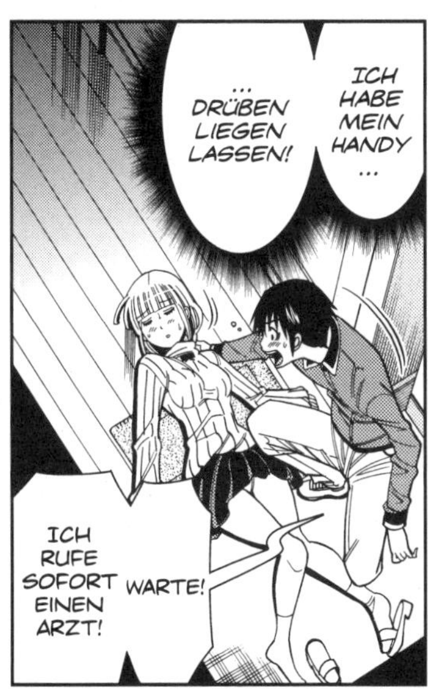
ICH HABE MEIN HANDY ...
... DRÜBEN LIEGEN LASSEN!
WARTE!
ICH RUFE SOFORT EINEN ARZT!

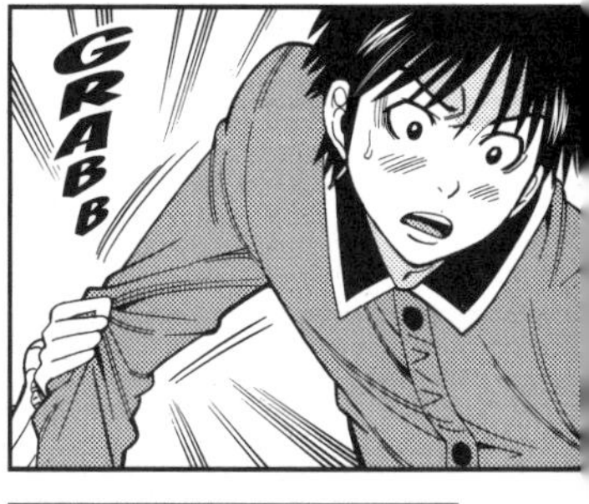
GRABB

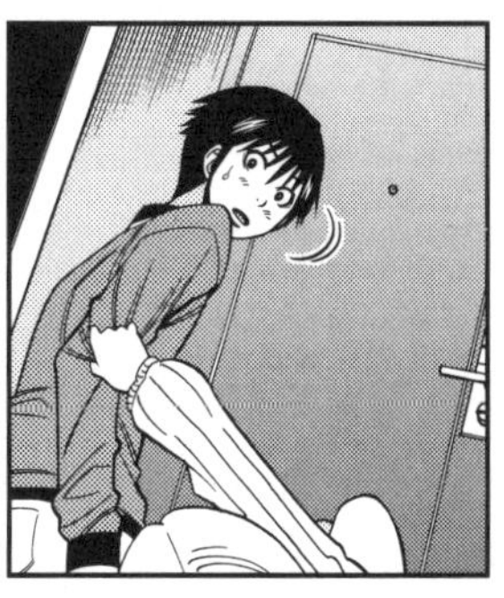

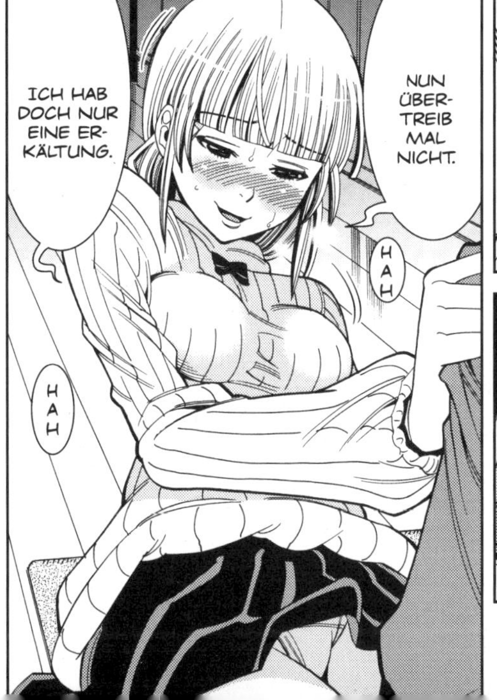
NUN ÜBER-TREIB MAL NICHT.
ICH HAB DOCH NUR EINE ER-KÄLTUNG.
HAH
HAH

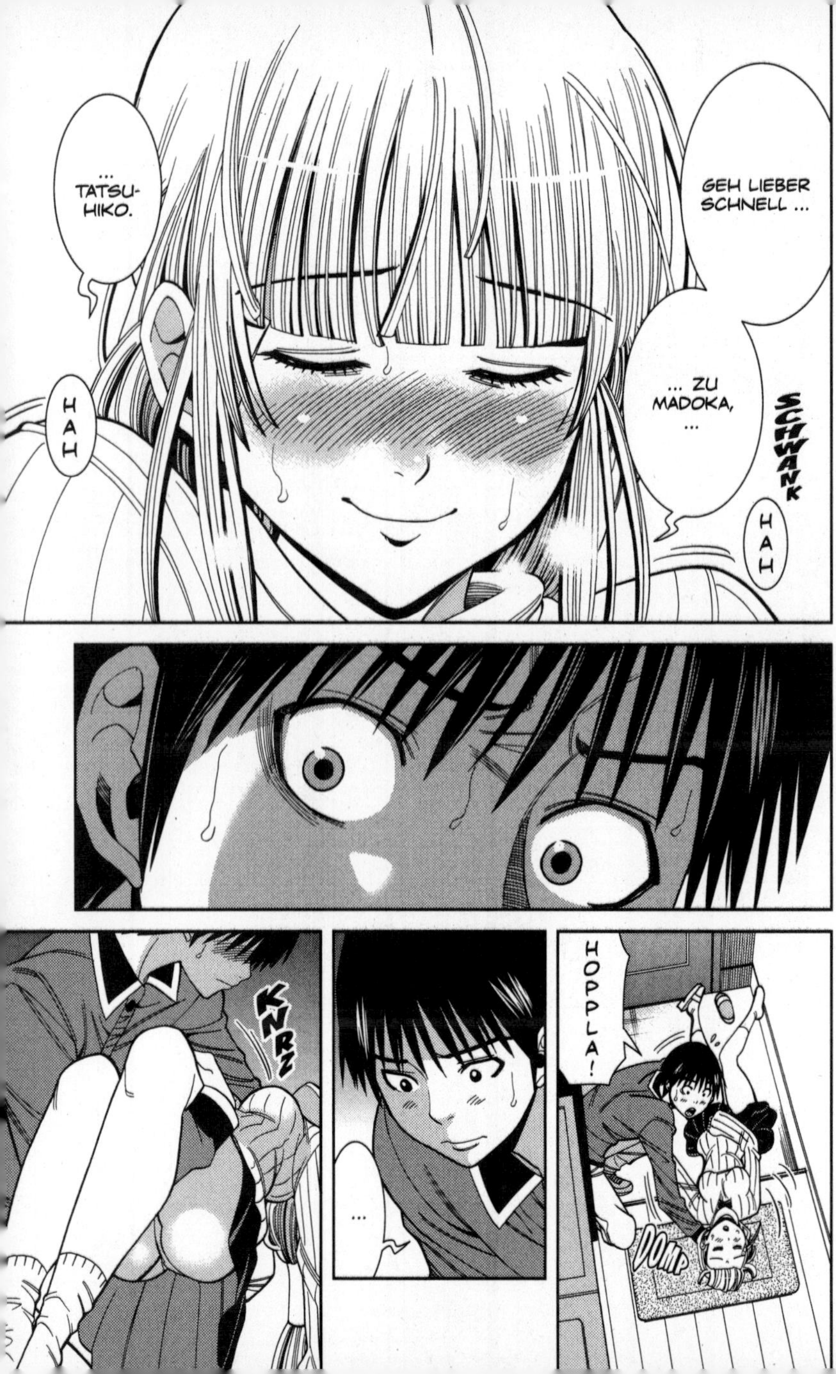

GEH LIEBER SCHNELL ...

... ZU MADOKA, ...

SCHWANK

HAH HAH

... TATSU-HIKO.

HAH HAH

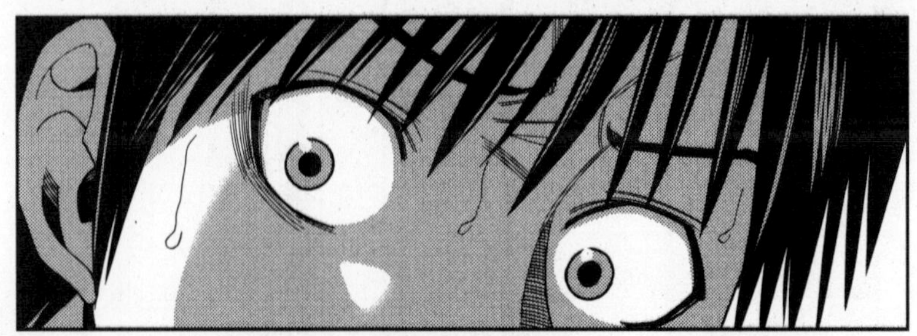

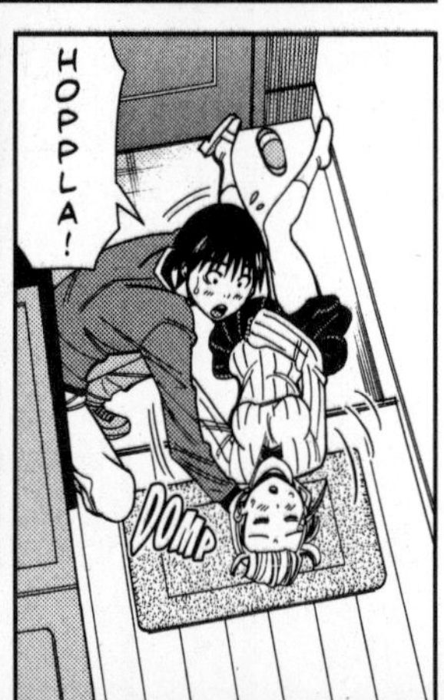

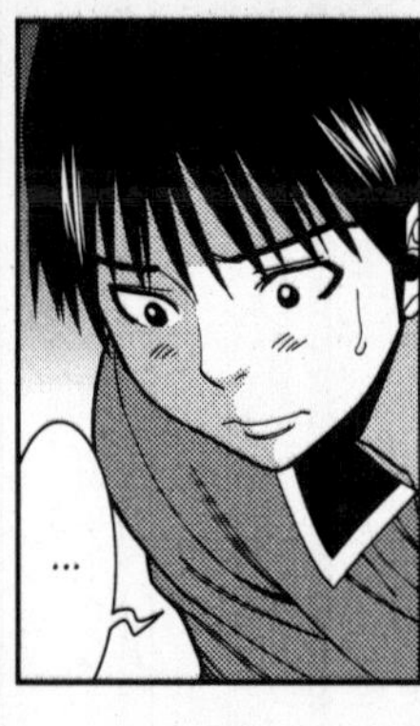

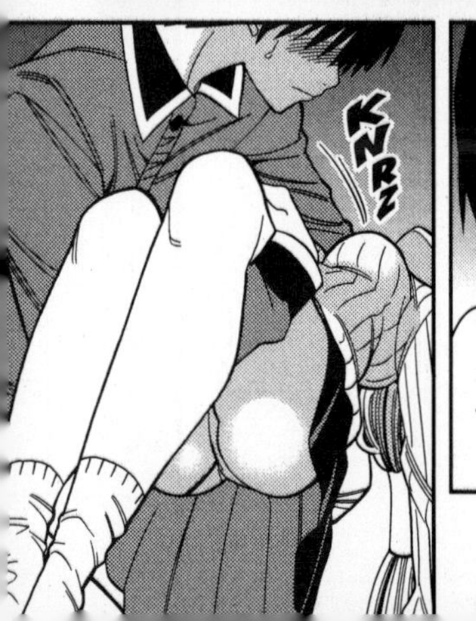

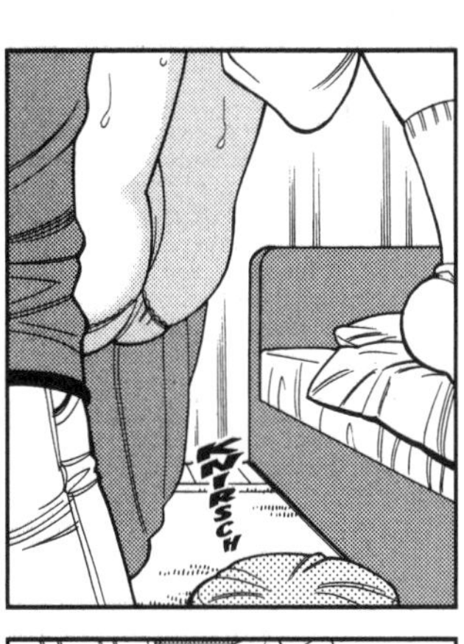
KNIRSCH

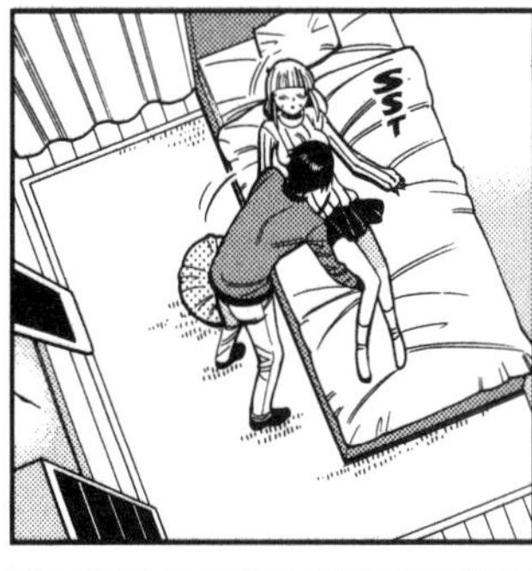
SST

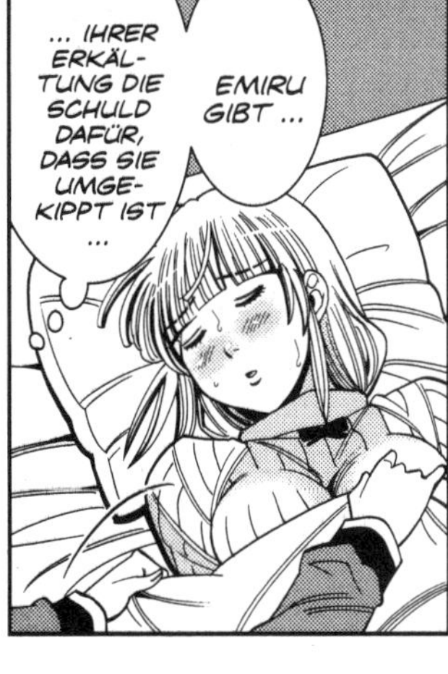
EMIRU GIBT ...
... IHRER ERKÄLTUNG DIE SCHULD DAFÜR, DASS SIE UMGEKIPPT IST ...

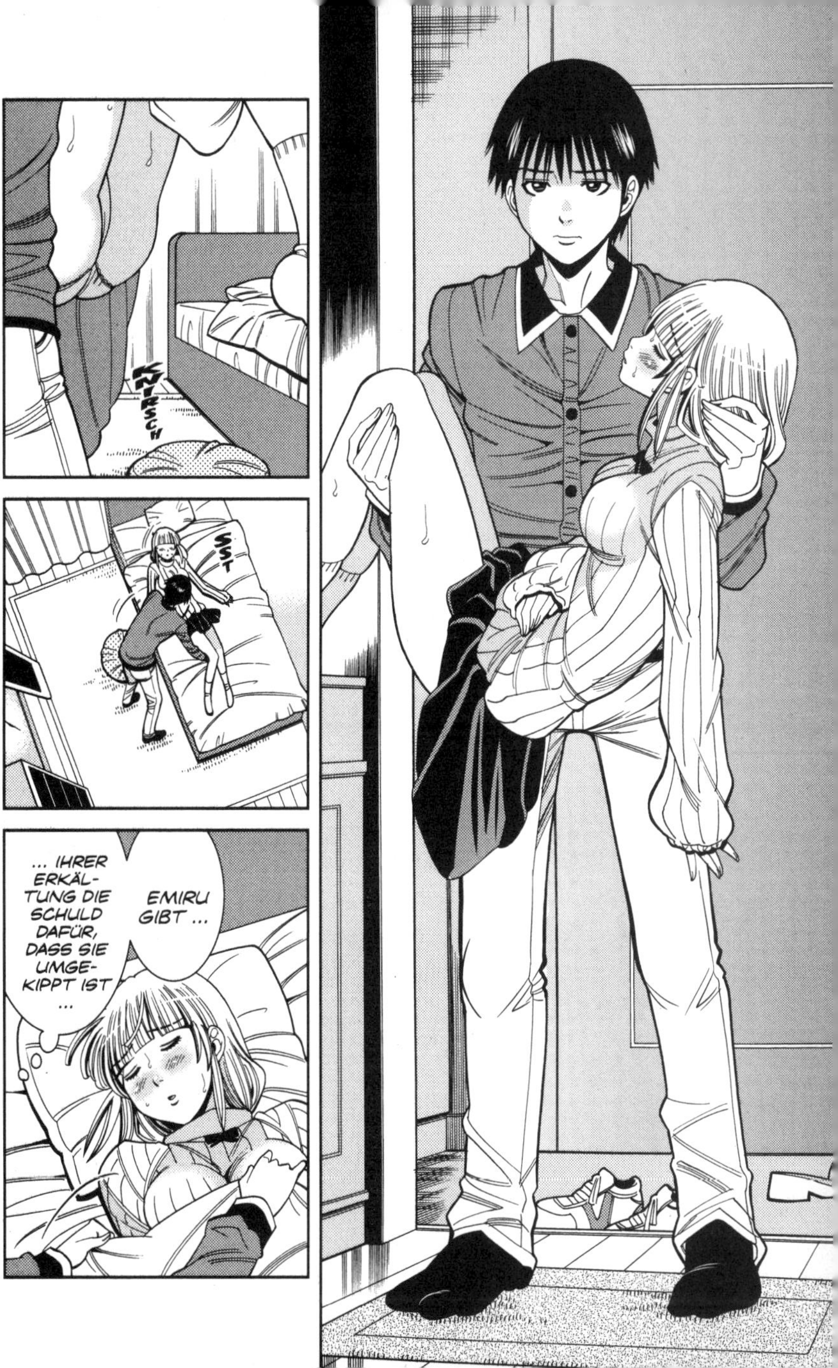

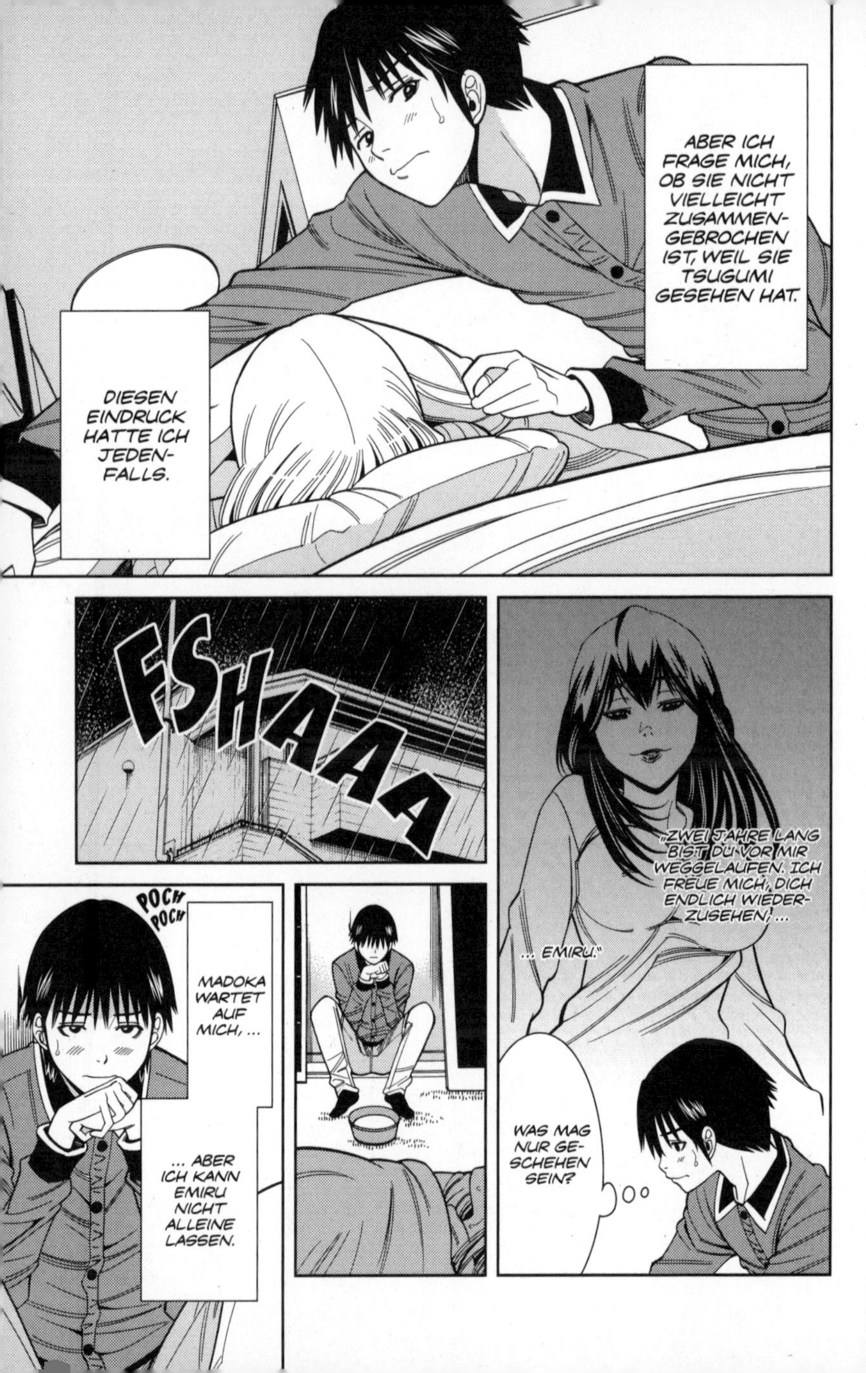

ABER ICH FRAGE MICH, OB SIE NICHT VIELLEICHT ZUSAMMENGEBROCHEN IST, WEIL SIE TSUGUMI GESEHEN HAT.

DIESEN EINDRUCK HATTE ICH JEDENFALLS.

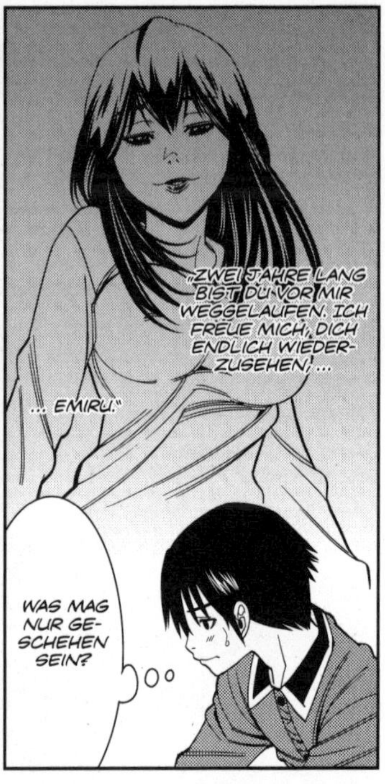

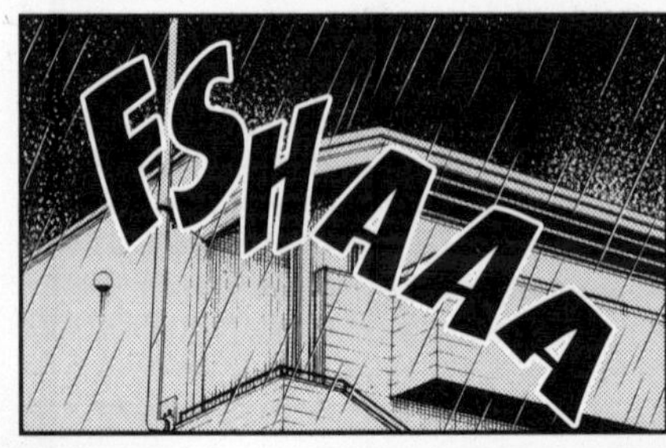

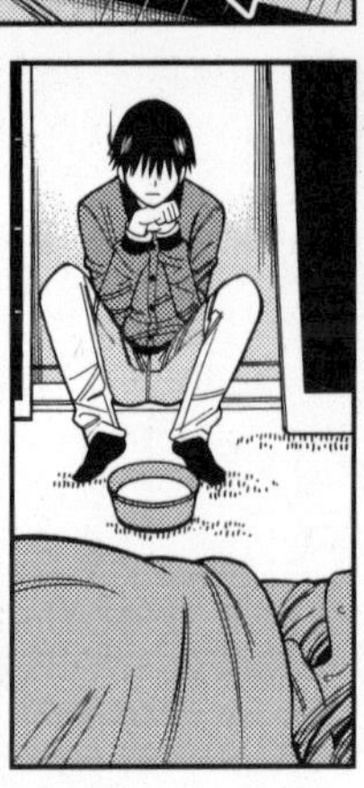

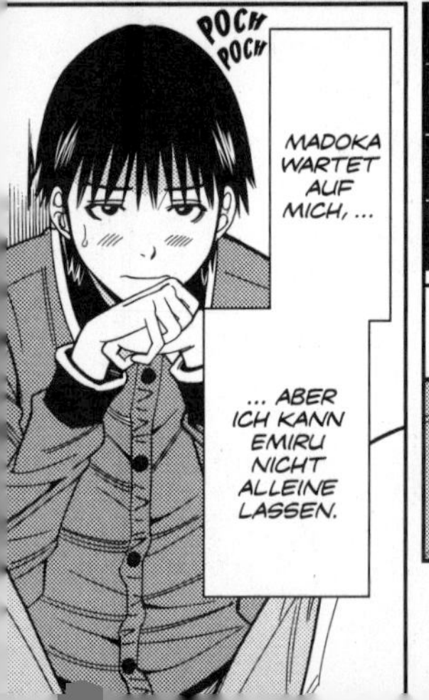

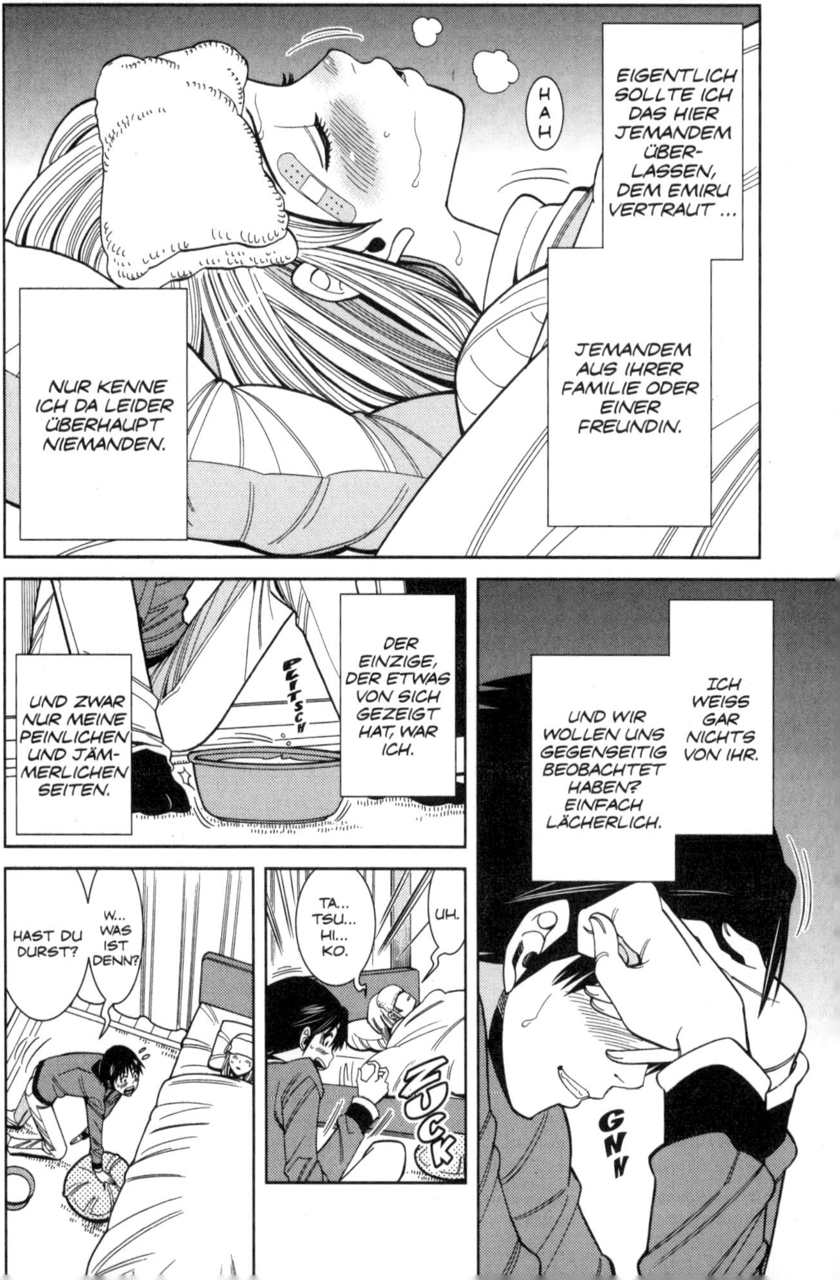

EIGENTLICH SOLLTE ICH DAS HIER JEMANDEM ÜBERLASSEN, DEM EMIRU VERTRAUT ...

HAH

JEMANDEM AUS IHRER FAMILIE ODER EINER FREUNDIN.

NUR KENNE ICH DA LEIDER ÜBERHAUPT NIEMANDEN.

ICH WEISS GAR NICHTS VON IHR.

UND WIR WOLLEN UNS GEGENSEITIG BEOBACHTET HABEN? EINFACH LÄCHERLICH.

GNN

DER EINZIGE, DER ETWAS VON SICH GEZEIGT HAT, WAR ICH.

PEITSCH

UND ZWAR NUR MEINE PEINLICHEN UND JÄMMERLICHEN SEITEN.

UH.

TA... TSU... HI... KO.

ZUCK

W... WAS IST DENN?

HAST DU DURST?

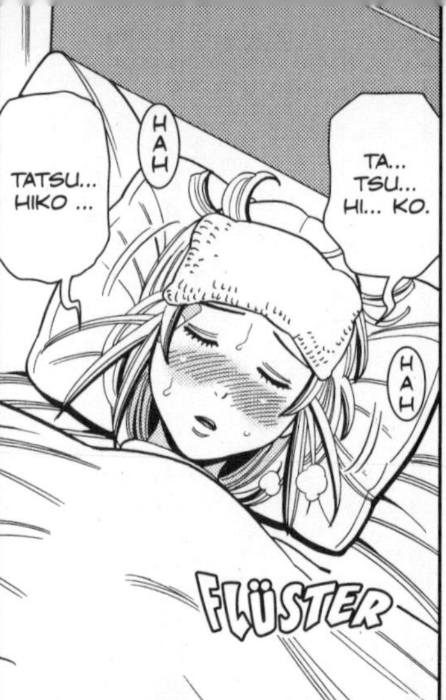
TA... TSU... HI... KO.
HAH
TATSU... HIKO ...
HAH
FLÜSTER

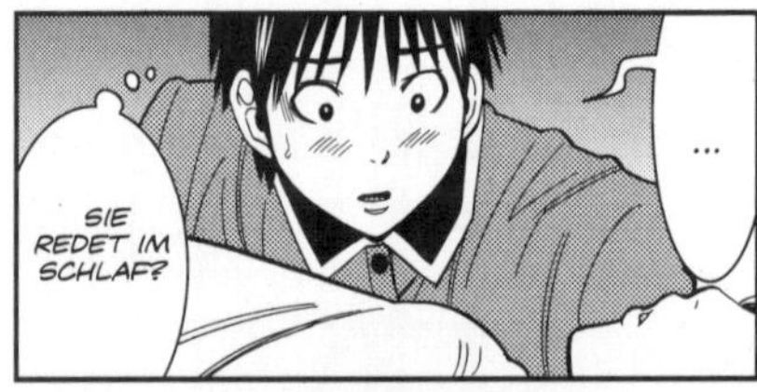
...
SIE REDET IM SCHLAF?

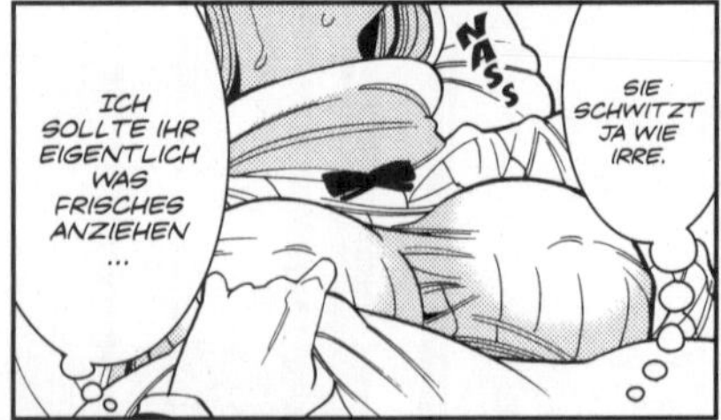
SIE SCHWITZT JA WIE IRRE.
NASS
ICH SOLLTE IHR EIGENTLICH WAS FRISCHES ANZIEHEN ...

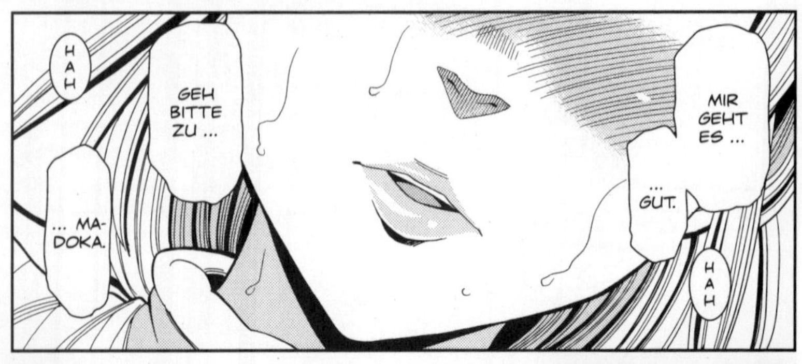
MIR GEHT ES ...
... GUT.
HAH
GEH BITTE ZU ...
HAH
... MADOKA.

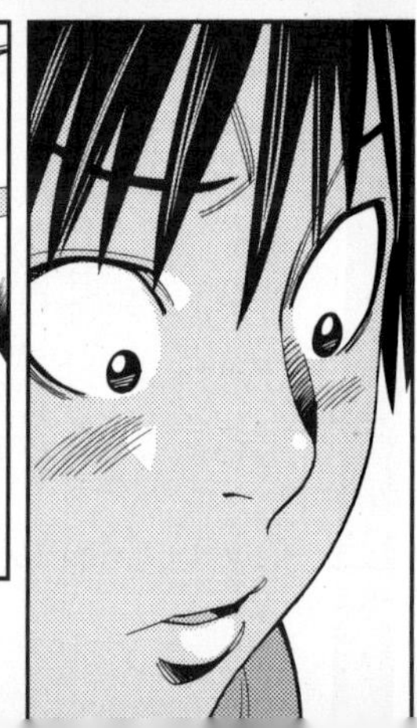

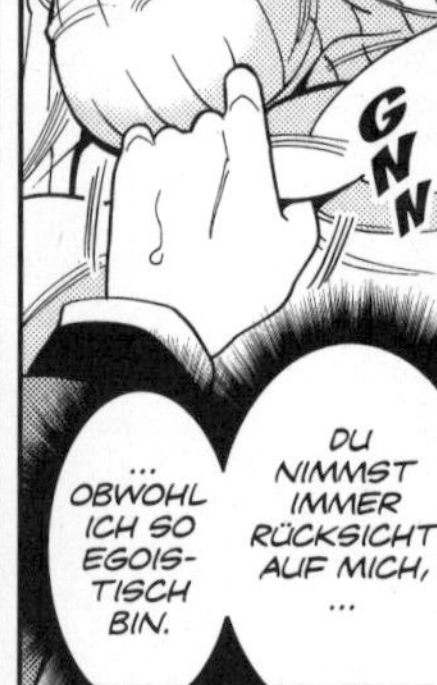
GNN
DU NIMMST IMMER RÜCKSICHT AUF MICH, ...
... OBWOHL ICH SO EGOISTISCH BIN.

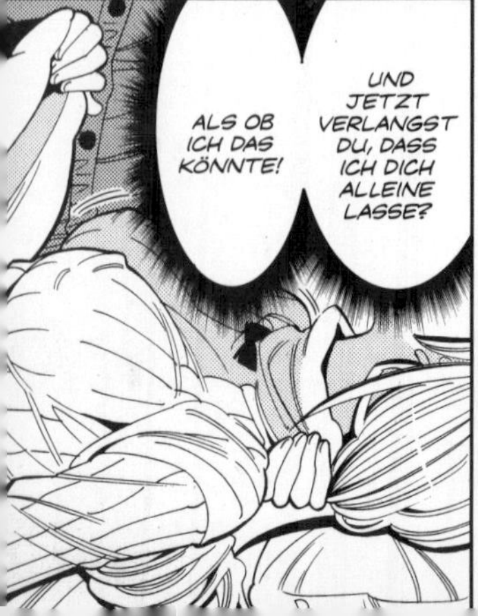
UND JETZT VERLANGST DU, DASS ICH DICH ALLEINE LASSE?
ALS OB ICH DAS KÖNNTE!

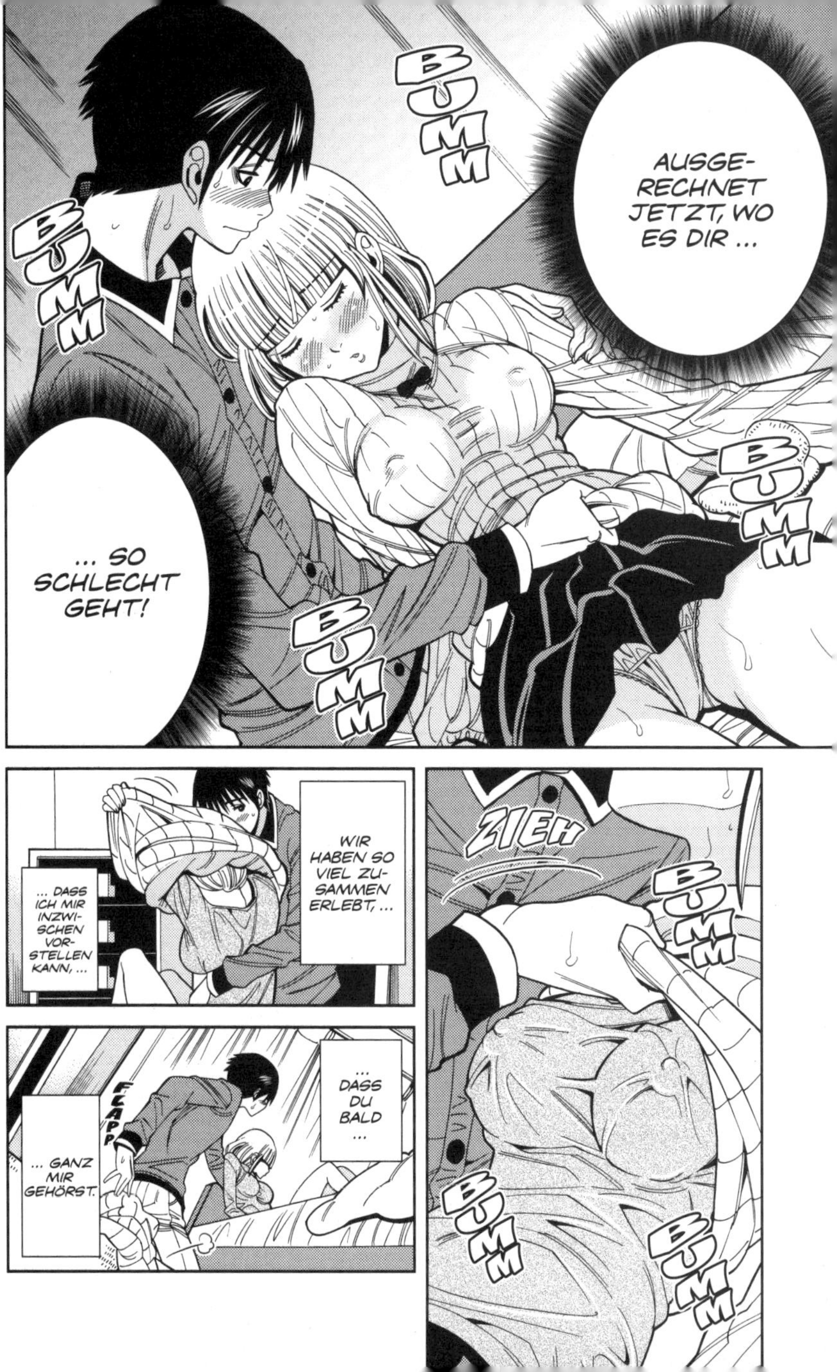

BUMM
BUMM
AUSGE-RECHNET JETZT, WO ES DIR ...
BUMM
BUMM
... SO SCHLECHT GEHT!

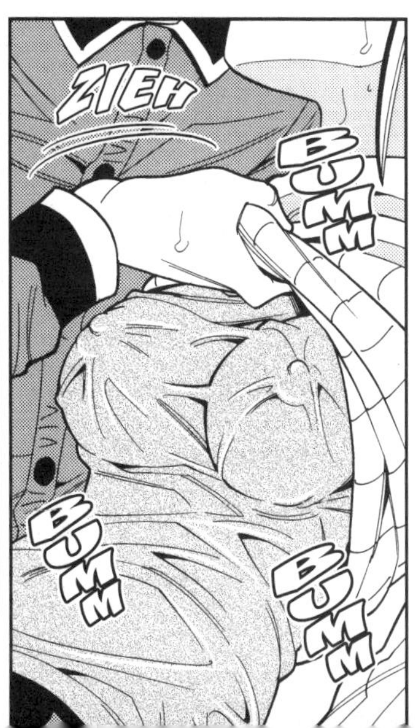

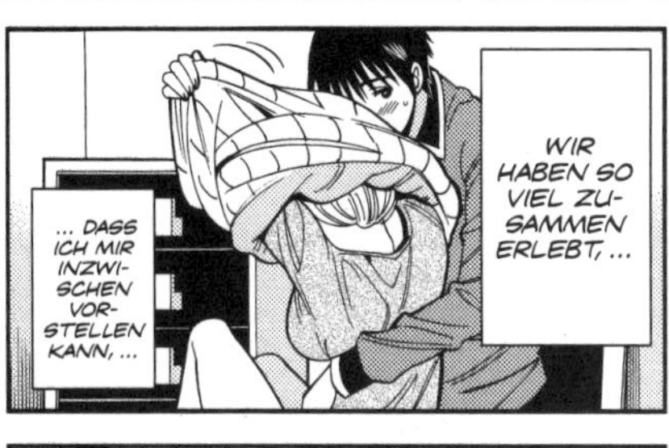

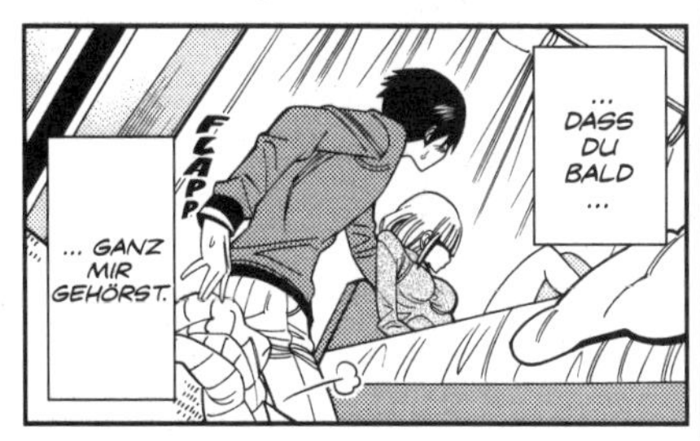

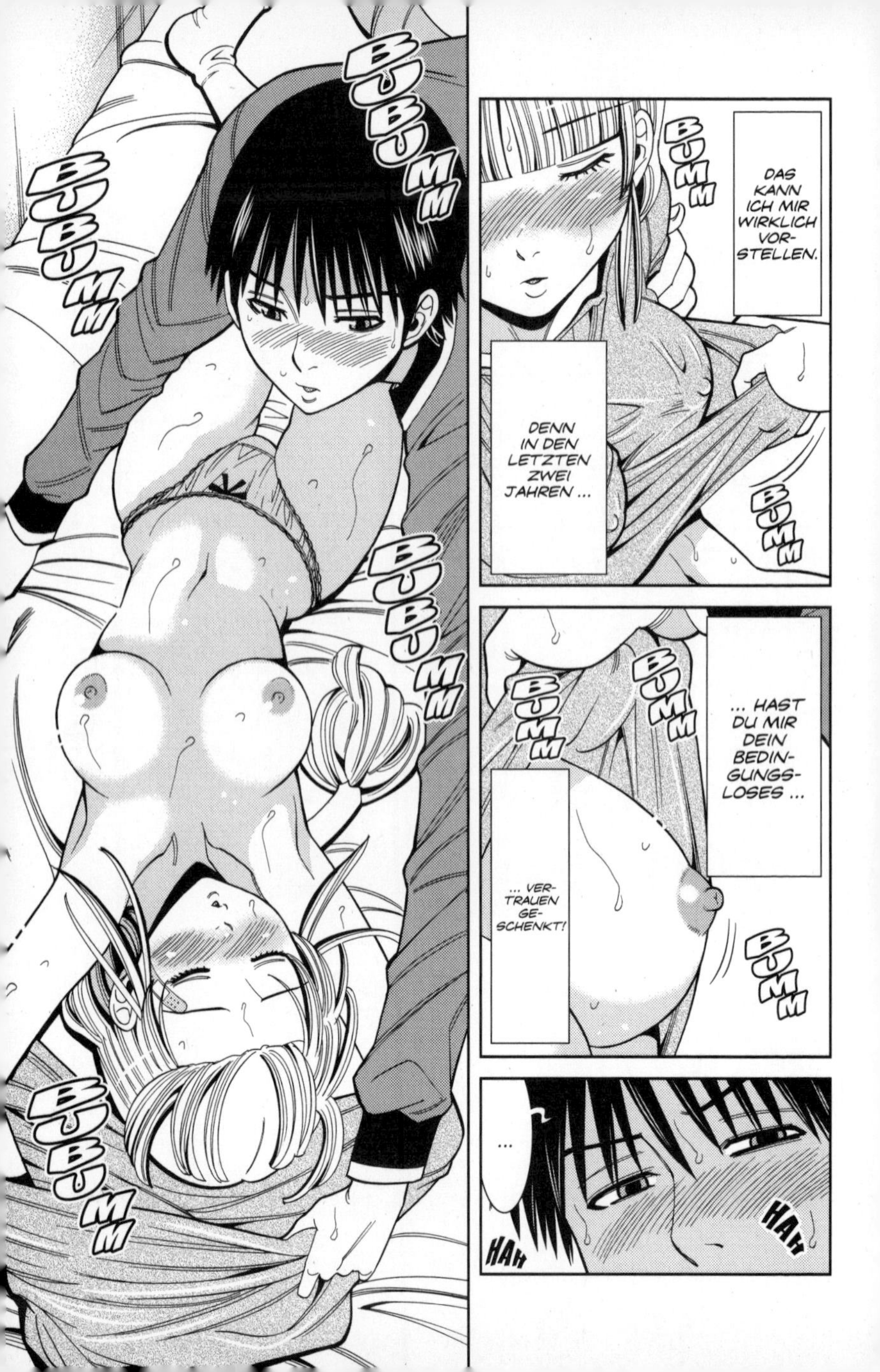

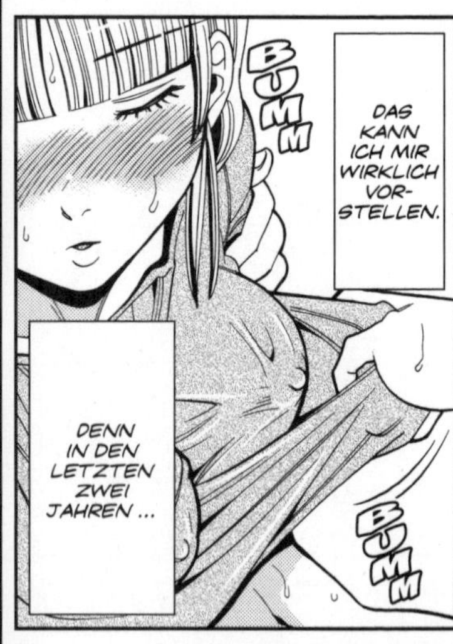
DAS KANN ICH MIR WIRKLICH VOR-STELLEN.
BUMM
DENN IN DEN LETZTEN ZWEI JAHREN ...
BUMM

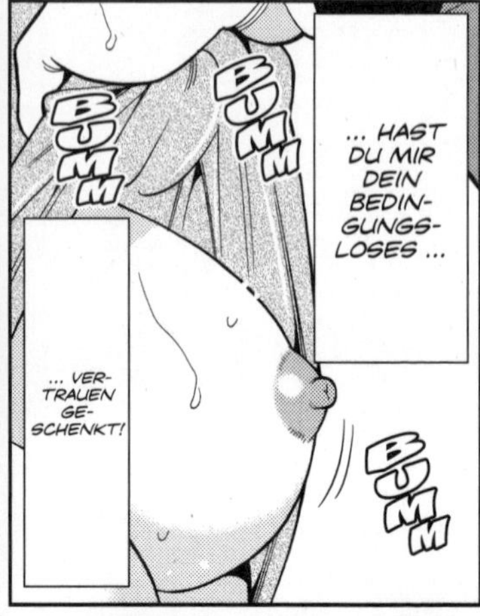
... HAST DU MIR DEIN BEDIN-GUNGS-LOSES ...
BUMM
BUMM
... VER-TRAUEN GE-SCHENKT!
BUMM

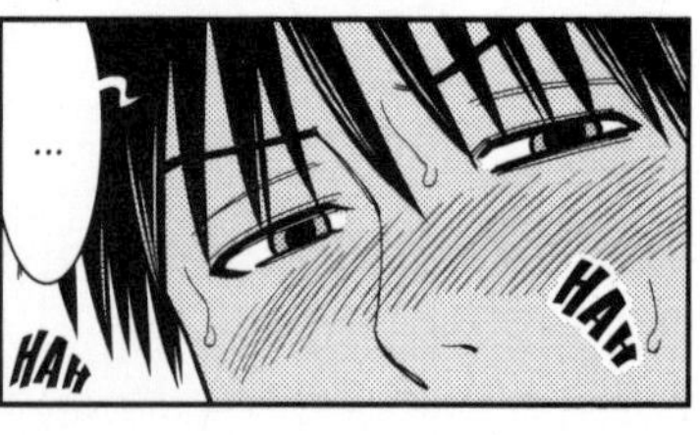
...
HAH
HAH

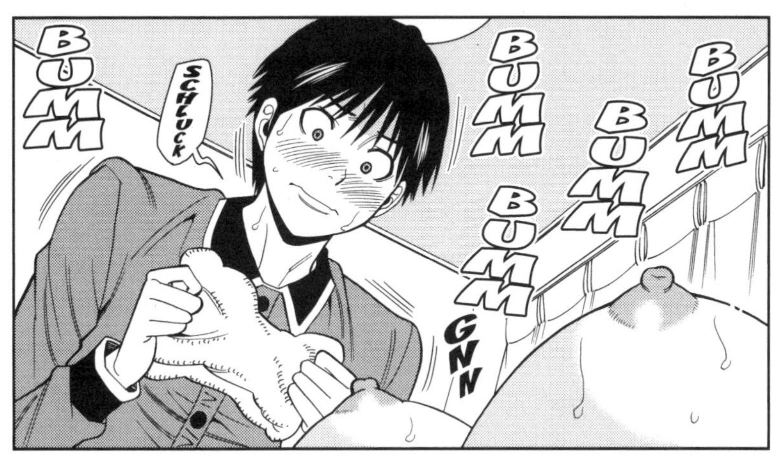
BUMM
BUMM
BUMM
BUMM
GNN
BUMM
SCHLUCK
BUMM

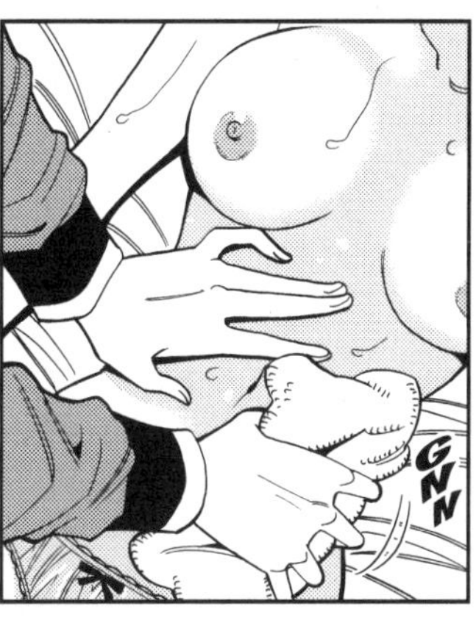
GNN

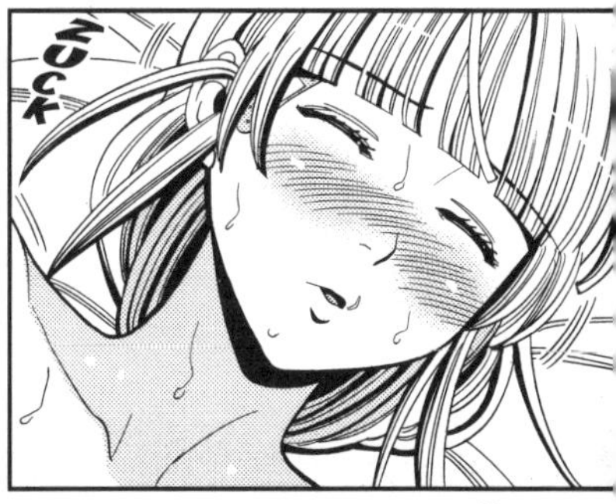
ZUCK

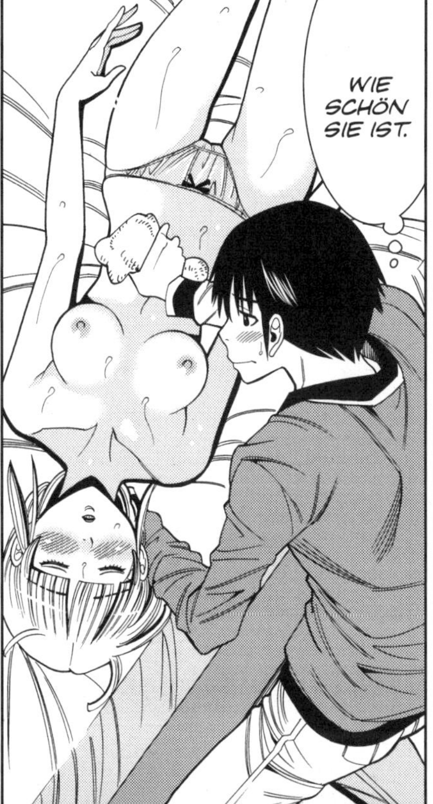
WIE SCHÖN SIE IST.

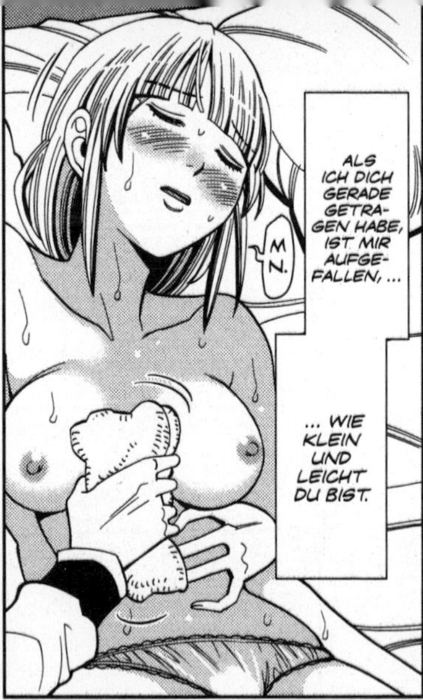
ALS ICH DICH GERADE GETRA-GEN HABE, IST MIR AUFGE-FALLEN, ...
MN.
... WIE KLEIN UND LEICHT DU BIST.

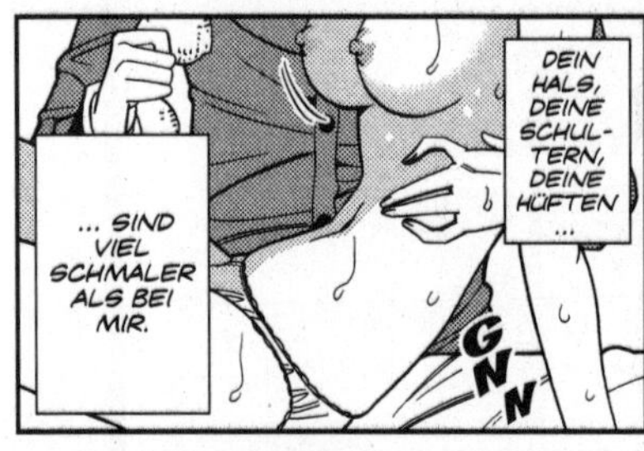
DEIN HALS, DEINE SCHUL-TERN, DEINE HÜFTEN ...
... SIND VIEL SCHMALER ALS BEI MIR.
GNN

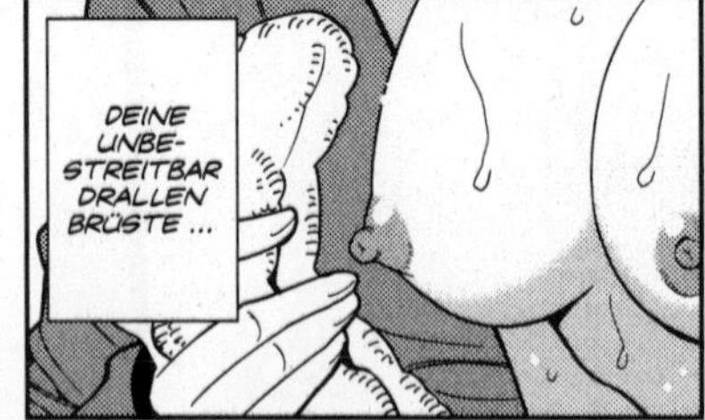
DEINE UNBE-STREITBAR DRALLEN BRÜSTE ...

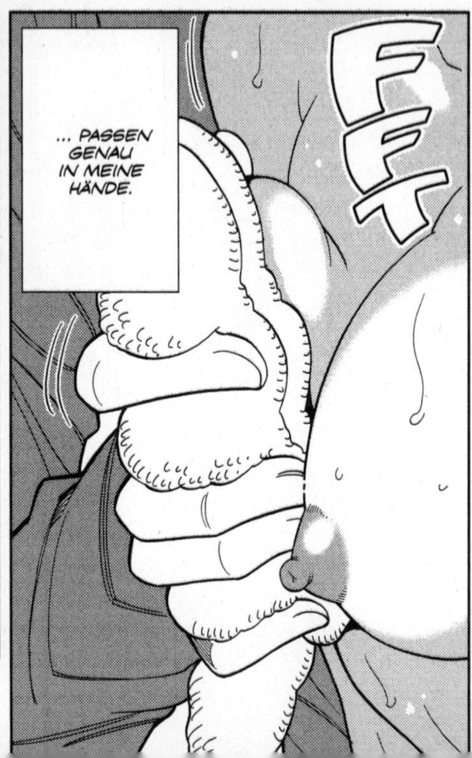
... PASSEN GENAU IN MEINE HÄNDE.
FFFT

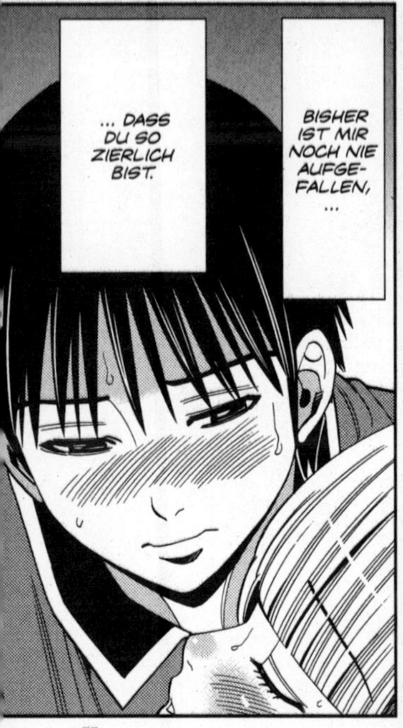
BISHER IST MIR NOCH NIE AUFGE-FALLEN, ...
... DASS DU SO ZIERLICH BIST.

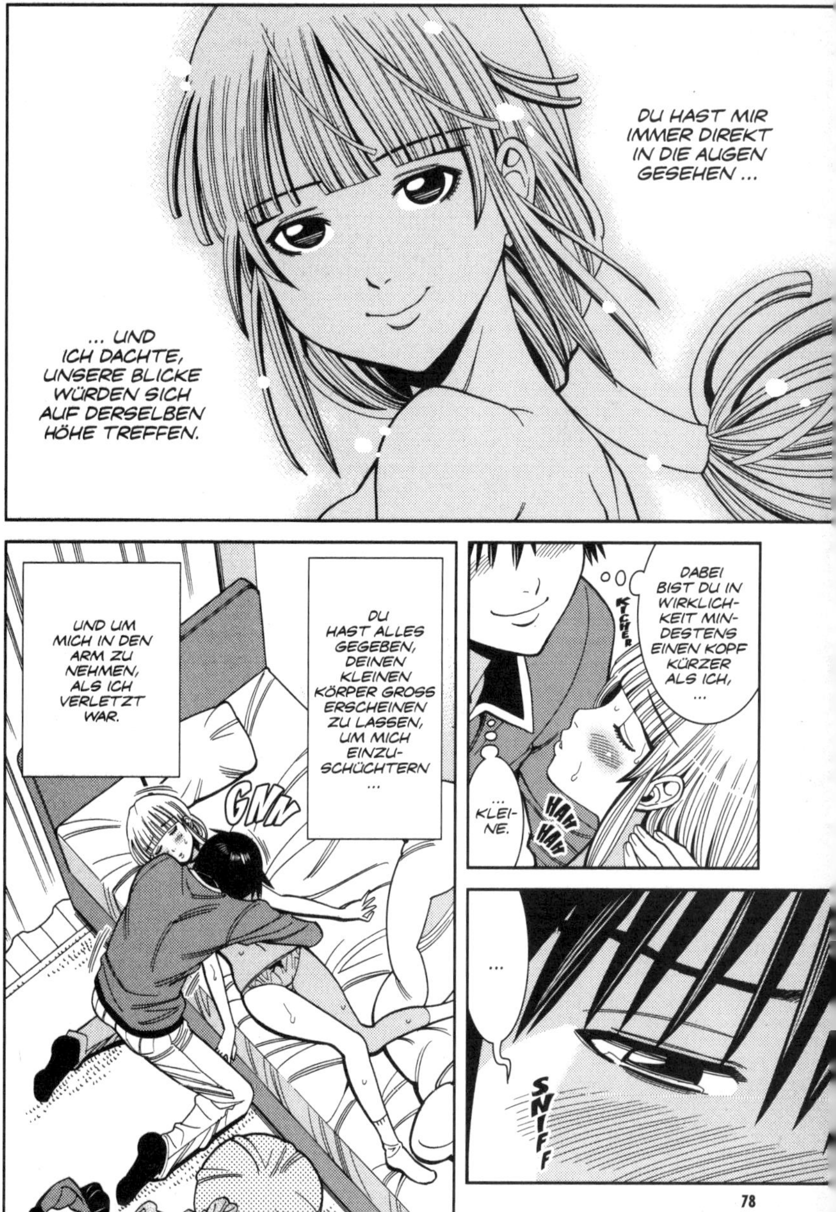

DU HAST MIR IMMER DIREKT IN DIE AUGEN GESEHEN ...

... UND ICH DACHTE, UNSERE BLICKE WÜRDEN SICH AUF DERSELBEN HÖHE TREFFEN.

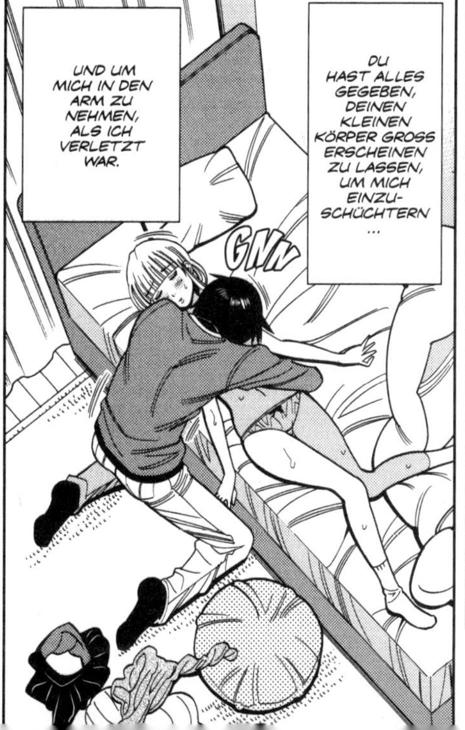

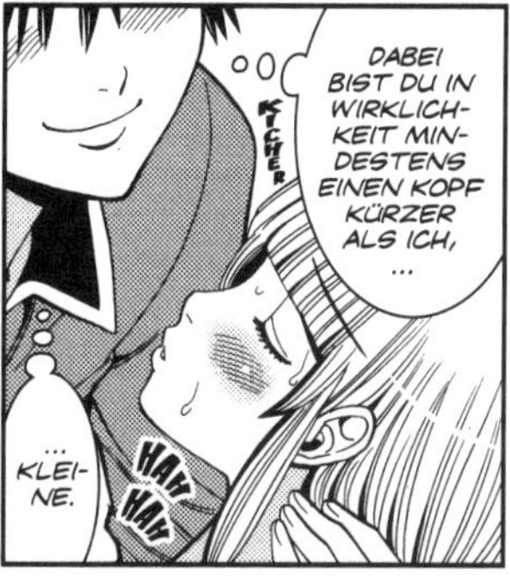

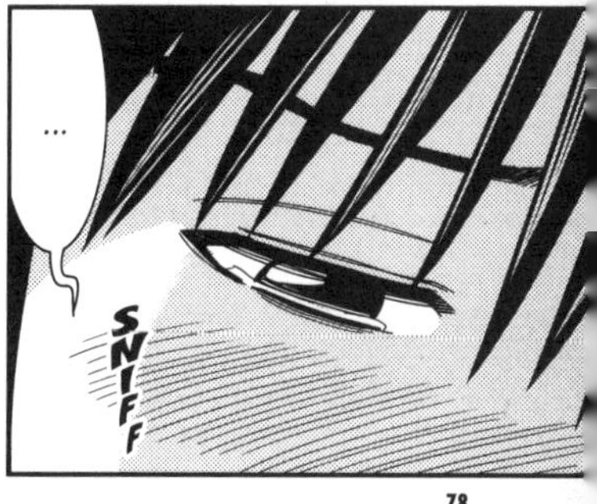

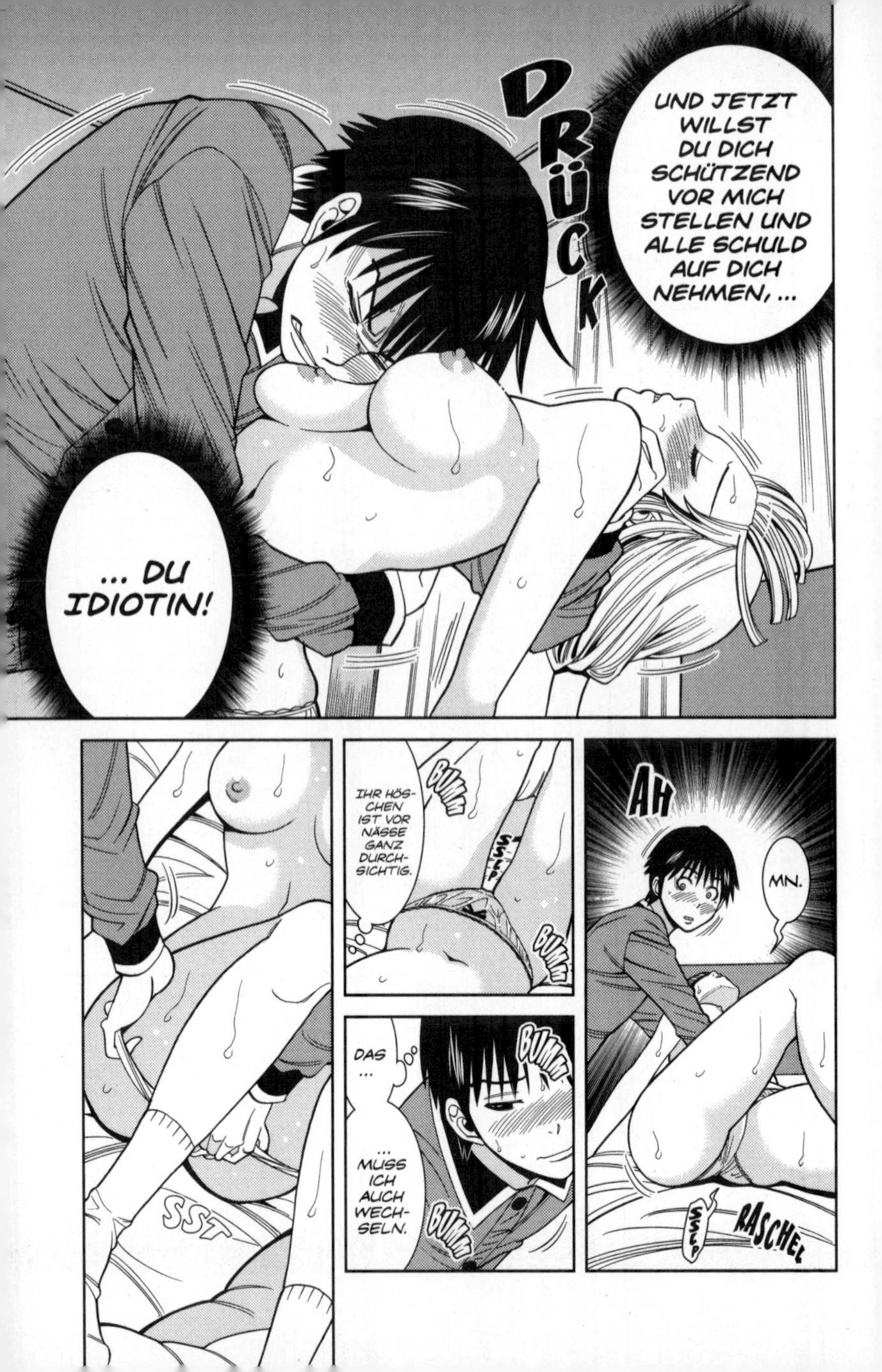

UND JETZT WILLST DU DICH SCHÜTZEND VOR MICH STELLEN UND ALLE SCHULD AUF DICH NEHMEN, ...

DRÜCK

... DU IDIOTIN!

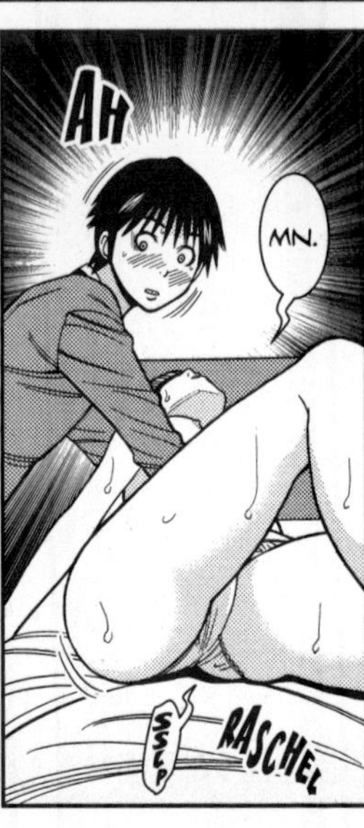

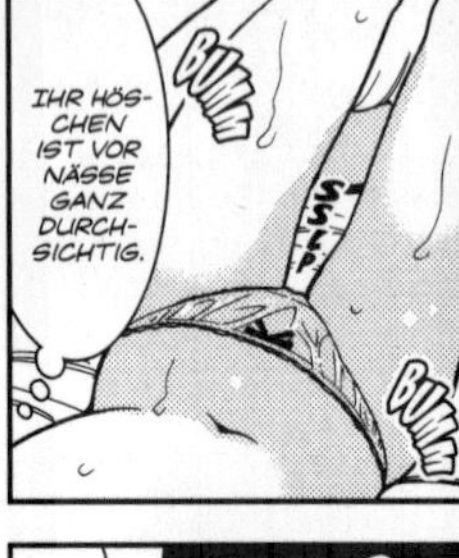

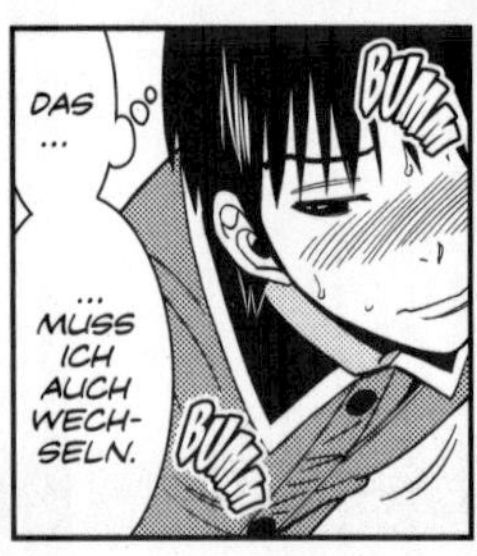

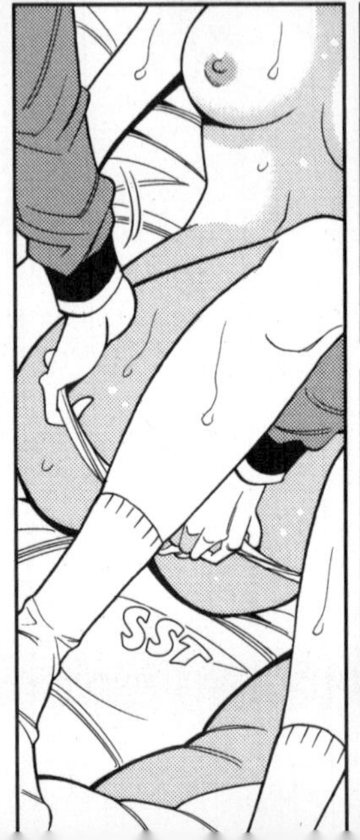

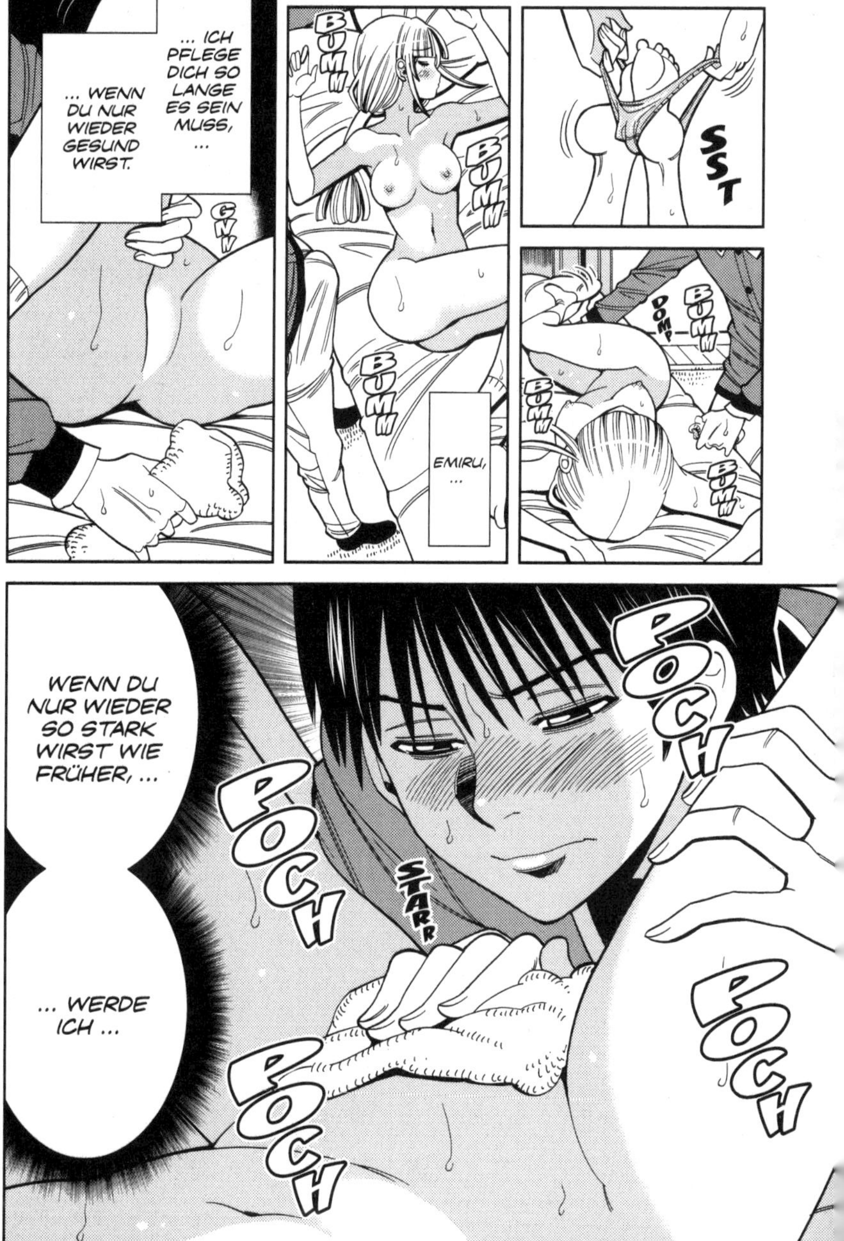

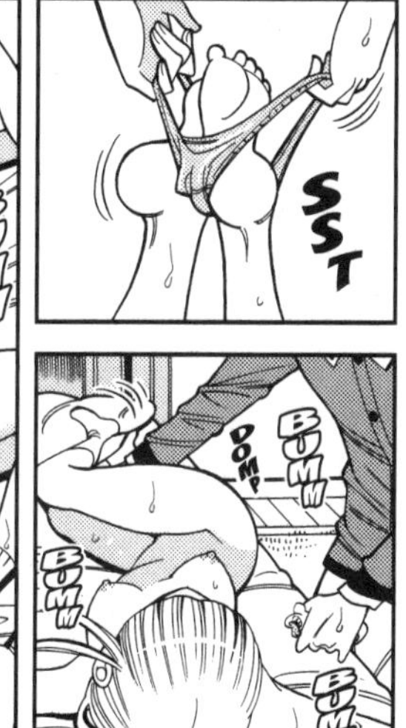

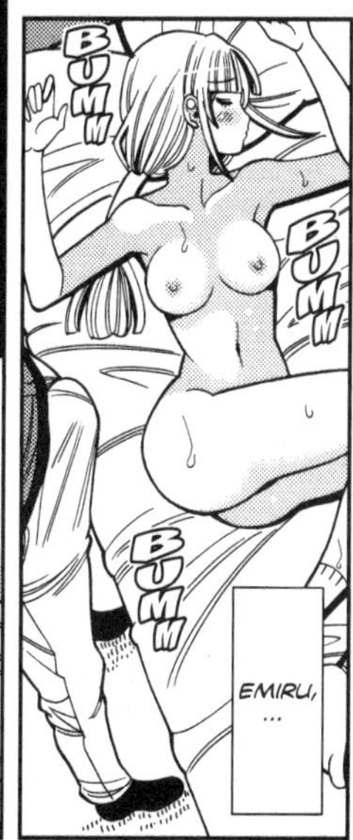

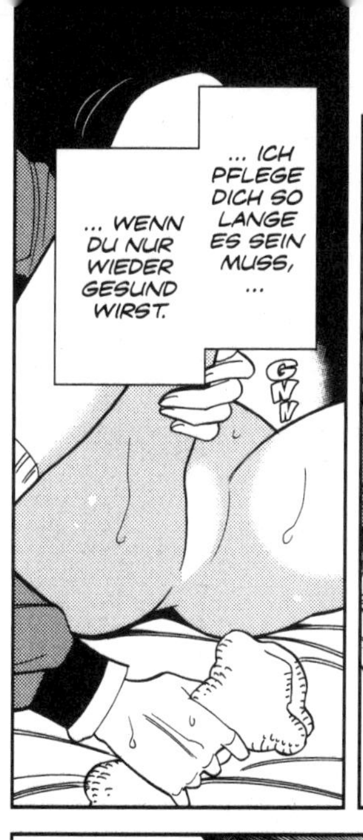

WENN DU NUR WIEDER SO STARK WIRST WIE FRÜHER, ...

POCH POCH

STARR

POCH

POCH POCH

... WERDE ICH ...

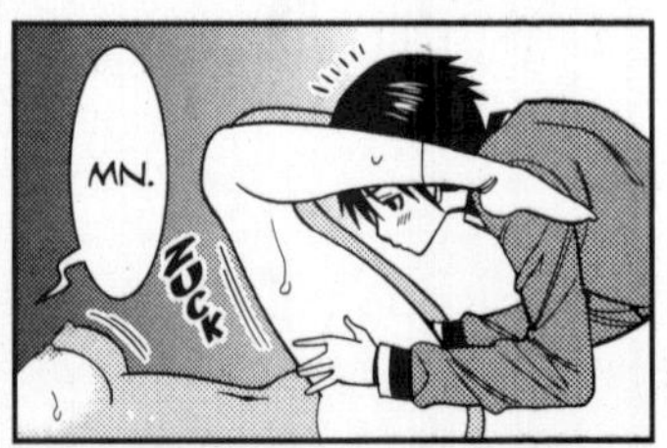
MN.
ZUCK

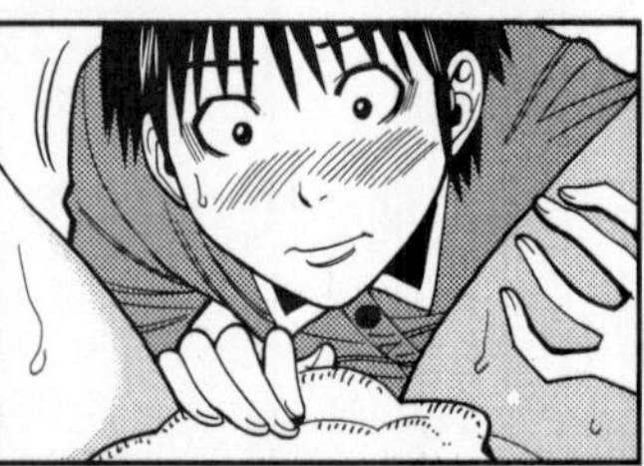

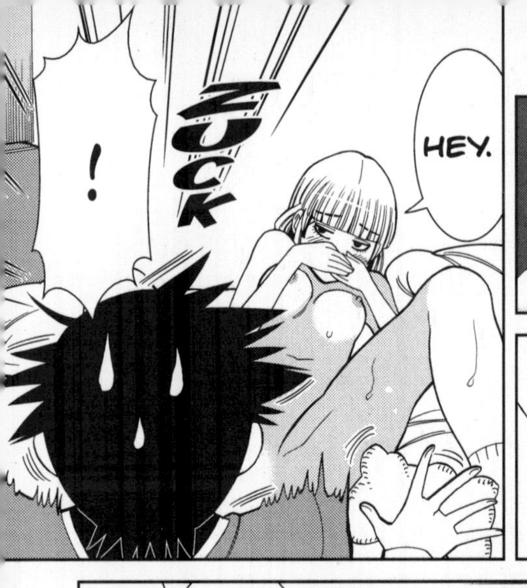
HEY.
ZUCK
!

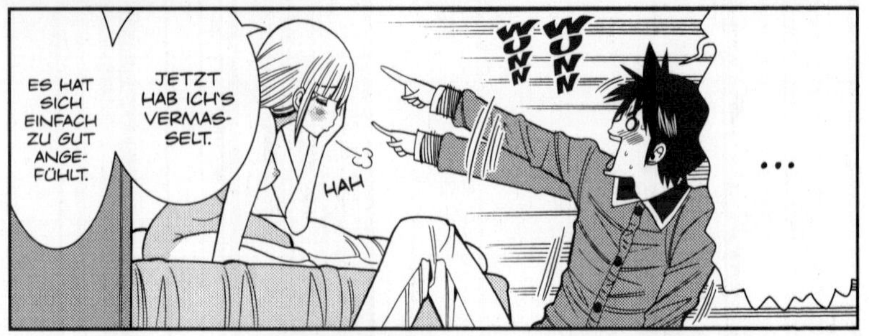
...
WUNN WUNN
HAH
JETZT HAB ICH'S VERMAS-SELT.
ES HAT SICH EINFACH ZU GUT ANGE-FÜHLT.

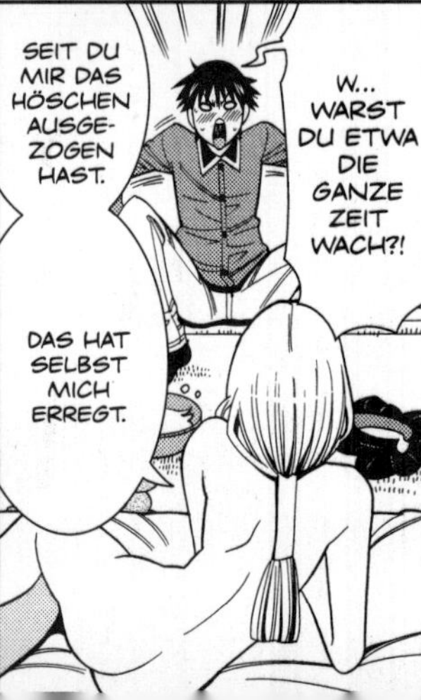
W... WARST DU ETWA DIE GANZE ZEIT WACH?!
SEIT DU MIR DAS HÖSCHEN AUSGE-ZOGEN HAST.
DAS HAT SELBST MICH ERREGT.

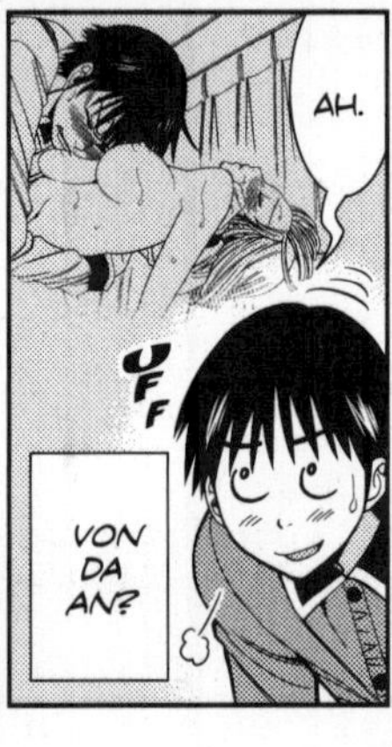
AH.
UFF
VON DA AN?

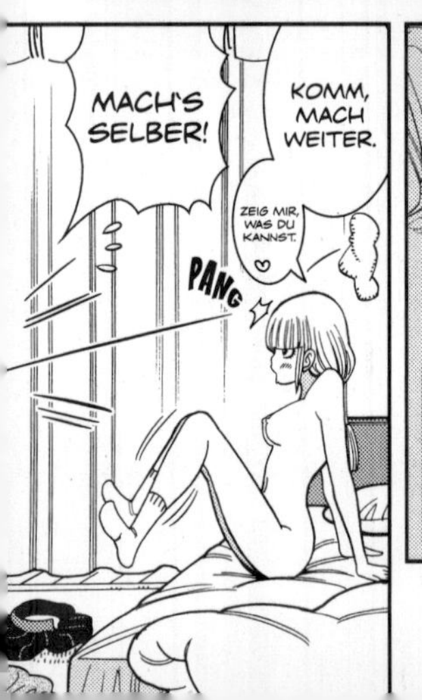
KOMM, MACH WEITER.
ZEIG MIR, WAS DU KANNST. ♥
MACH'S SELBER!
PANG

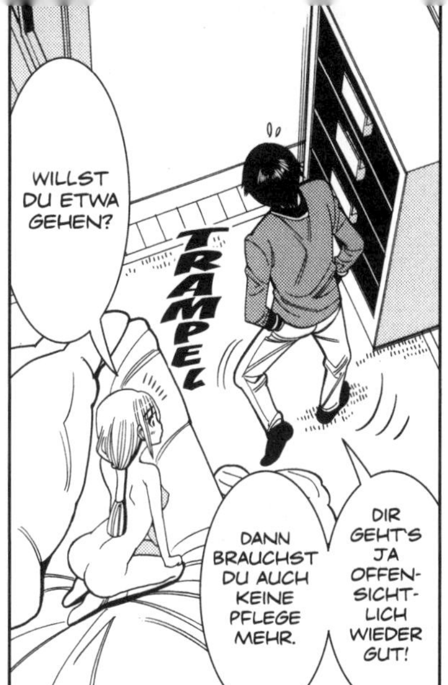
WILLST DU ETWA GEHEN?
TRAMPEL
DIR GEHT'S JA OFFEN-SICHT-LICH WIEDER GUT!
DANN BRAUCHST DU AUCH KEINE PFLEGE MEHR.

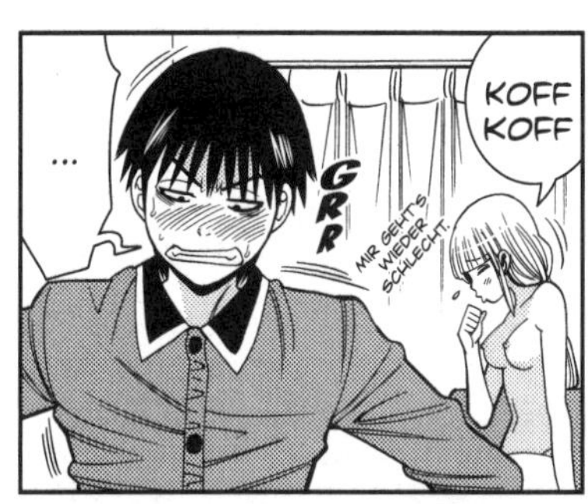
KOFF KOFF
MIR GEHT'S WIEDER SCHLECHT.
GRR
...

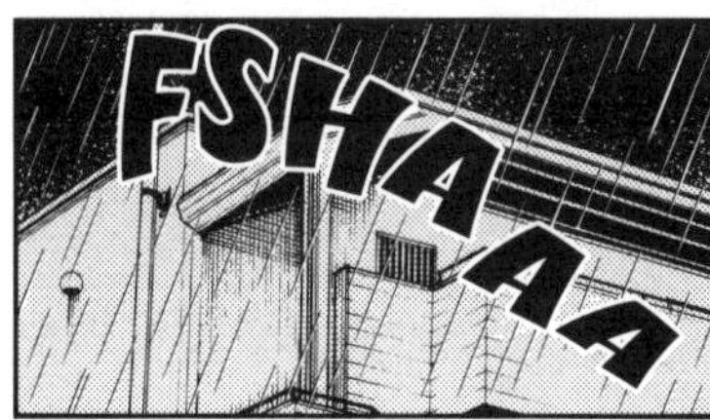
FSHAAAA

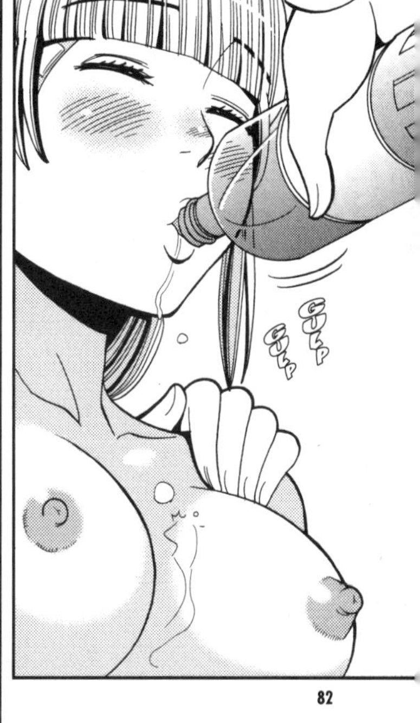
GULP
GULP

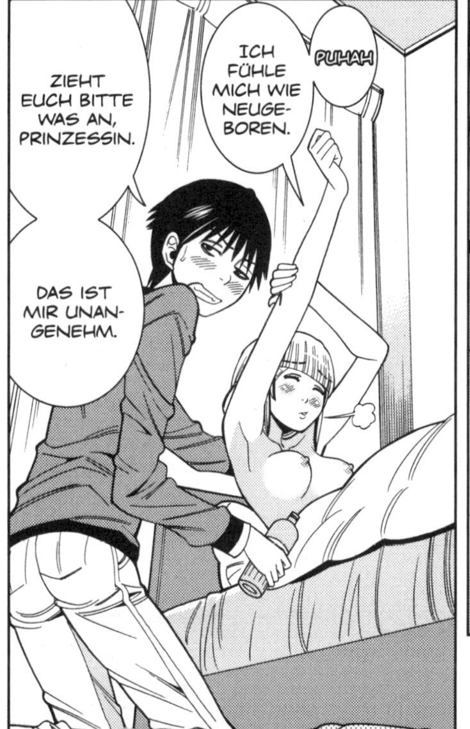
PUHAH
ICH FÜHLE MICH WIE NEUGE-BOREN.
ZIEHT EUCH BITTE WAS AN, PRINZESSIN.
DAS IST MIR UNAN-GENEHM.

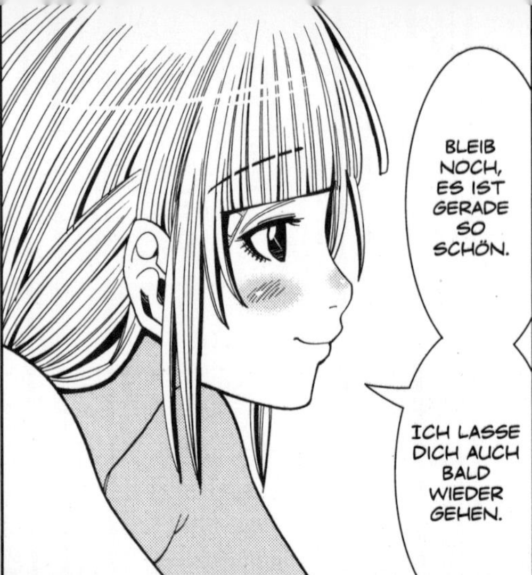
BLEIB NOCH, ES IST GERADE SO SCHÖN.
ICH LASSE DICH AUCH BALD WIEDER GEHEN.

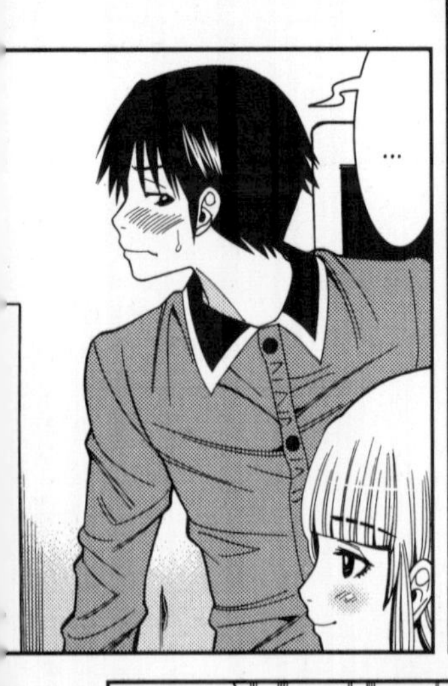
...

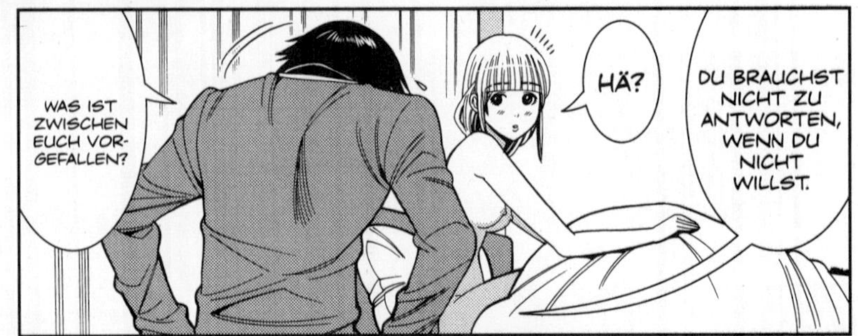
DU BRAUCHST NICHT ZU ANTWORTEN, WENN DU NICHT WILLST.
HÄ?
WAS IST ZWISCHEN EUCH VORGEFALLEN?

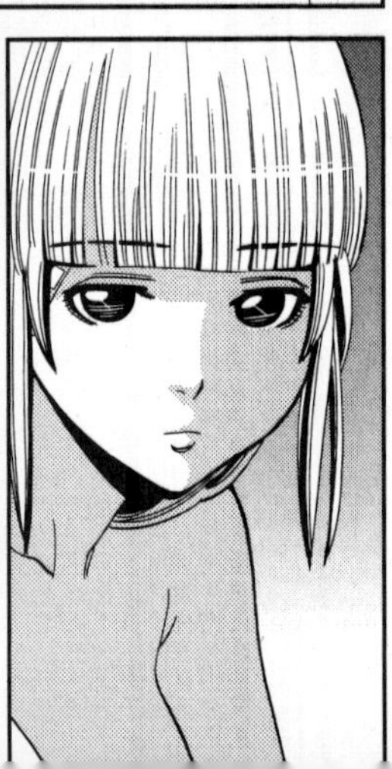

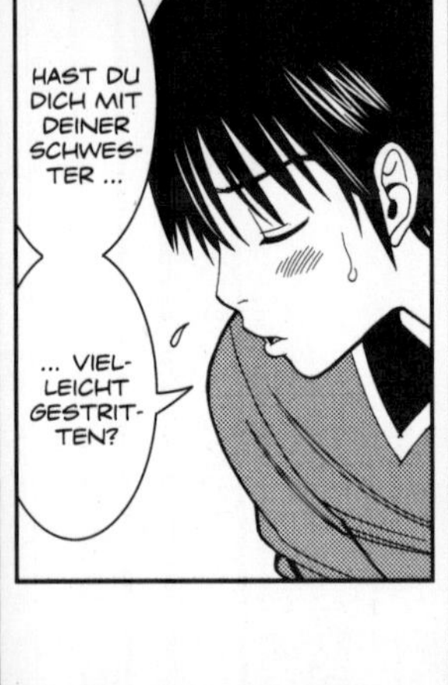
HAST DU DICH MIT DEINER SCHWESTER ...
... VIELLEICHT GESTRITTEN?

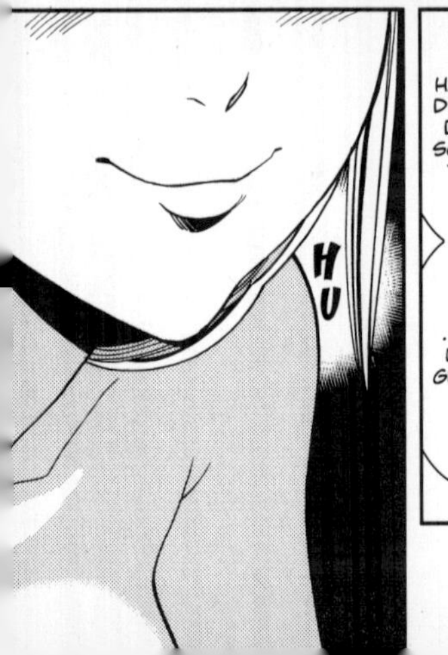
HU

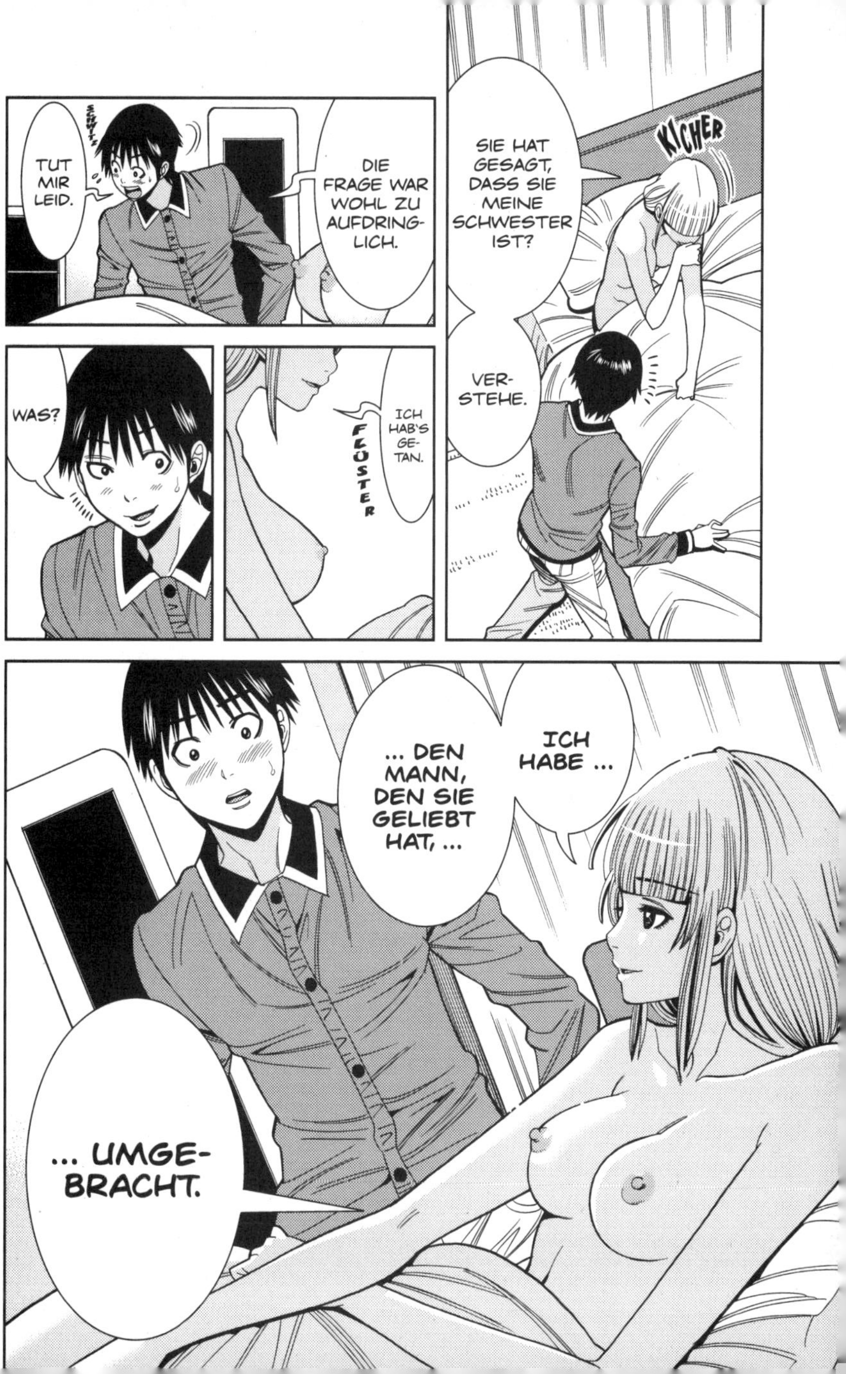

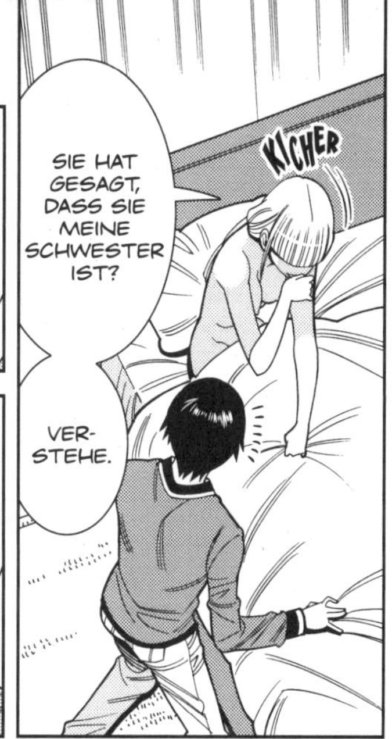

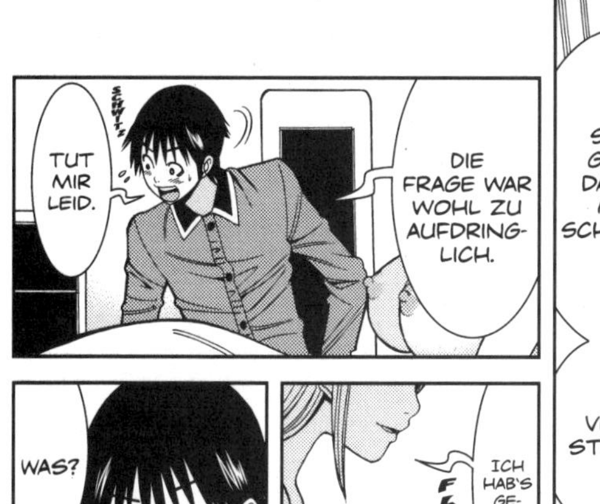

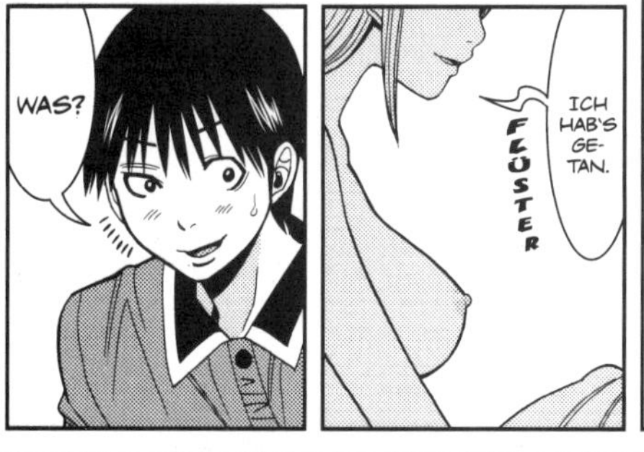

ICH HABE ...

... DEN MANN, DEN SIE GELIEBT HAT, ...

... UMGEBRACHT.

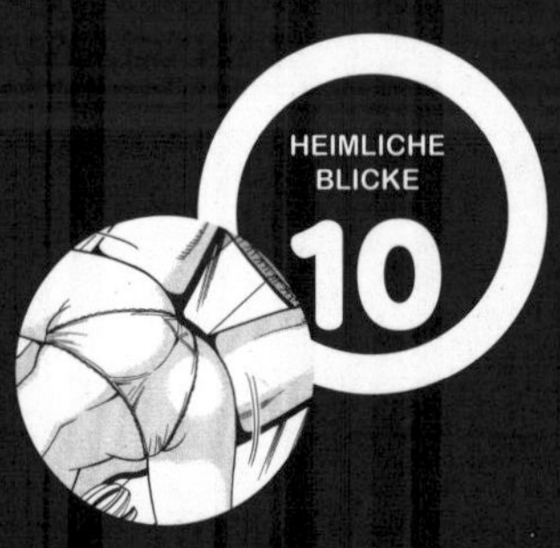
HEIMLICHE
BLICKE
10

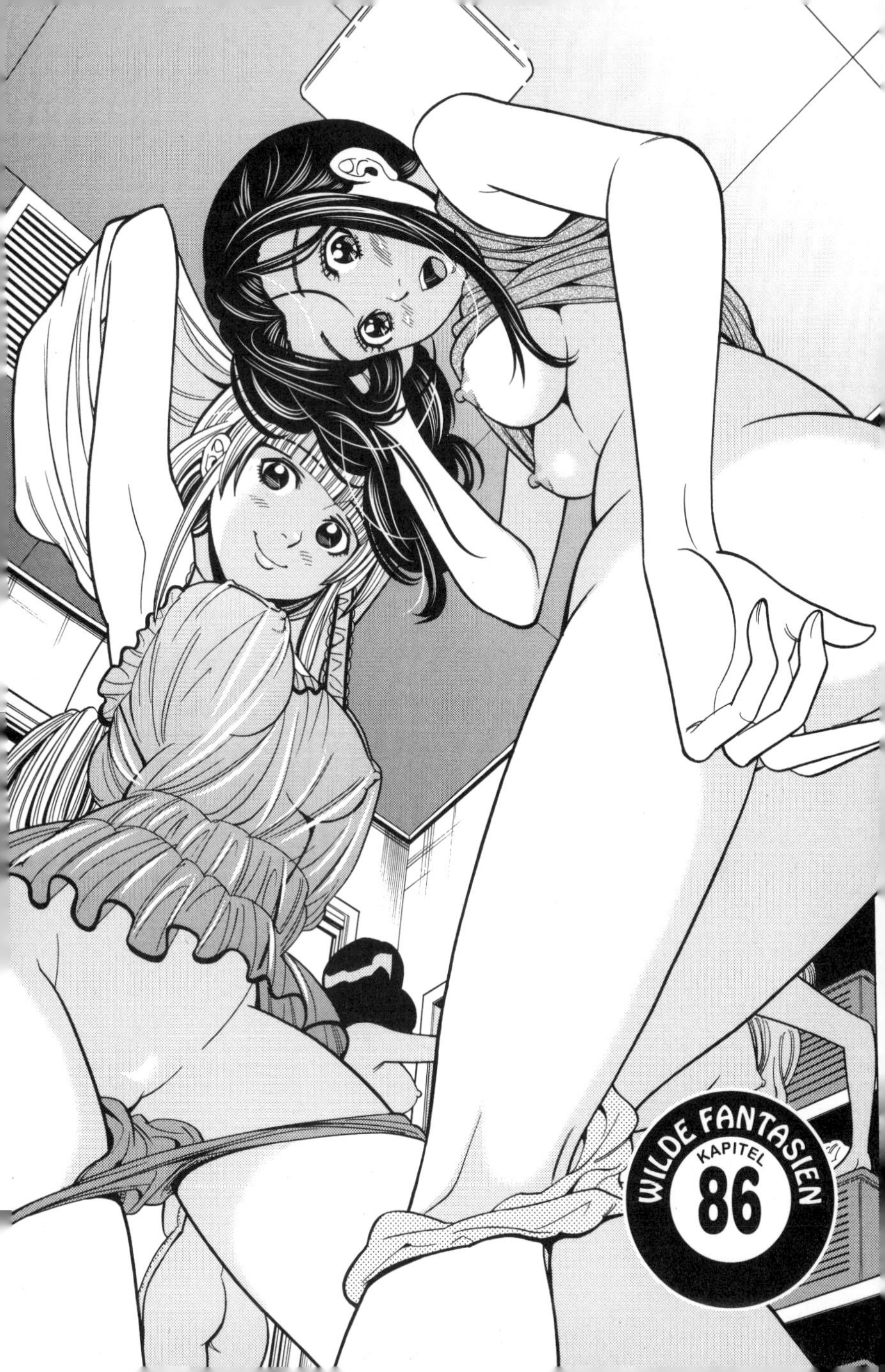
WILDE FANTASIEN
KAPITEL
86

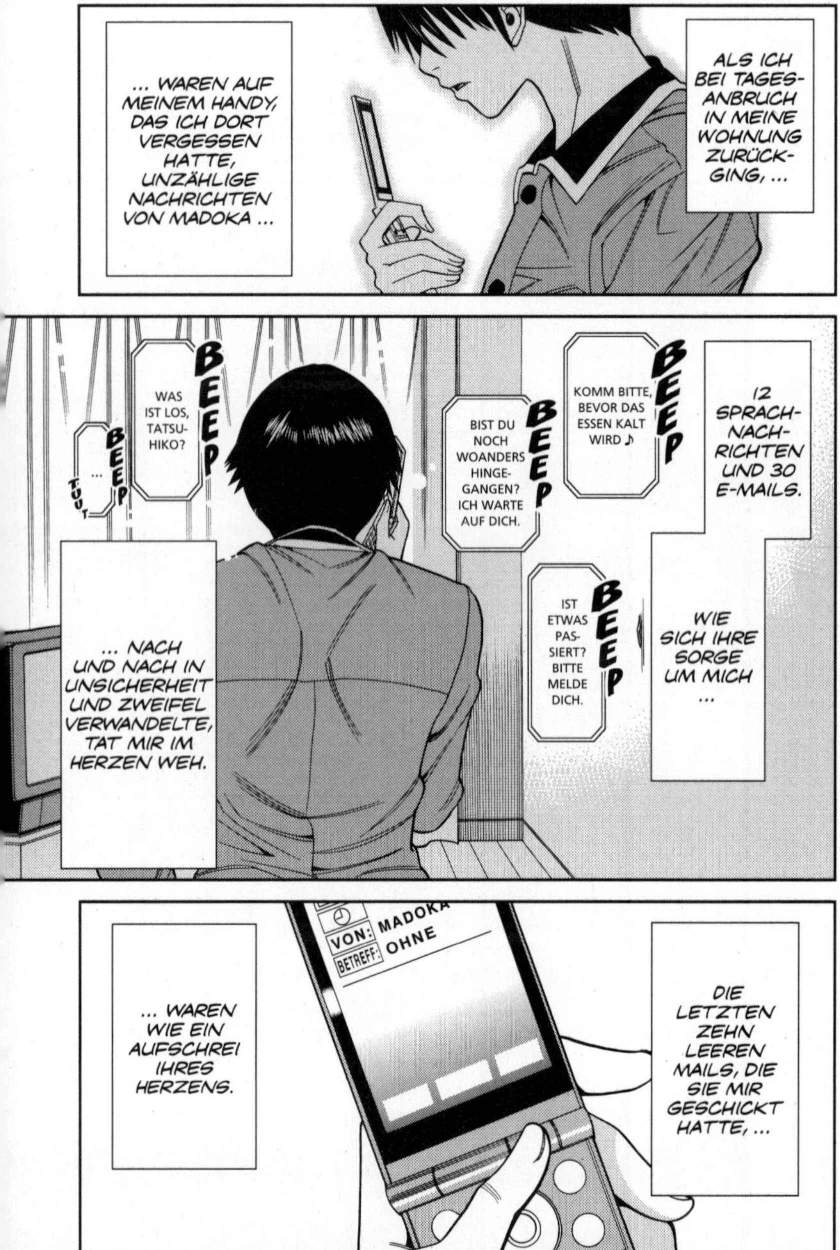

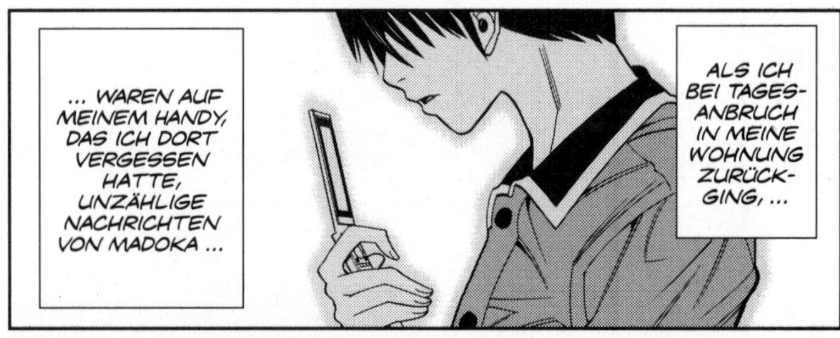

12 SPRACH-NACHRICHTEN UND 30 E-MAILS.

BEEEP

KOMM BITTE, BEVOR DAS ESSEN KALT WIRD ♪

BEEEP

BIST DU NOCH WOANDERS HINGE-GANGEN? ICH WARTE AUF DICH.

BEEEP

IST ETWAS PAS-SIERT? BITTE MELDE DICH.

BEEEP

WAS IST LOS, TATSU-HIKO?

BEEP

...

TUUT

WIE SICH IHRE SORGE UM MICH ...

... NACH UND NACH IN UNSICHERHEIT UND ZWEIFEL VERWANDELTE, TAT MIR IM HERZEN WEH.

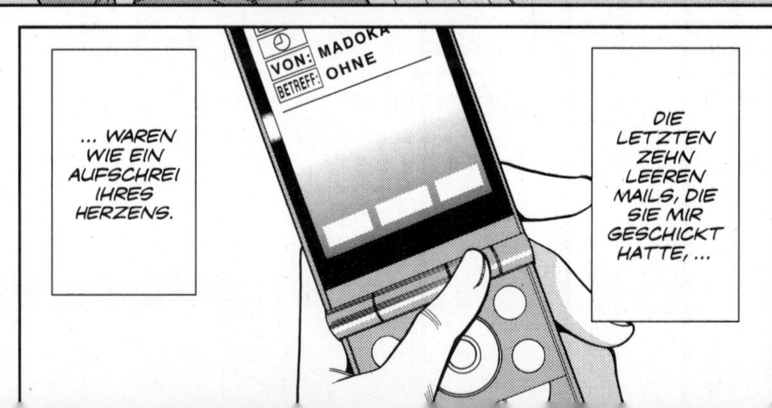

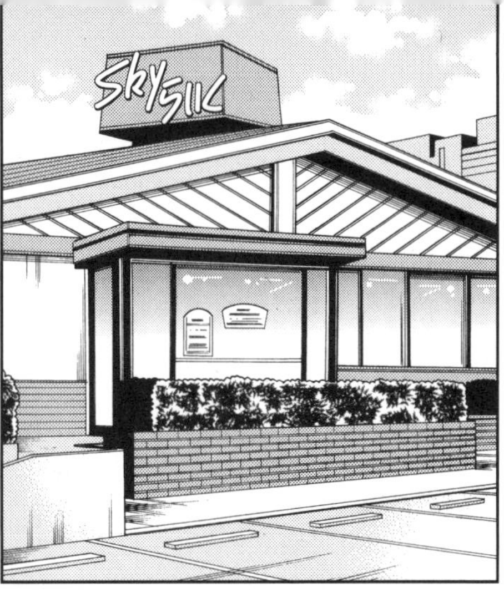
SKY

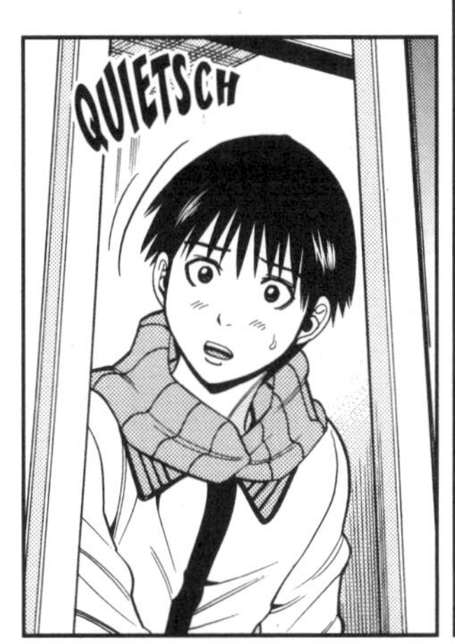
QUIETSCH

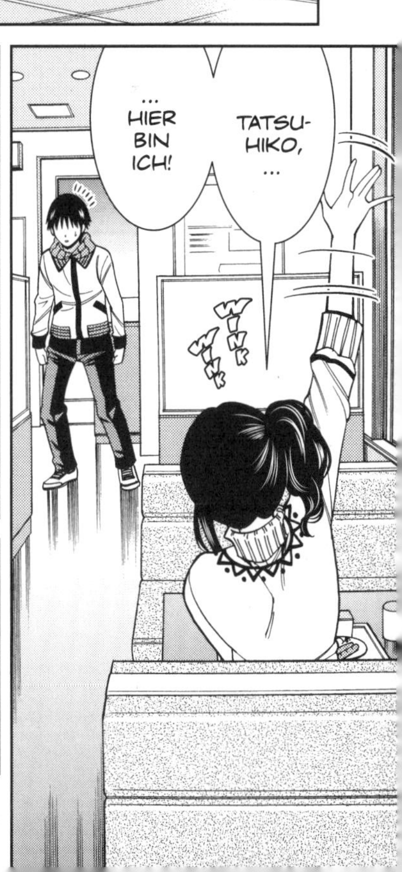
TATSU-
HIKO,
...
... HIER BIN ICH!
WINK WINK

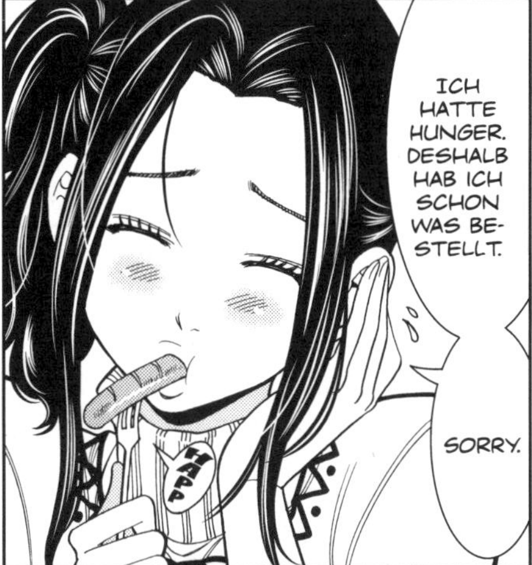
ICH HATTE HUNGER. DESHALB HAB ICH SCHON WAS BE-
STELLT.
SORRY.
HAPP

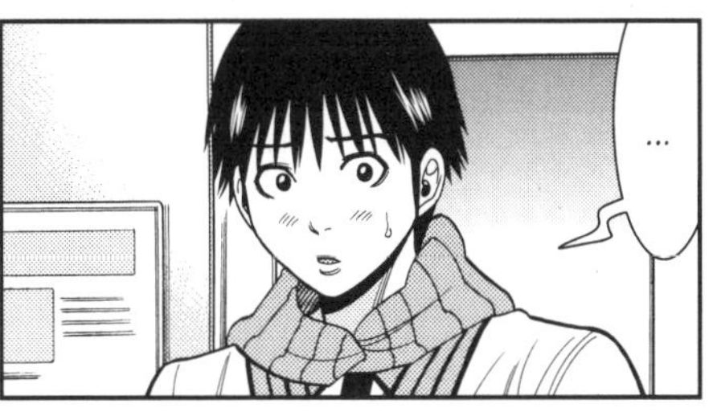
...

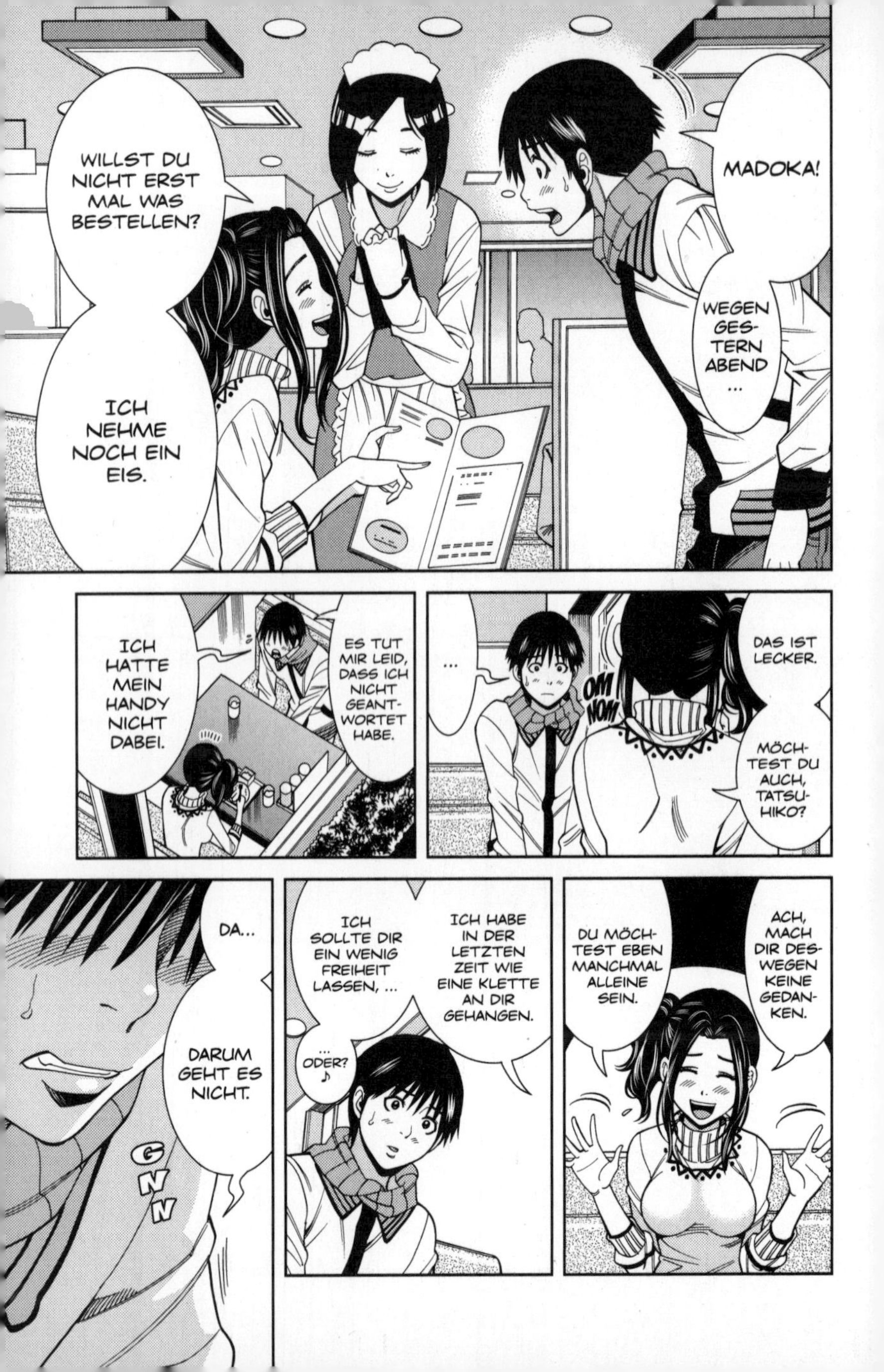

MADOKA!
WEGEN GES-TERN ABEND ...
WILLST DU NICHT ERST MAL WAS BESTELLEN?
ICH NEHME NOCH EIN EIS.

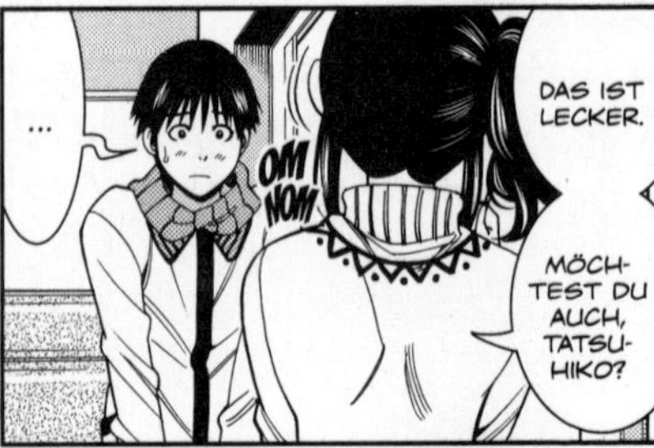
DAS IST LECKER.
OM NOM
MÖCH-TEST DU AUCH, TATSU-HIKO?
...

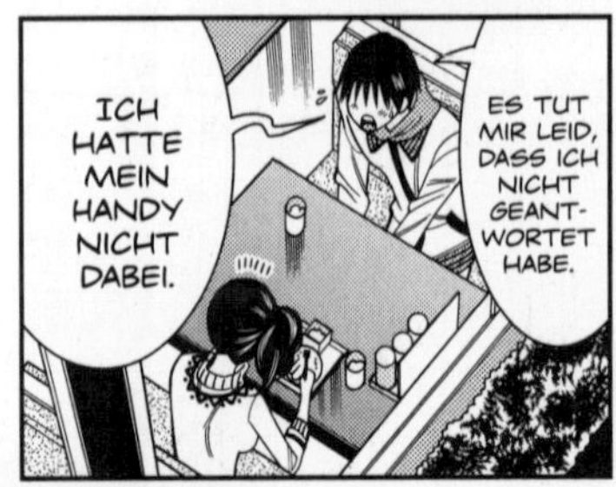
ES TUT MIR LEID, DASS ICH NICHT GEANT-WORTET HABE.
ICH HATTE MEIN HANDY NICHT DABEI.

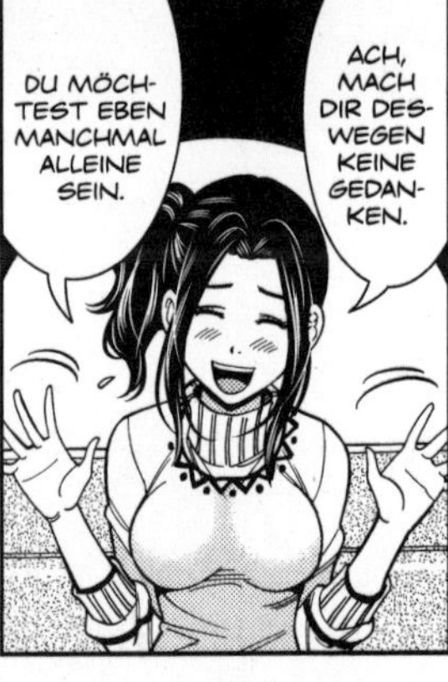
ACH, MACH DIR DES-WEGEN KEINE GEDAN-KEN.
DU MÖCHTEST EBEN MANCHMAL ALLEINE SEIN.

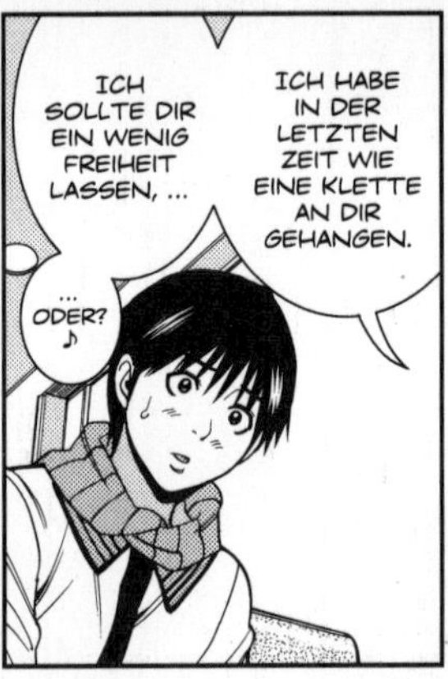
ICH HABE IN DER LETZTEN ZEIT WIE EINE KLETTE AN DIR GEHANGEN.
ICH SOLLTE DIR EIN WENIG FREIHEIT LASSEN, ...
... ODER? ♪

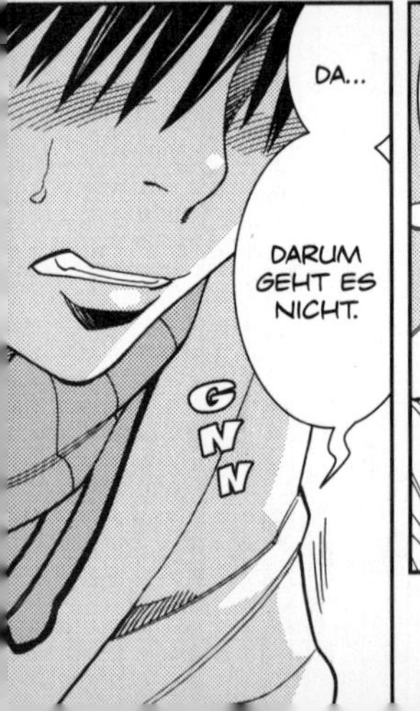
DA...
DARUM GEHT ES NICHT.
GNN

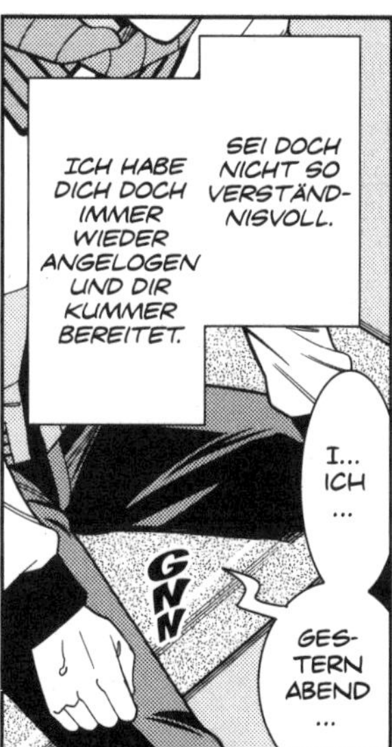
SEI DOCH NICHT SO VERSTÄND-NISVOLL.
ICH HABE DICH DOCH IMMER WIEDER ANGELOGEN UND DIR KUMMER BEREITET.
I... ICH ...
GNN
GES-TERN ABEND ...

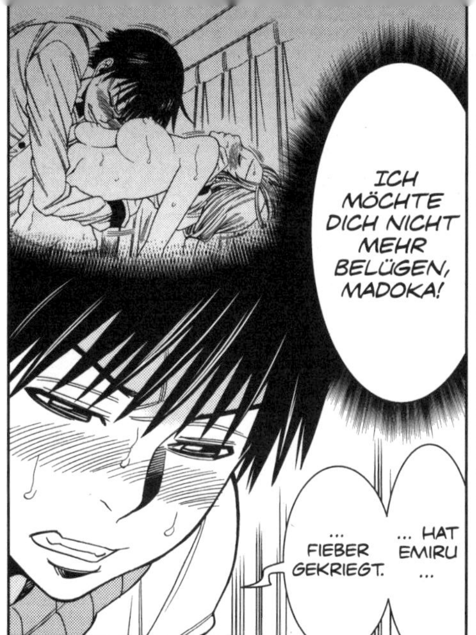
... HAT EMIRU ...
... FIEBER GEKRIEGT.
ICH MÖCHTE DICH NICHT MEHR BELÜGEN, MADOKA!

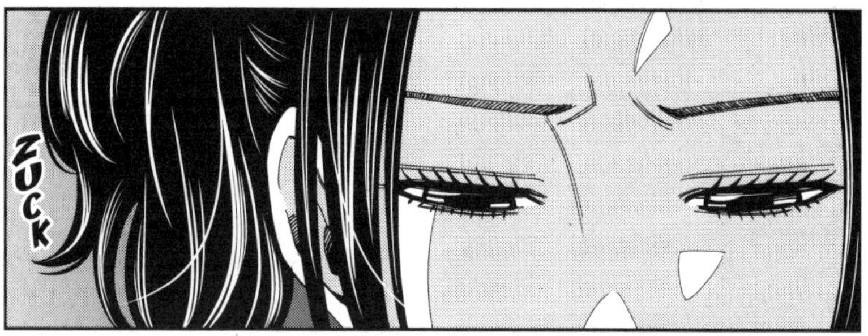
ZUCK

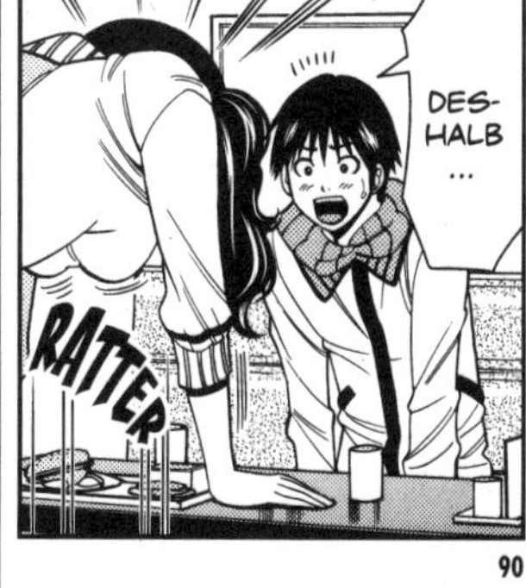
DES-HALB ...
RATTER

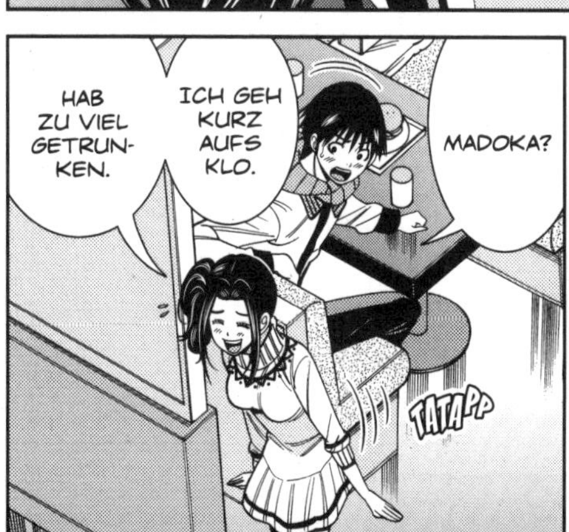
MADOKA?
ICH GEH KURZ AUFS KLO.
HAB ZU VIEL GETRUN-KEN.
TATAPP

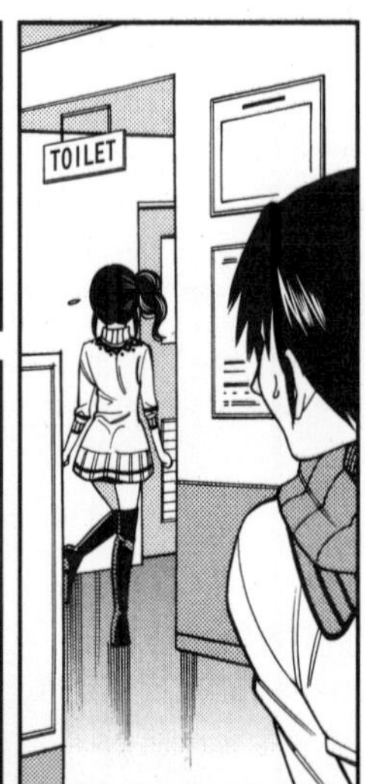
TOILET

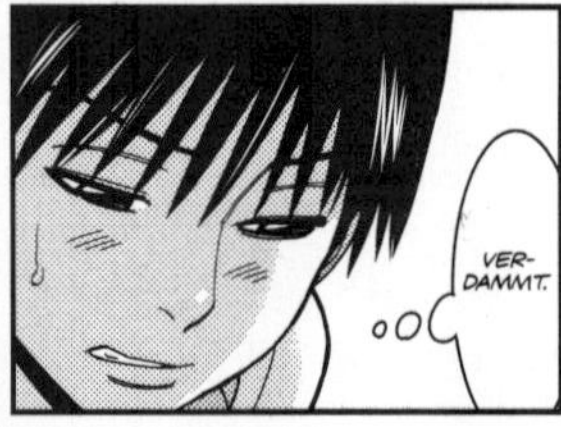
VERDAMMT.

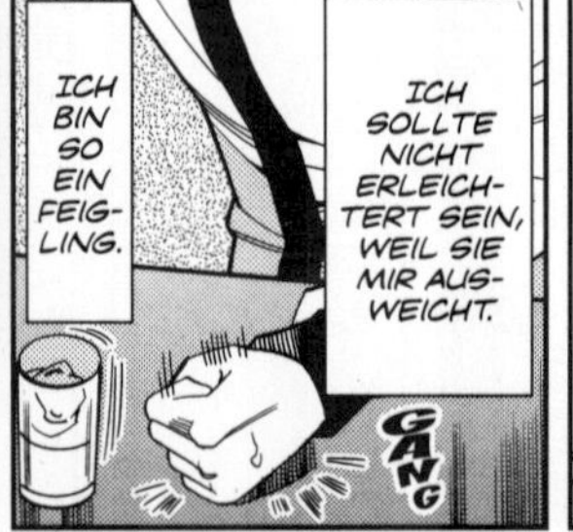
ICH SOLLTE NICHT ERLEICHTERT SEIN, WEIL SIE MIR AUSWEICHT.
ICH BIN SO EIN FEIGLING.
GANG

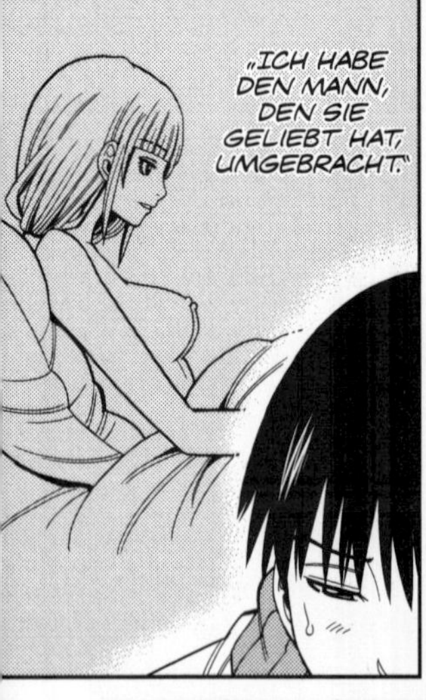
„ICH HABE DEN MANN, DEN SIE GELIEBT HAT, UMGEBRACHT."

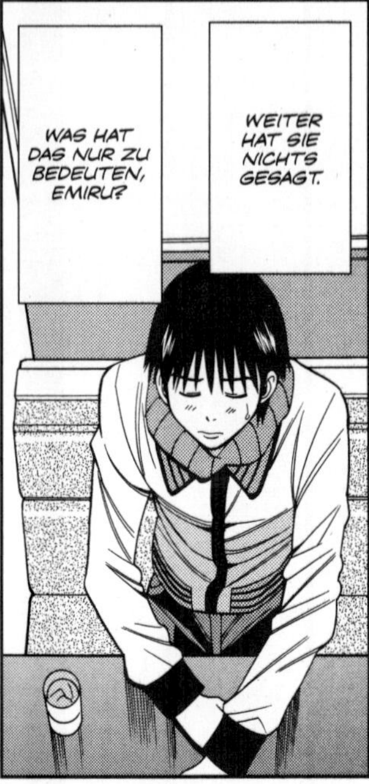
WEITER HAT SIE NICHTS GESAGT.
WAS HAT DAS NUR ZU BEDEUTEN, EMIRU?

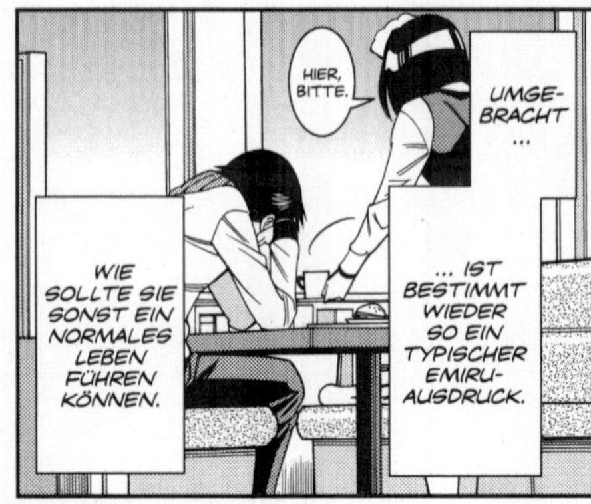
UMGEBRACHT ...
HIER, BITTE.
... IST BESTIMMT WIEDER SO EIN TYPISCHER EMIRU-AUSDRUCK.
WIE SOLLTE SIE SONST EIN NORMALES LEBEN FÜHREN KÖNNEN.

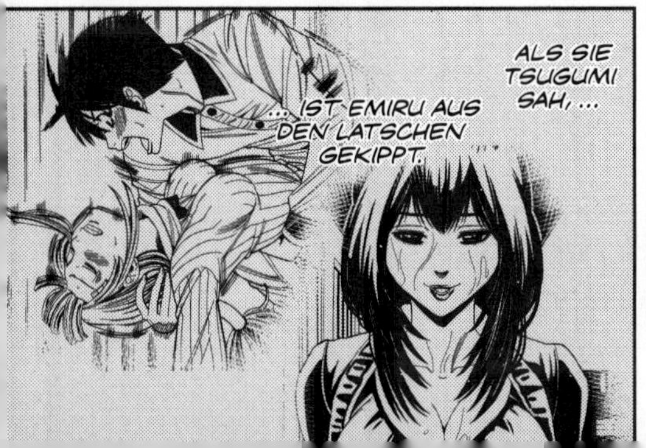
ALS SIE TSUGUMI SAH, ...
... IST EMIRU AUS DEN LATSCHEN GEKIPPT.

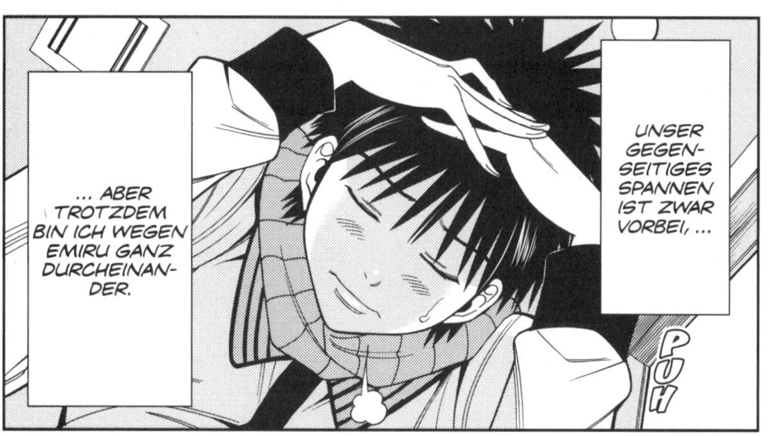
UNSER GEGEN-SEITIGES SPANNEN IST ZWAR VORBEI, ...
... ABER TROTZDEM BIN ICH WEGEN EMIRU GANZ DURCHEINAN-DER.
PUH

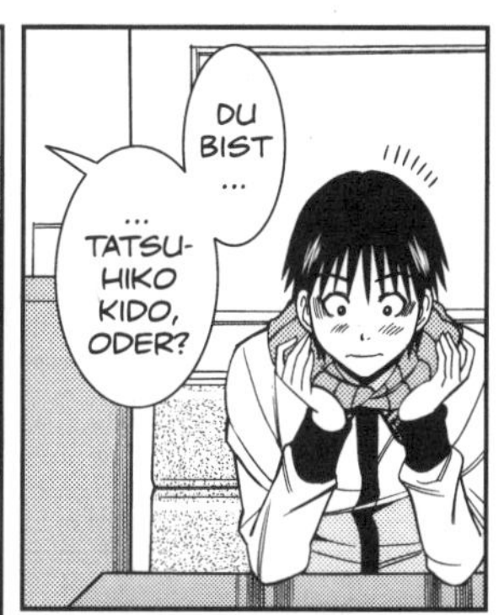
DU BIST ...
... TATSU-HIKO KIDO, ODER?

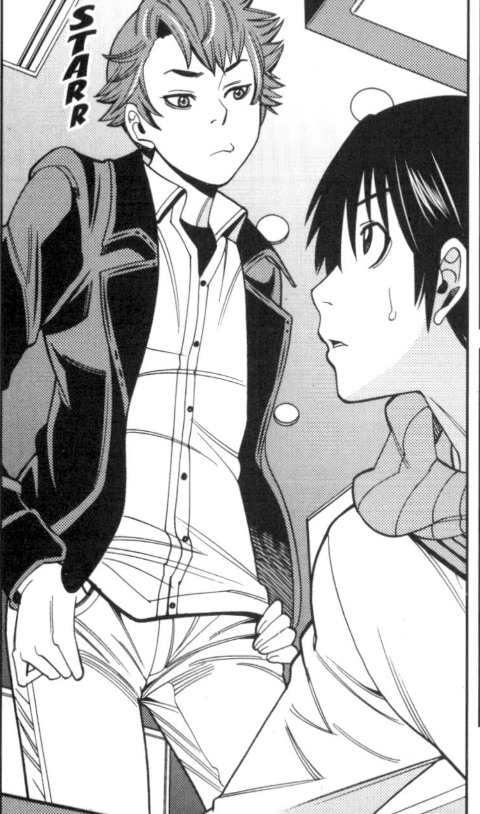
STARR

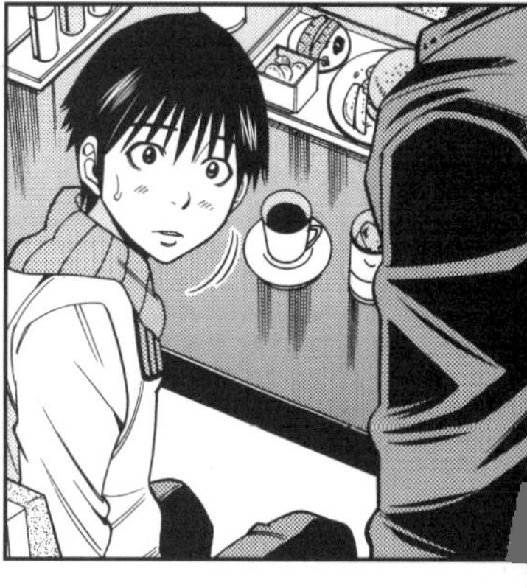

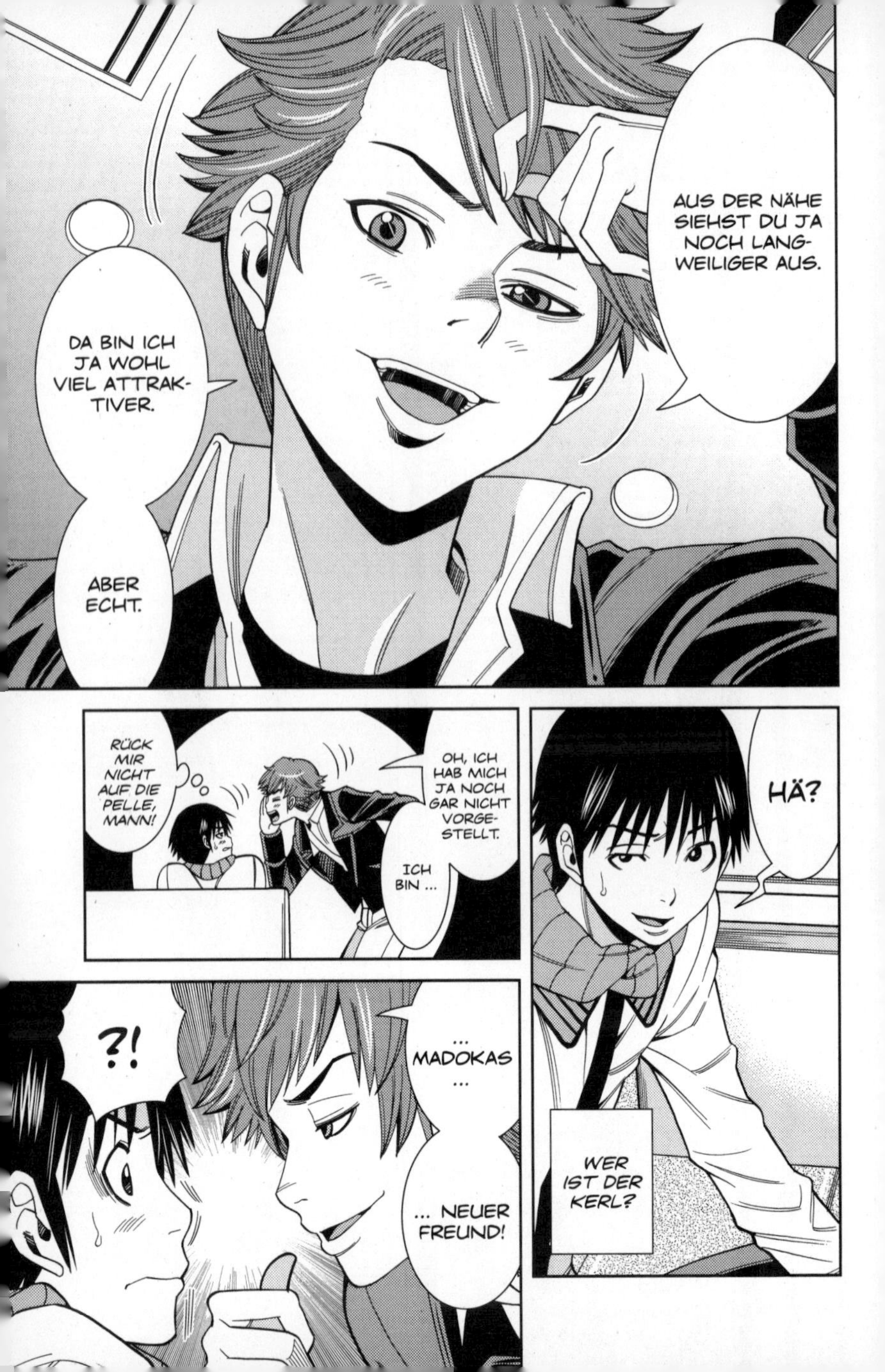

AUS DER NÄHE SIEHST DU JA NOCH LANGWEILIGER AUS.
DA BIN ICH JA WOHL VIEL ATTRAKTIVER.
ABER ECHT.

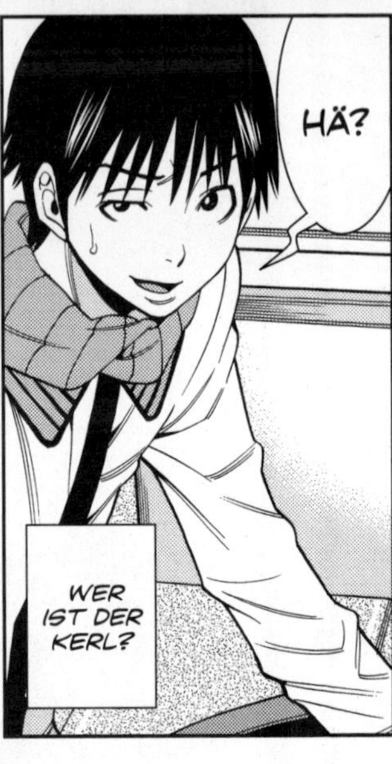

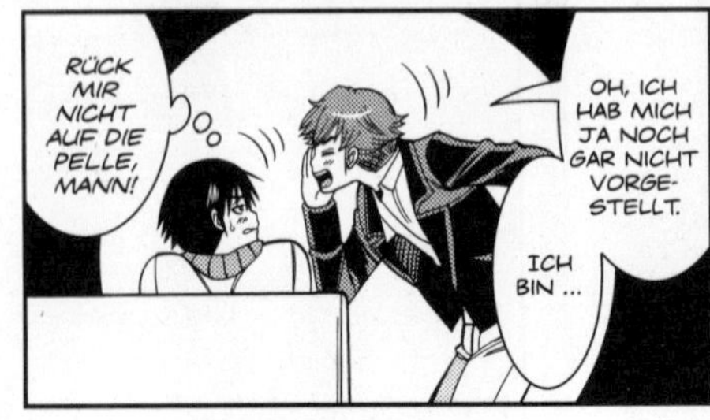

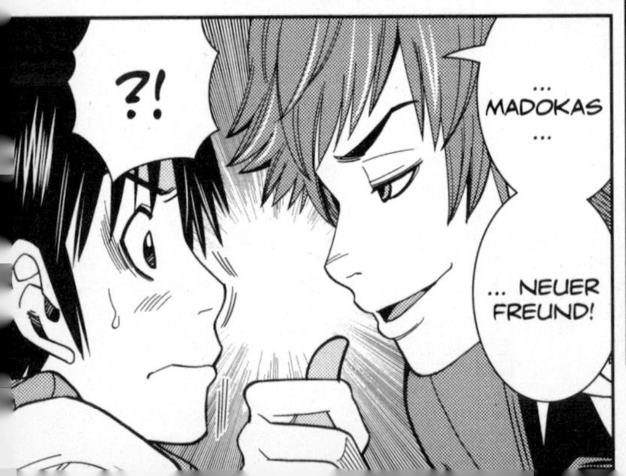

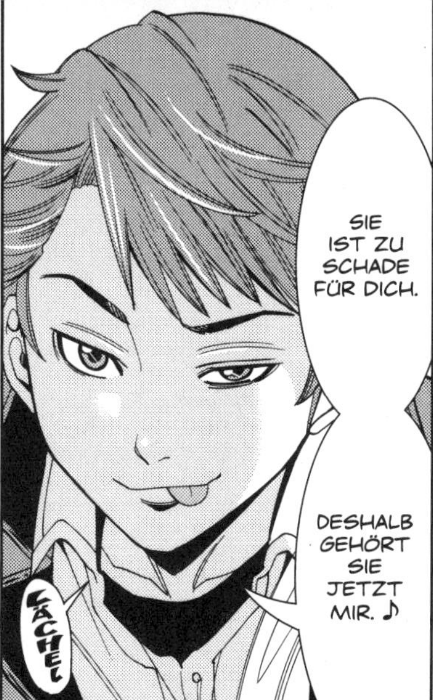
SIE IST ZU SCHADE FÜR DICH.
DESHALB GEHÖRT SIE JETZT MIR. ♪
LÄCHEL

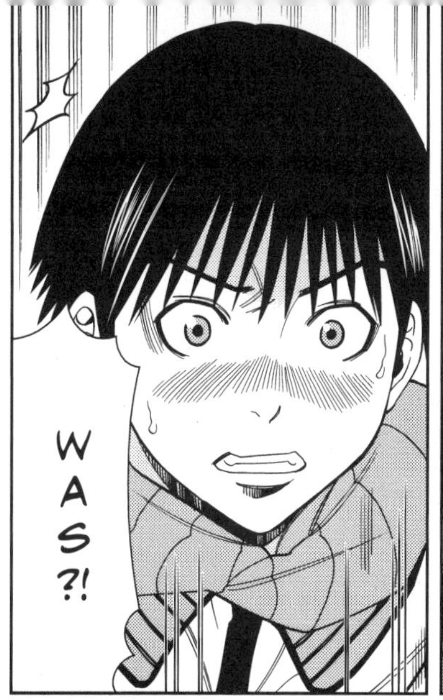
WAS?!

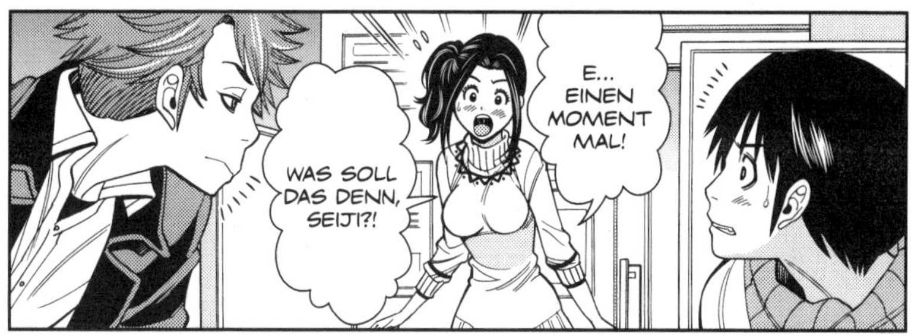
E... EINEN MOMENT MAL!
WAS SOLL DAS DENN, SEIJI?!

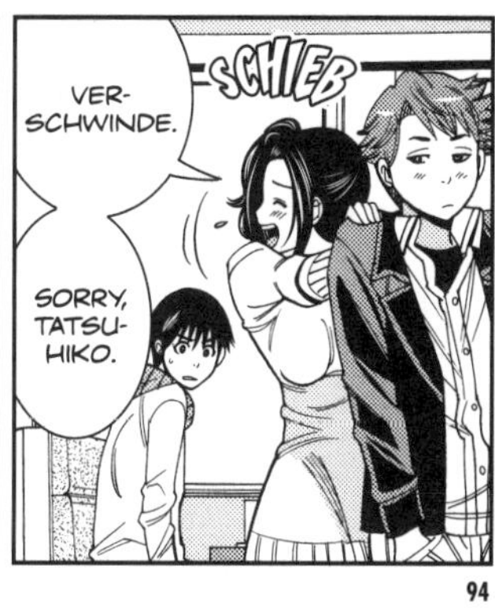
SCHIEB
VERSCHWINDE.
SORRY, TATSUHIKO.

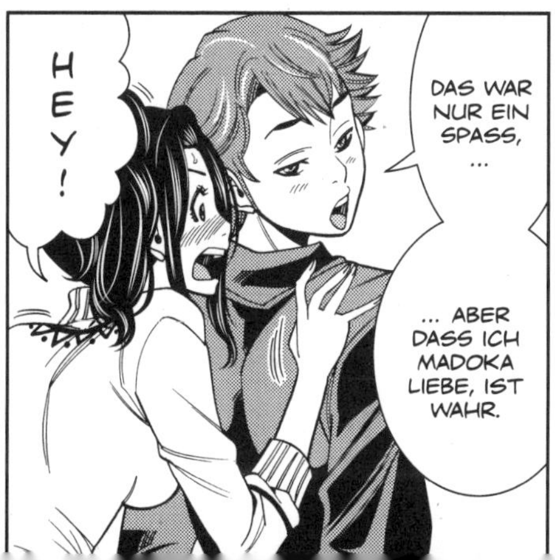
DAS WAR NUR EIN SPASS, ...
... ABER DASS ICH MADOKA LIEBE, IST WAHR.
HEY!

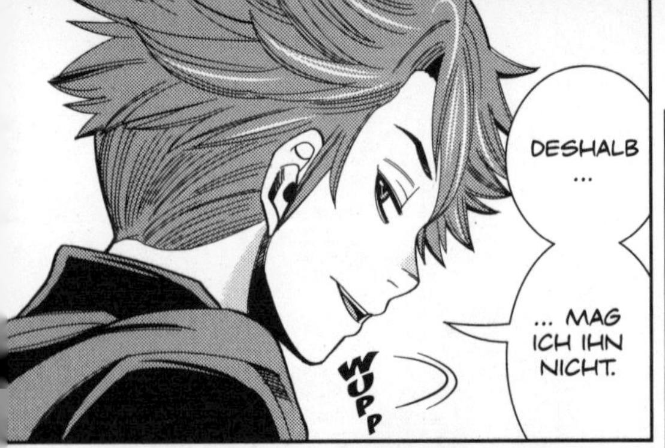
DESHALB ...
... MAG ICH IHN NICHT.
WUPP

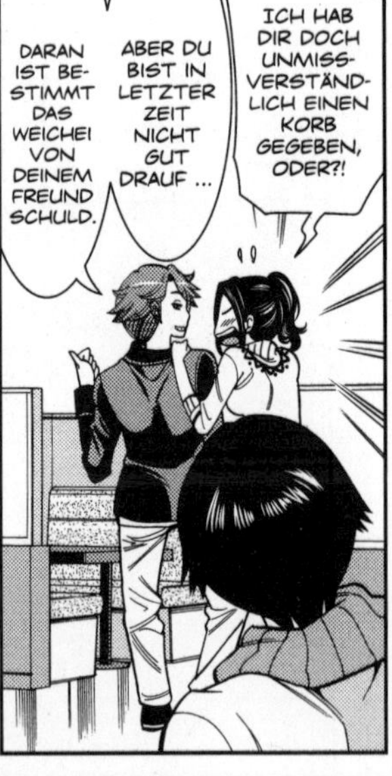
ICH HAB DIR DOCH UNMISSVERSTÄNDLICH EINEN KORB GEGEBEN, ODER?!
ABER DU BIST IN LETZTER ZEIT NICHT GUT DRAUF ...
DARAN IST BESTIMMT DAS WEICHEI VON DEINEM FREUND SCHULD.

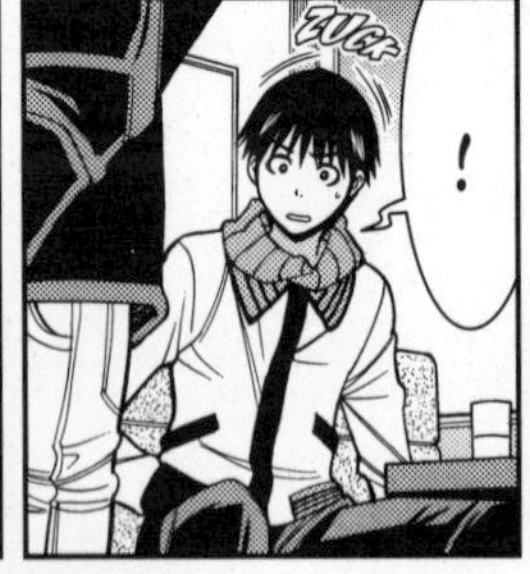
!
ZUCK

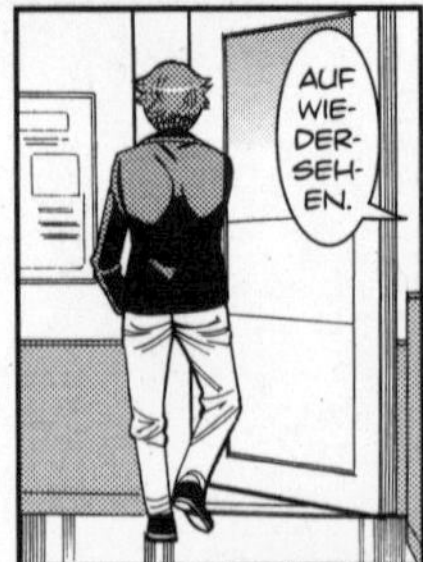
AUF WIEDERSEHEN.

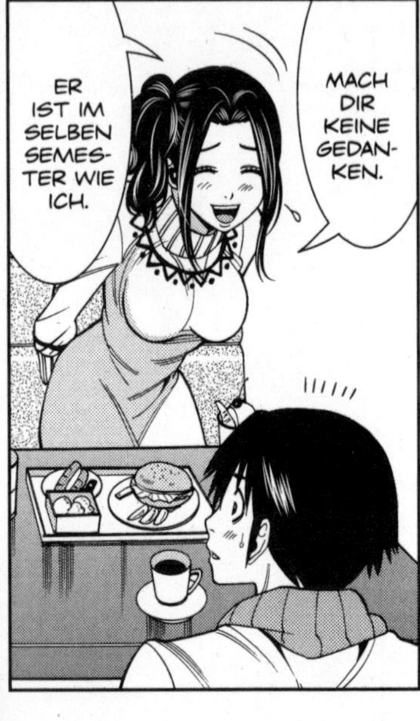
MACH DIR KEINE GEDANKEN.
ER IST IM SELBEN SEMESTER WIE ICH.

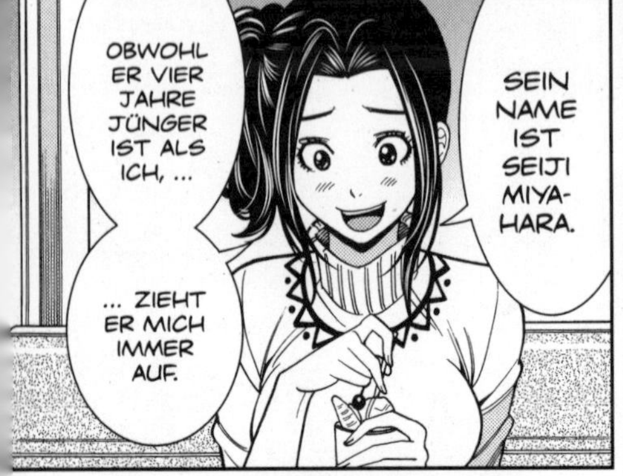
SEIN NAME IST SEIJI MIYAHARA.
OBWOHL ER VIER JAHRE JÜNGER IST ALS ICH, ...
... ZIEHT ER MICH IMMER AUF.

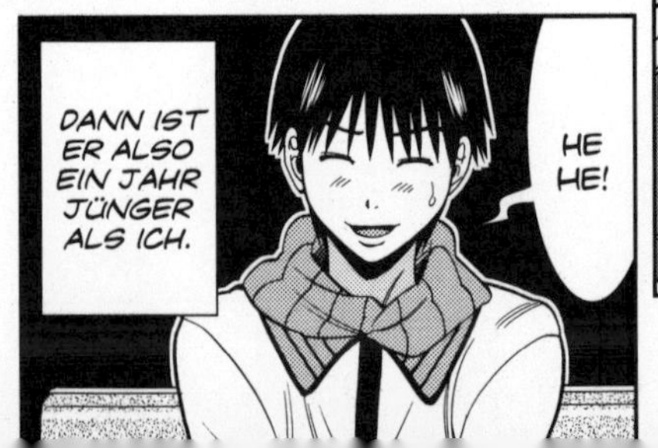
HE HE!
DANN IST ER ALSO EIN JAHR JÜNGER ALS ICH.

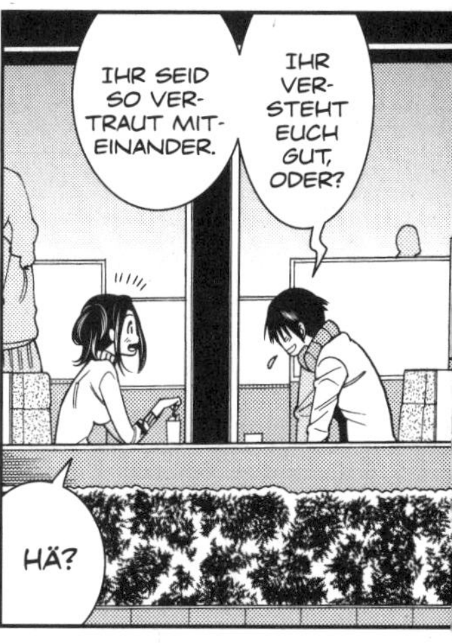
IHR VERSTEHT EUCH GUT, ODER?
IHR SEID SO VERTRAUT MITEINANDER.
HÄ?

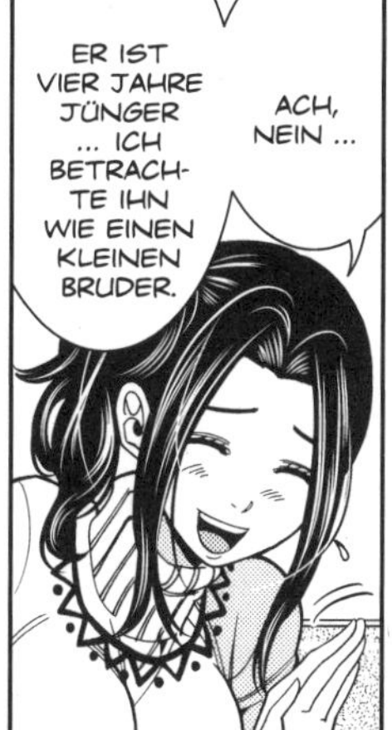
ACH, NEIN ...
ER IST VIER JAHRE JÜNGER ... ICH BETRACHTE IHN WIE EINEN KLEINEN BRUDER.

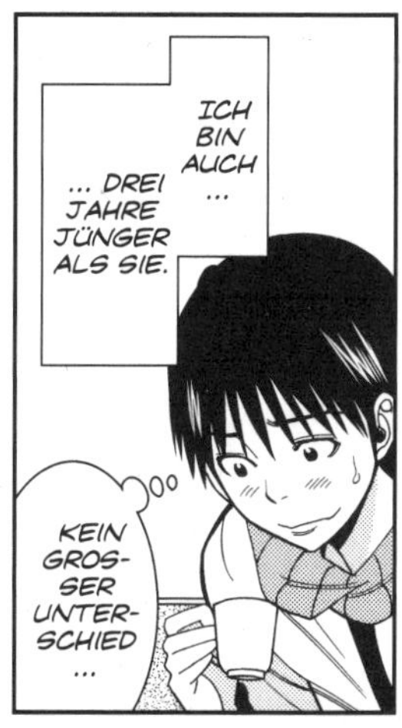
ICH BIN AUCH ...
... DREI JAHRE JÜNGER ALS SIE.
KEIN GROSSER UNTERSCHIED ...

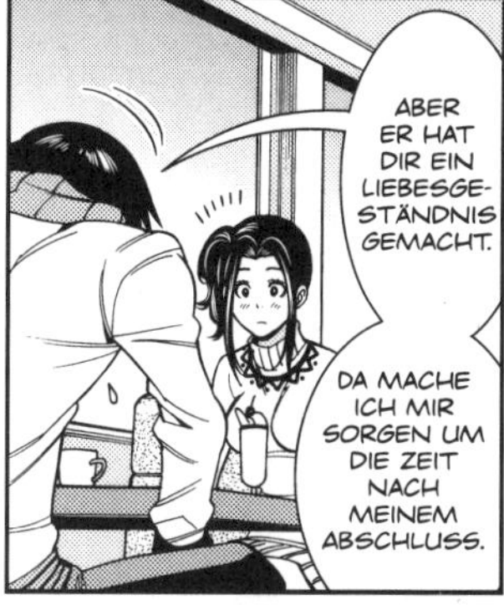
ABER ER HAT DIR EIN LIEBESGESTÄNDNIS GEMACHT.
DA MACHE ICH MIR SORGEN UM DIE ZEIT NACH MEINEM ABSCHLUSS.

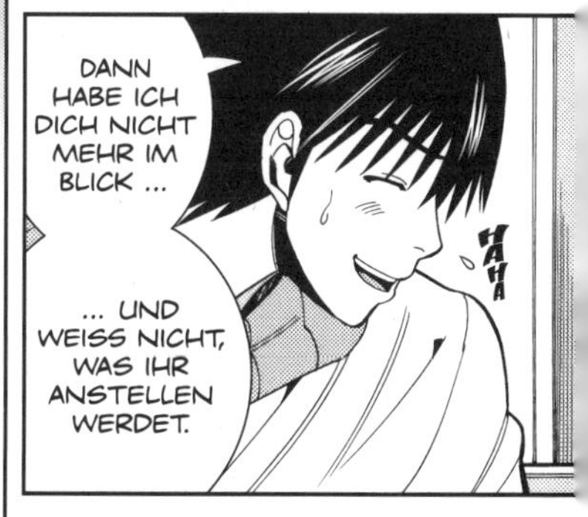
DANN HABE ICH DICH NICHT MEHR IM BLICK ...
... UND WEISS NICHT, WAS IHR ANSTELLEN WERDET.
HAHA

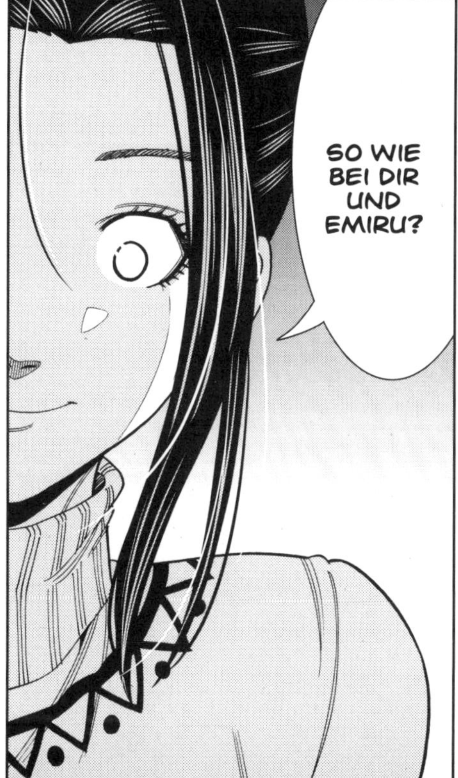
SO WIE BEI DIR UND EMIRU?

!

POCH

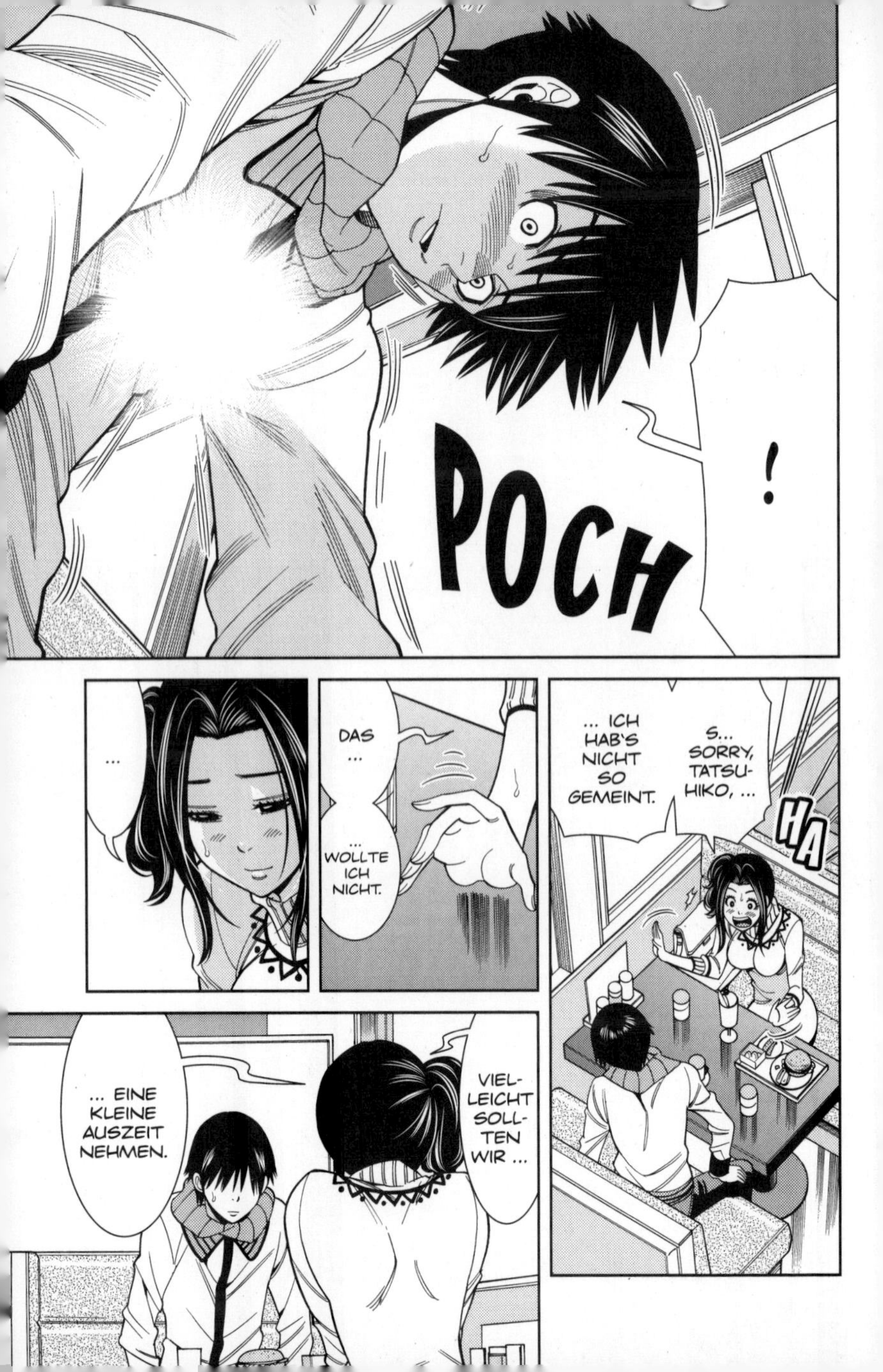

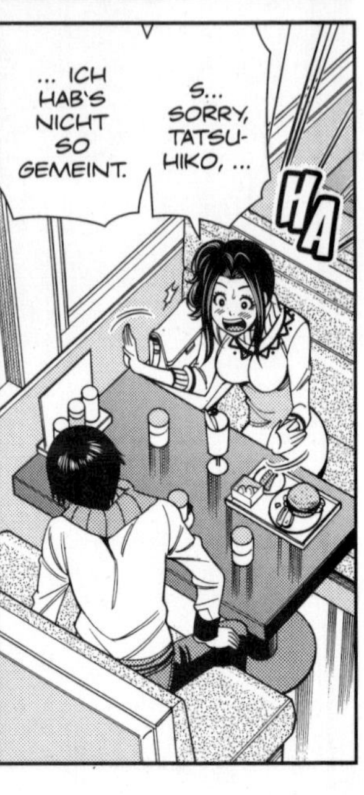
S... SORRY, TATSUHIKO, ...
... ICH HAB'S NICHT SO GEMEINT.
HA

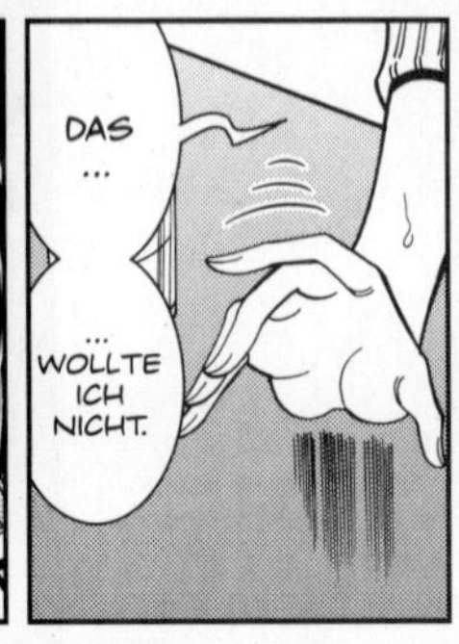
DAS ...
... WOLLTE ICH NICHT.

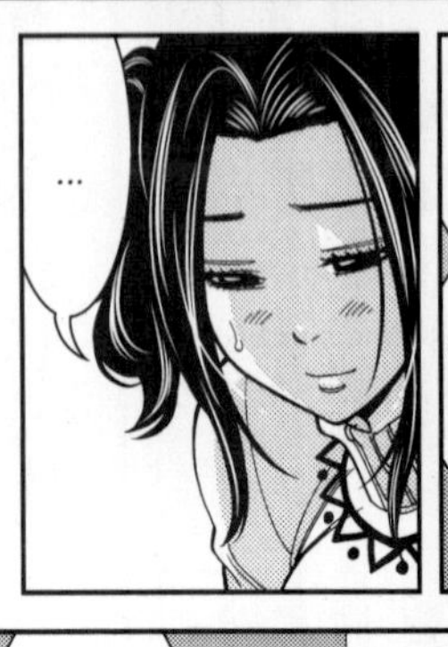
...

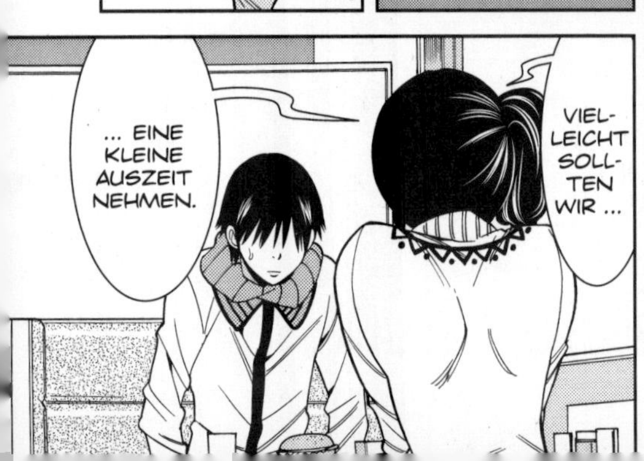
VIELLEICHT SOLLTEN WIR ...
... EINE KLEINE AUSZEIT NEHMEN.

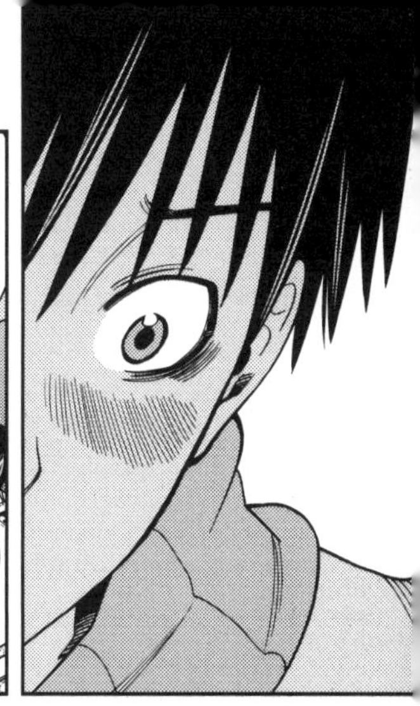

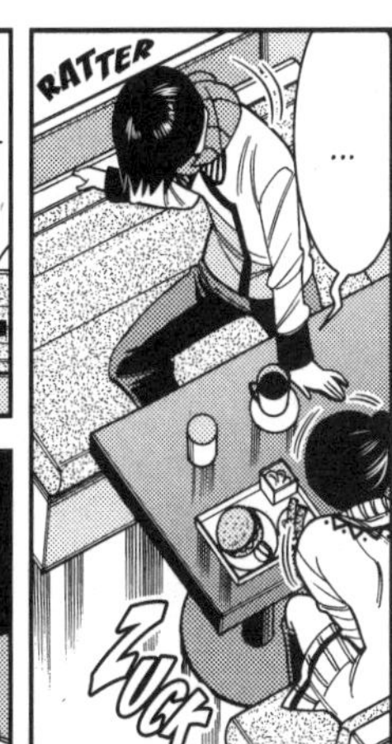
RATTER
...
ZUCK

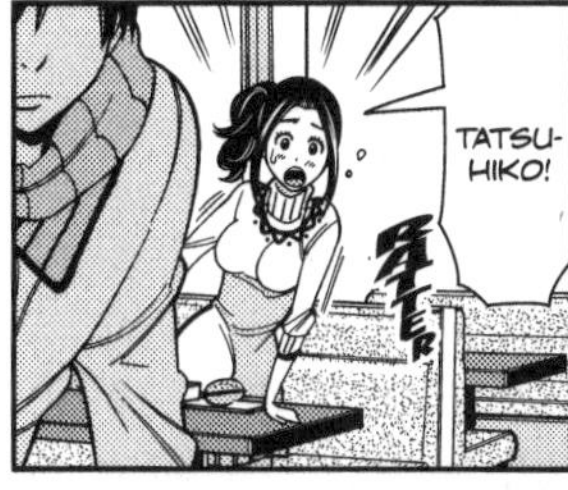
TATSU-HIKO!
RATTER

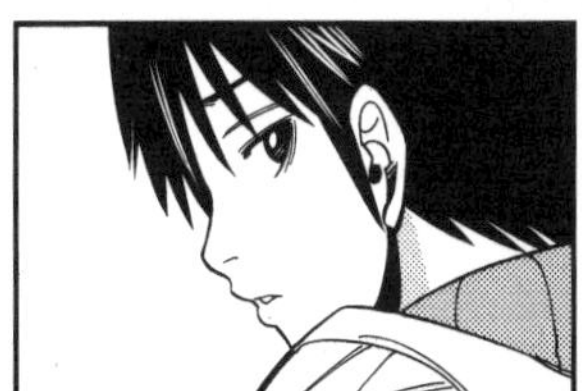

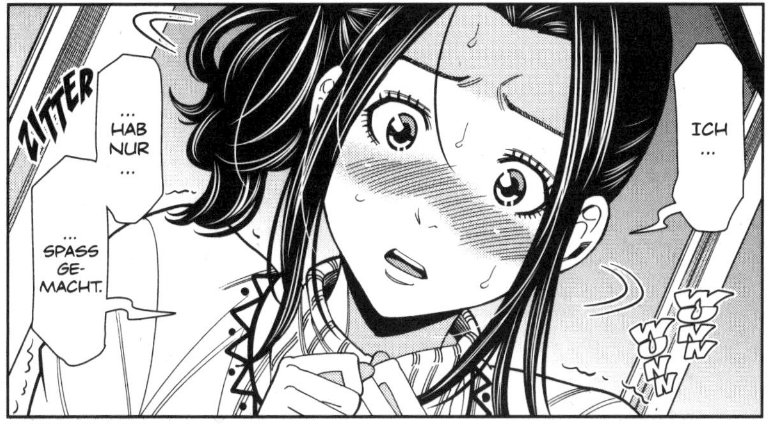
ICH ...
... HAB NUR ...
... SPASS GE-MACHT.
ZITTER
WONN WONN

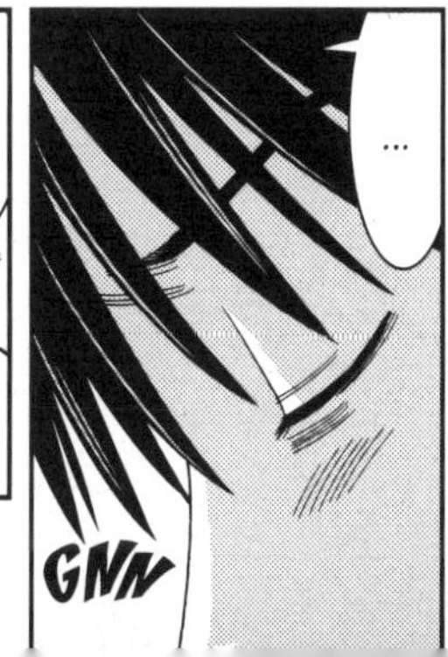
...
GNN

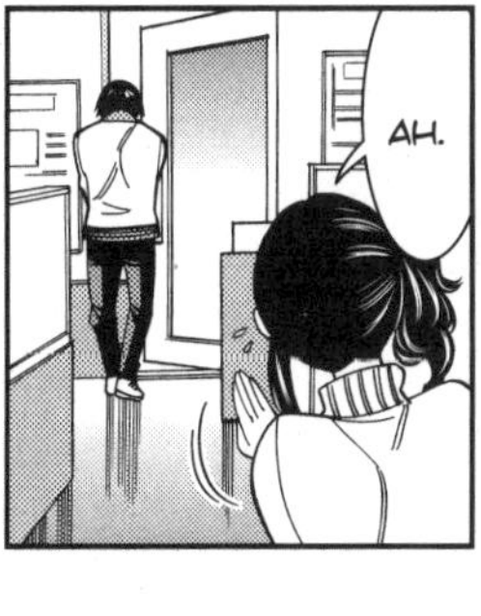
AH.

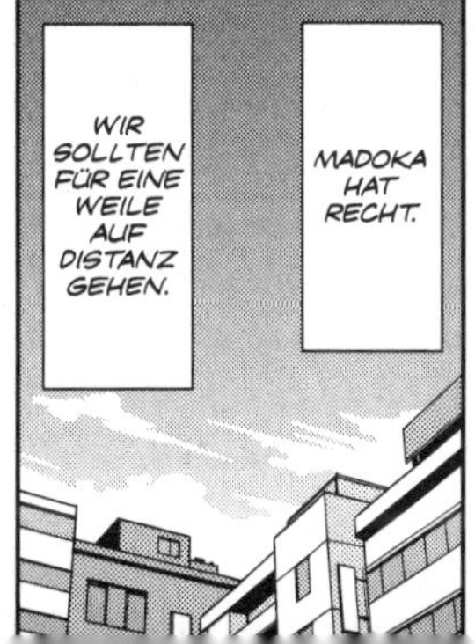
MADOKA HAT RECHT.
WIR SOLLTEN FÜR EINE WEILE AUF DISTANZ GEHEN.

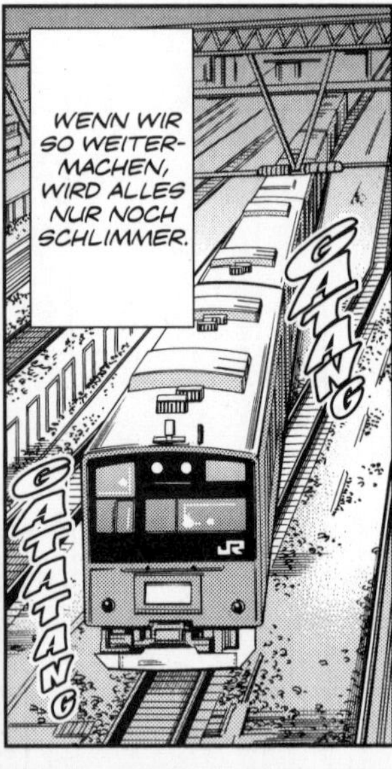
WENN WIR SO WEITERMACHEN, WIRD ALLES NUR NOCH SCHLIMMER.
GATANG
GATATANG

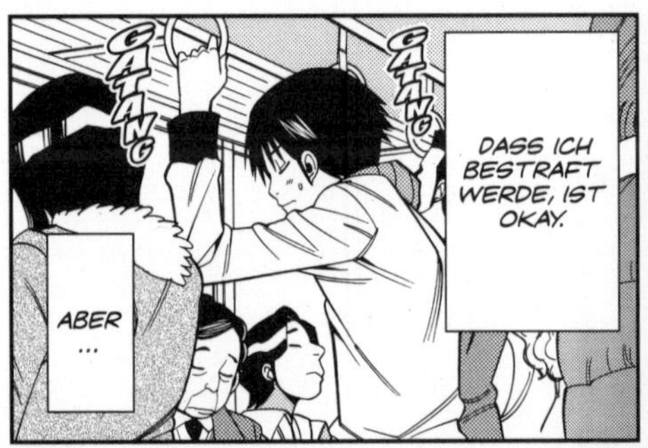
GATANG
DASS ICH BESTRAFT WERDE, IST OKAY.
GATANG
ABER ...

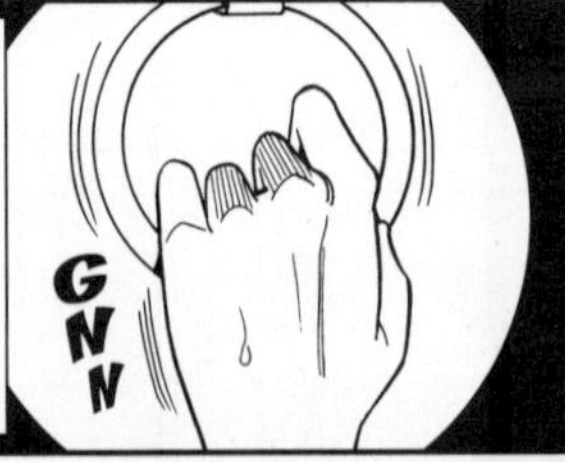
GNN

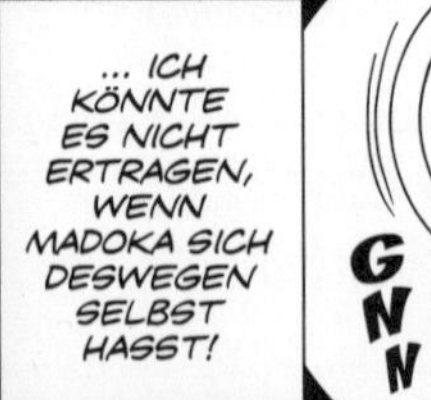
... ICH KÖNNTE ES NICHT ERTRAGEN, WENN MADOKA SICH DESWEGEN SELBST HASST!

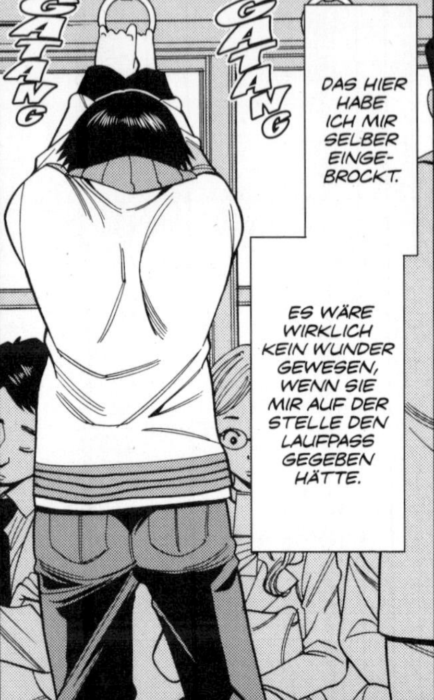
DAS HIER HABE ICH MIR SELBER EINGEBROCKT.
GATANG
GATANG
ES WÄRE WIRKLICH KEIN WUNDER GEWESEN, WENN SIE MIR AUF DER STELLE DEN LAUFPASS GEGEBEN HÄTTE.

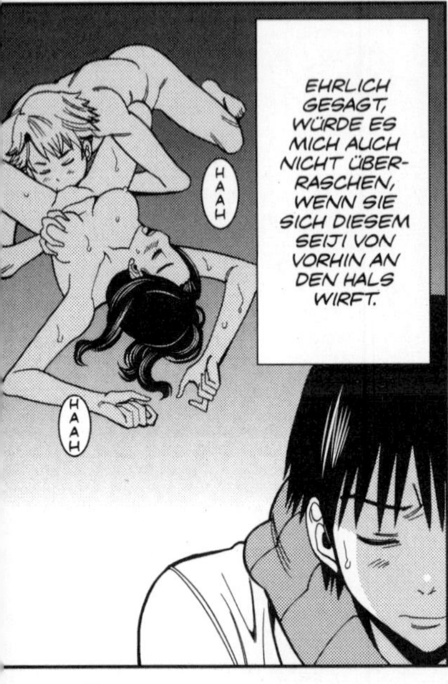
EHRLICH GESAGT, WÜRDE ES MICH AUCH NICHT ÜBERRASCHEN, WENN SIE SICH DIESEM SEIJI VON VORHIN AN DEN HALS WIRFT.
HAAH
HAAH

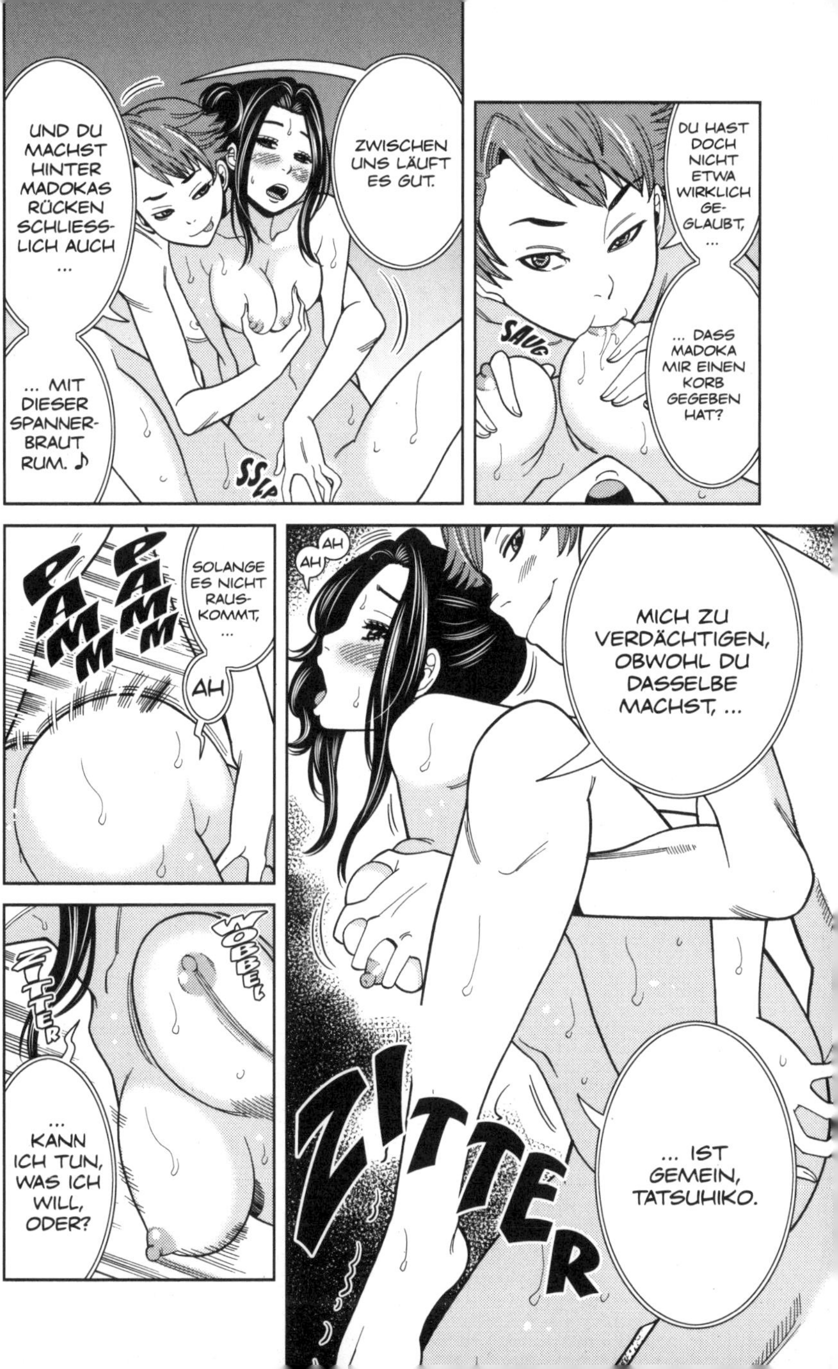

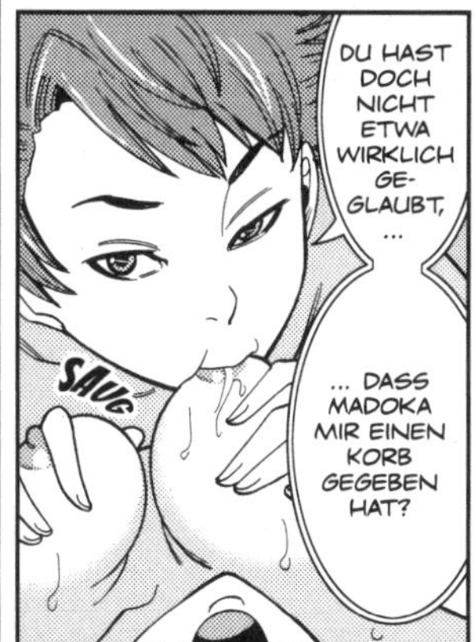

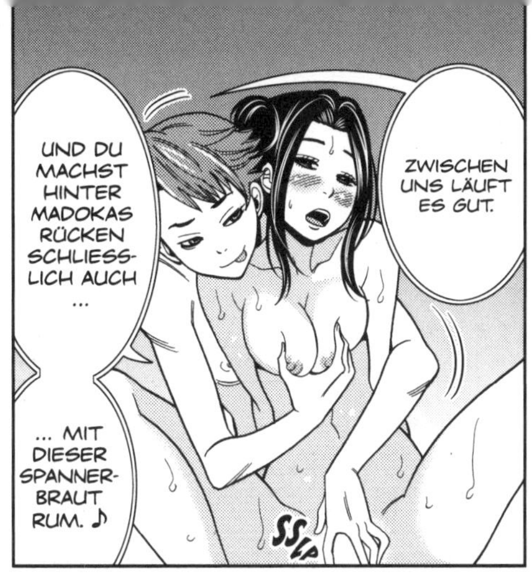

AH AH

MICH ZU VERDÄCHTIGEN, OBWOHL DU DASSELBE MACHST, ...

... IST GEMEIN, TATSUHIKO.

ZITTER

SOLANGE ES NICHT RAUSKOMMT, ...

AH

PAMM PAMM

WOBBEL

ZITTER

... KANN ICH TUN, WAS ICH WILL, ODER?

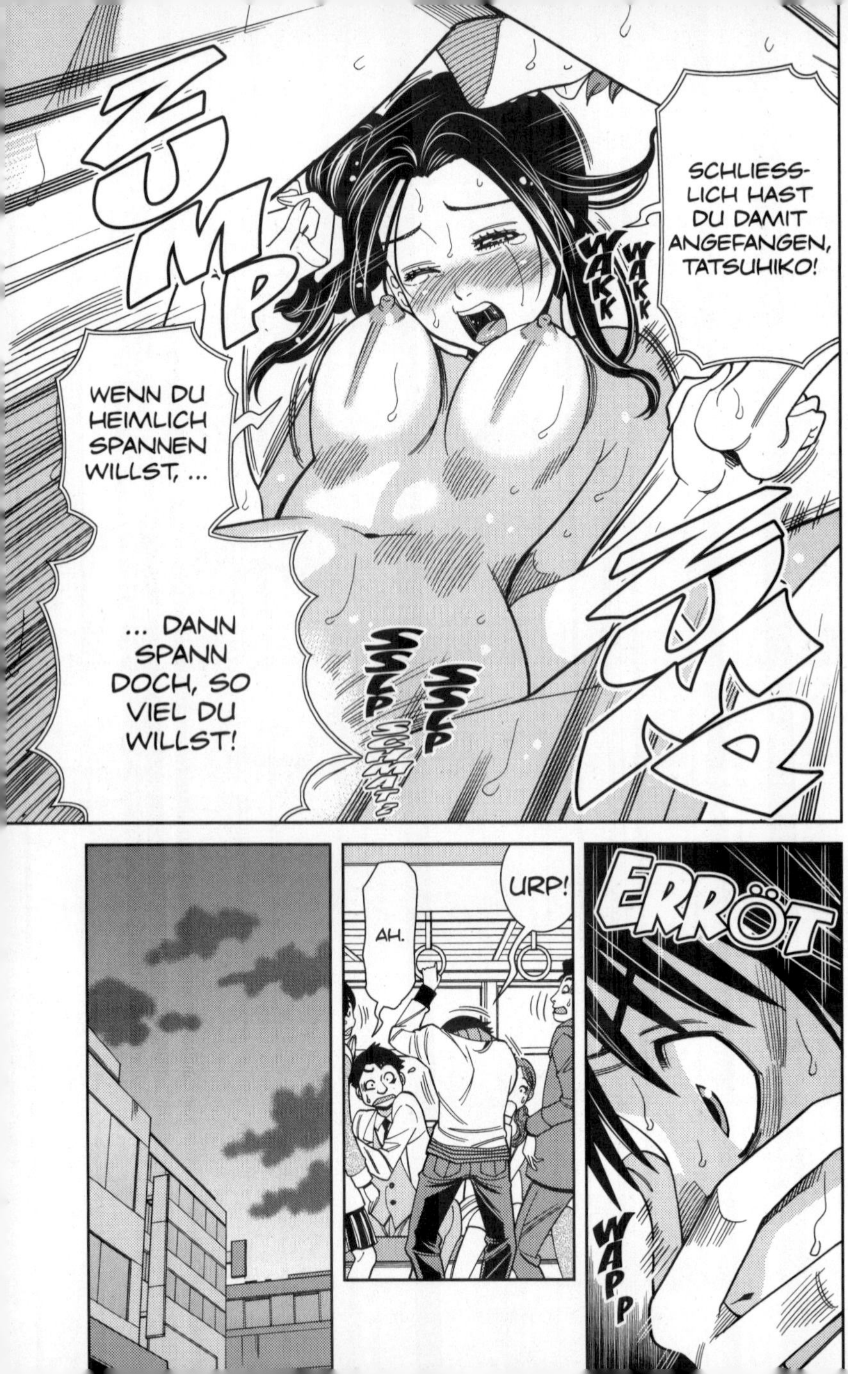

SCHLIESS-LICH HAST DU DAMIT ANGEFANGEN, TATSUHIKO!

WAKK WAKK

ZUMP

WENN DU HEIMLICH SPANNEN WILLST, ...

... DANN SPANN DOCH, SO VIEL DU WILLST!

SSLP SSLP

ERRÖT

WAPP

URP!

AH.

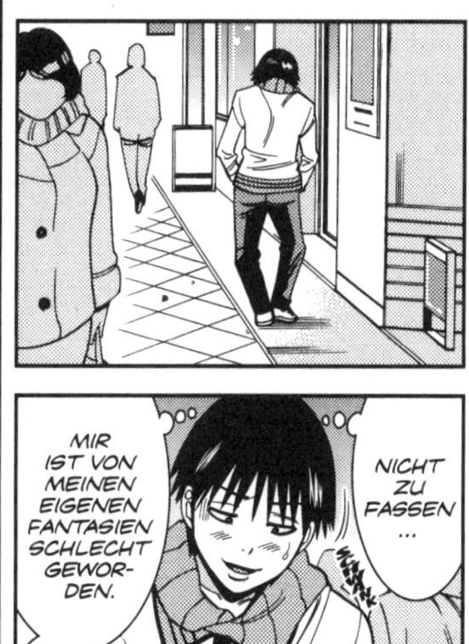

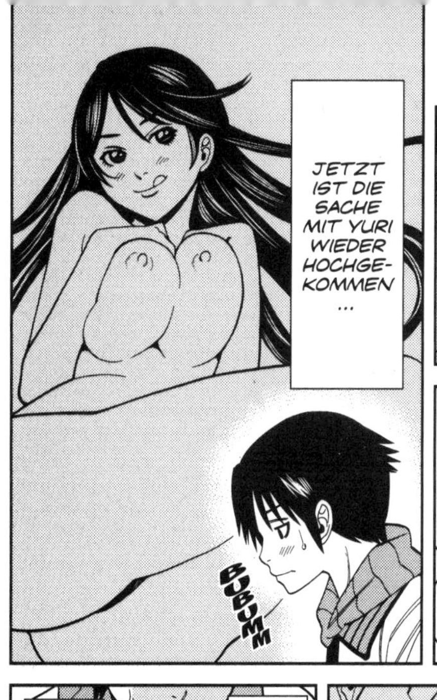
JETZT IST DIE SACHE MIT YURI WIEDER HOCHGE-KOMMEN ...
BUBUMM
MIR IST VON MEINEN EIGENEN FANTASIEN SCHLECHT GEWOR-DEN.
NICHT ZU FASSEN ...
FAST HÄTTE ICH GE-KOTZT.

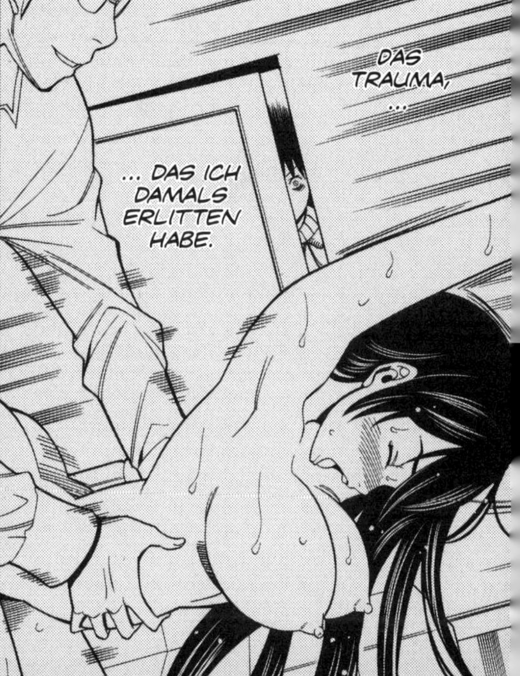
DAS TRAUMA, ...
... DAS ICH DAMALS ERLITTEN HABE.

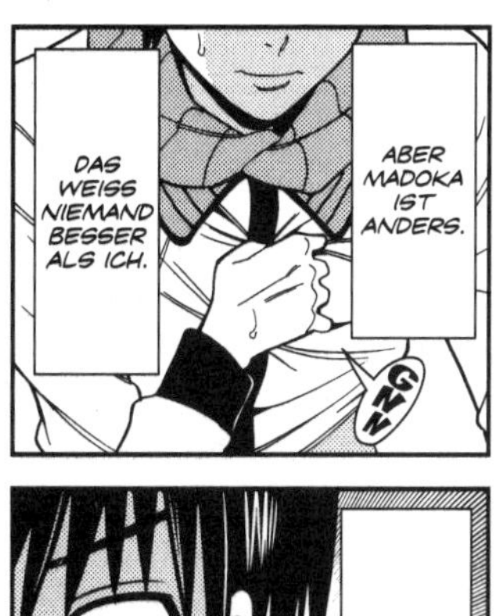
ABER MADOKA IST ANDERS.
DAS WEISS NIEMAND BESSER ALS ICH.
GNN
VIELLEICHT HAT SIE ...
... SICH AUCH AUSGE-MALT, ...
AH

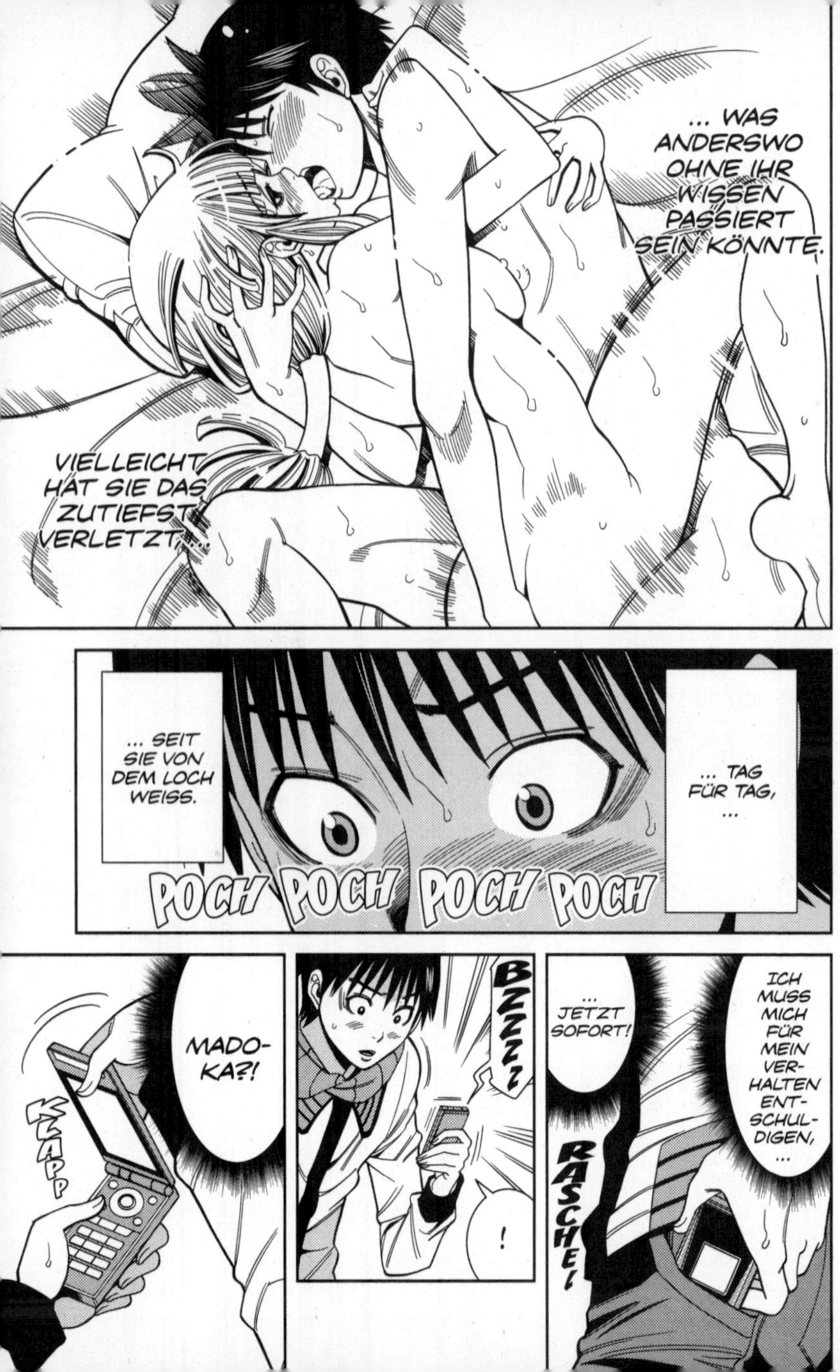

... WAS ANDERSWO OHNE IHR WISSEN PASSIERT SEIN KÖNNTE.

VIELLEICHT HAT SIE DAS ZUTIEFST VERLETZT, ...

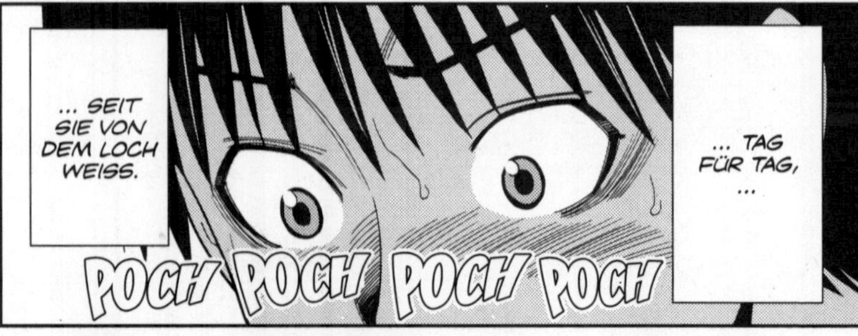

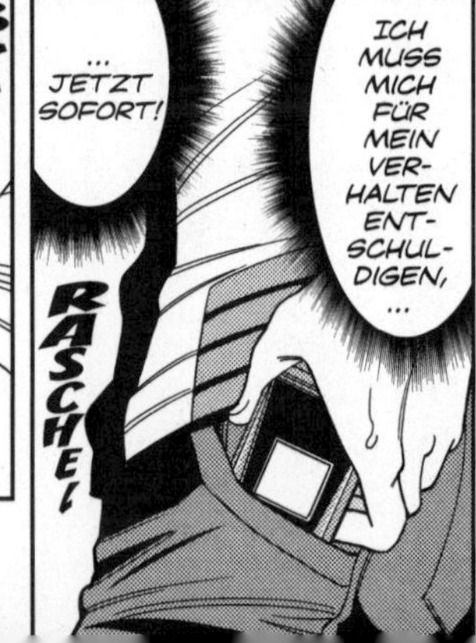

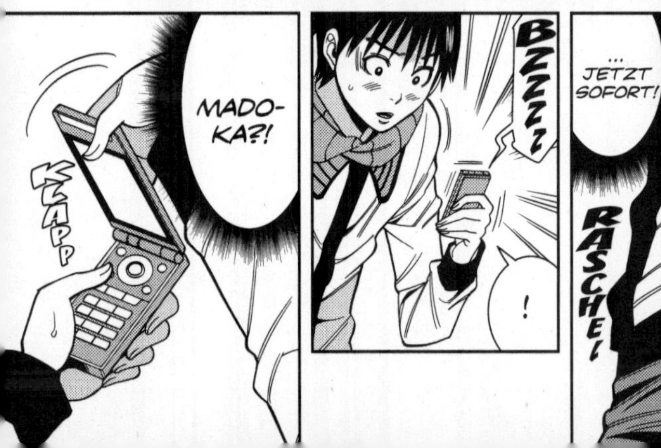

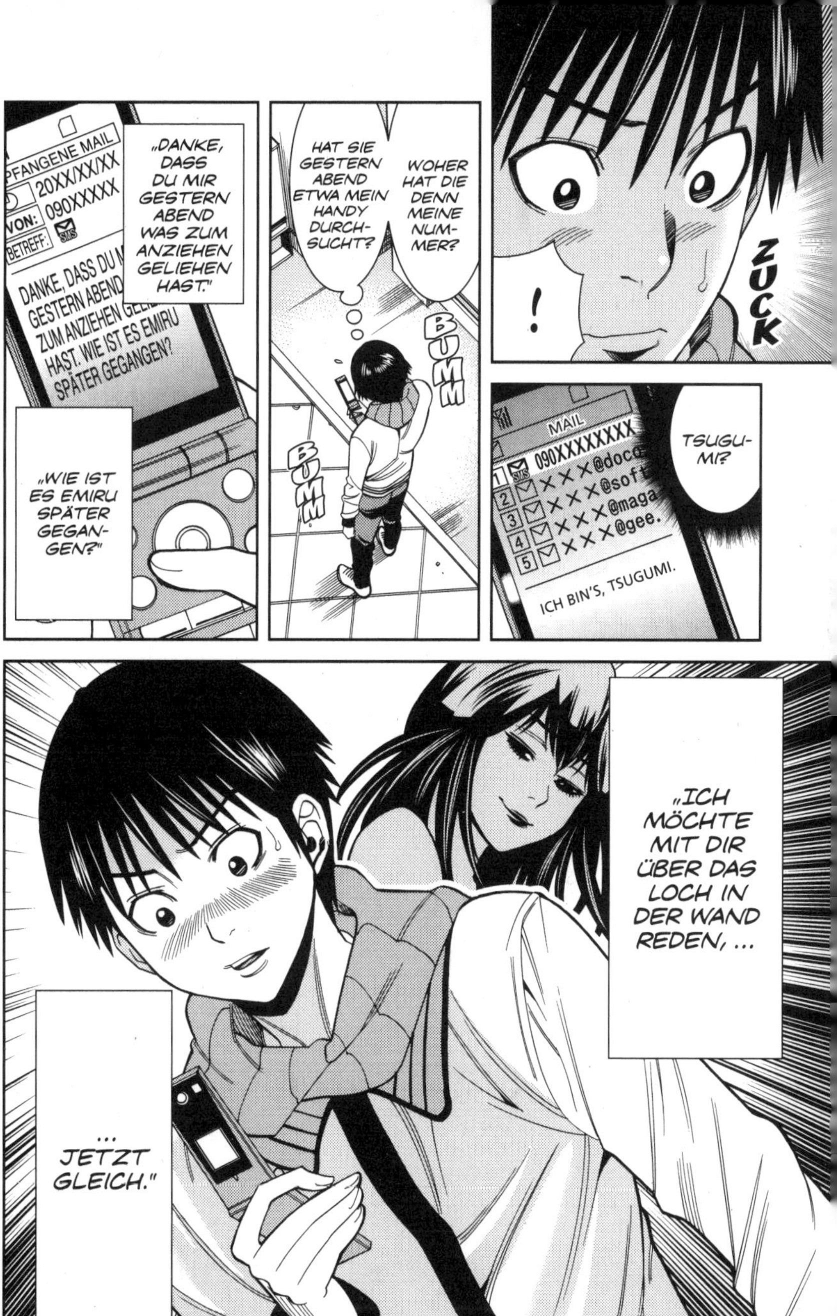

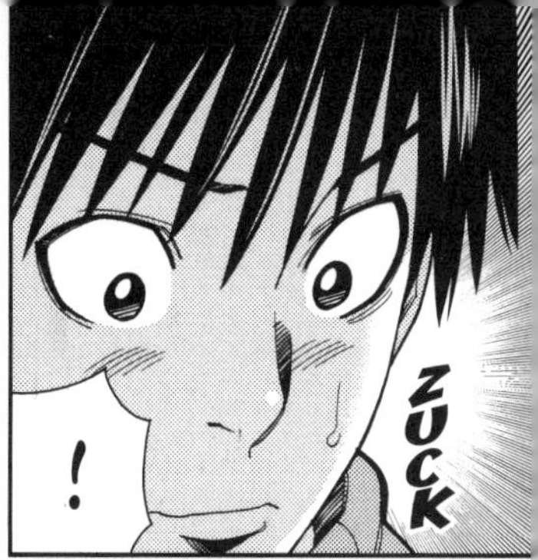

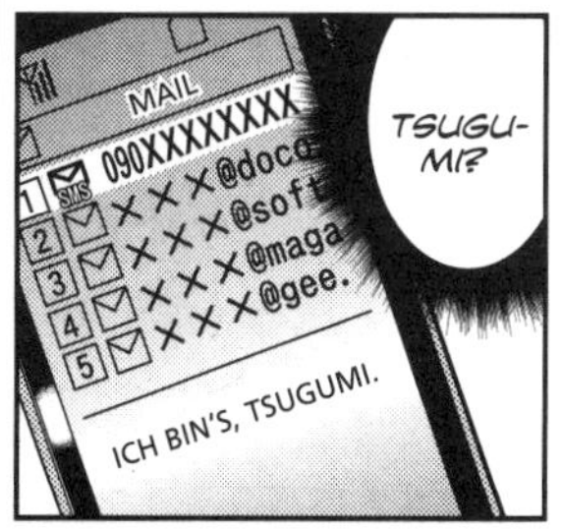

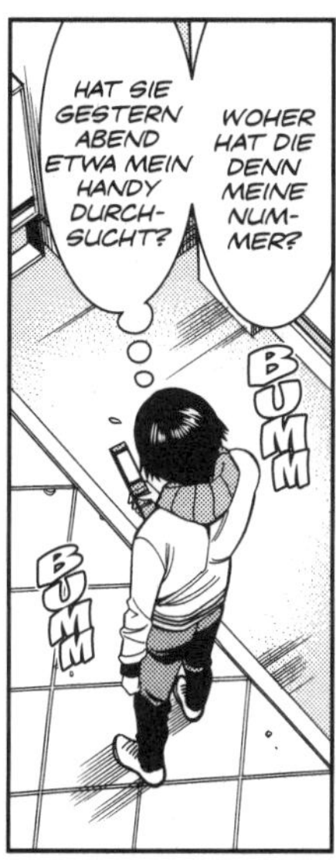

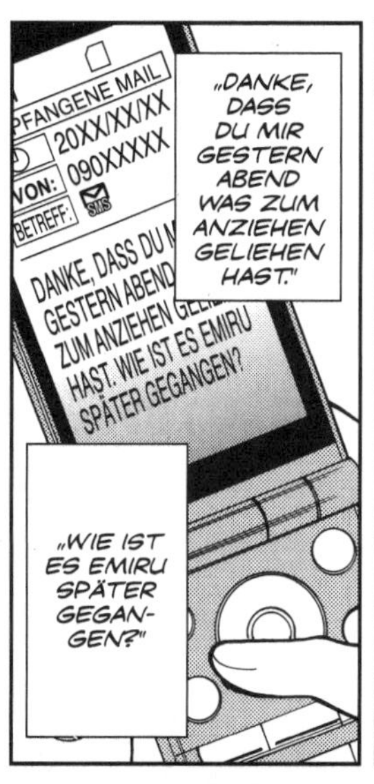

„ICH MÖCHTE MIT DIR ÜBER DAS LOCH IN DER WAND REDEN, ...

... JETZT GLEICH."

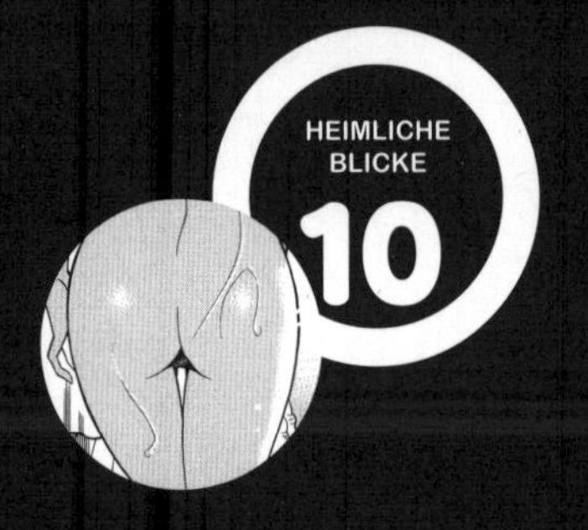
HEIMLICHE
BLICKE
10

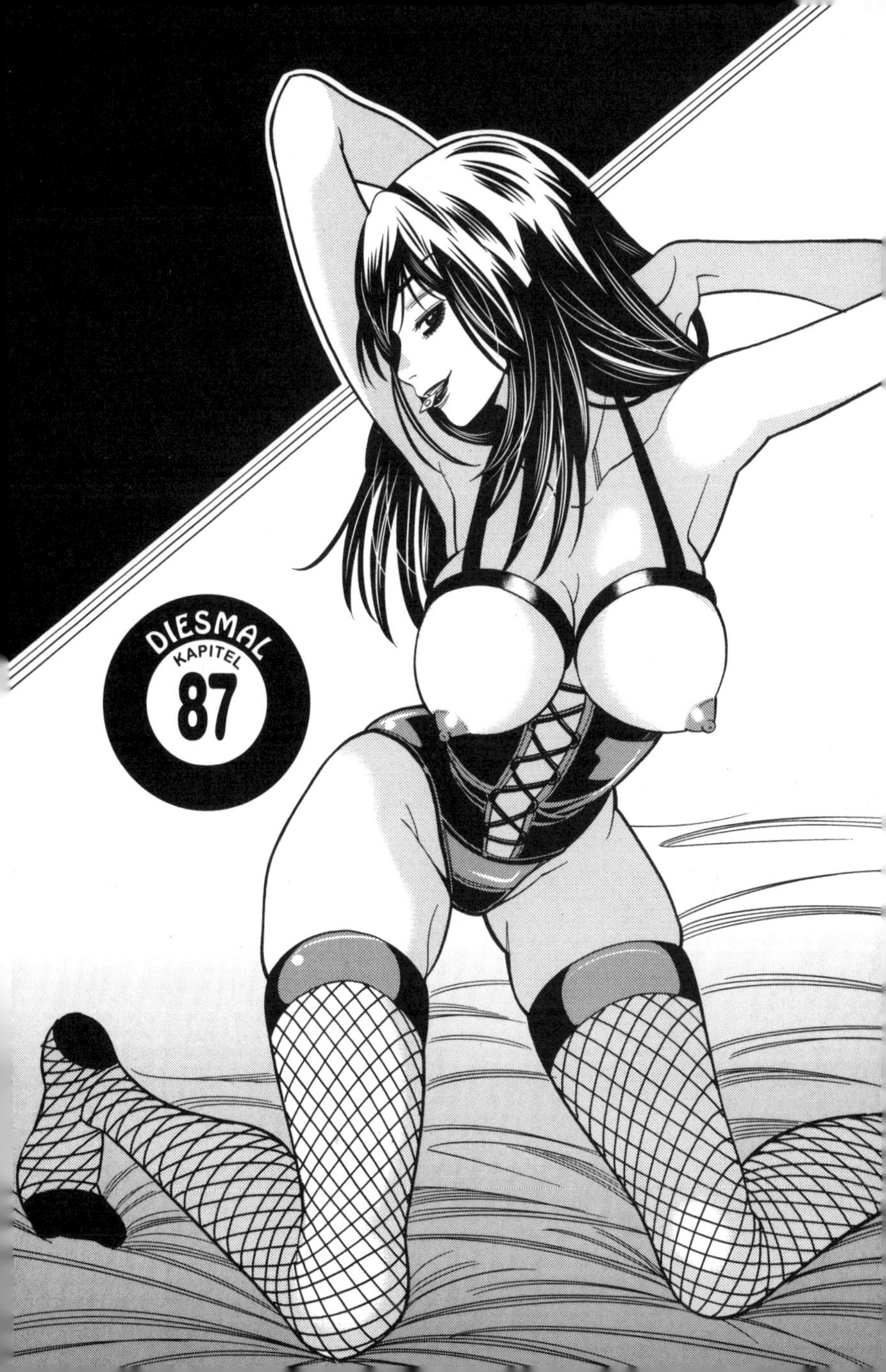
DIESMAL
KAPITEL
87

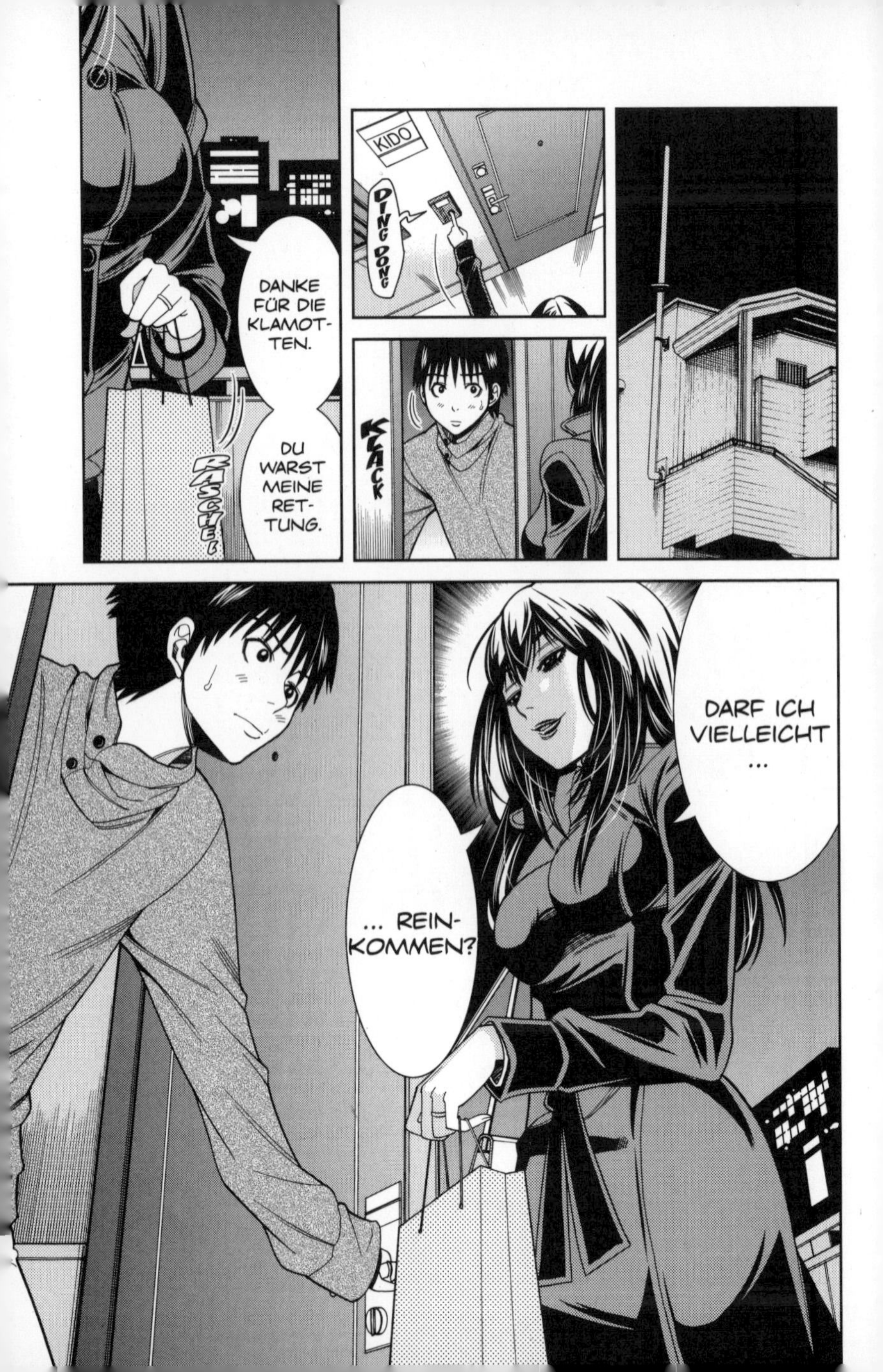

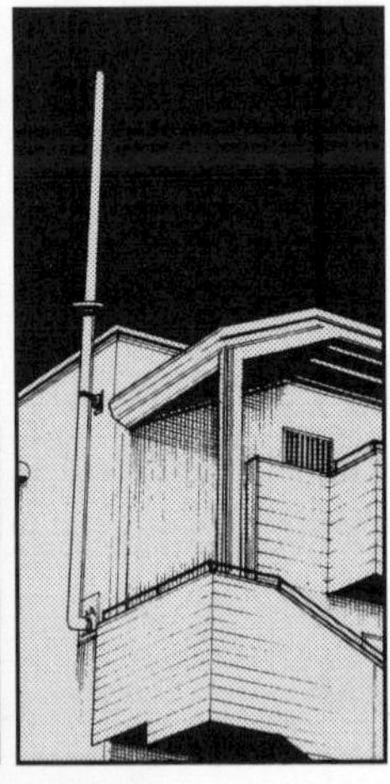

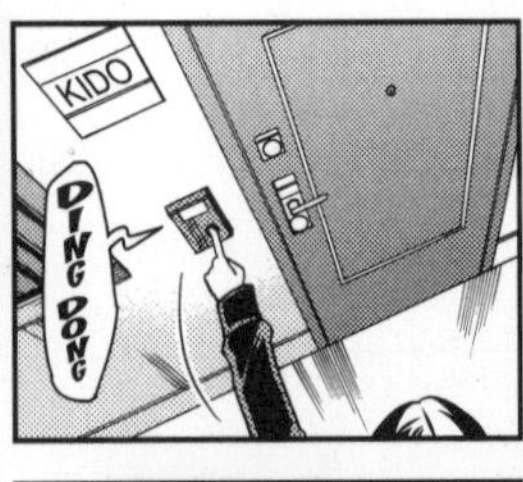
KIDO
DING DONG

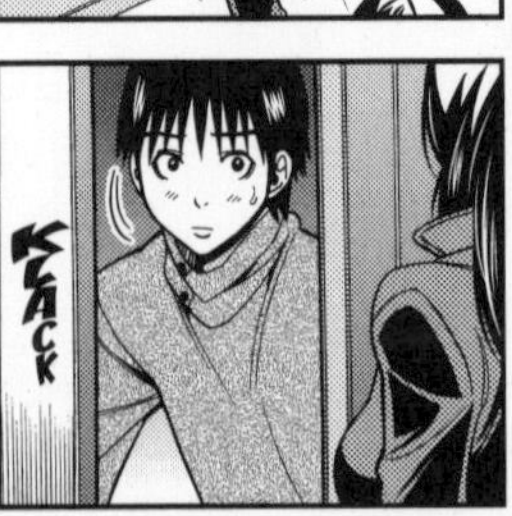
KLACK

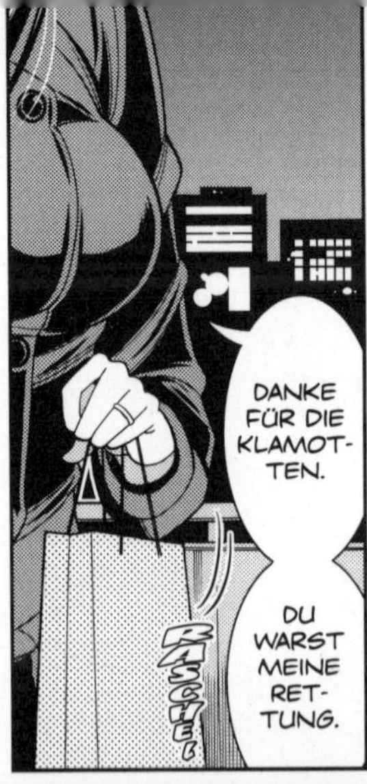
DANKE FÜR DIE KLAMOTTEN.
DU WARST MEINE RETTUNG.
RASCHEL

DARF ICH VIELLEICHT ...
... REINKOMMEN?

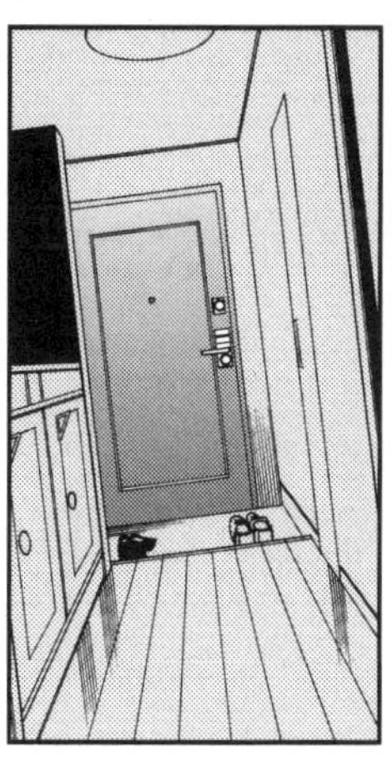

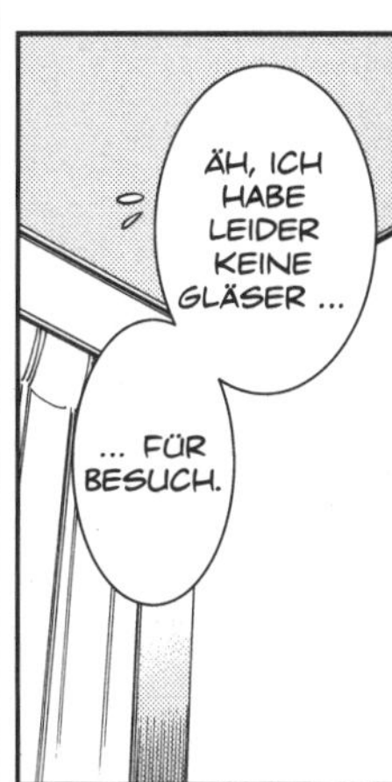

ÄH, ICH HABE LEIDER KEINE GLÄSER …
… FÜR BESUCH.

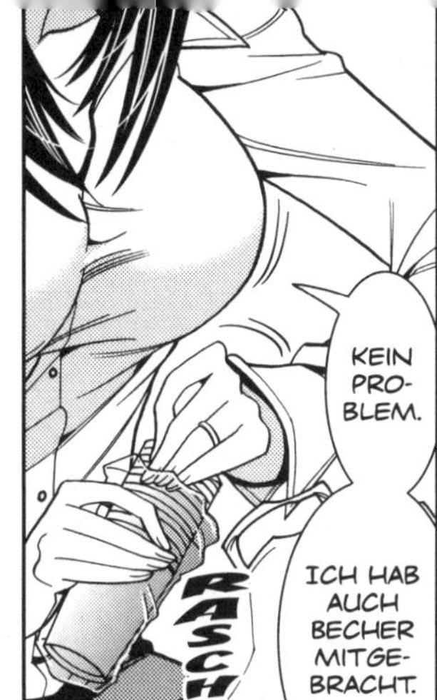

KEIN PRO-BLEM.
ICH HAB AUCH BECHER MITGE-BRACHT.
RASCHEL

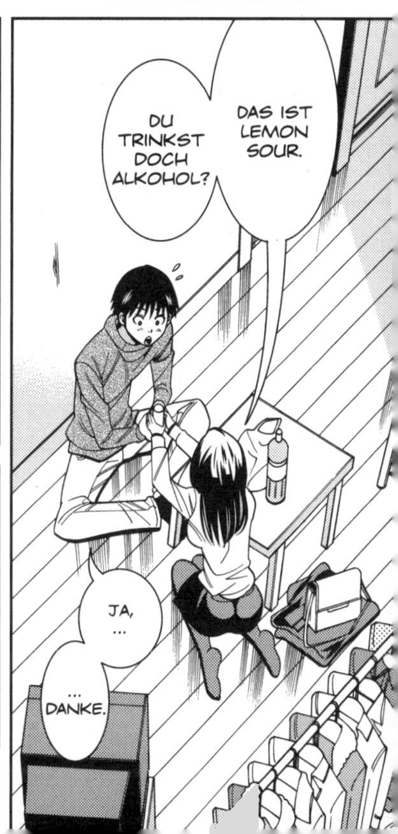

DAS IST LEMON SOUR.
DU TRINKST DOCH ALKOHOL?
JA, …
… DANKE.

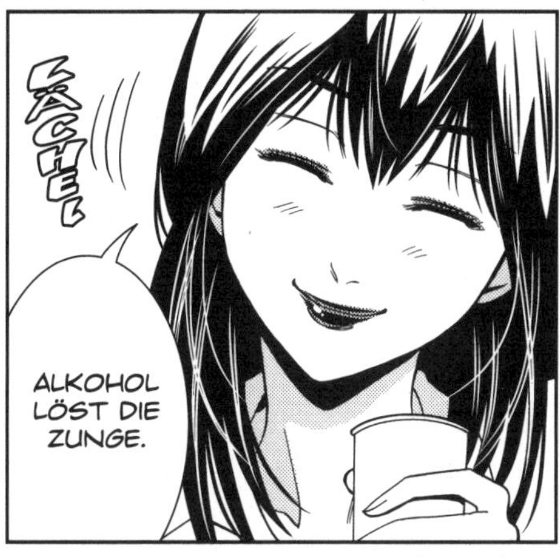

LÄCHEL
ALKOHOL LÖST DIE ZUNGE.

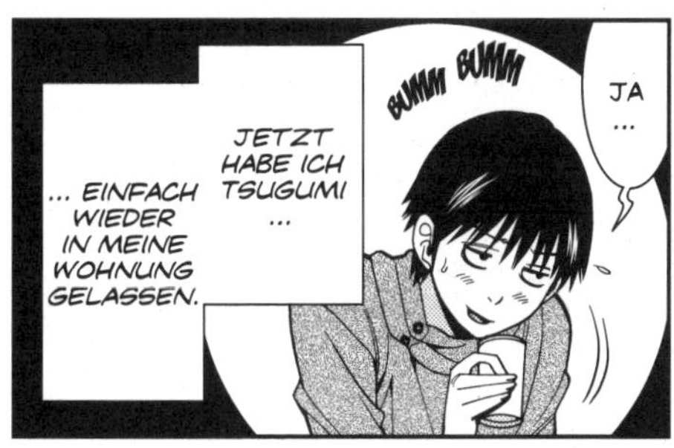

JA …
BUMM BUMM
JETZT HABE ICH TSUGUMI …
… EINFACH WIEDER IN MEINE WOHNUNG GELASSEN.

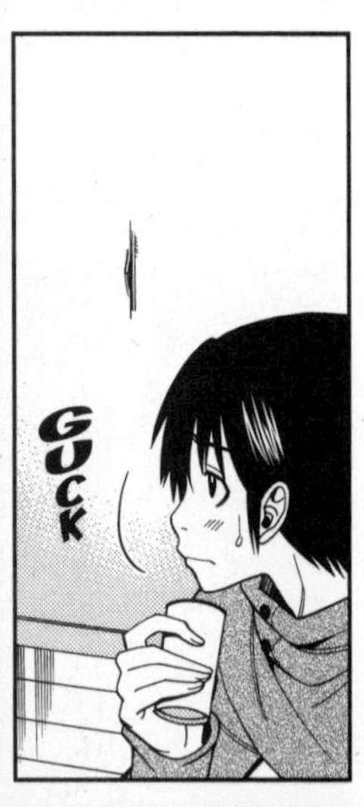
GUCK

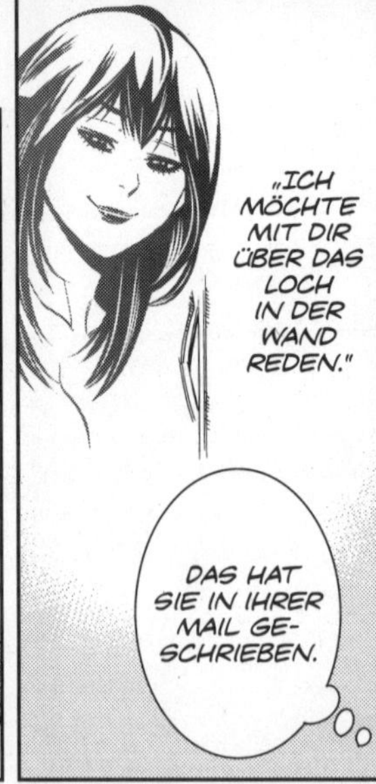
„ICH MÖCHTE MIT DIR ÜBER DAS LOCH IN DER WAND REDEN."
DAS HAT SIE IN IHRER MAIL GESCHRIEBEN.

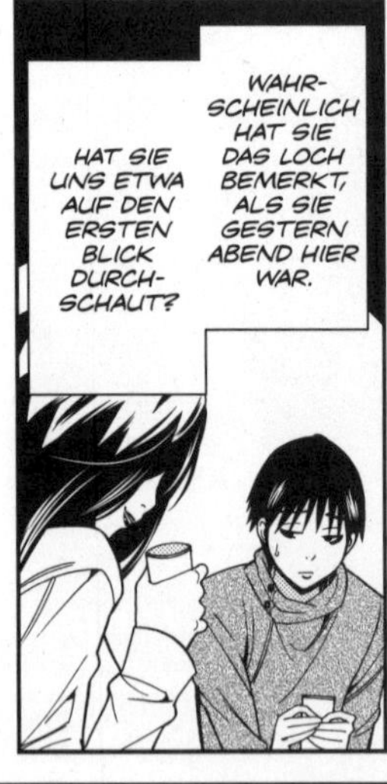
WAHRSCHEINLICH HAT SIE DAS LOCH BEMERKT, ALS SIE GESTERN ABEND HIER WAR.
HAT SIE UNS ETWA AUF DEN ERSTEN BLICK DURCHSCHAUT?

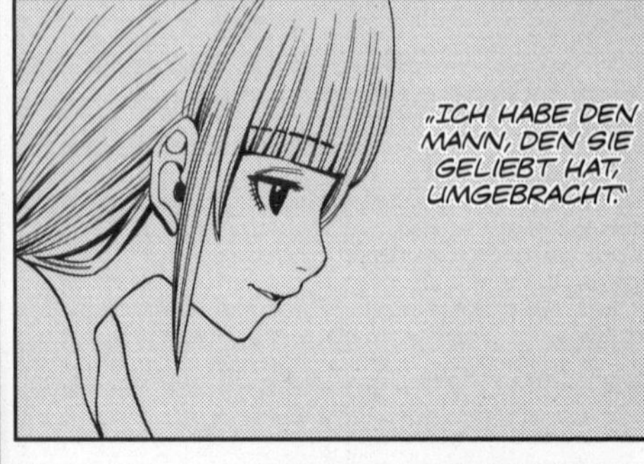
„ICH HABE DEN MANN, DEN SIE GELIEBT HAT, UMGEBRACHT."

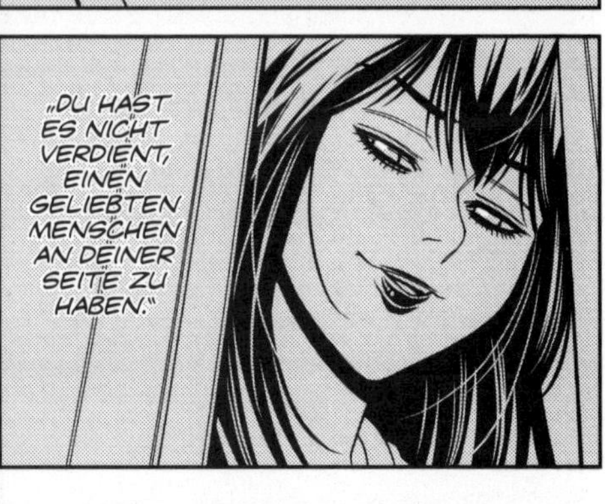
„DU HAST ES NICHT VERDIENT, EINEN GELIEBTEN MENSCHEN AN DEINER SEITE ZU HABEN."

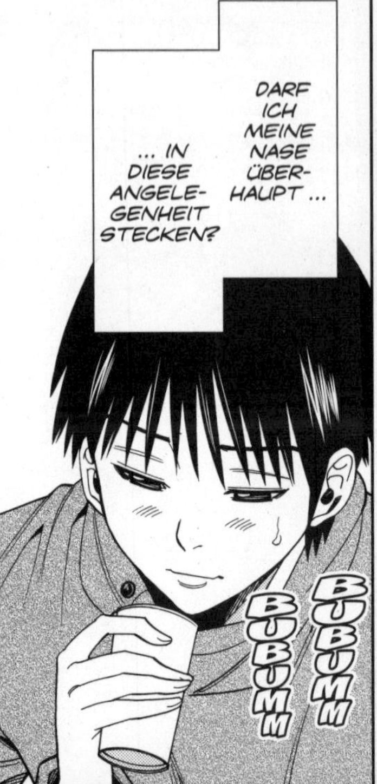
DARF ICH MEINE NASE ÜBERHAUPT ...
... IN DIESE ANGELEGENHEIT STECKEN?
BUBUMM
BUBUMM

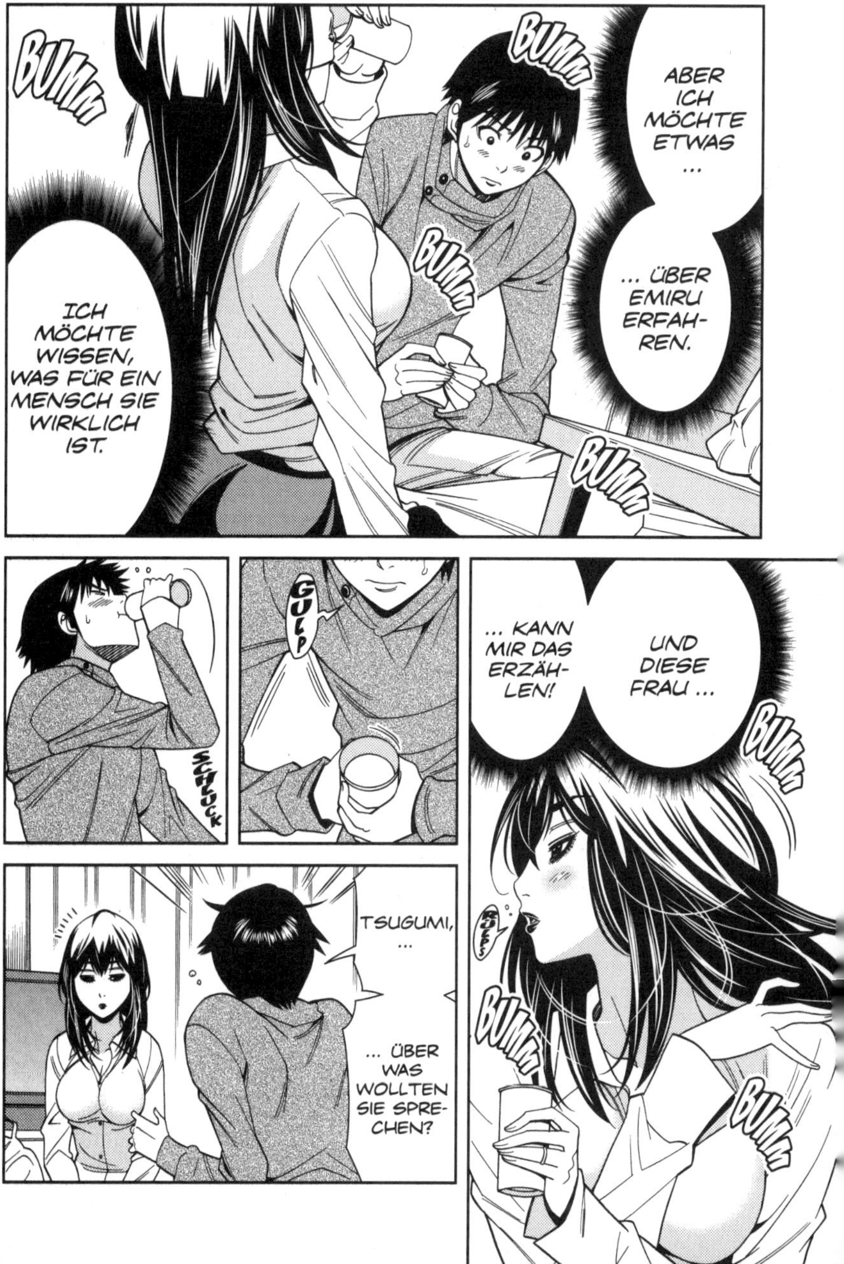

BUMM
BUMM
ABER ICH MÖCHTE ETWAS …
… ÜBER EMIRU ERFAHREN.
BUMM
ICH MÖCHTE WISSEN, WAS FÜR EIN MENSCH SIE WIRKLICH IST.
BUMM

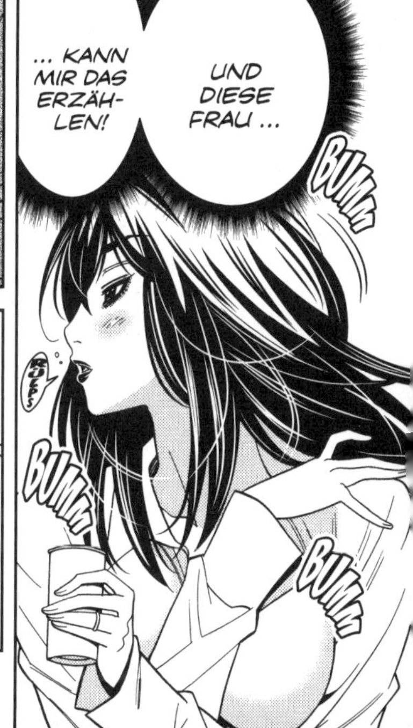
UND DIESE FRAU …
… KANN MIR DAS ERZÄHLEN!
BUMM
BUMM
BUMM

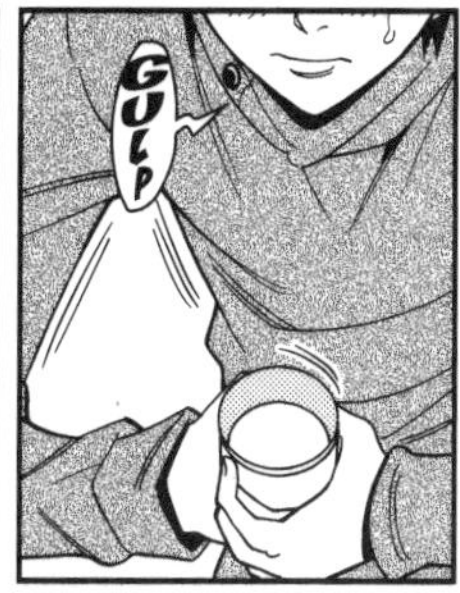
GULP

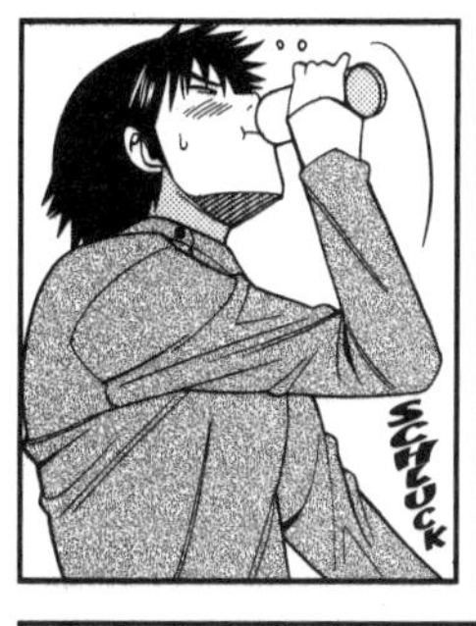
SCHLUCK

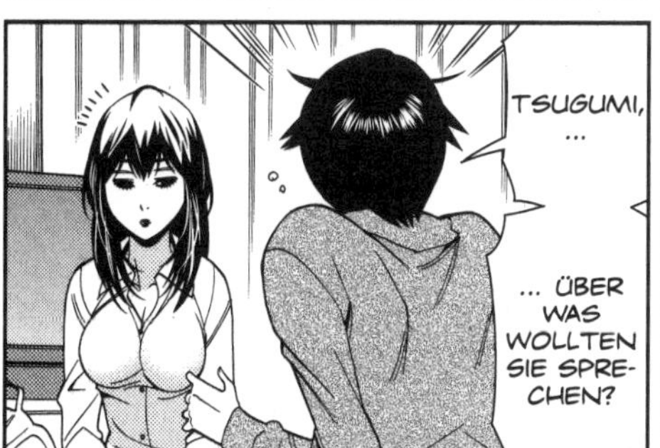
TSUGUMI, …
… ÜBER WAS WOLLTEN SIE SPRECHEN?

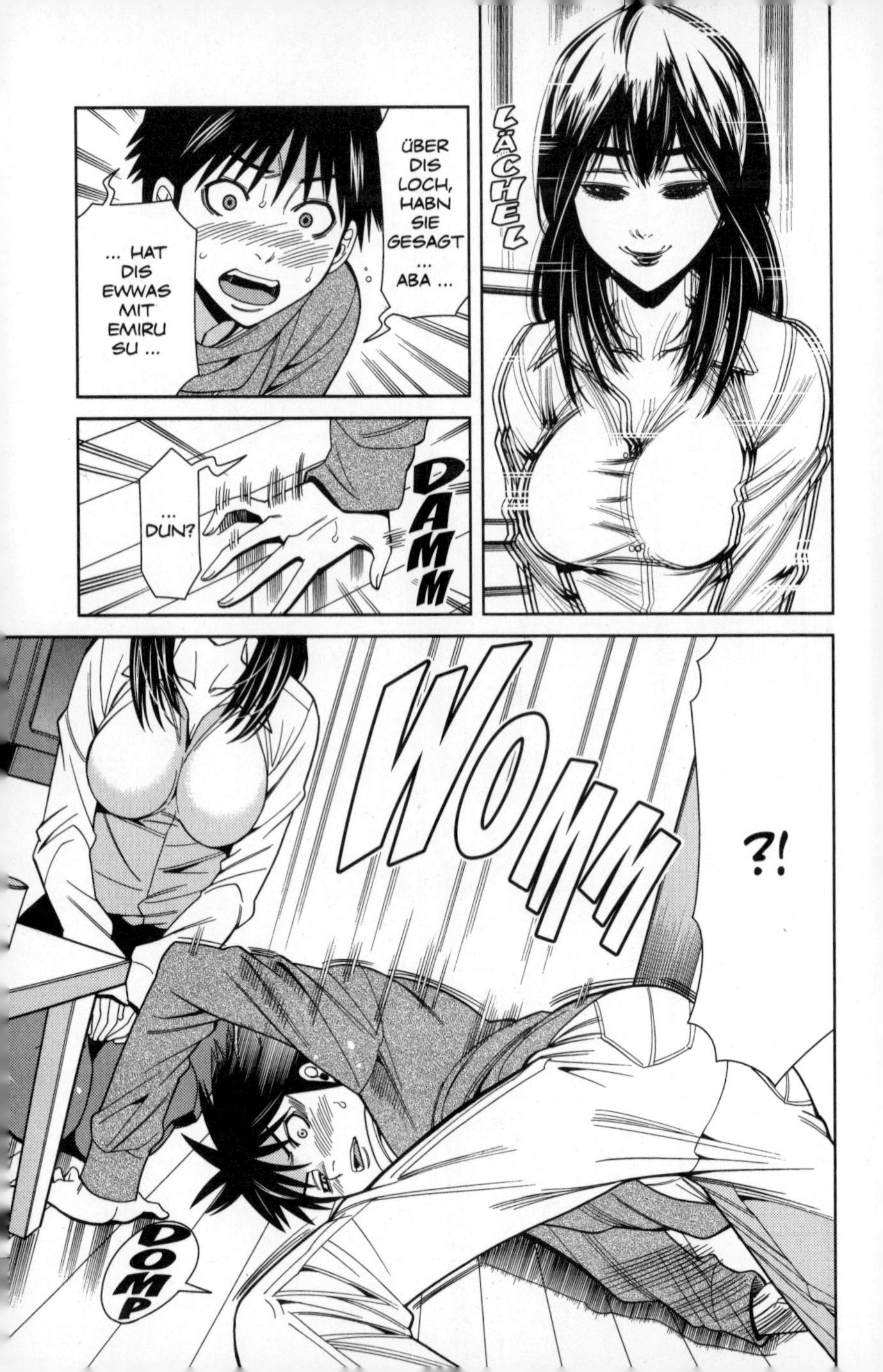

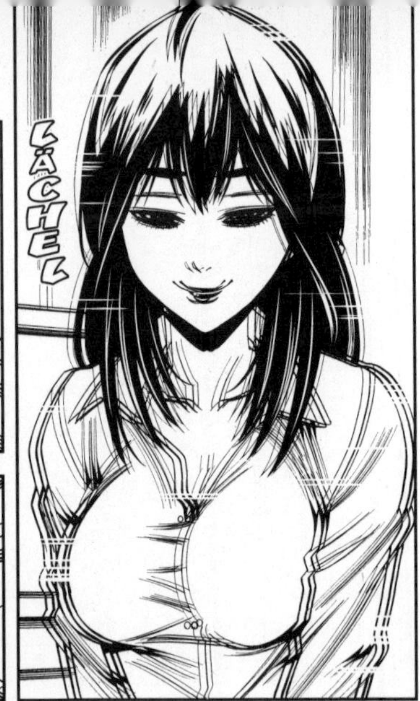
LÄCHEL

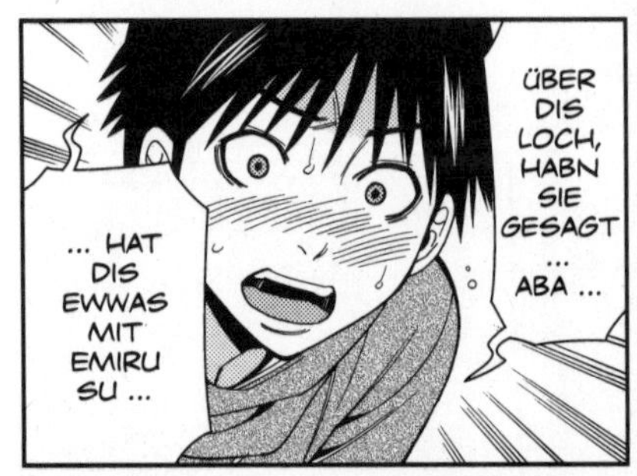
ÜBER DIS LOCH, HABN SIE GESAGT ... ABA ...
... HAT DIS EWWAS MIT EMIRU SU ...

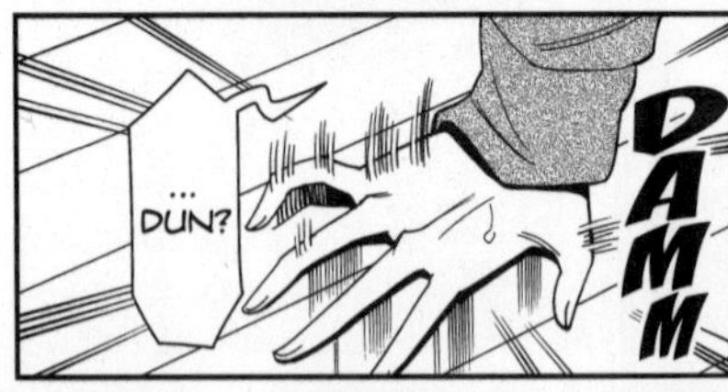
DAMM
... DÜN?

WOMM
?!
DOMP

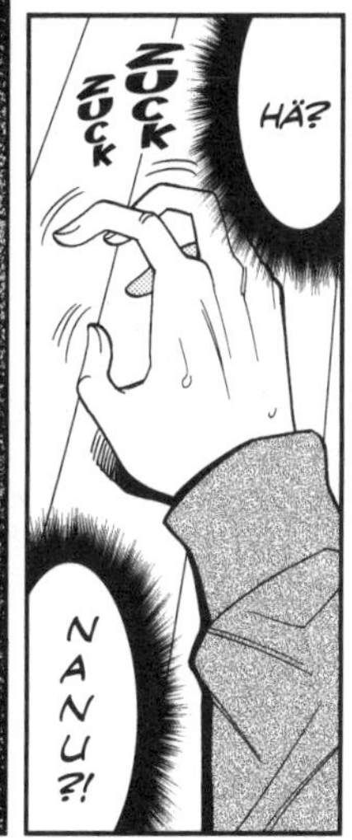

HÄ?
ZUCK
ZUCK
NANU?!

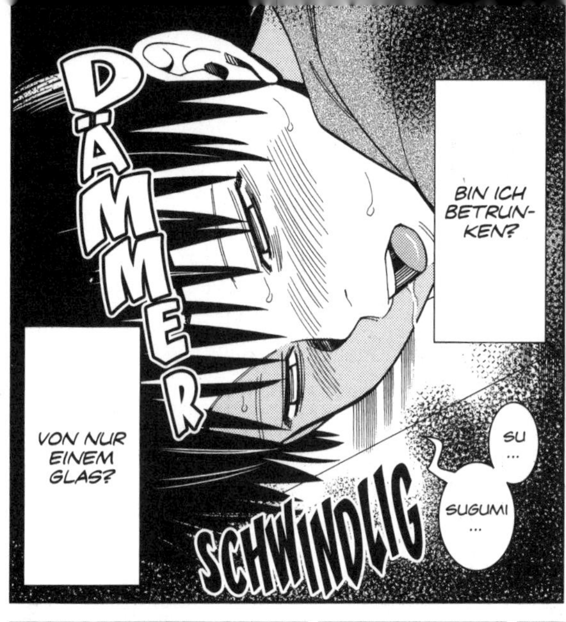

BIN ICH BETRUN-KEN?
DÄMMER
VON NUR EINEM GLAS?
SU …
SUGUMI …
SCHWINDLIG

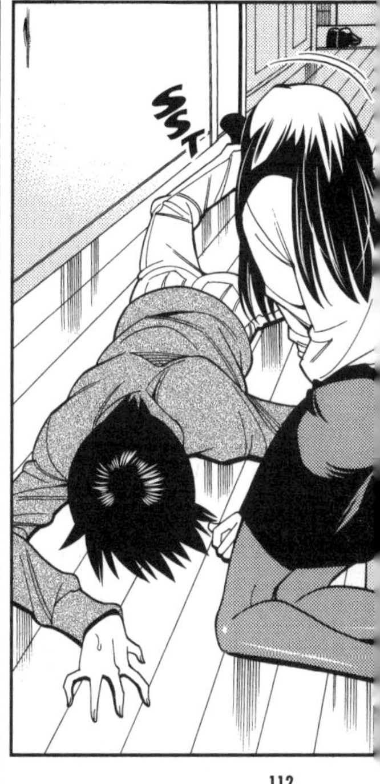

SST

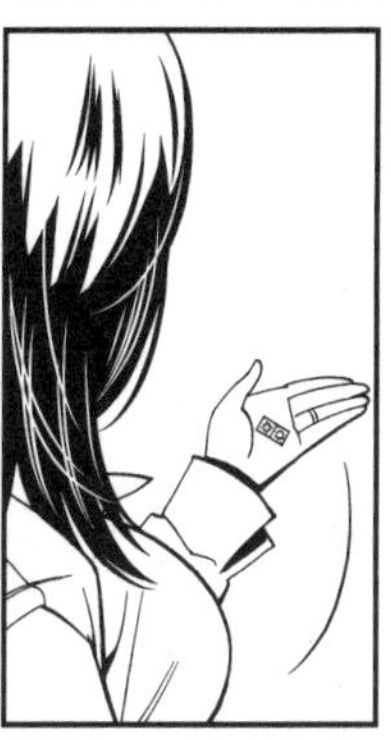

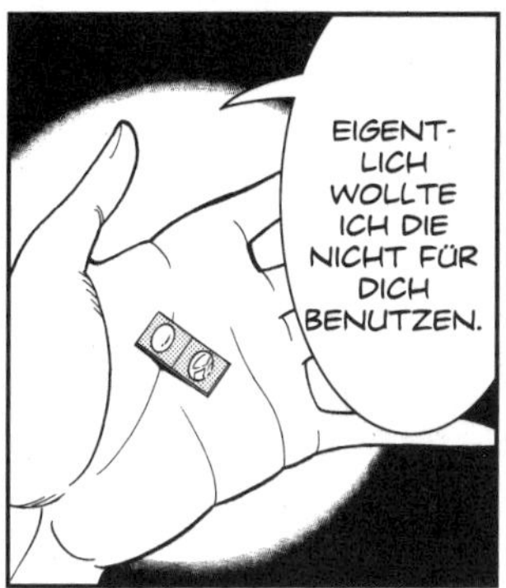

EIGENT-LICH WOLLTE ICH DIE NICHT FÜR DICH BENUTZEN.

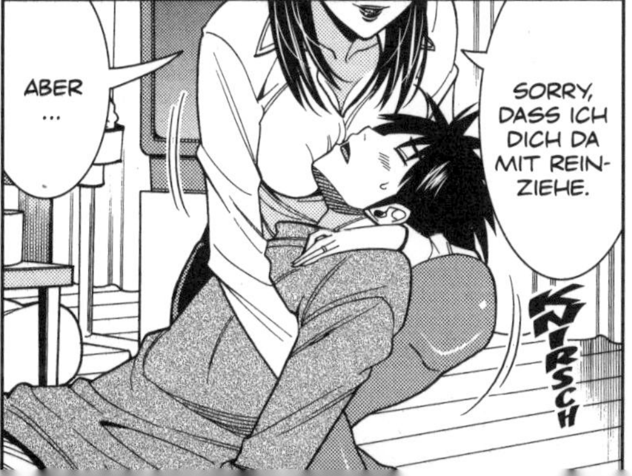

SORRY, DASS ICH DICH DA MIT REIN-ZIEHE.
ABER …
KNIRSCH

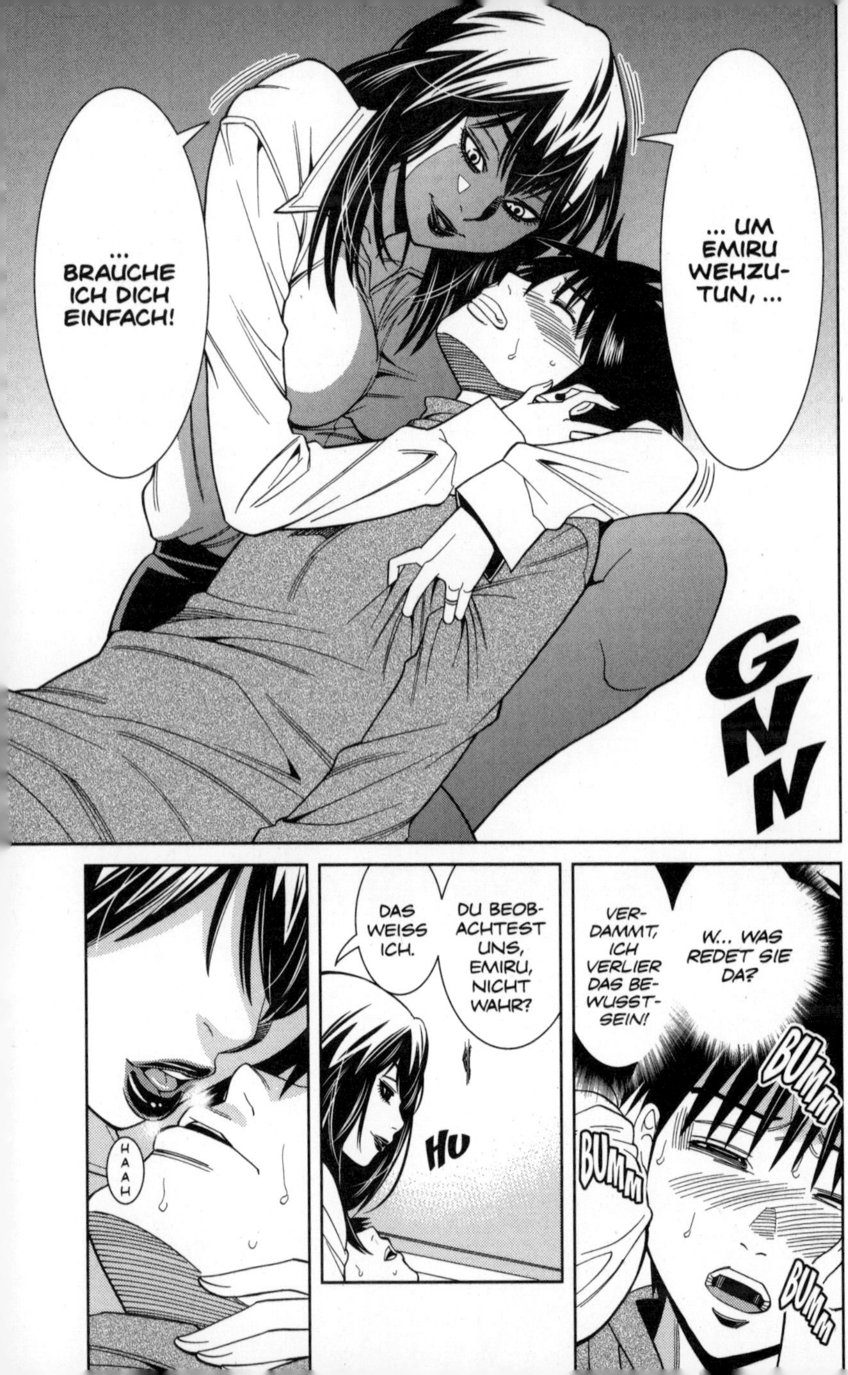

... UM EMIRU WEHZU-TUN, ...

... BRAÜCHE ICH DICH EINFACH!

GNN

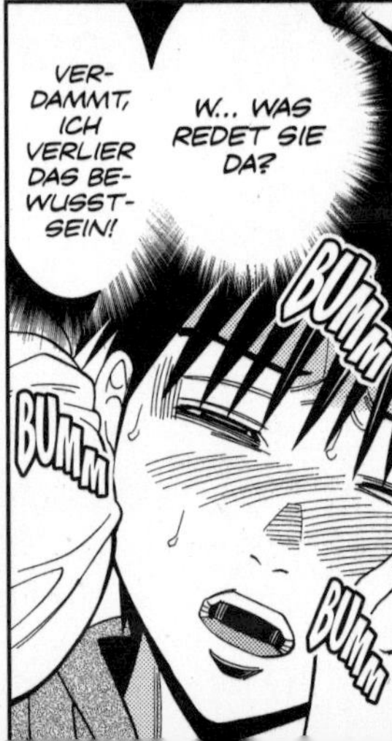

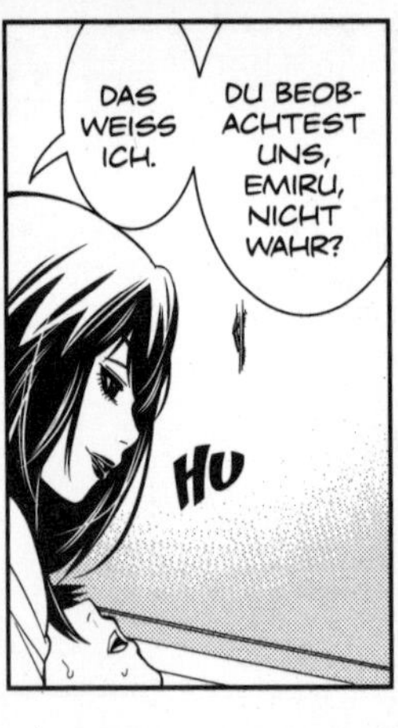

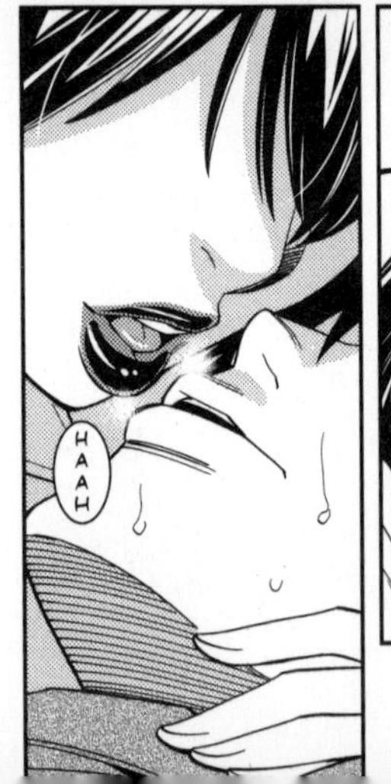

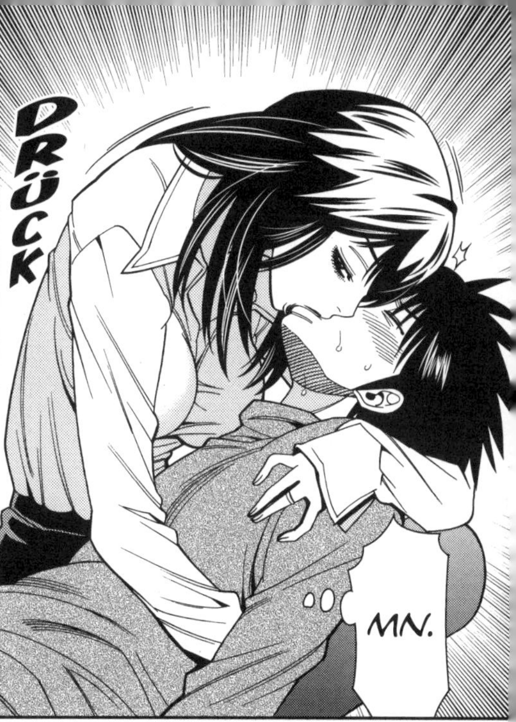
DRÜCK
MN.

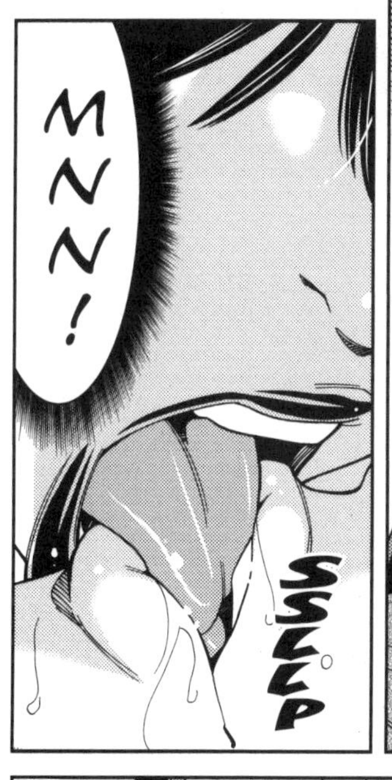
MNN!
SSLLP

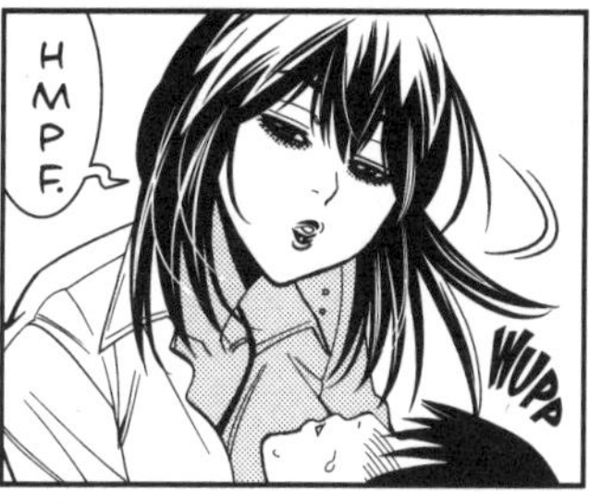
HMPF.
WUPP

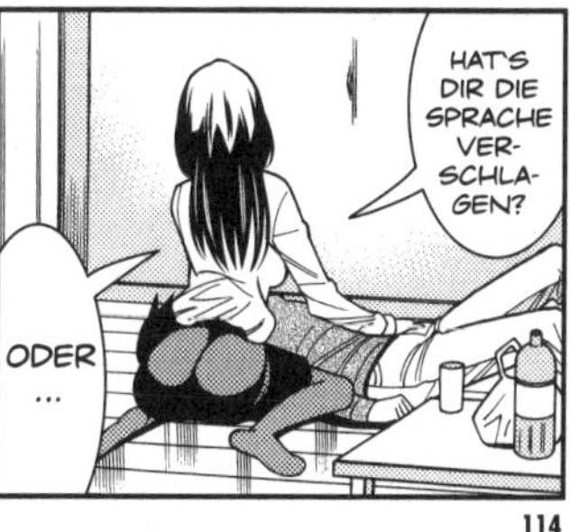
HAT'S DIR DIE SPRACHE VER-SCHLA-GEN?
ODER ...

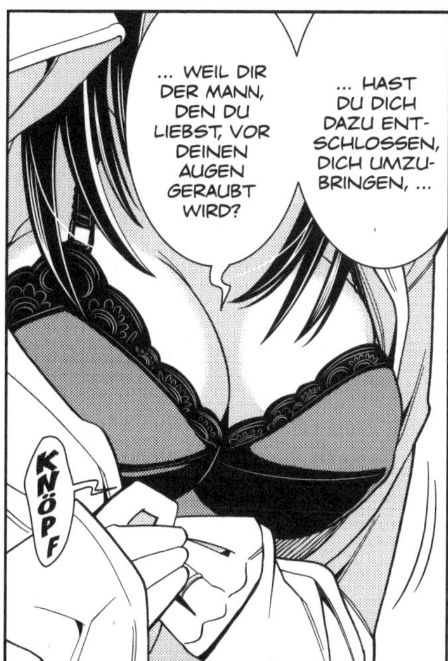
... HAST DU DICH DAZU ENT-SCHLOSSEN, DICH UMZU-BRINGEN, ...
... WEIL DIR DER MANN, DEN DU LIEBST, VOR DEINEN AUGEN GERAUBT WIRD?
KNÖPF

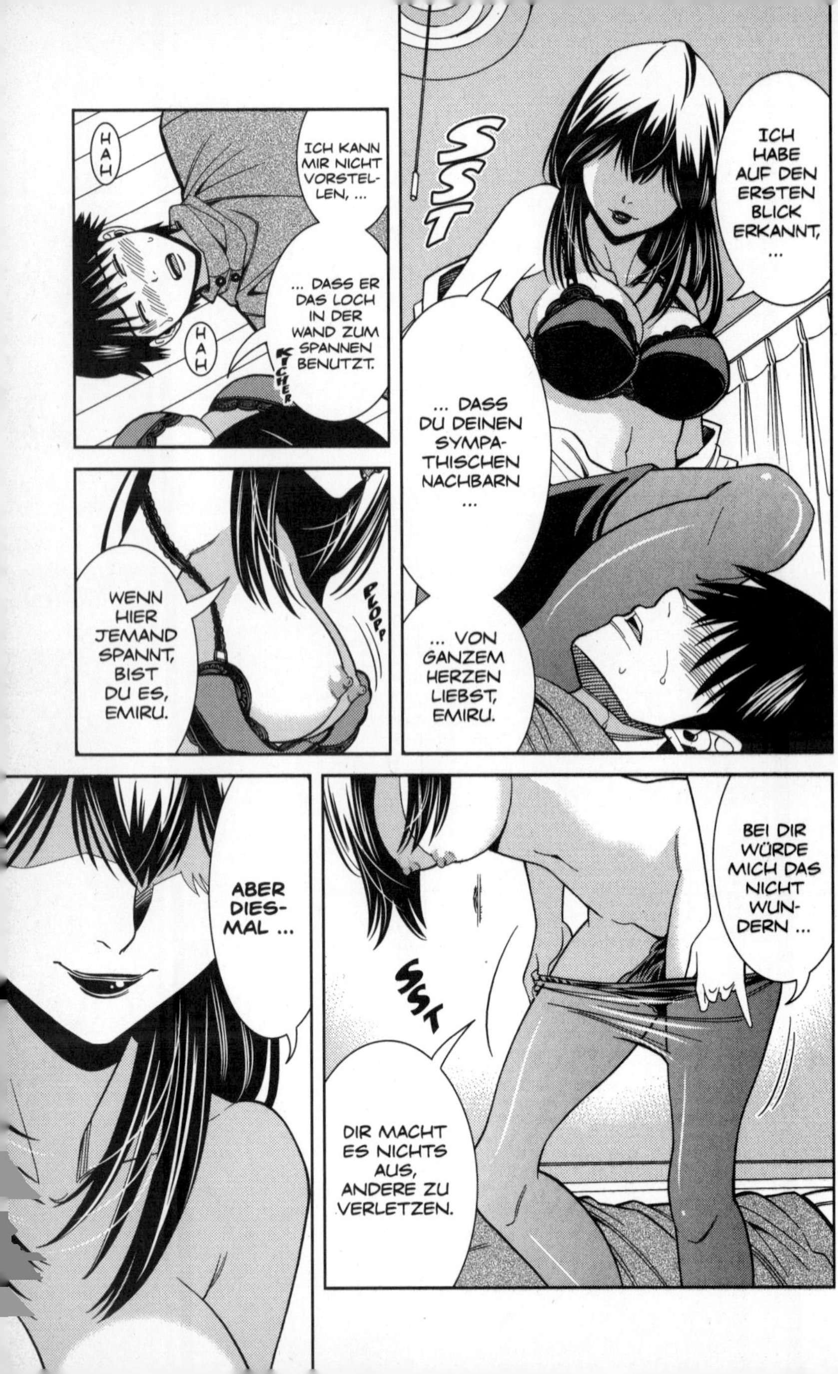

SST

ICH HABE AUF DEN ERSTEN BLICK ERKANNT, ...

... DASS DU DEINEN SYMPATHISCHEN NACHBARN ...

... VON GANZEM HERZEN LIEBST, EMIRU.

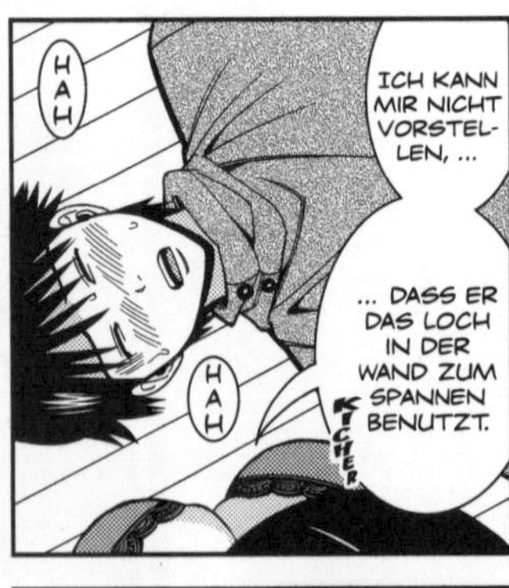

PLOPP

WENN HIER JEMAND SPANNT, BIST DU ES, EMIRU.

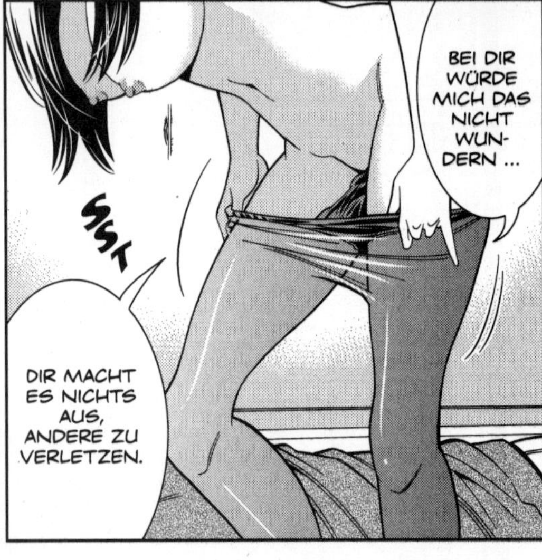

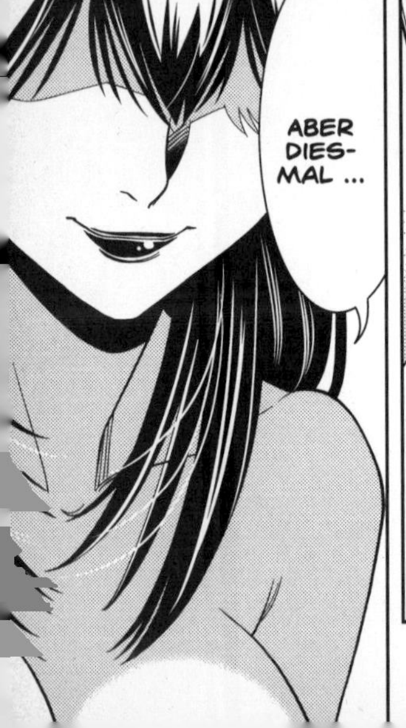

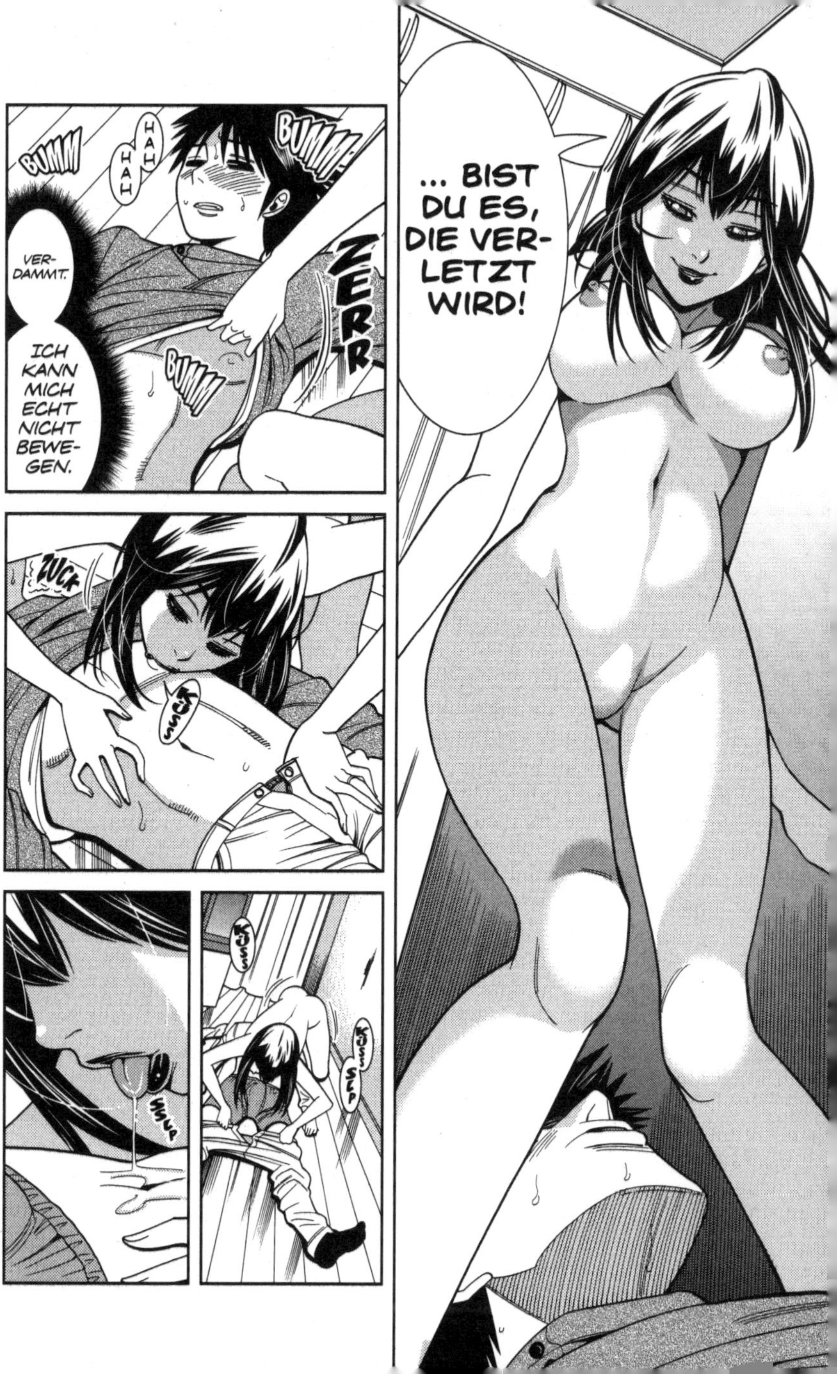

... BIST DU ES, DIE VERLETZT WIRD!

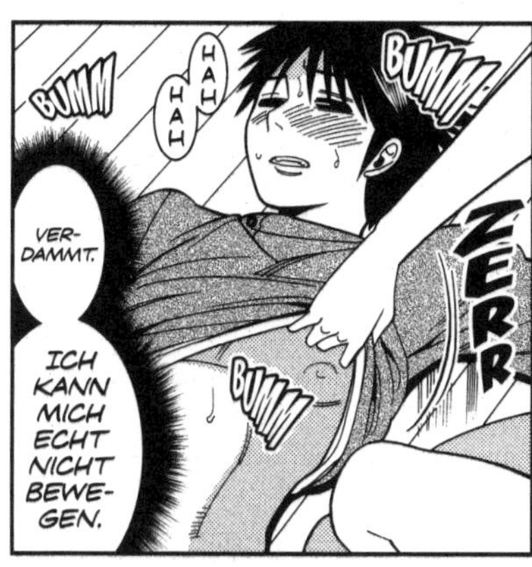

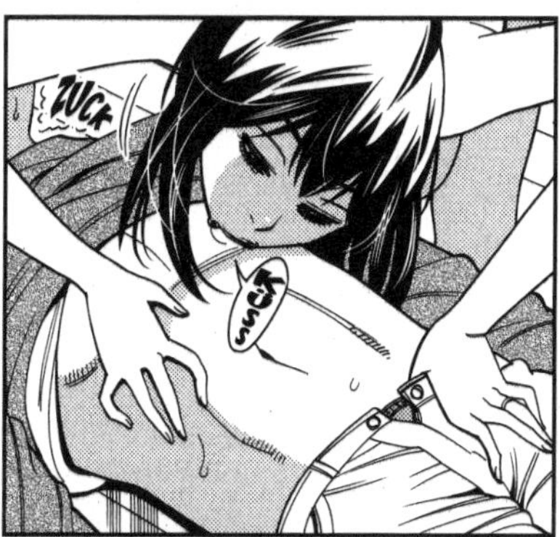

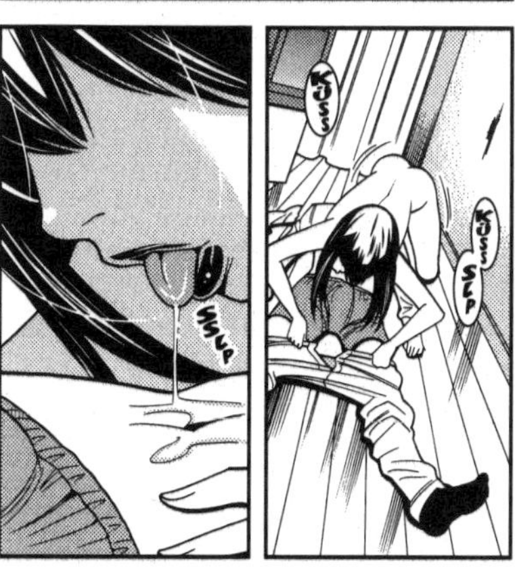

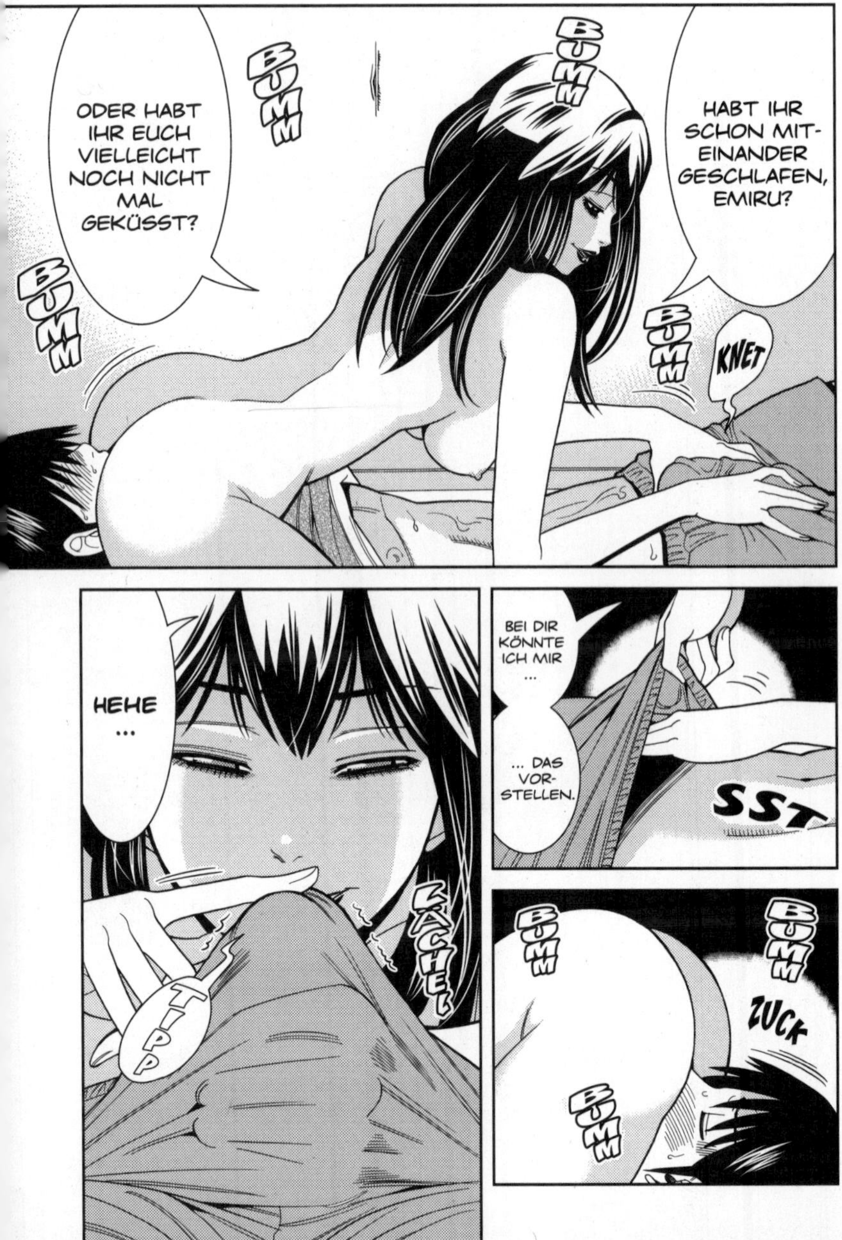

HABT IHR SCHON MIT-EINANDER GESCHLAFEN, EMIRU?
BUMM
BUMM
KNET
ODER HABT IHR EUCH VIELLEICHT NOCH NICHT MAL GEKÜSST?
BUMM
BUMM

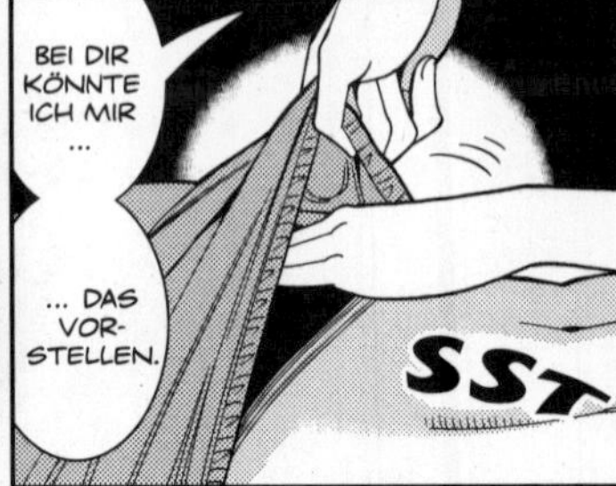

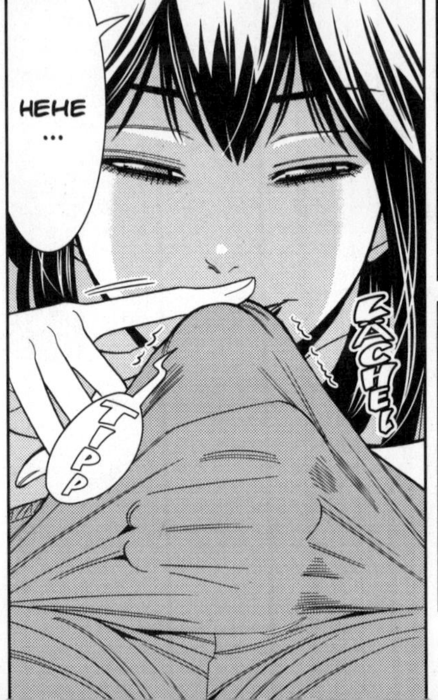

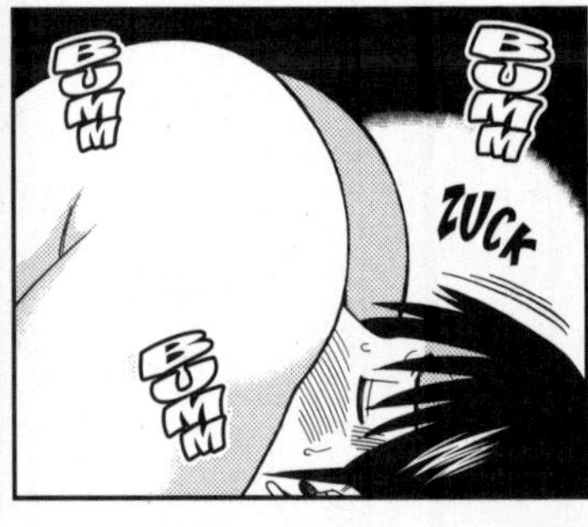

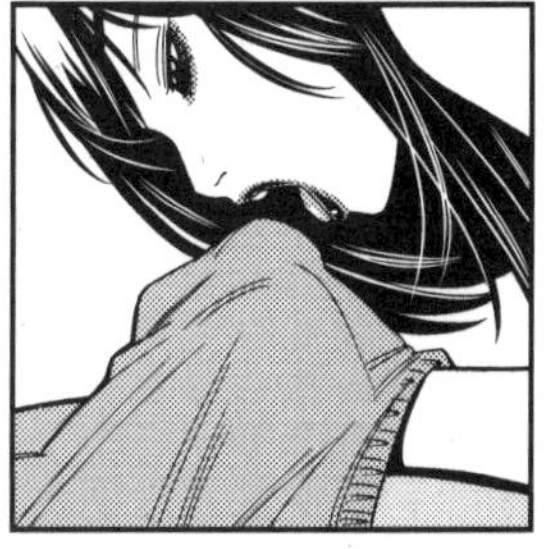
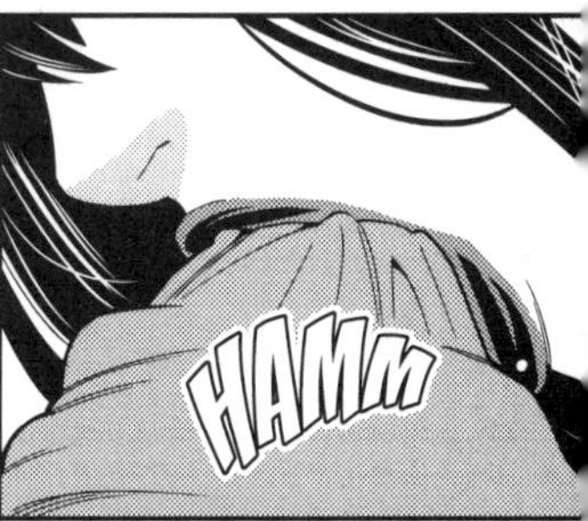
HAMM
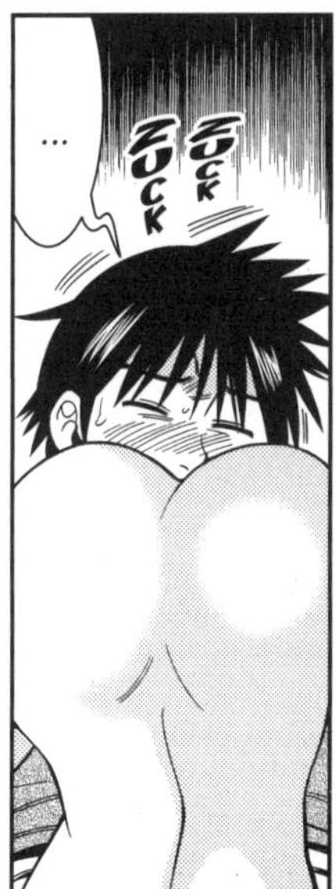
...
ZUCK ZUCK
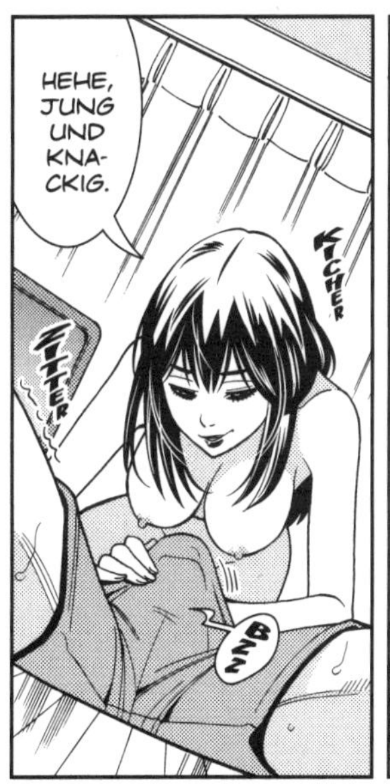
HEHE, JUNG UND KNA-CKIG.
KICHER
ZITTER
BZZ
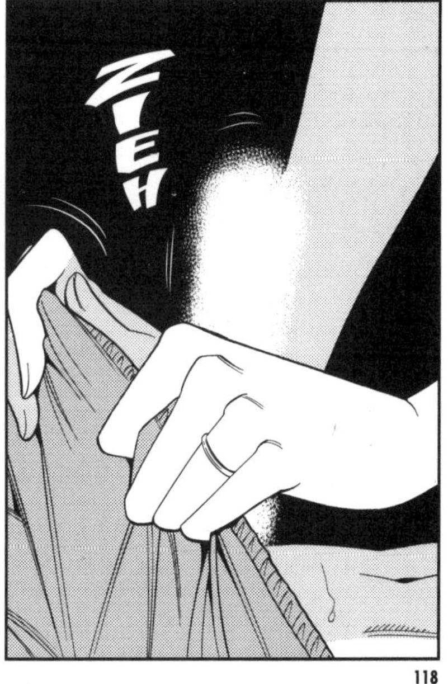
ZIEH
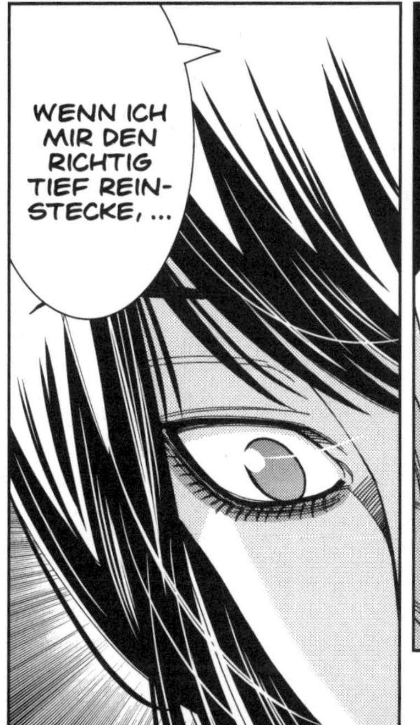
WENN ICH MIR DEN RICHTIG TIEF REIN-STECKE, ...

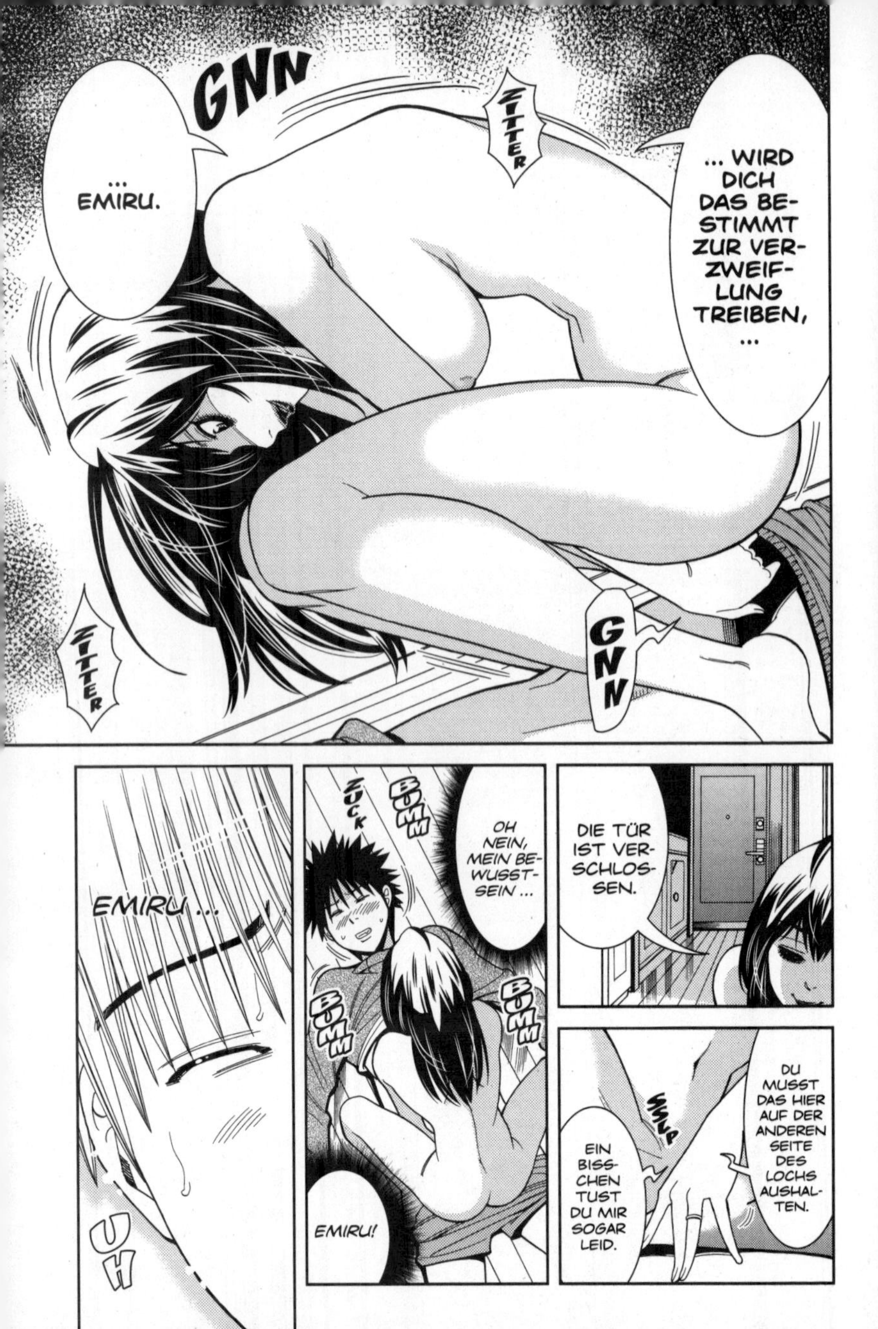

... WIRD DICH DAS BE-STIMMT ZUR VER-ZWEIF-LUNG TREIBEN, ...
ZITTER
GNN
... EMIRU.
GNN
ZITTER

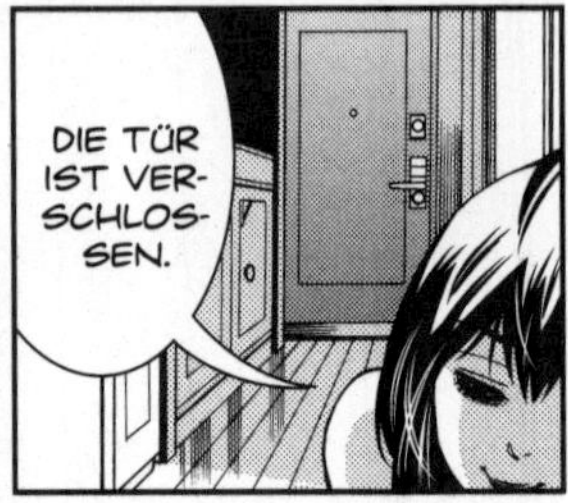

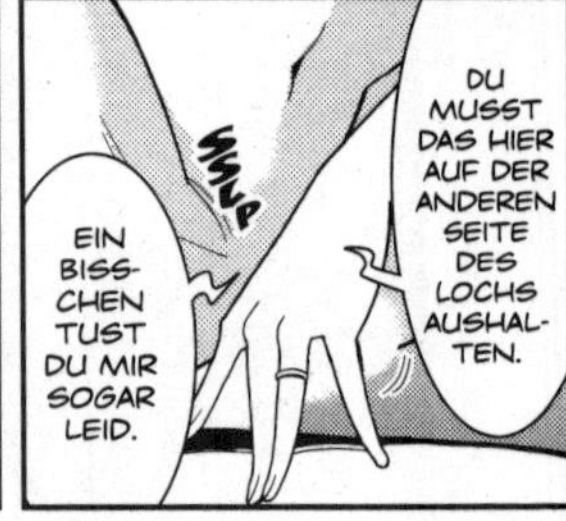

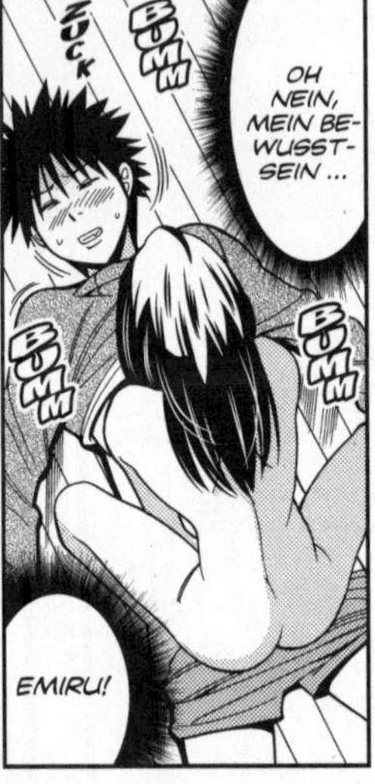

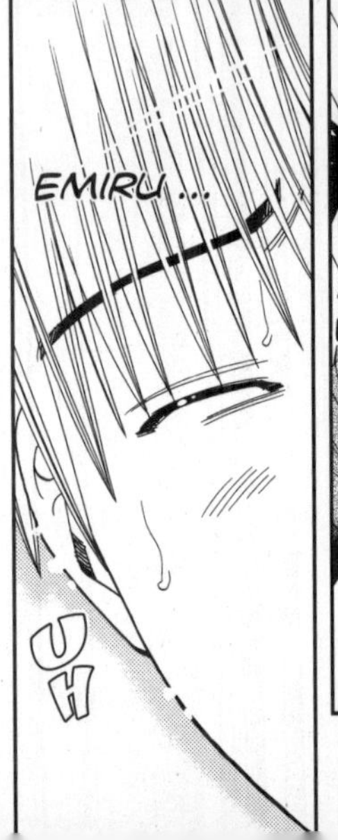

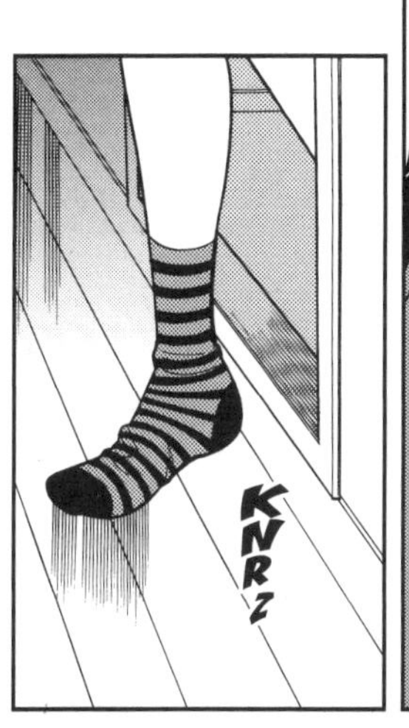
KNRZ

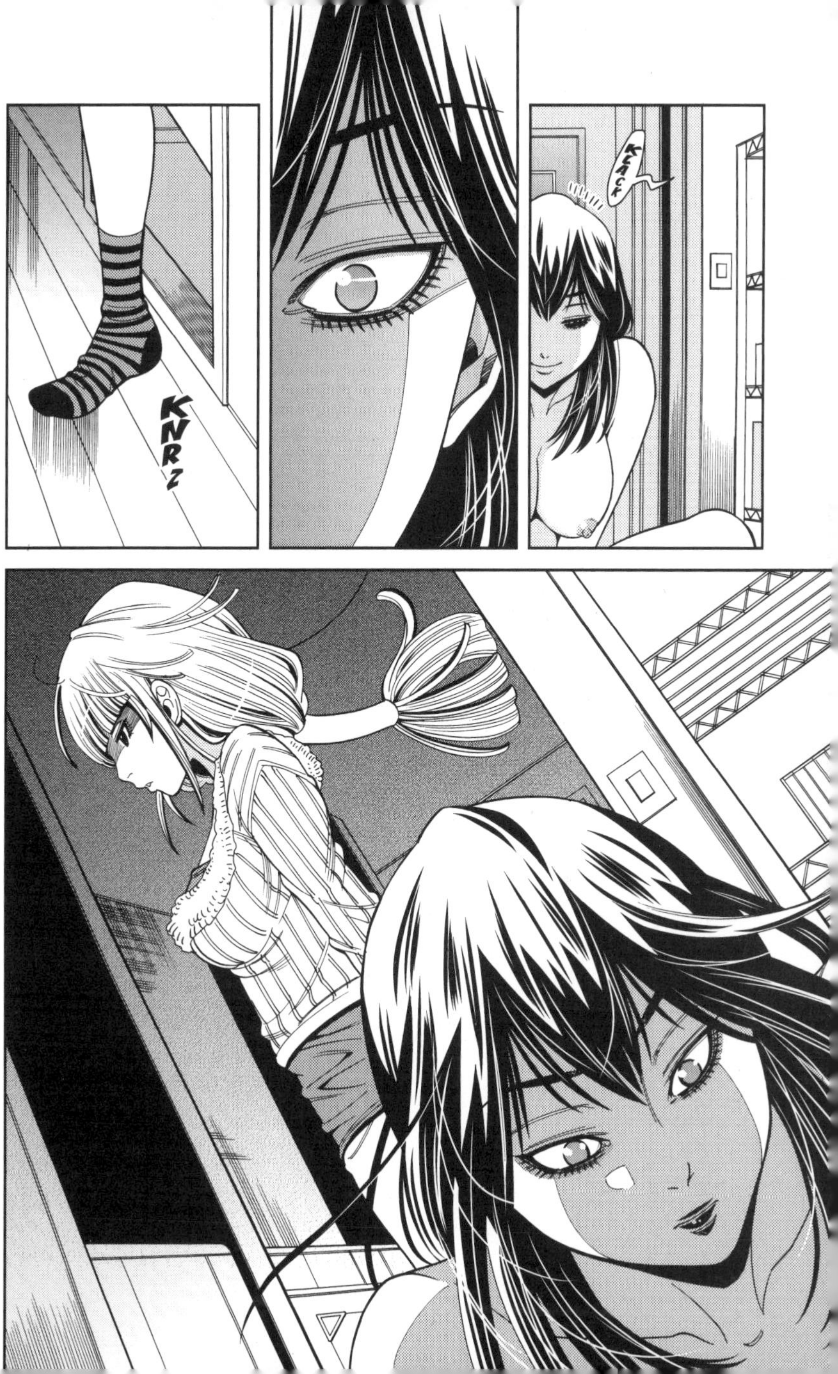

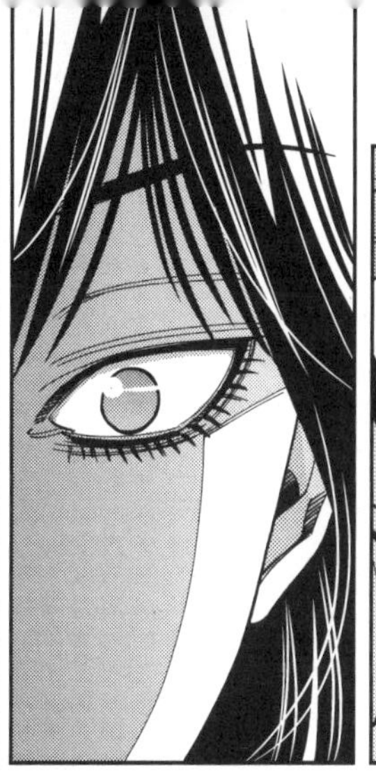

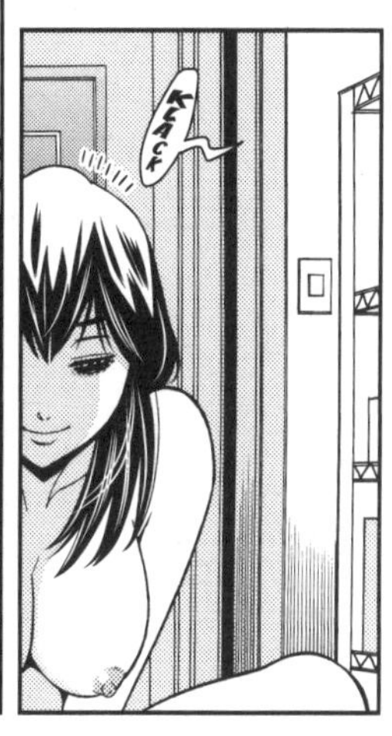
KRACK

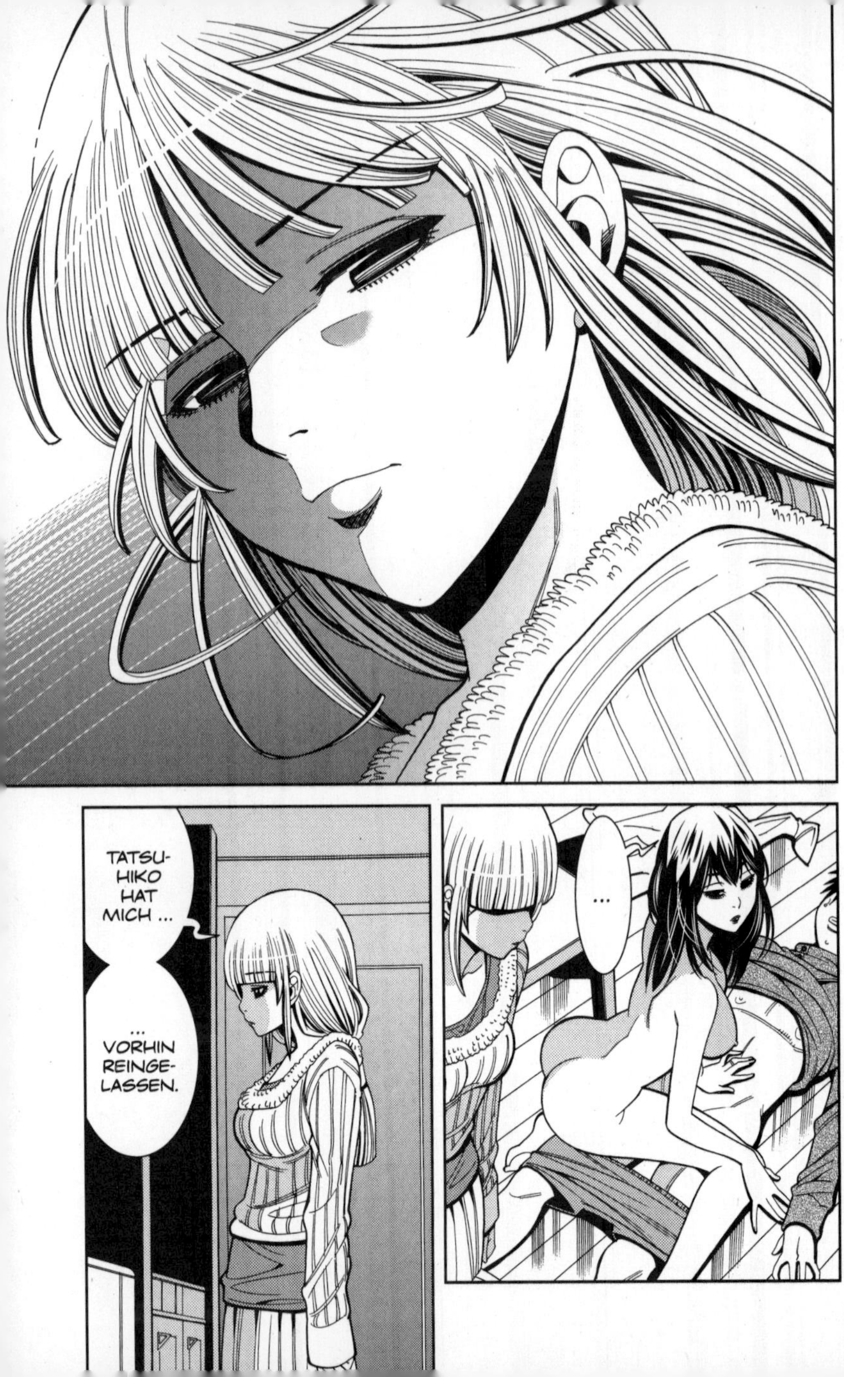

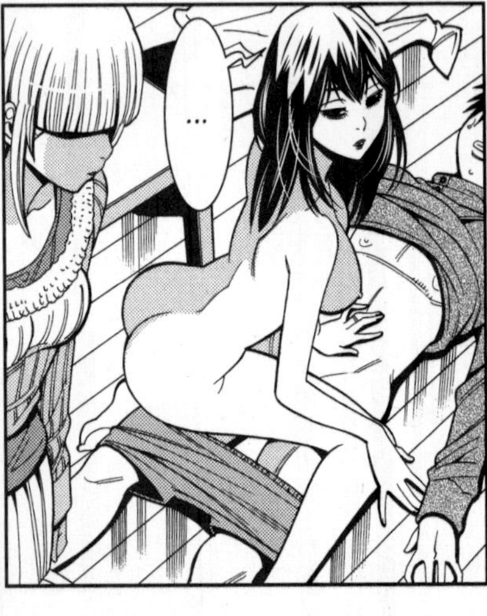
...

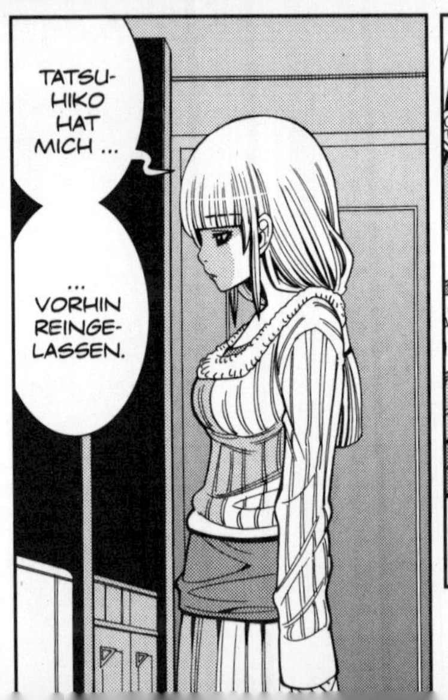
TATSU-
HIKO
HAT
MICH ...
... VORHIN
REINGE-
LASSEN.

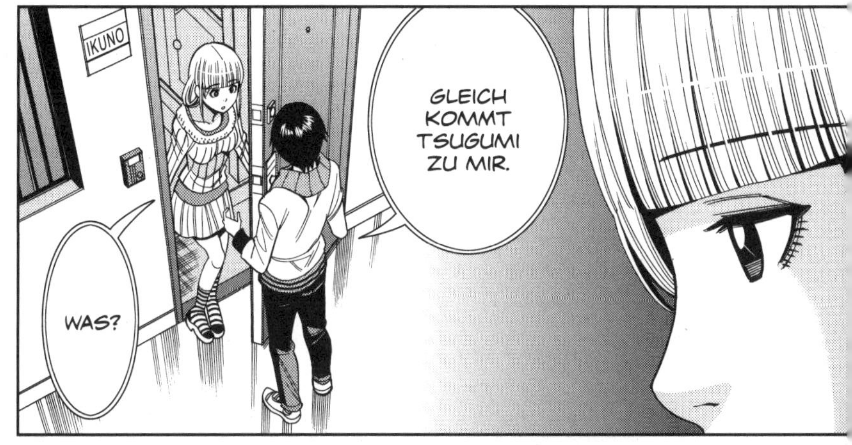
GLEICH KOMMT TSUGUMI ZU MIR.
WAS?

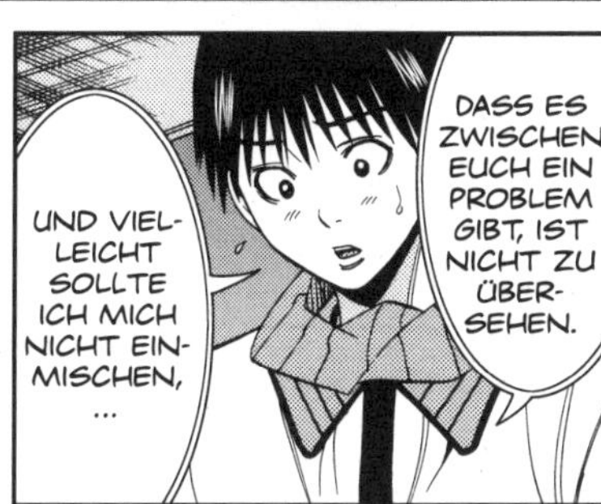
DASS ES ZWISCHEN EUCH EIN PROBLEM GIBT, IST NICHT ZU ÜBER-SEHEN.
UND VIEL-LEICHT SOLLTE ICH MICH NICHT EIN-MISCHEN, ...

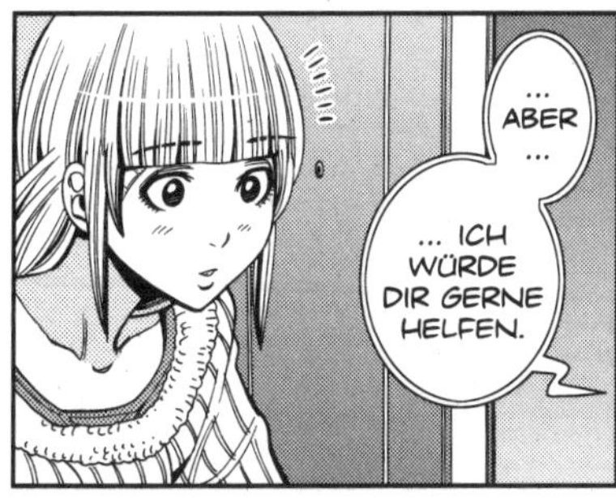
... ABER ...
... ICH WÜRDE DIR GERNE HELFEN.

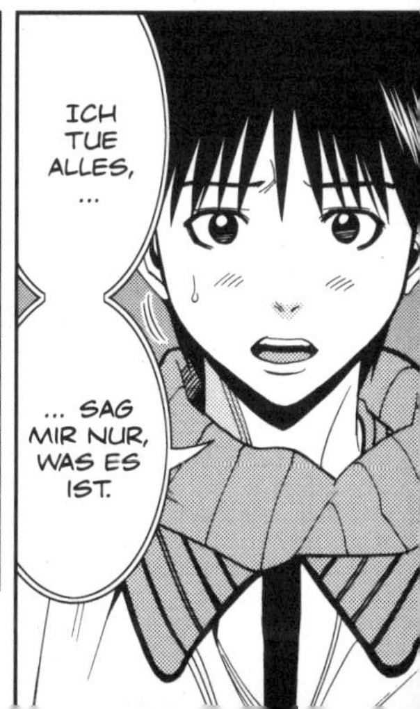
ICH TUE ALLES, ...
... SAG MIR NUR, WAS ES IST.

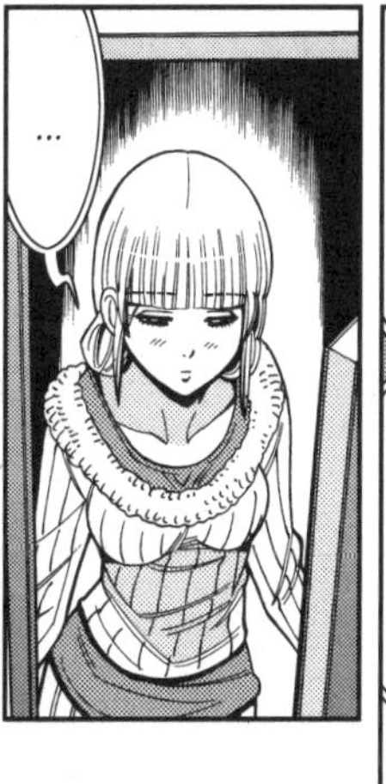
...

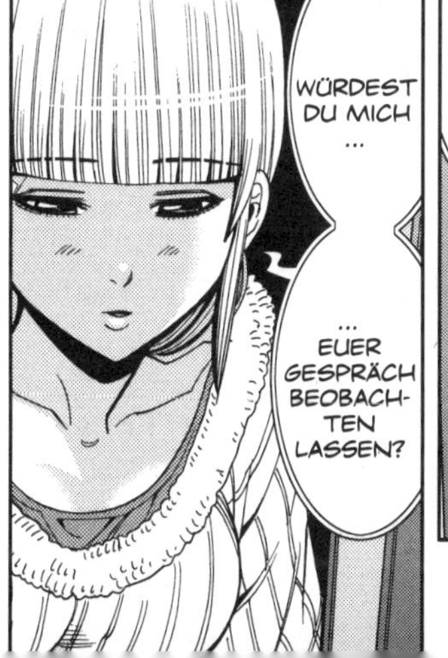
WÜRDEST DU MICH ...
... EUER GESPRÄCH BEOBACH-TEN LASSEN?

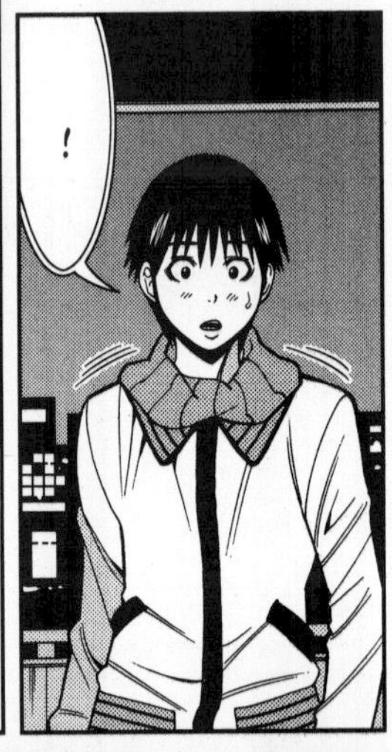
!

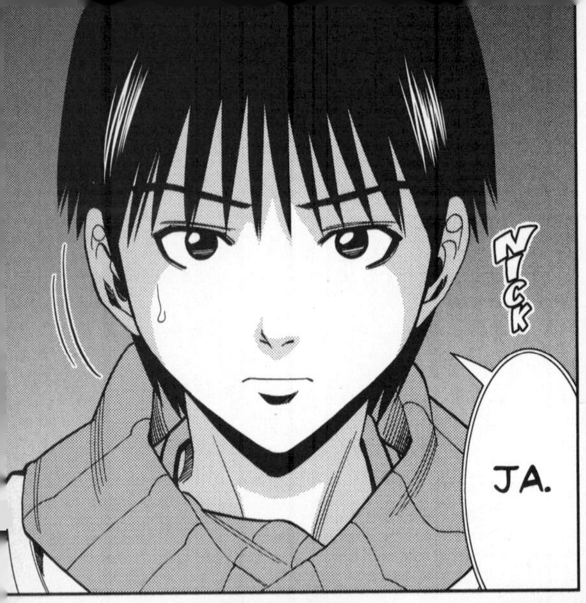
NICK
JA.

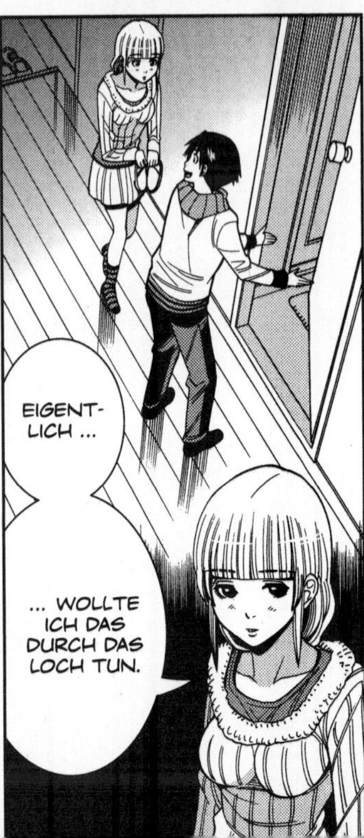
EIGENT-
LICH ...
... WOLLTE
ICH DAS
DURCH DAS
LOCH TUN.

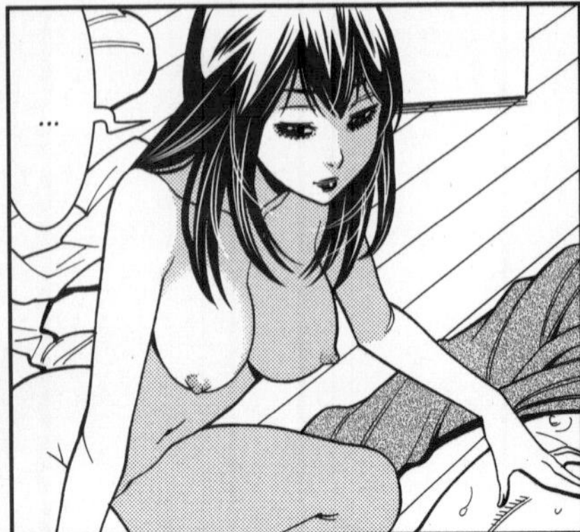
...

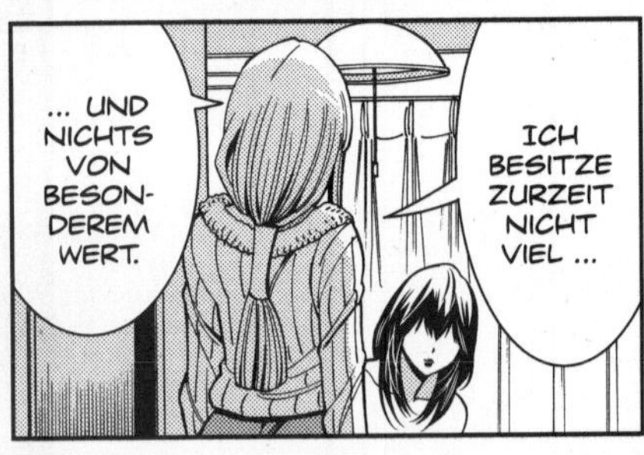
ICH
BESITZE
ZURZEIT
NICHT
VIEL ...
... UND
NICHTS
VON
BESON-
DEREM
WERT.

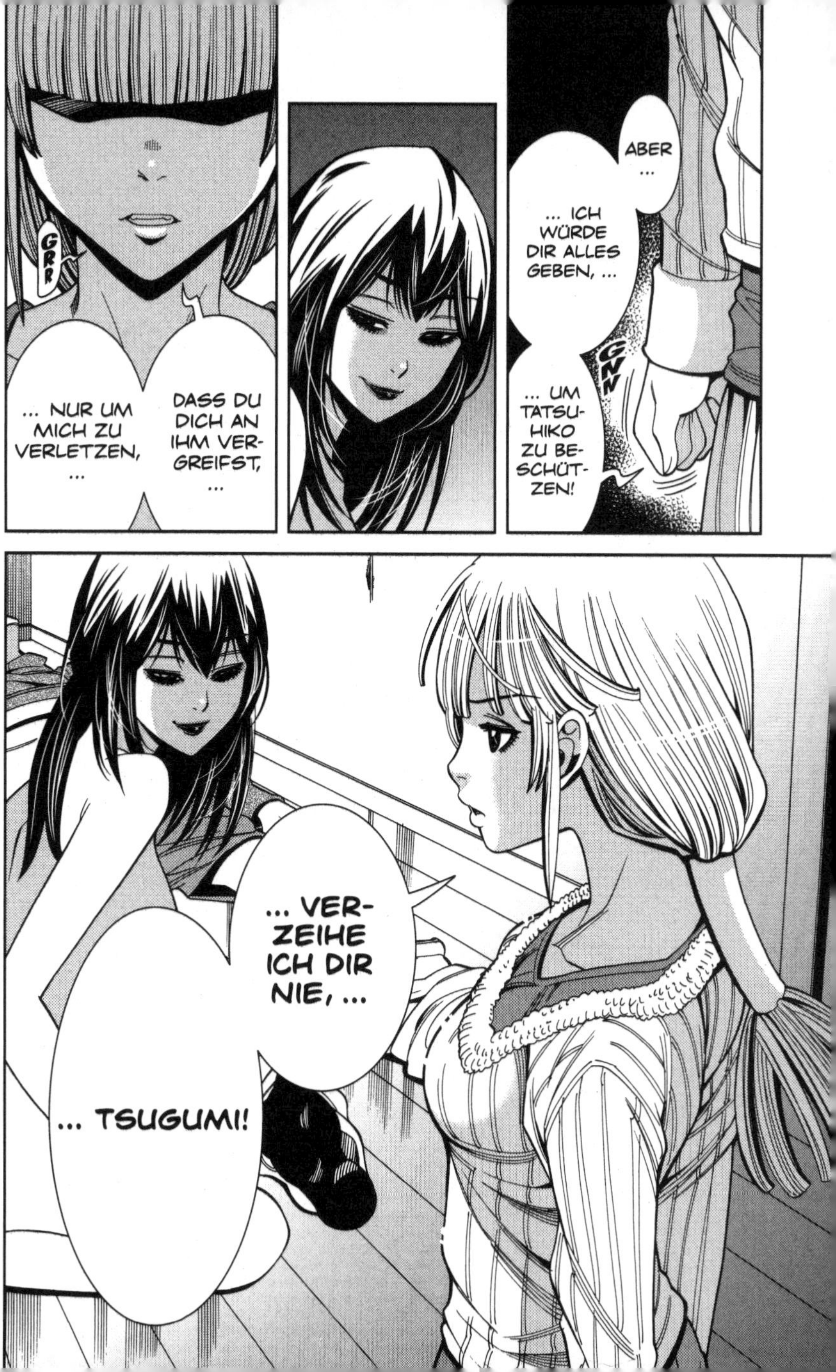

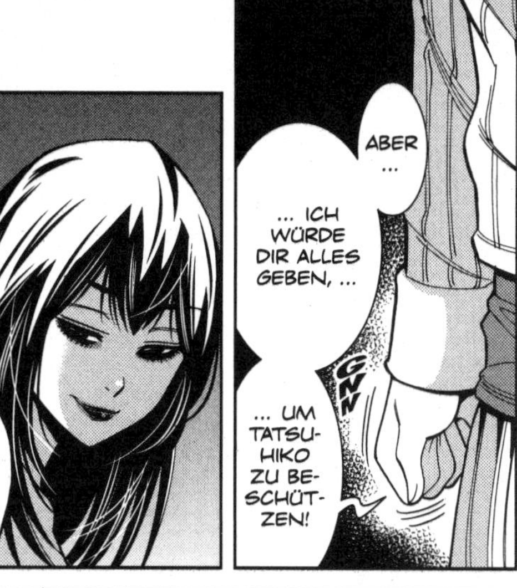

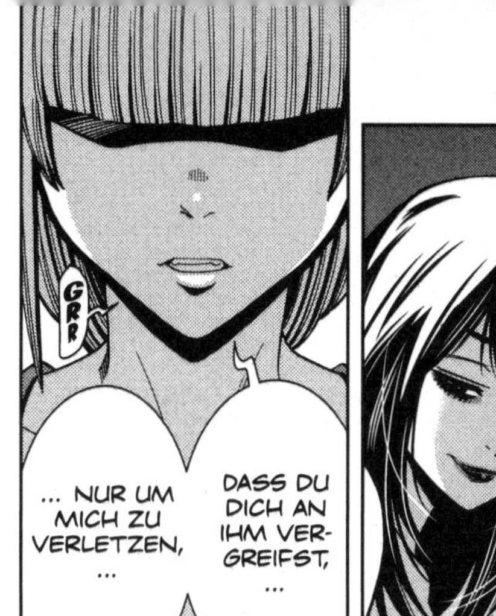

... VER-ZEIHE ICH DIR NIE, ...

... TSUGUMI!

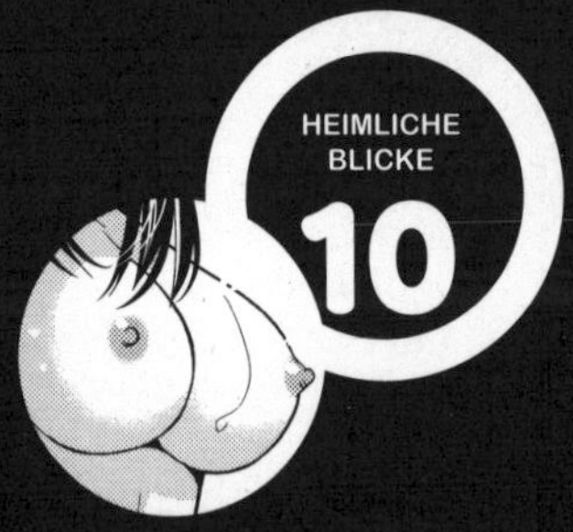
HEIMLICHE
BLICKE
10

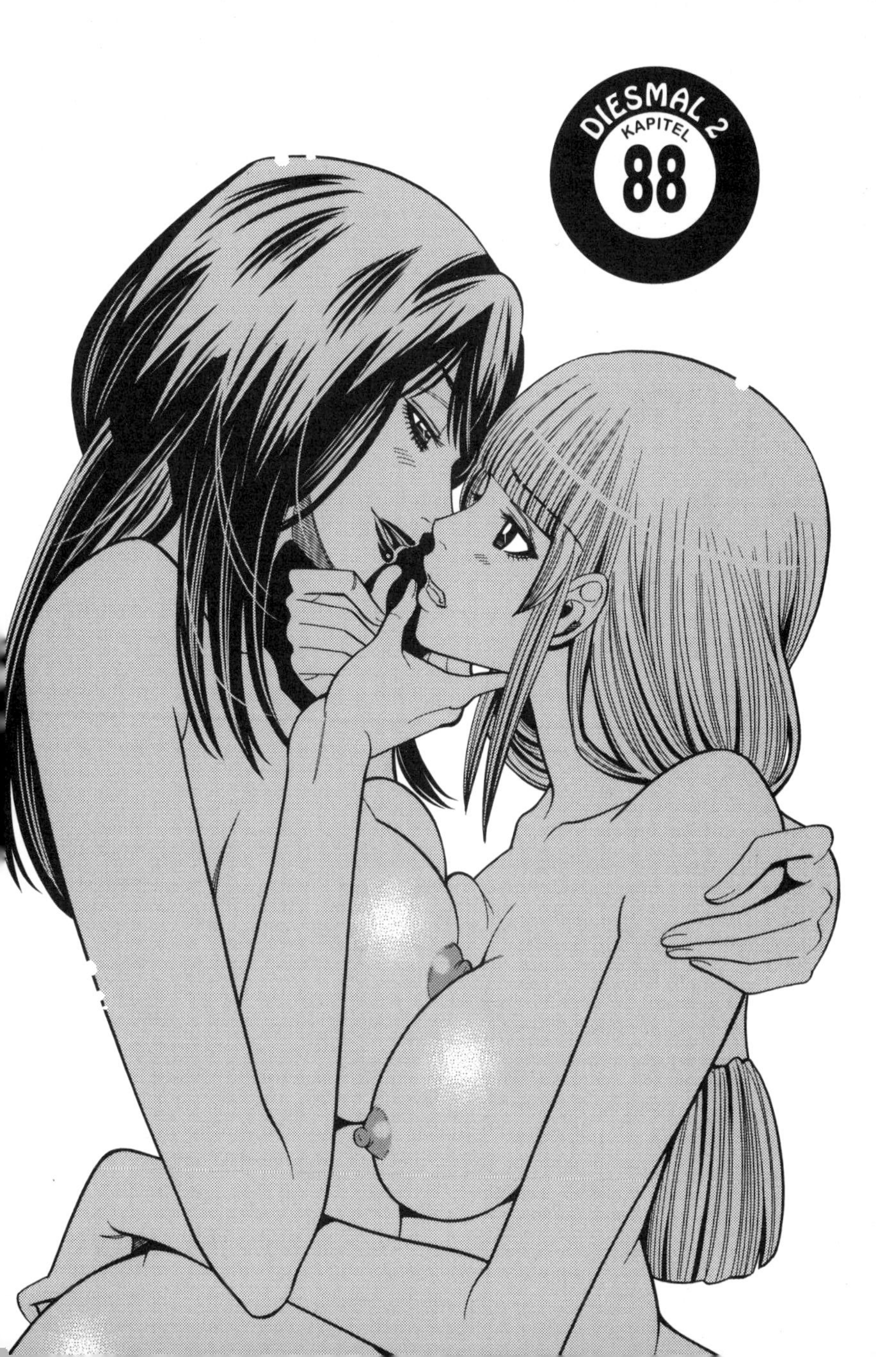
DIESMAL 2
KAPITEL
88

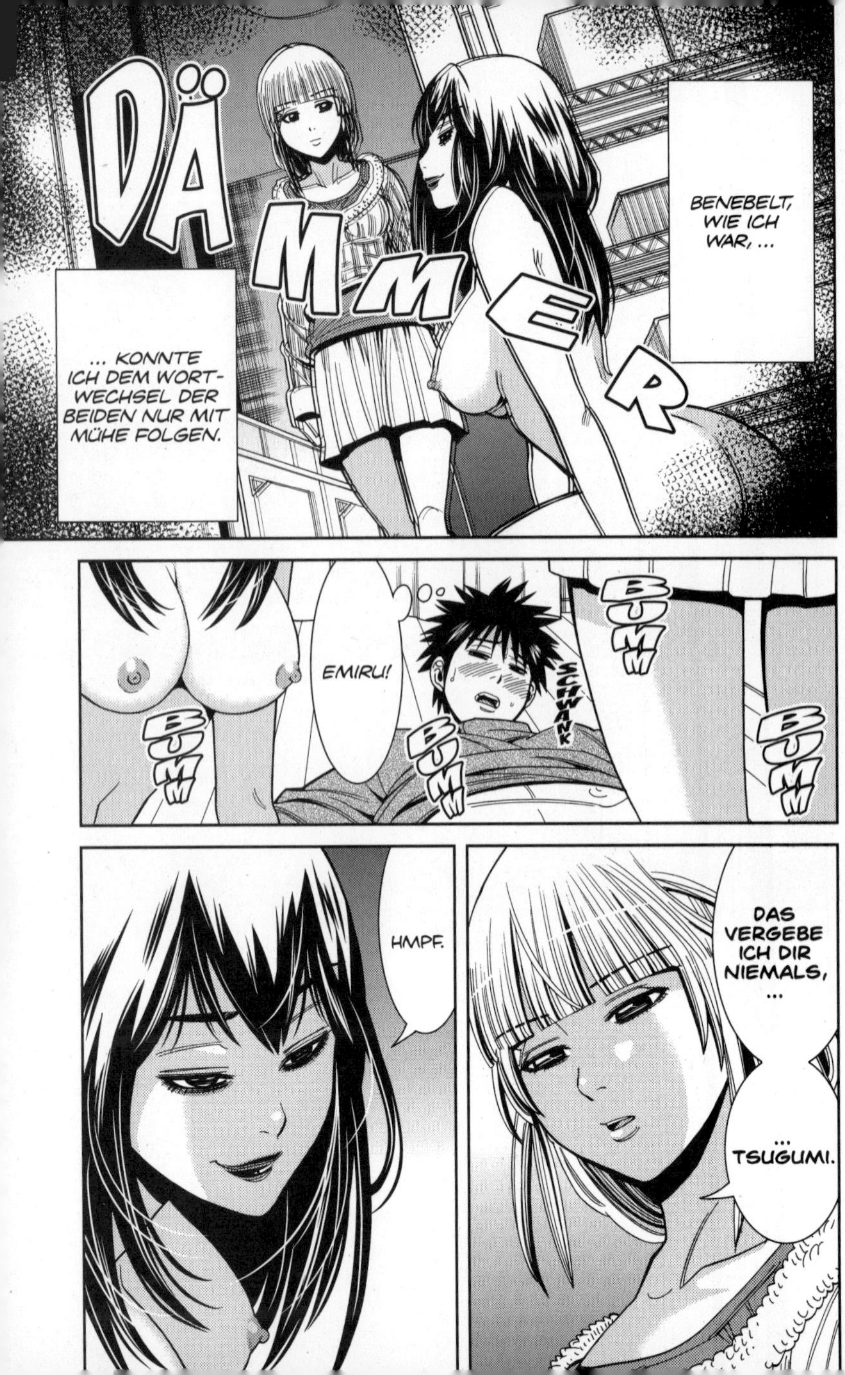

BENEBELT, WIE ICH WAR, ...

DÄMMER

... KONNTE ICH DEM WORT-WECHSEL DER BEIDEN NUR MIT MÜHE FOLGEN.

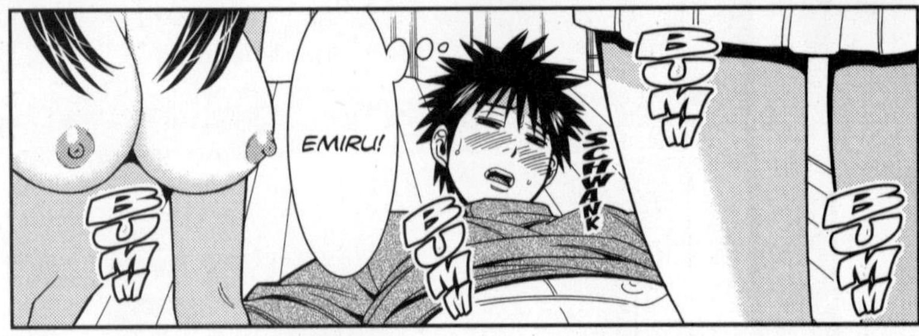

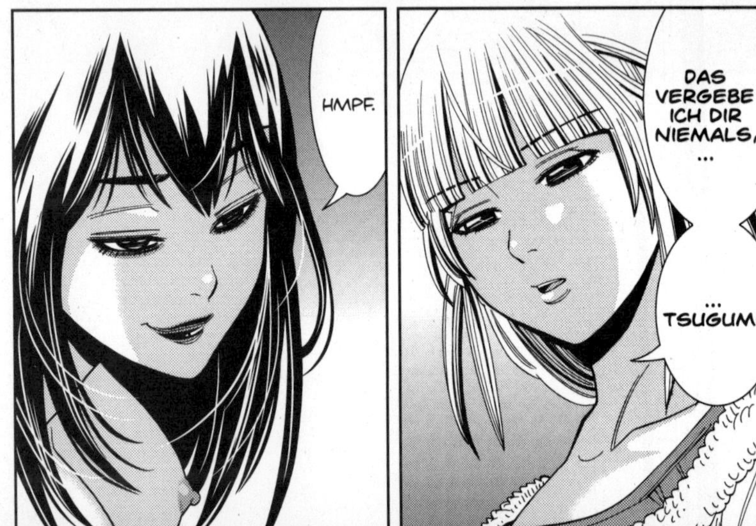

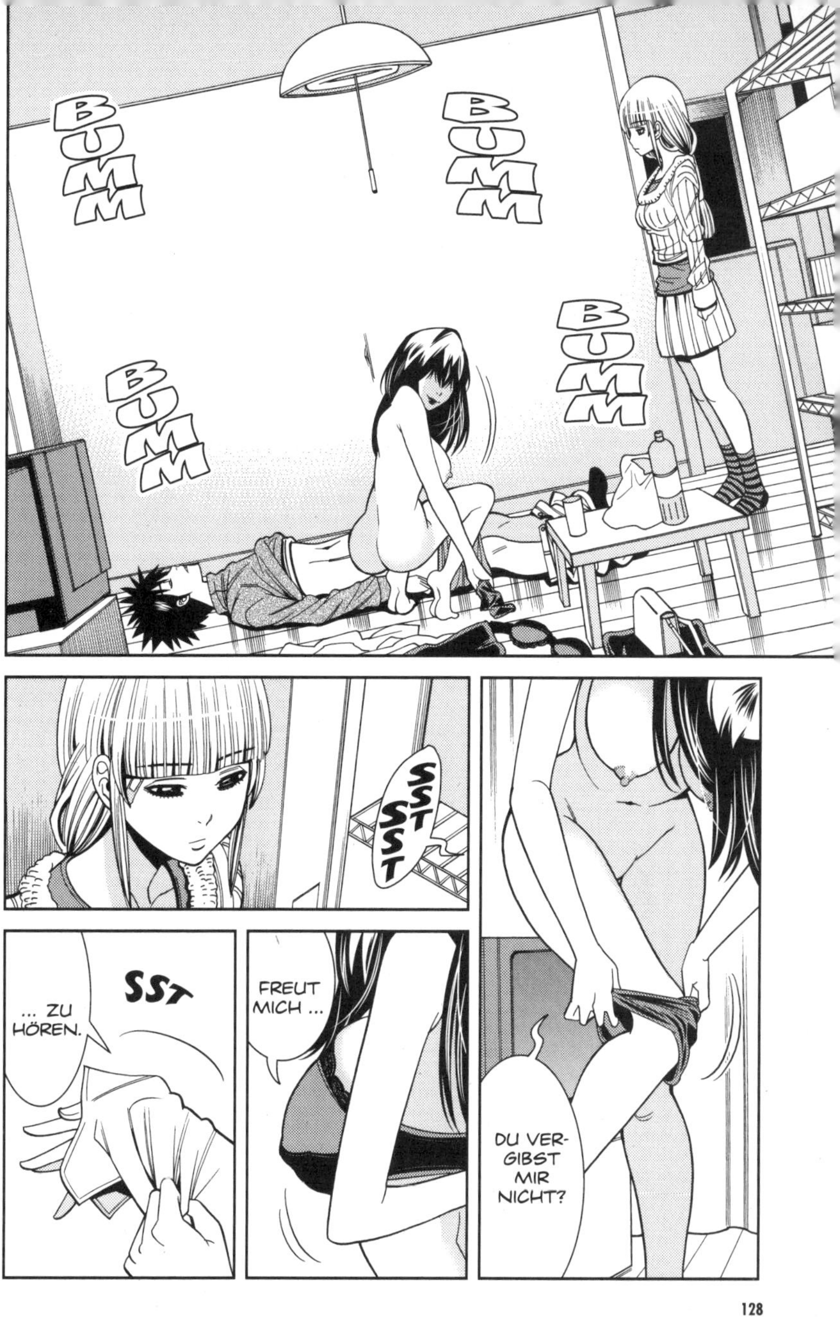

BUMM
BUMM
BUMM
BUMM

DU VERGIBST MIR NICHT?

SST SST SST

FREUT MICH ...

SST

... ZU HÖREN.

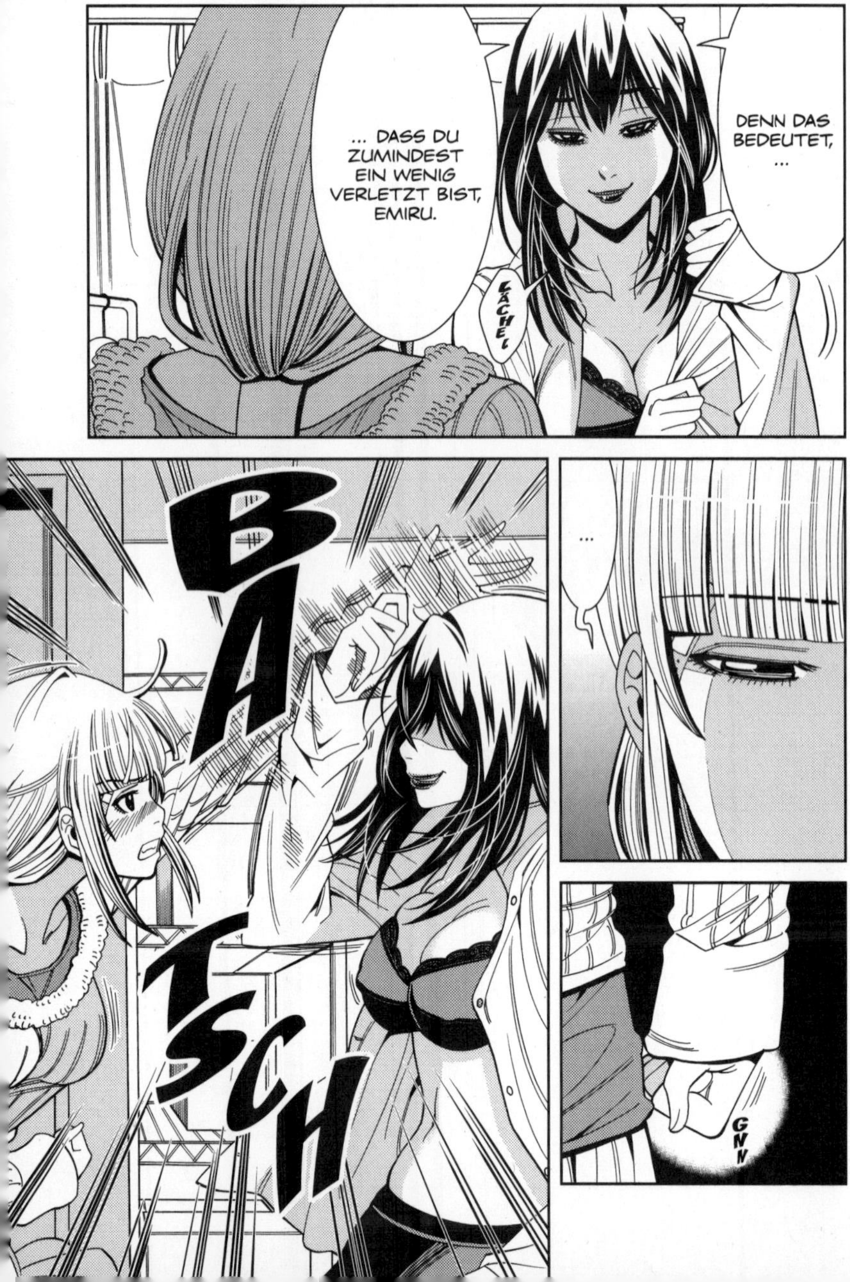

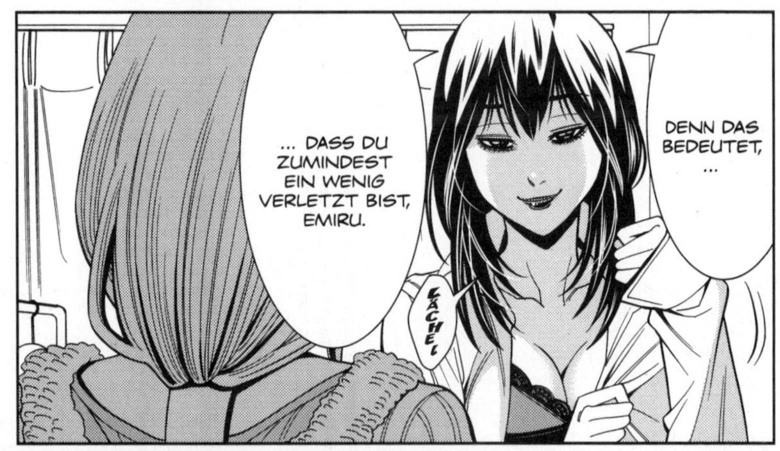
DENN DAS BEDEUTET, ...
... DASS DU ZUMINDEST EIN WENIG VERLETZT BIST, EMIRU.
LÄCHEL

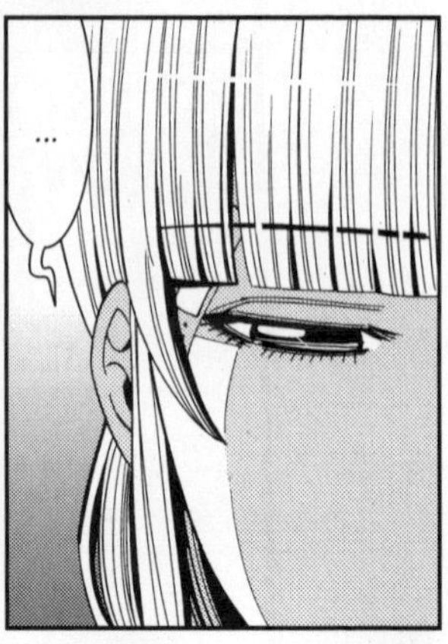
...

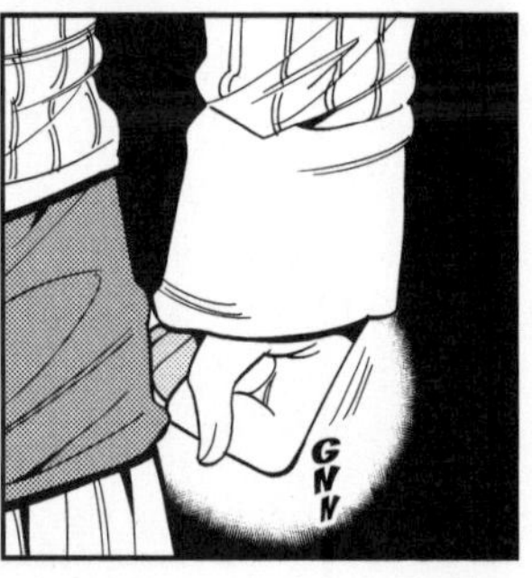
GNN

BATSCH

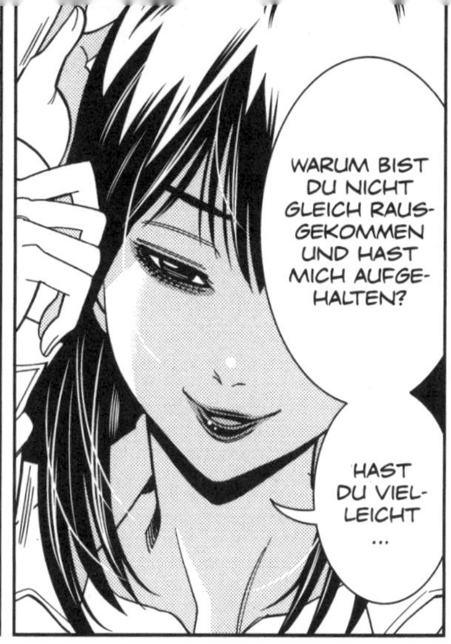
WARUM BIST DU NICHT GLEICH RAUS-GEKOMMEN UND HAST MICH AUFGE-HALTEN?
HAST DU VIEL-LEICHT ...

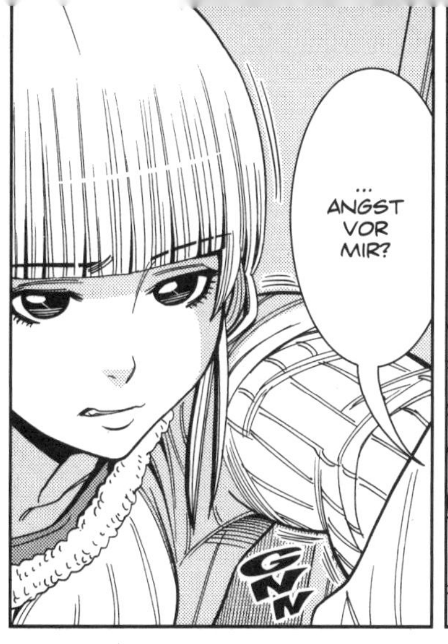
... ANGST VOR MIR?
GNN

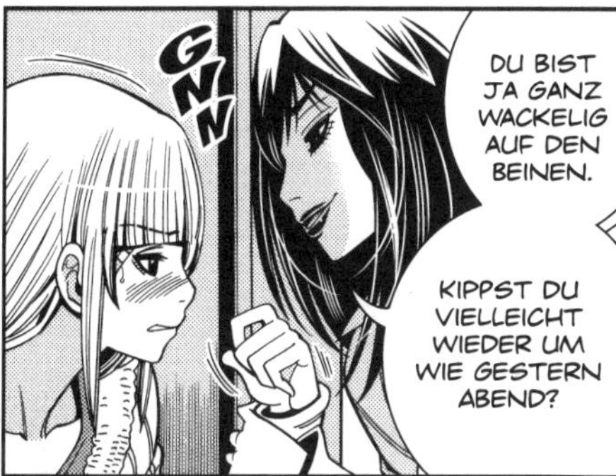
GNN
DU BIST JA GANZ WACKELIG AUF DEN BEINEN.
KIPPST DU VIELLEICHT WIEDER UM WIE GESTERN ABEND?

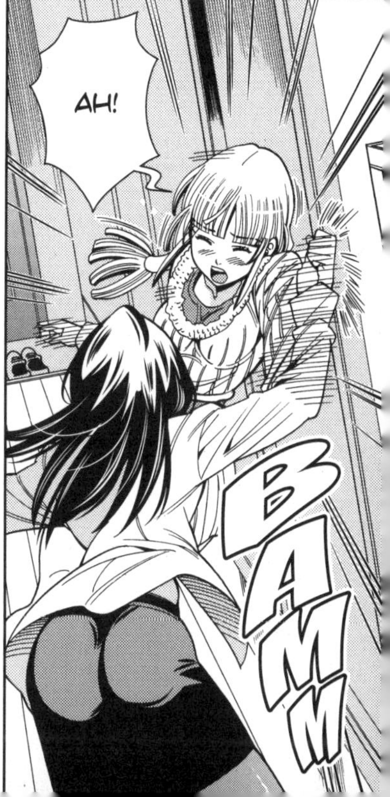
AH!
BAMMM

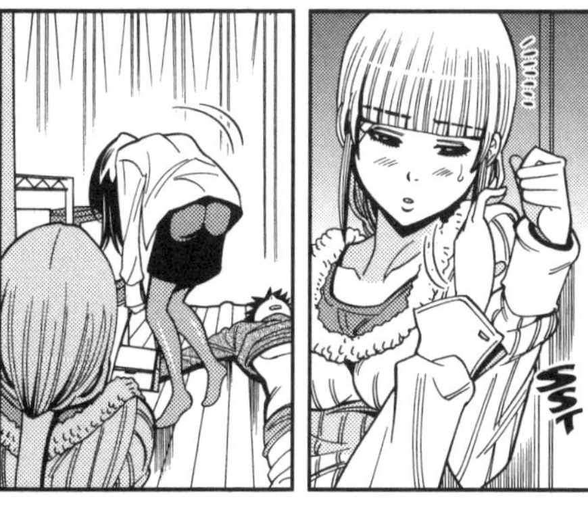
SST

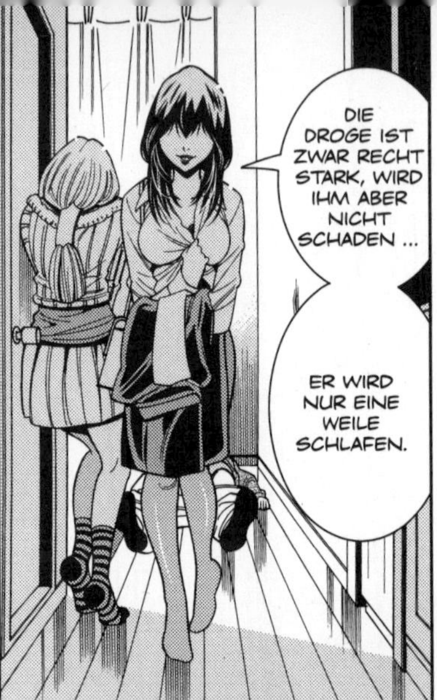
DIE DROGE IST ZWAR RECHT STARK, WIRD IHM ABER NICHT SCHADEN ...
ER WIRD NUR EINE WEILE SCHLAFEN.

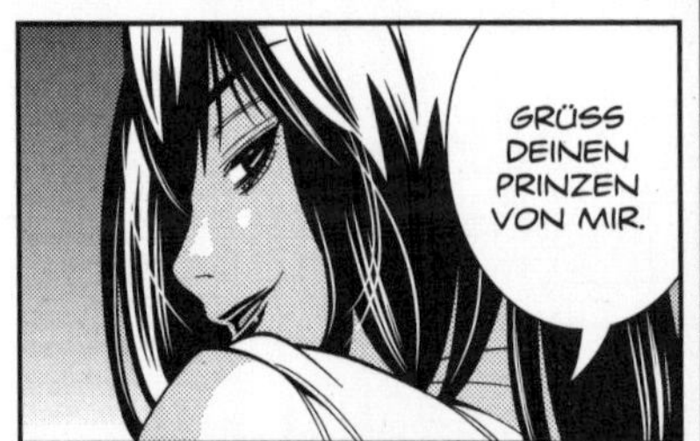
GRÜSS DEINEN PRINZEN VON MIR.

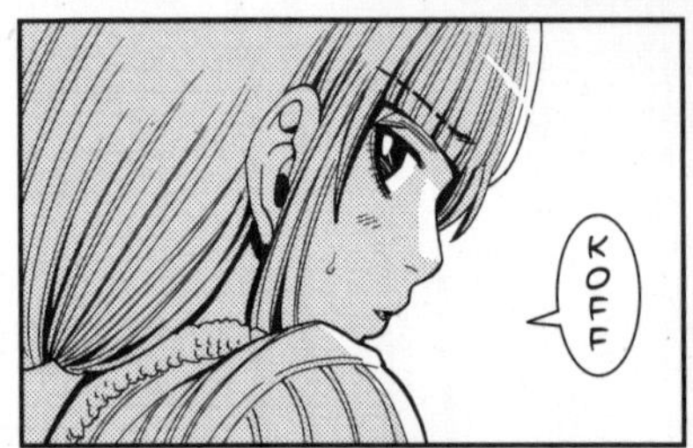
KOFF

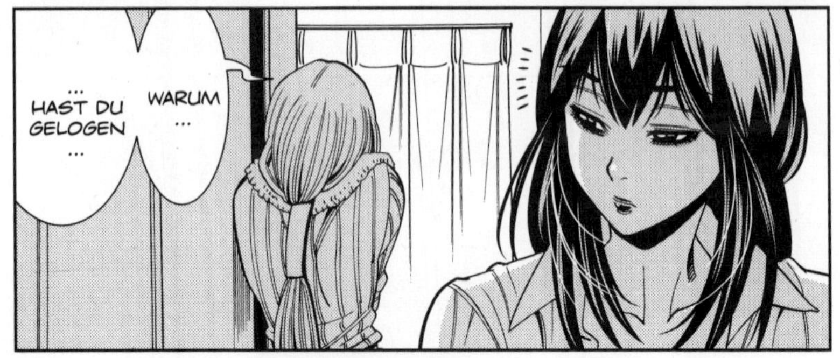
WARUM ...
... HAST DU GELOGEN ...

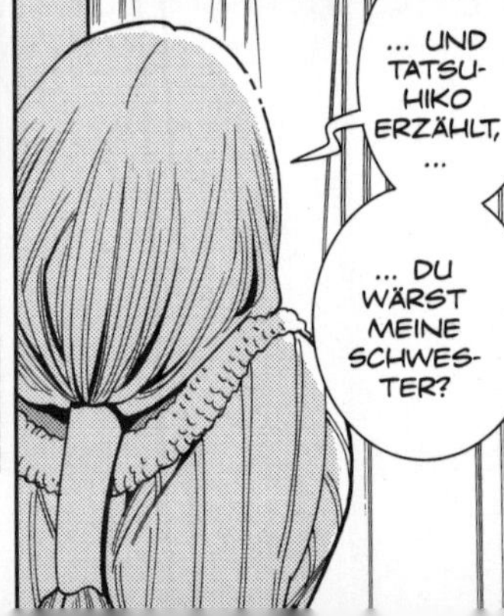
... UND TATSUHIKO ERZÄHLT, ...
... DU WÄRST MEINE SCHWESTER?

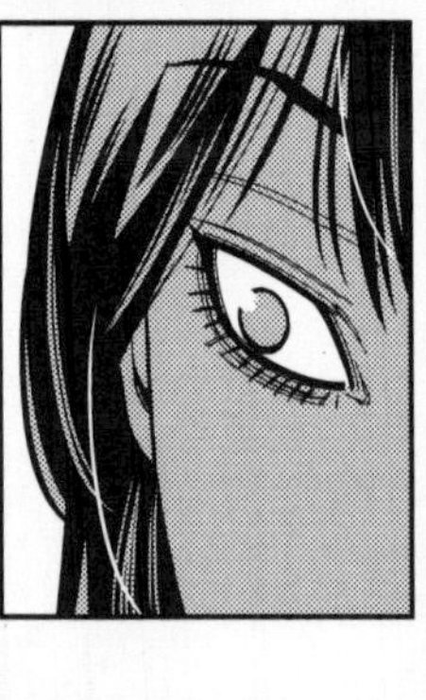

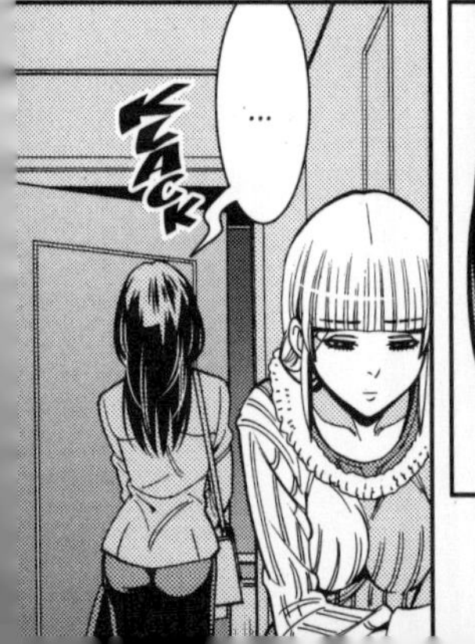
...
KLACK

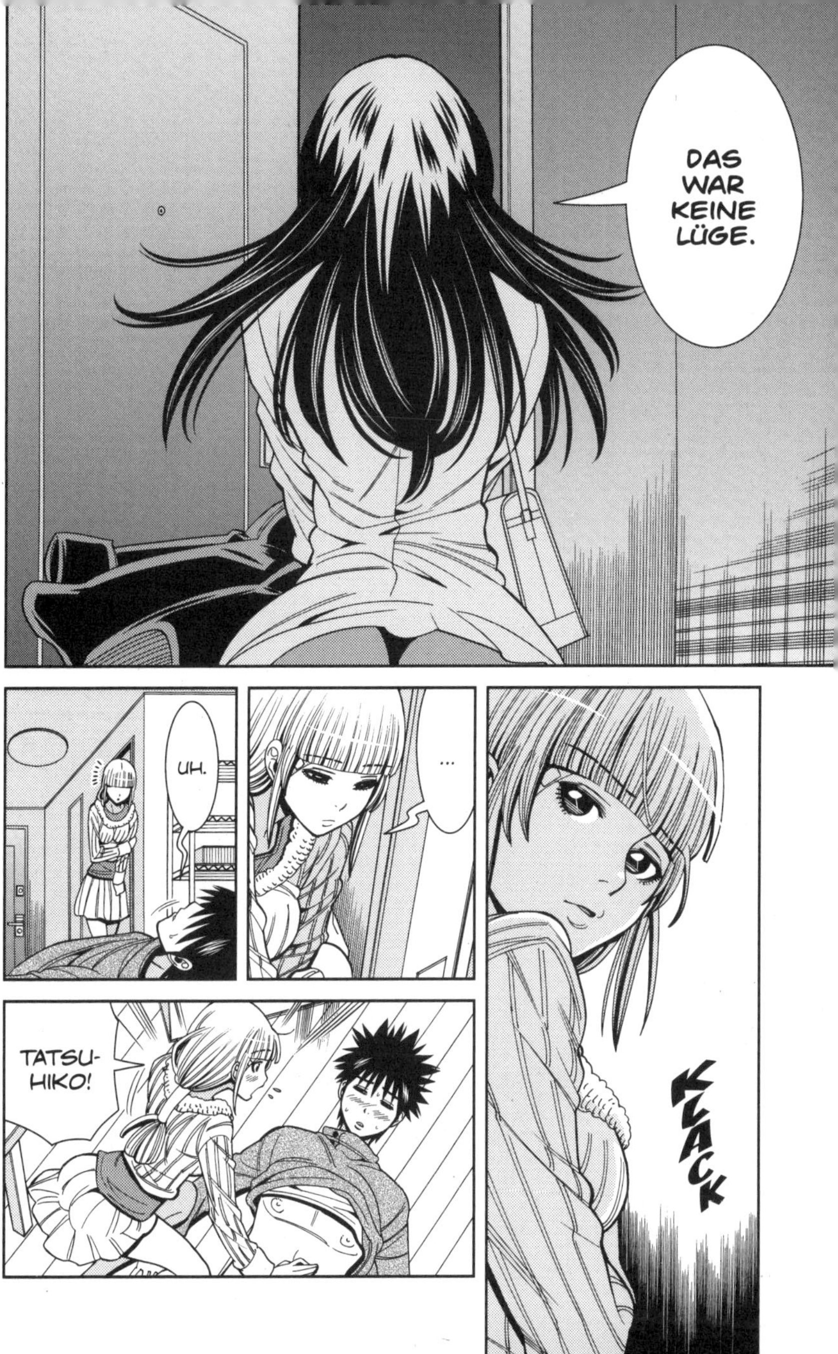

DAS WAR KEINE LÜGE.

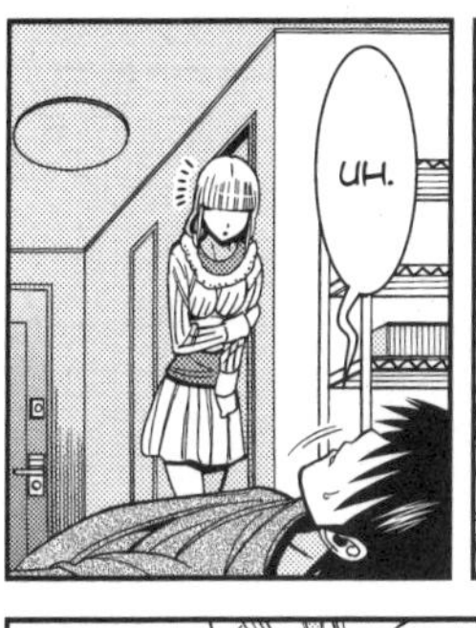

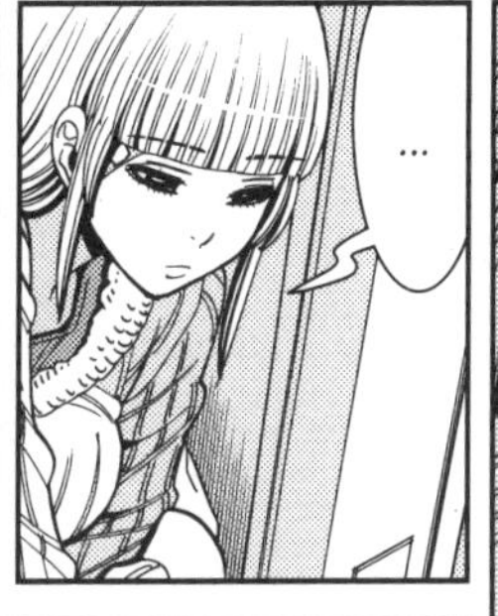

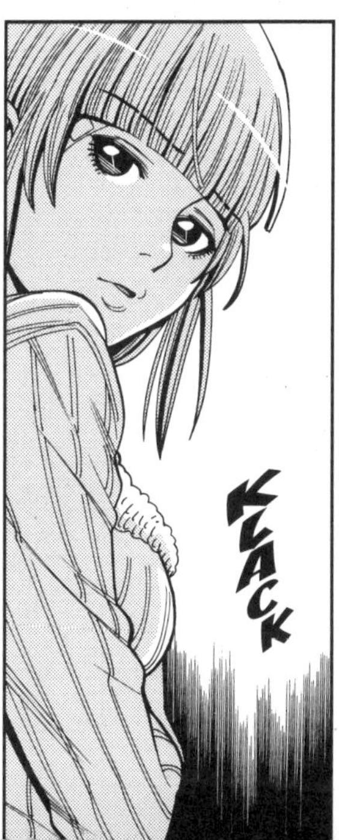

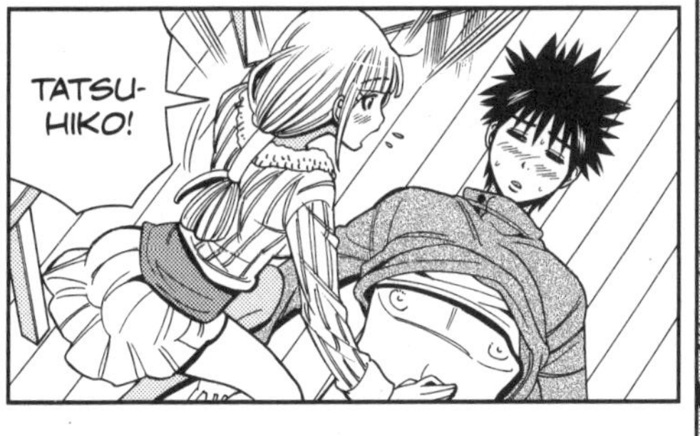

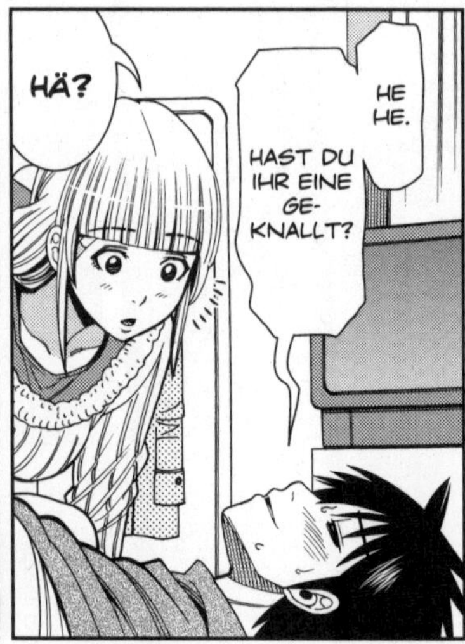
HE HE.
HAST DU IHR EINE GE-KNALLT?
HÄ?

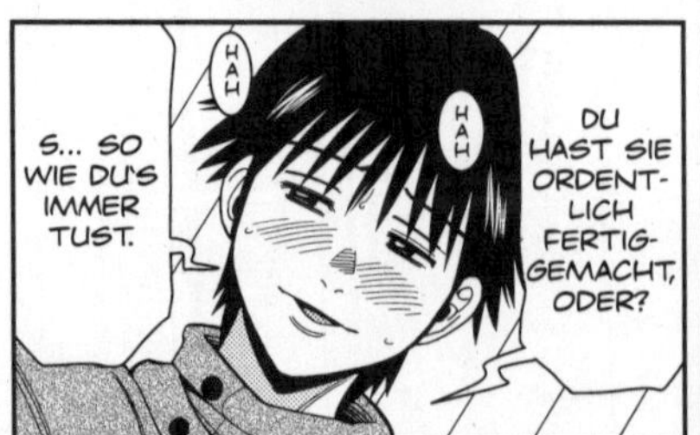
DU HAST SIE ORDENT-LICH FERTIG-GEMACHT, ODER?
HAH HAH
S... SO WIE DU'S IMMER TUST.

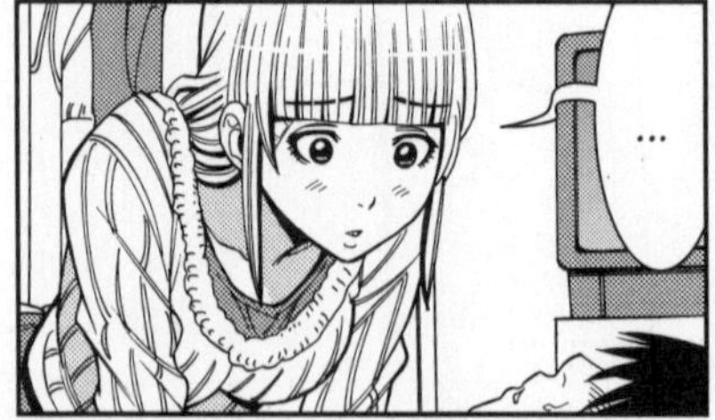
...

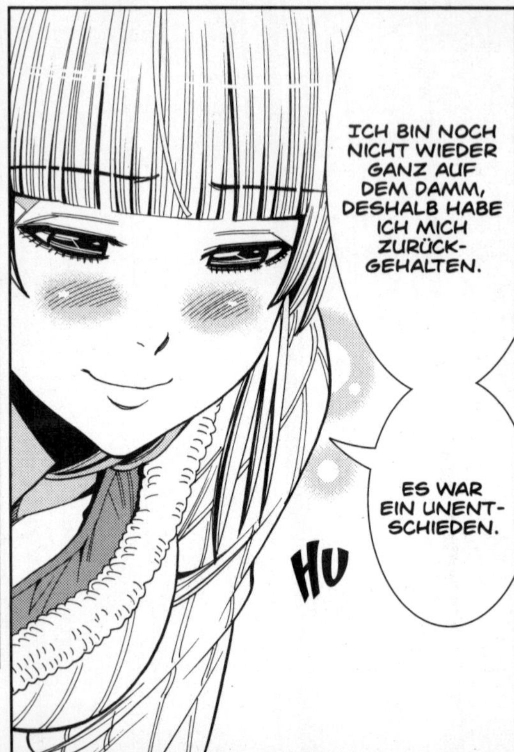
ICH BIN NOCH NICHT WIEDER GANZ AUF DEM DAMM, DESHALB HABE ICH MICH ZURÜCK-GEHALTEN.
ES WAR EIN UNENT-SCHIEDEN.
HU

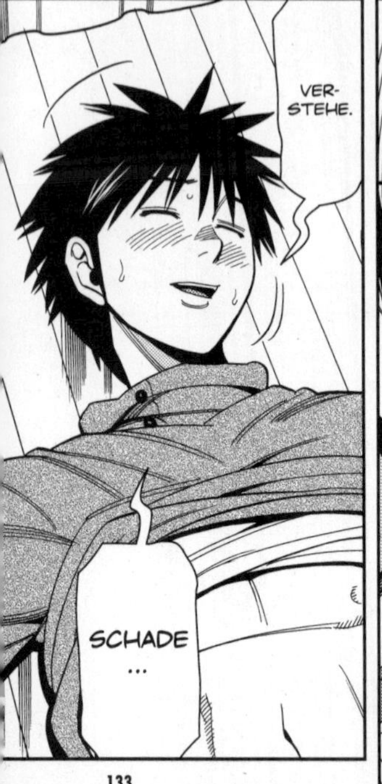
VER-STEHE.
SCHADE ...

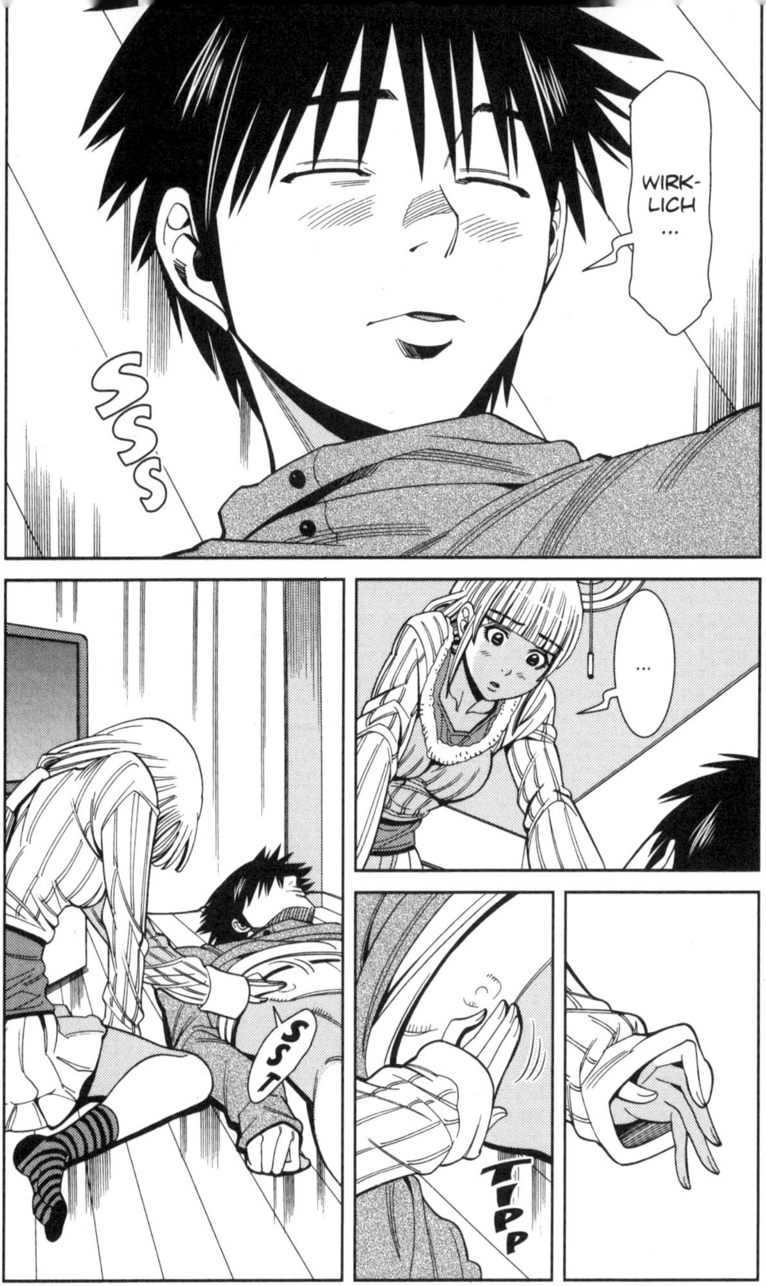

WIRK-
LICH
...

SSS

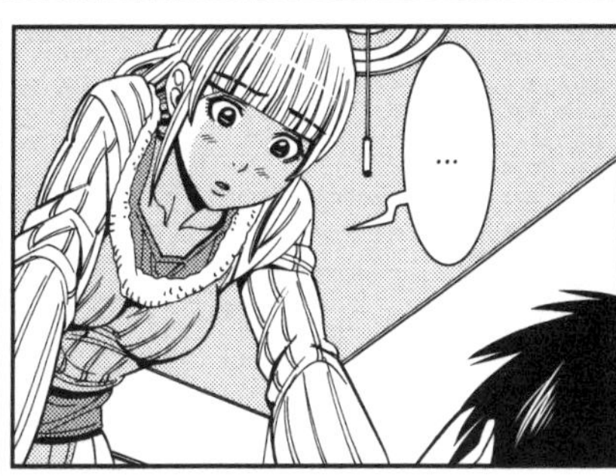

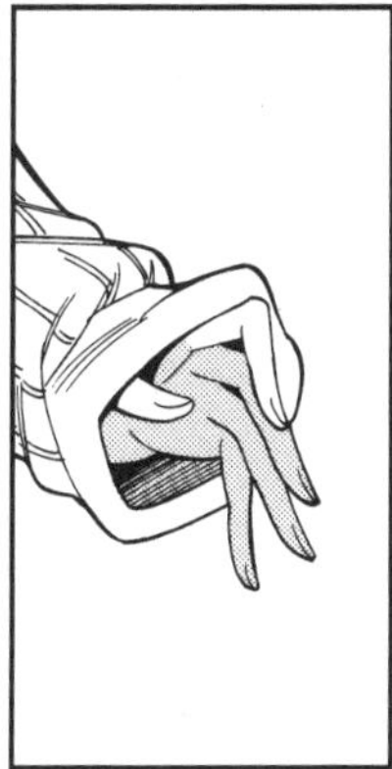

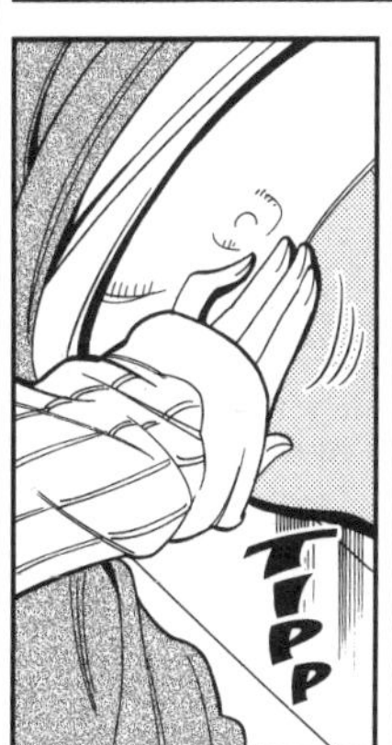

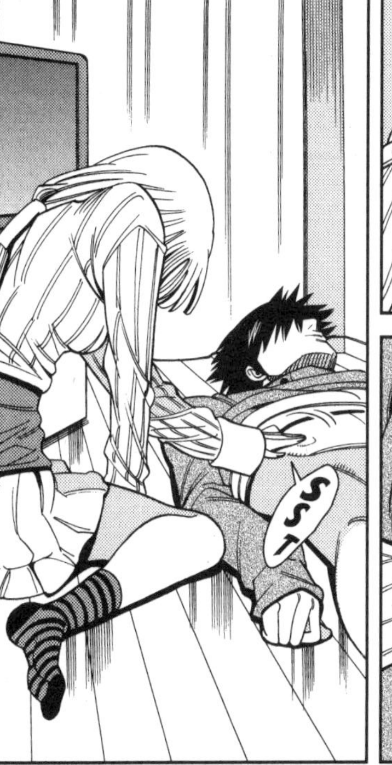

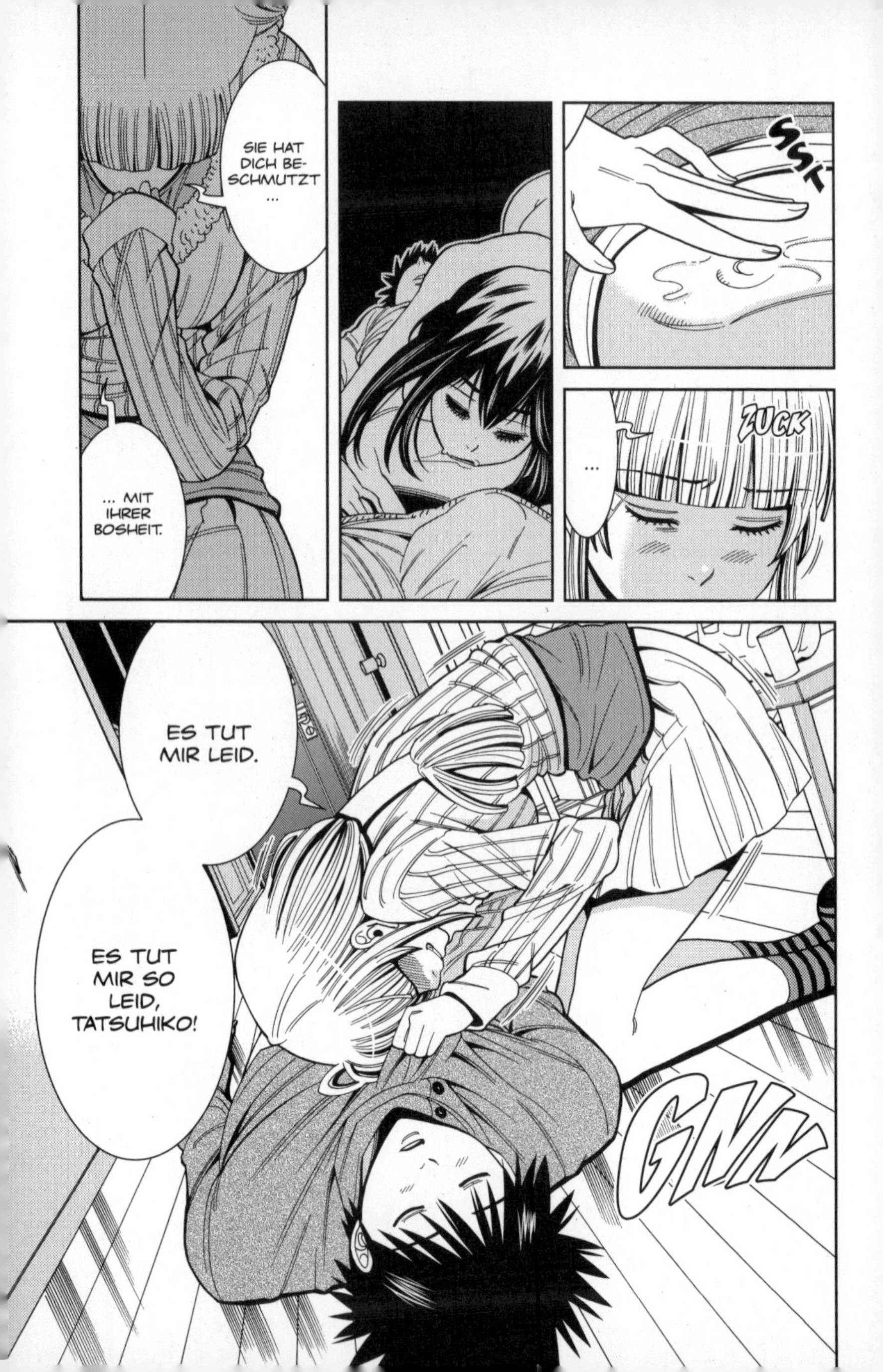

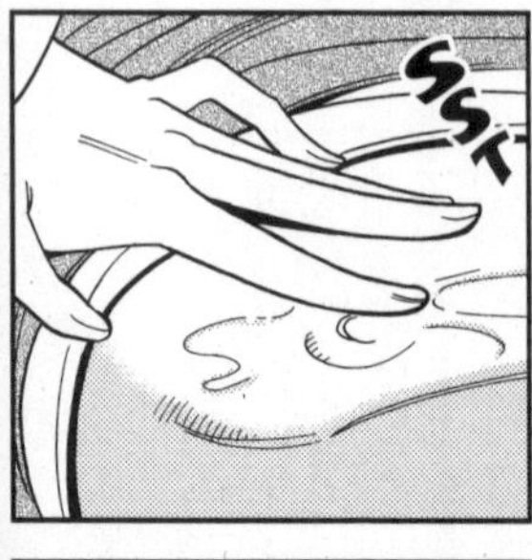

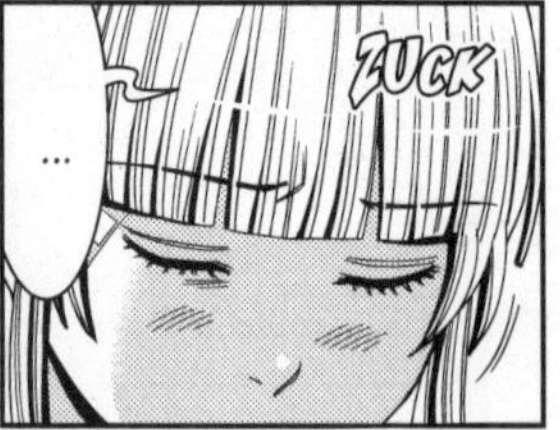

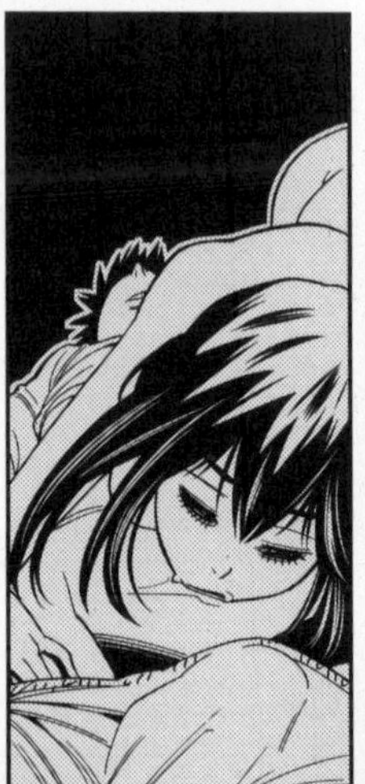

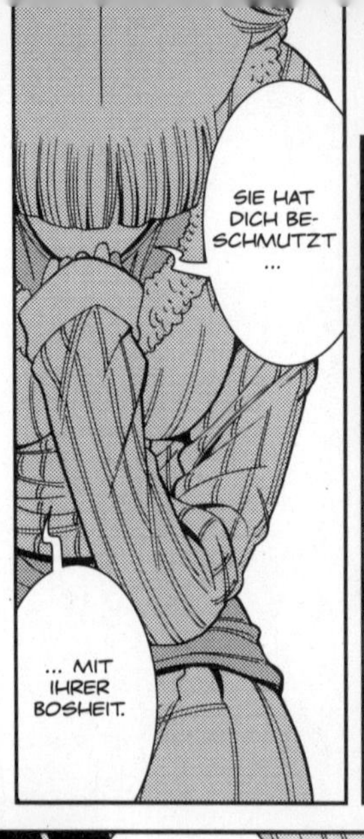

ES TUT
MIR LEID.

ES TUT
MIR SO
LEID,
TATSUHIKO!

GNN

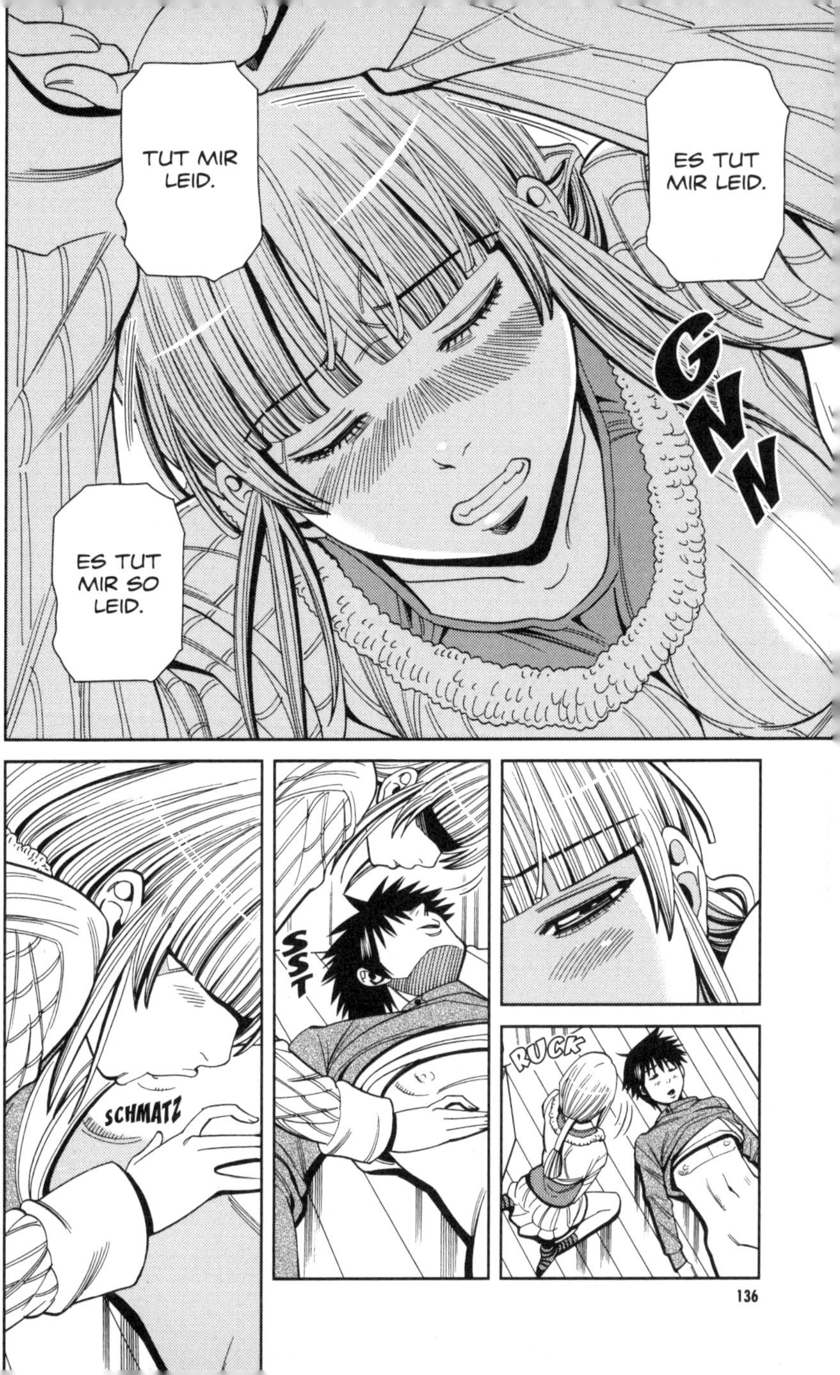

ES TUT MIR LEID.

TUT MIR LEID.

GNN

ES TUT MIR SO LEID.

RUCK

SST

SCHMATZ

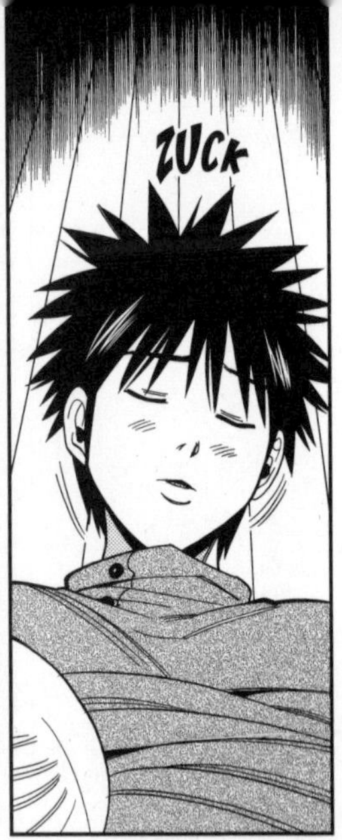
ZUCK

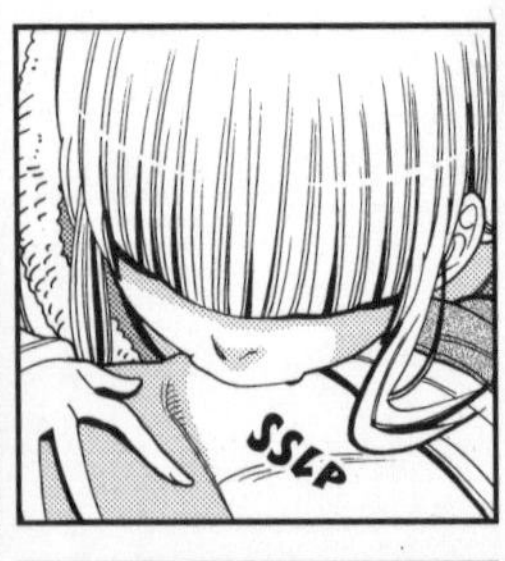
SSLP

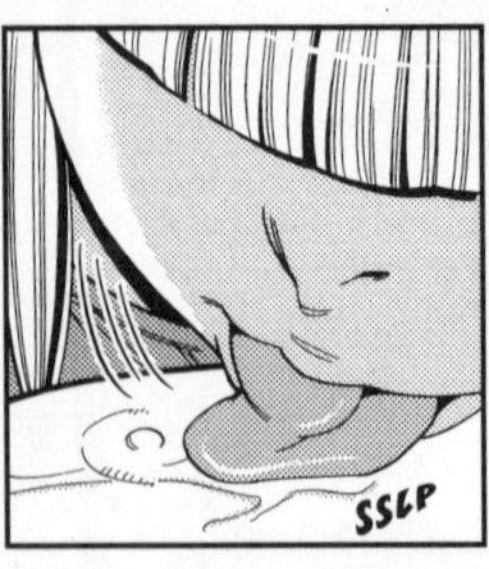
SSLP

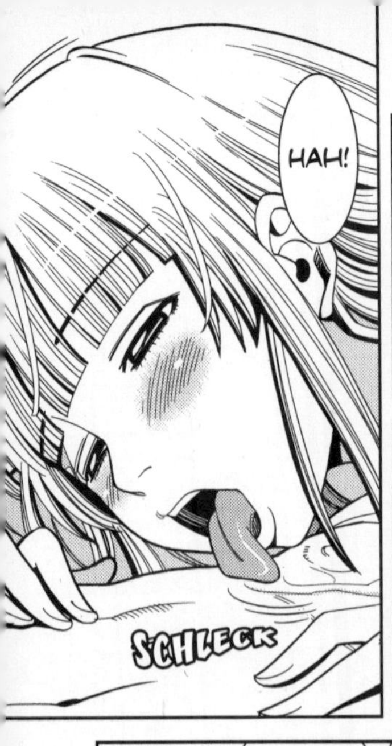
HAH!
SCHLECK

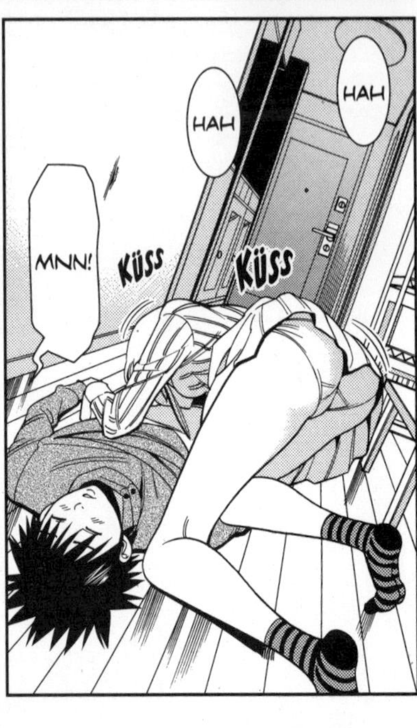
HAH
HAH
MNN!
KÜSS
KÜSS

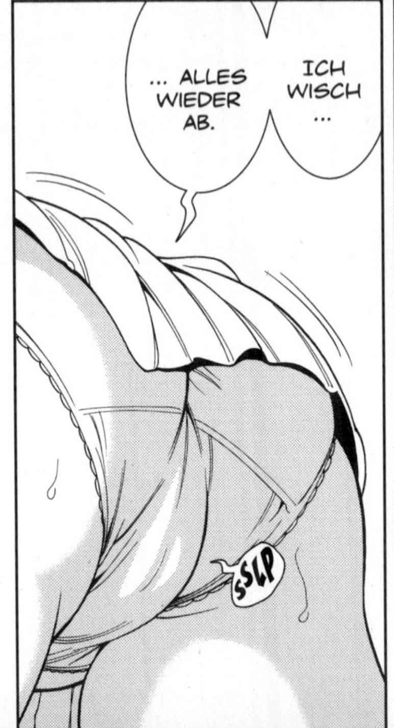
ICH WISCH ...
... ALLES WIEDER AB.
SSLP

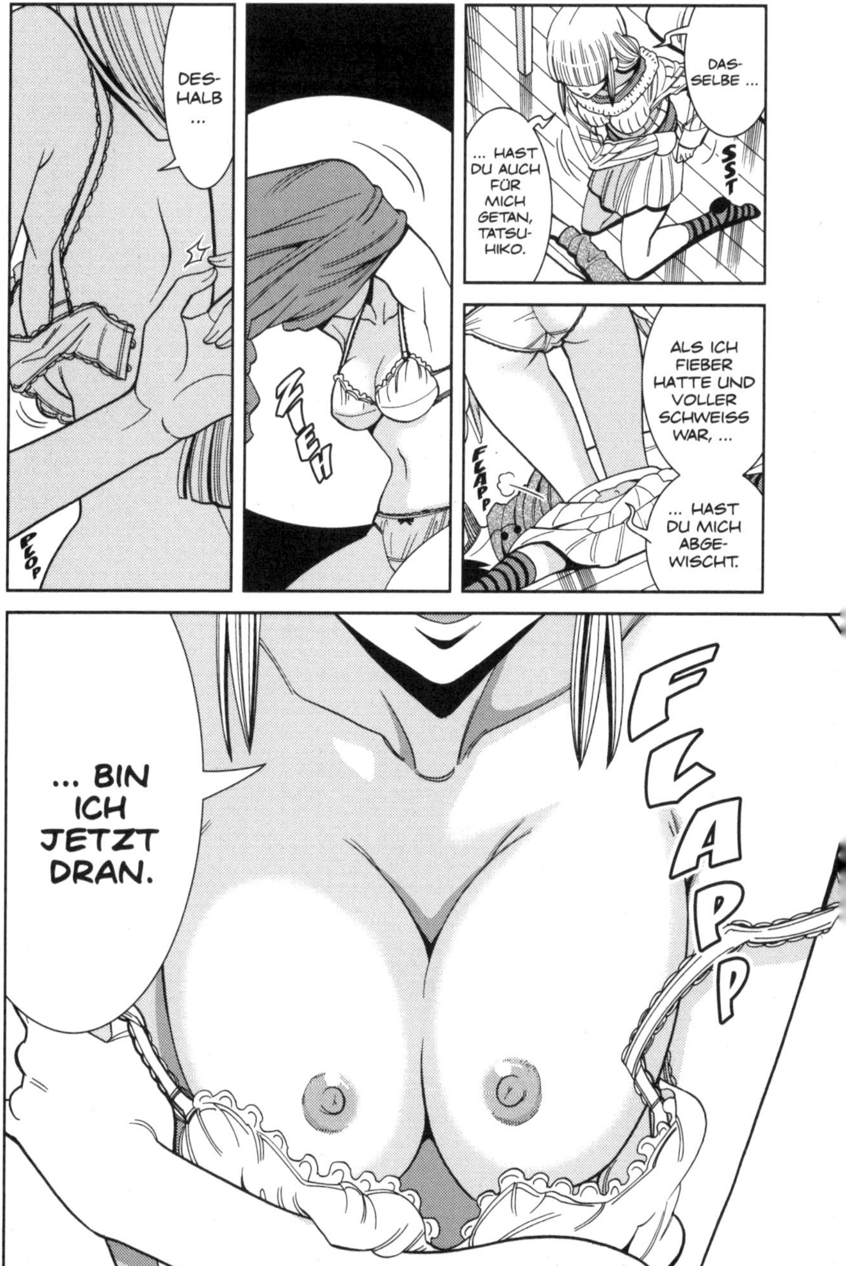

DASSELBE ...
... HAST DU AUCH FÜR MICH GETAN, TATSUHIKO.
SST
ALS ICH FIEBER HATTE UND VOLLER SCHWEISS WAR, ...
... HAST DU MICH ABGEWISCHT.
FLAPP
ZIEH
DESHALB ...
... BIN ICH JETZT DRAN.
FLAPP

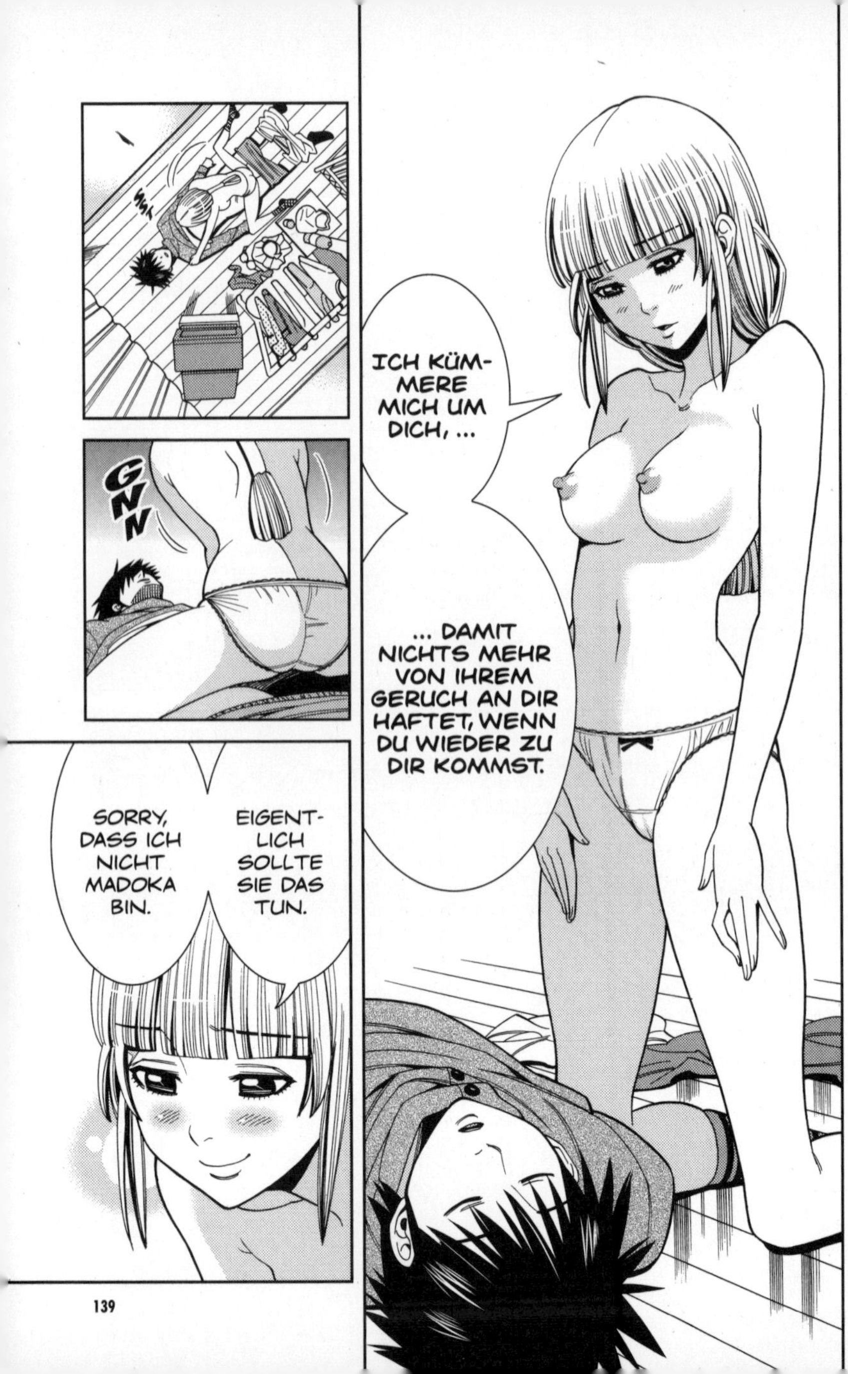

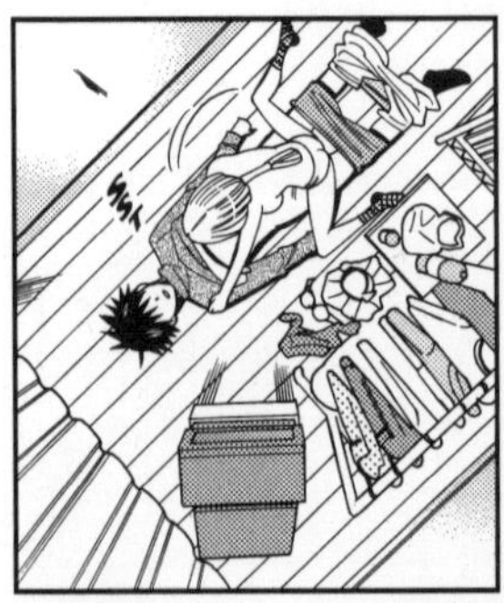

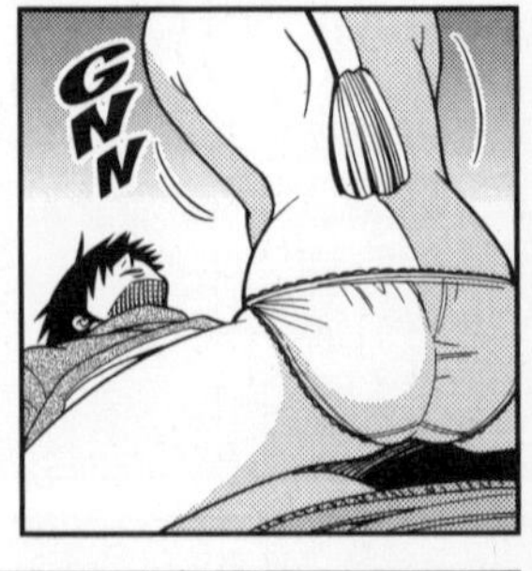

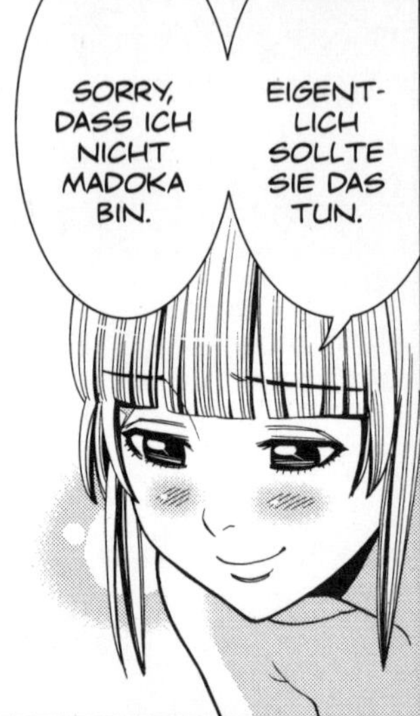

ICH KÜMMERE MICH UM DICH, …

… DAMIT NICHTS MEHR VON IHREM GERUCH AN DIR HAFTET, WENN DU WIEDER ZU DIR KOMMST.

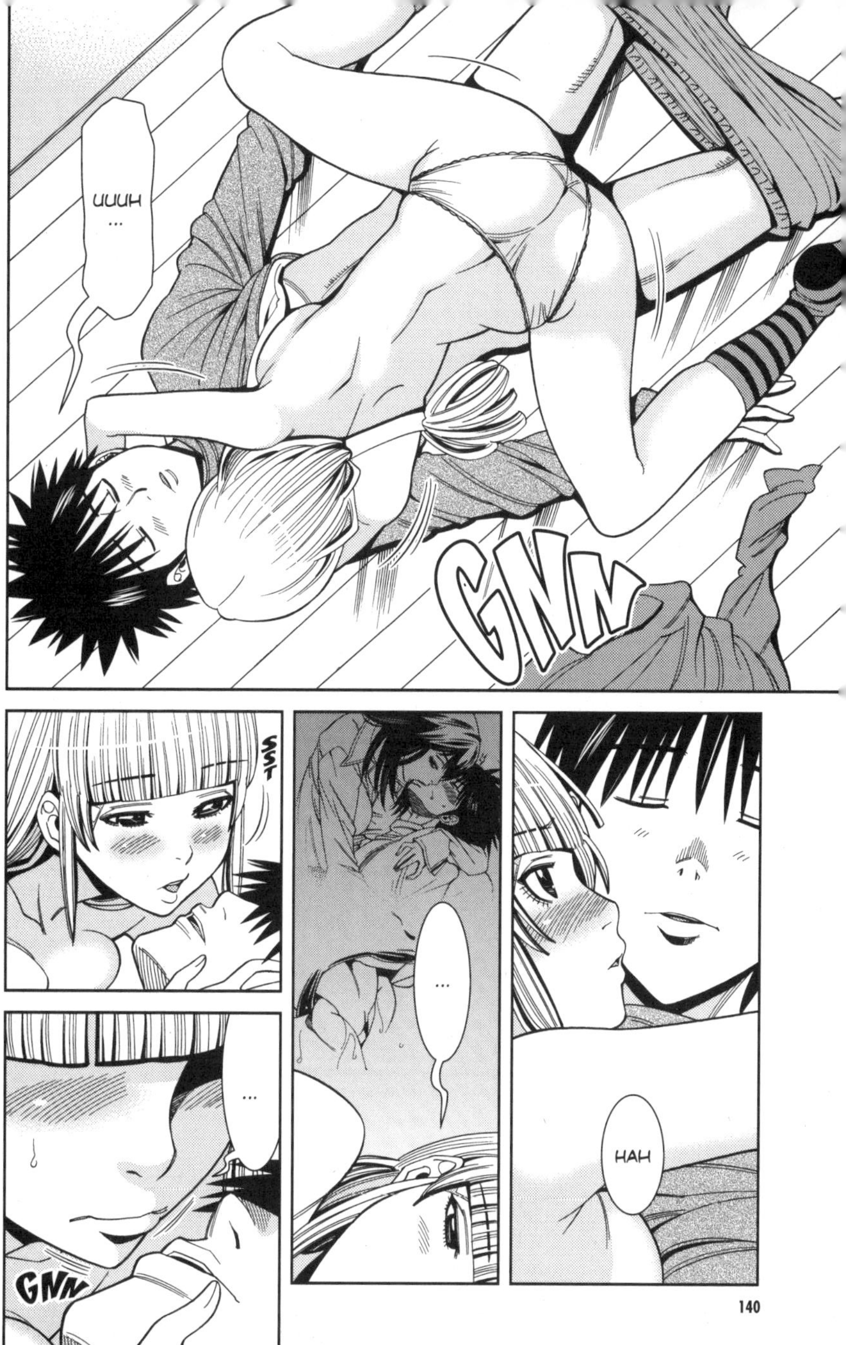

UUUH
...
GNN

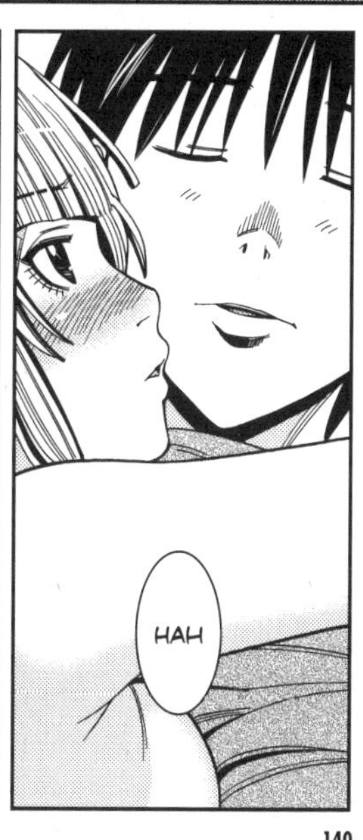
HAH

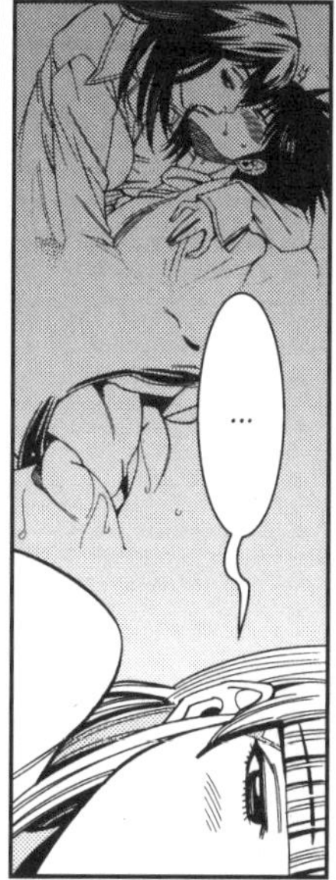
...

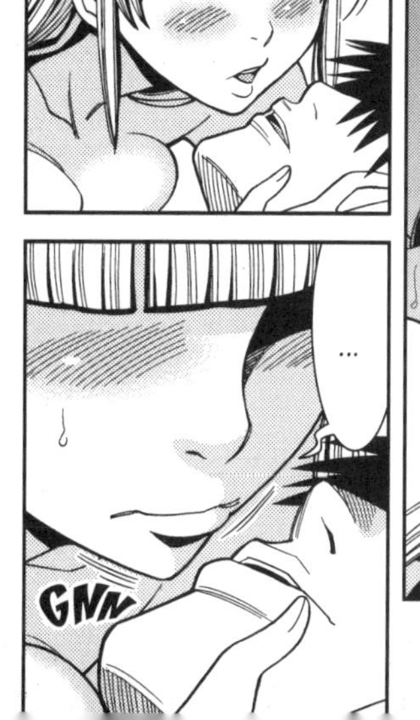
SST
...
GNN

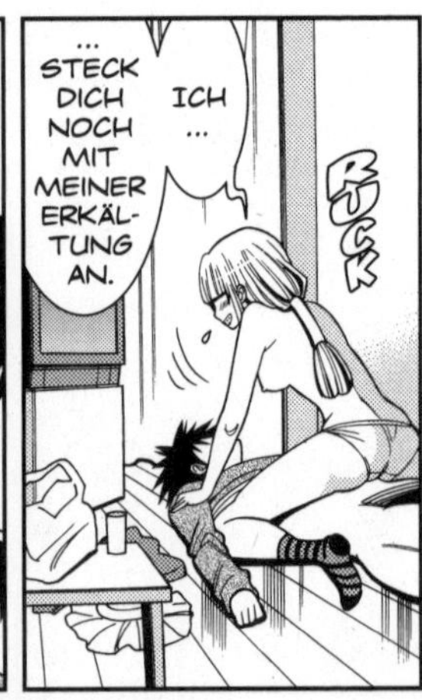
RUCK
ICH ...
... STECK DICH NOCH MIT MEINER ERKÄL-TUNG AN.

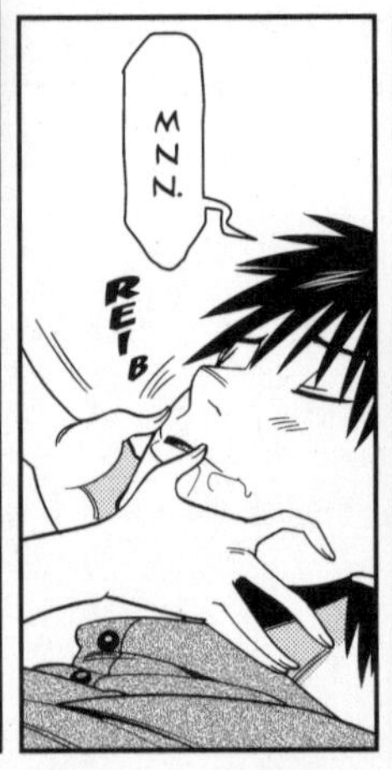
MNN.
REIB

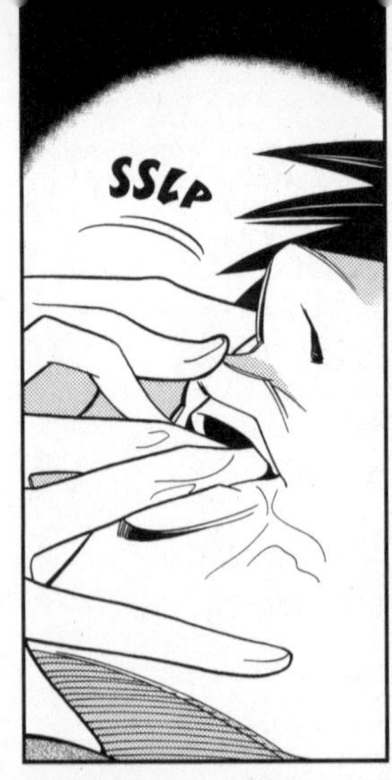
SSLP

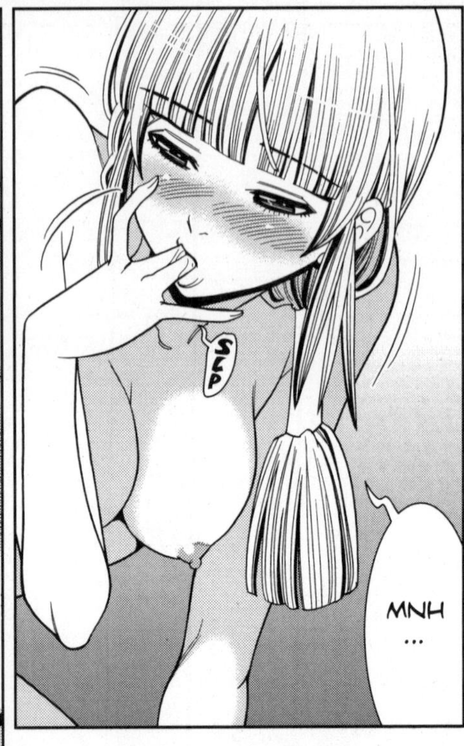
SLP
MNH ...

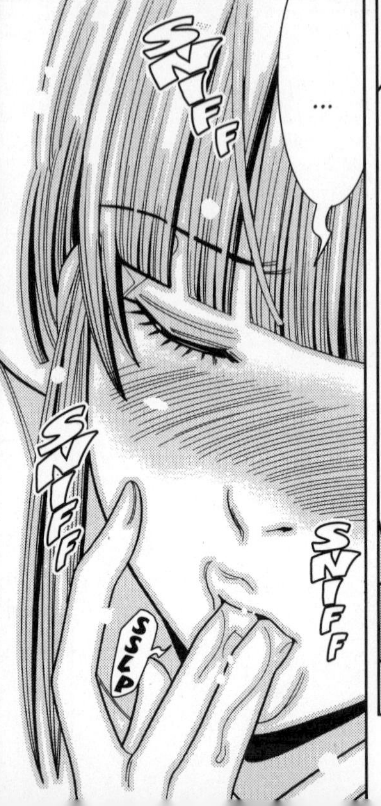
...
SNIFF
SNIFF
SNIFF
SSLP

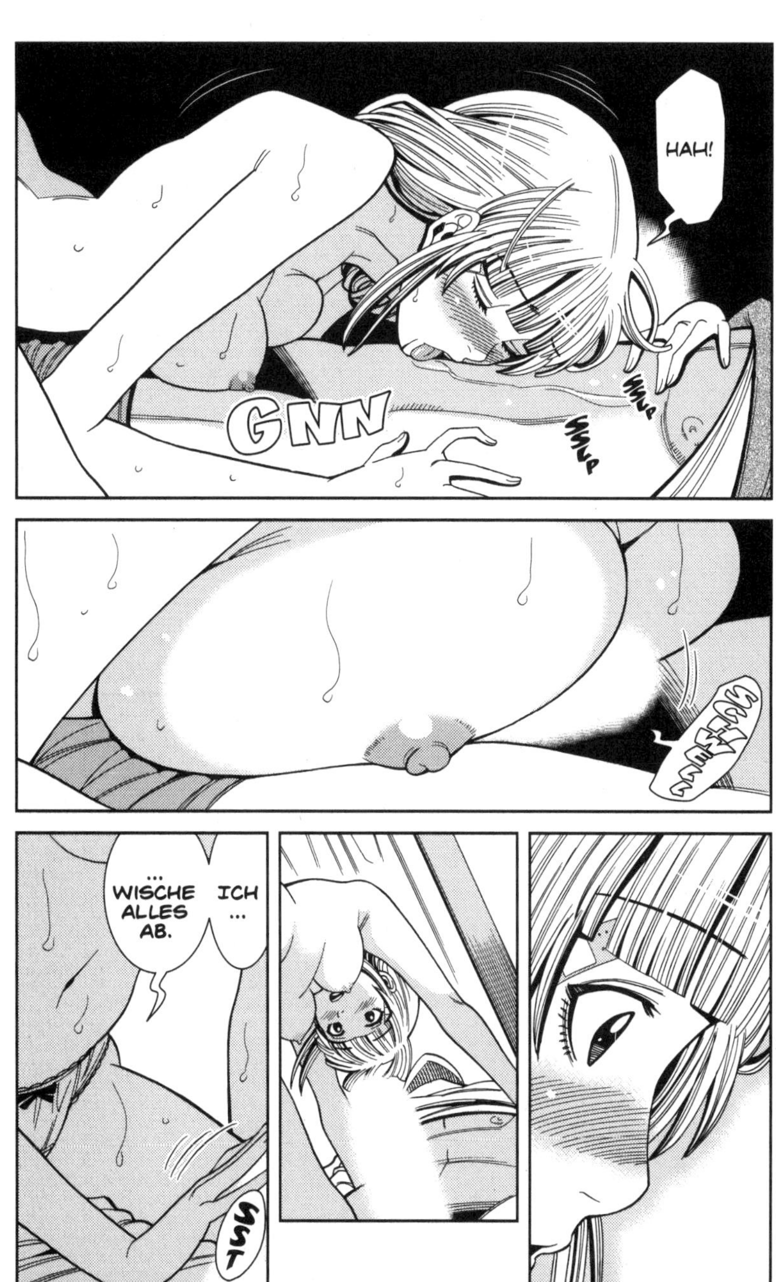
HAH!
GNN
ICH ...
... WISCHE ALLES AB.
SST

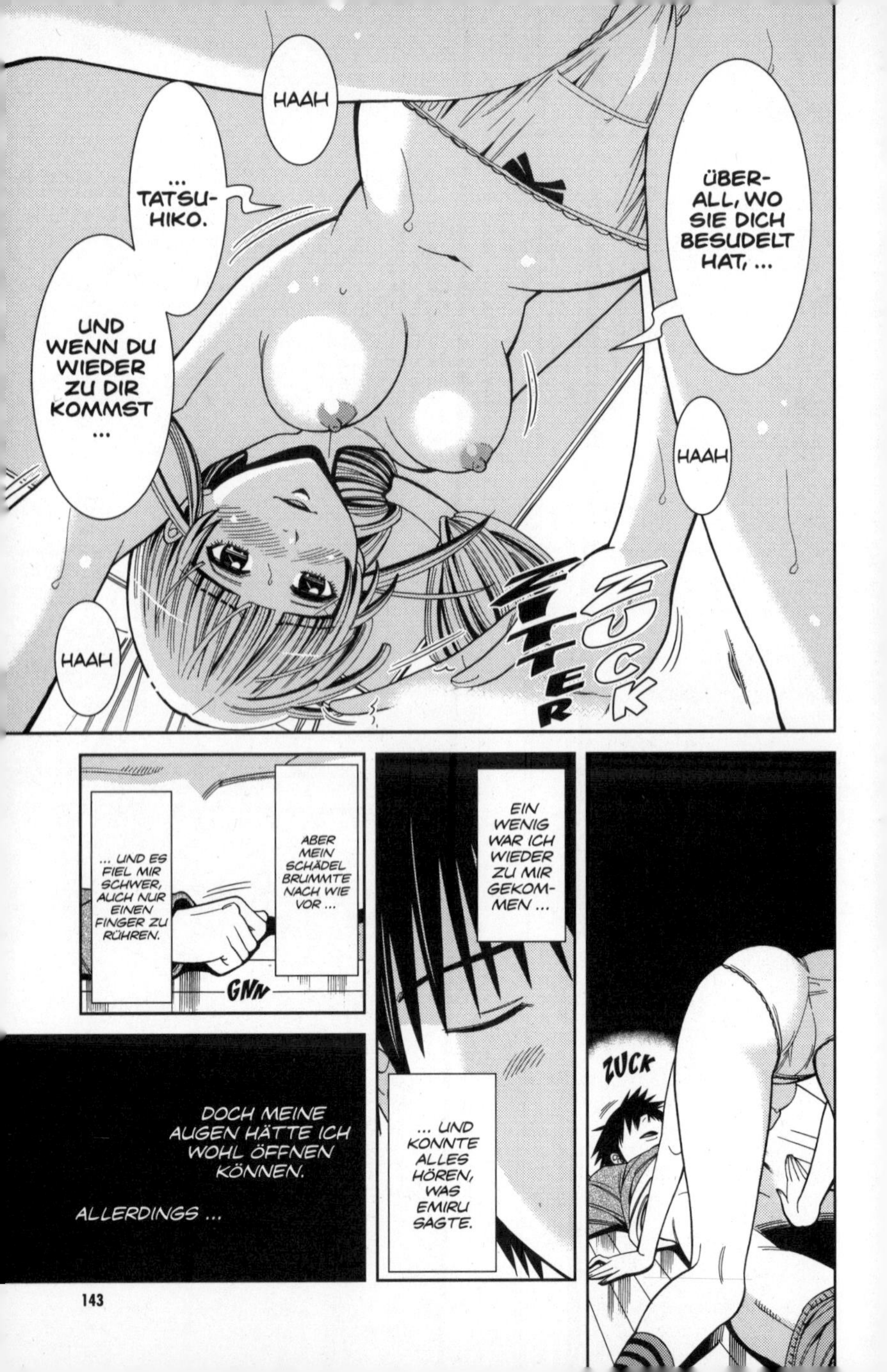

ÜBERALL, WO SIE DICH BESUDELT HAT, ...

HAAH

... TATSUHIKO.

HAAH

UND WENN DU WIEDER ZU DIR KOMMST ...

HAAH

ZUCK

ZITTER

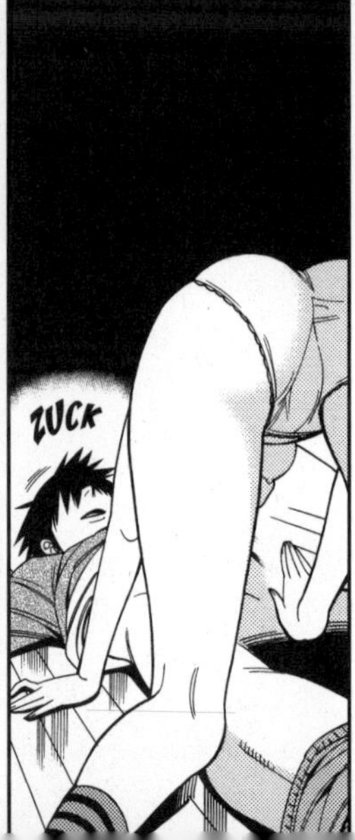

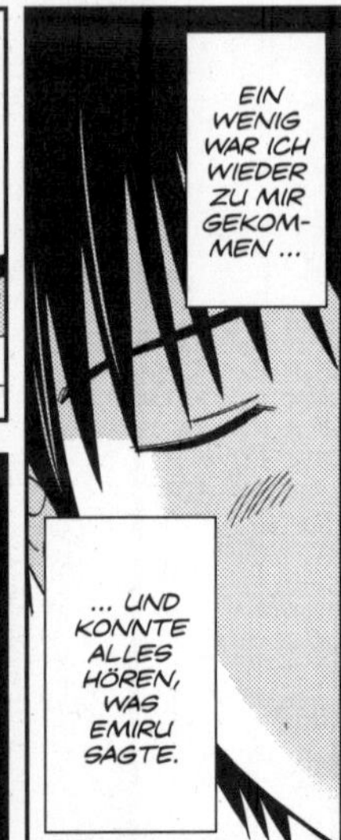

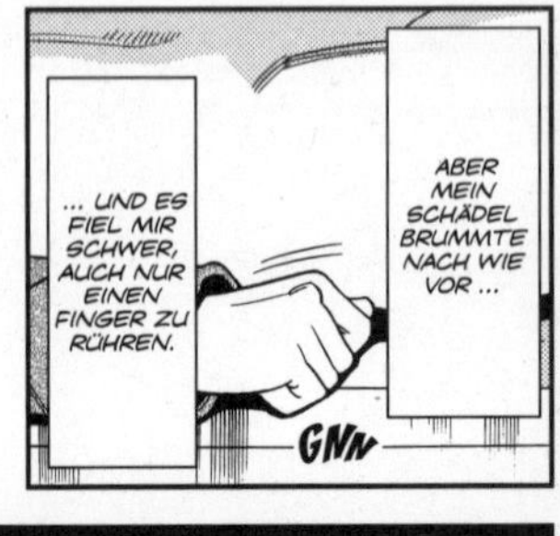

DOCH MEINE AUGEN HÄTTE ICH WOHL ÖFFNEN KÖNNEN.

ALLERDINGS ...

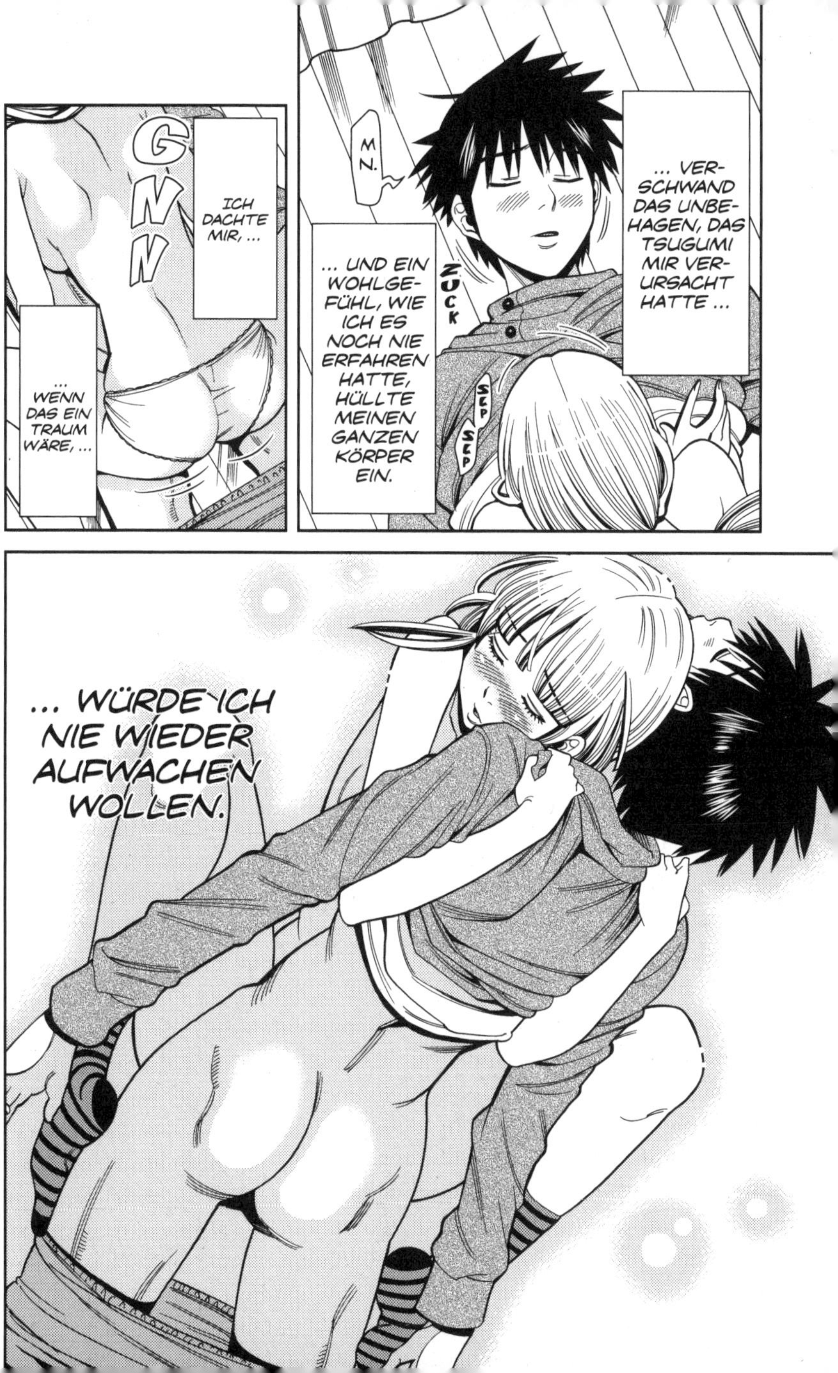

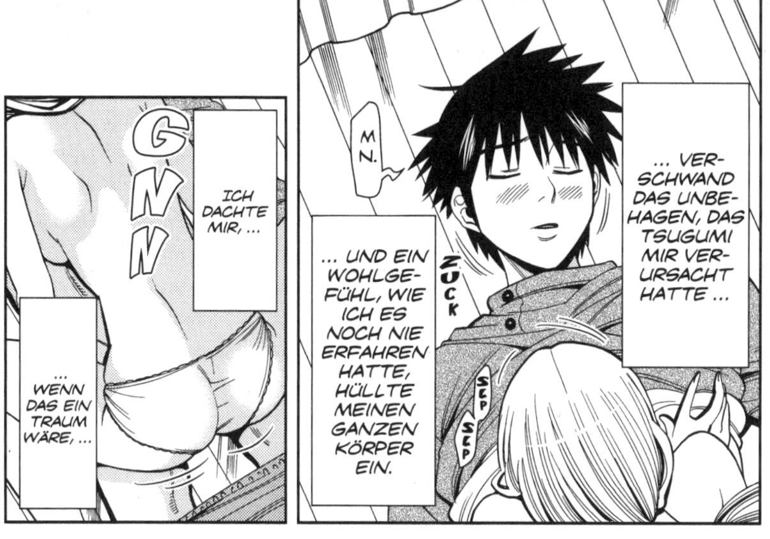

... WÜRDE ICH NIE WIEDER AUFWACHEN WOLLEN.

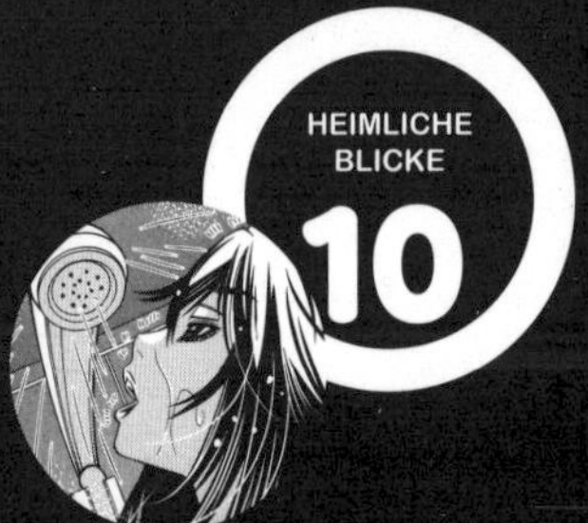
HEIMLICHE
BLICKE
10

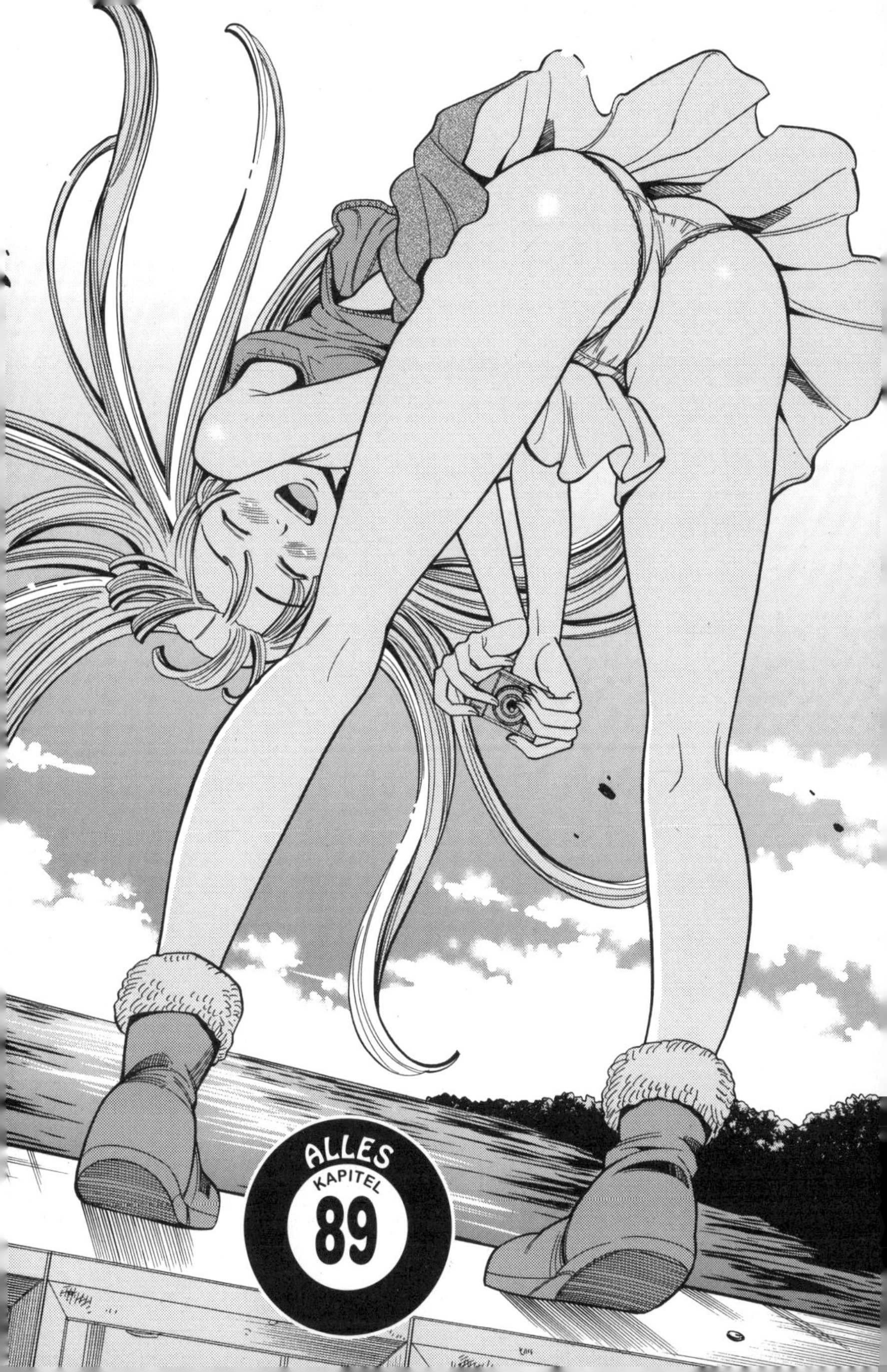
ALLES
KAPITEL
89

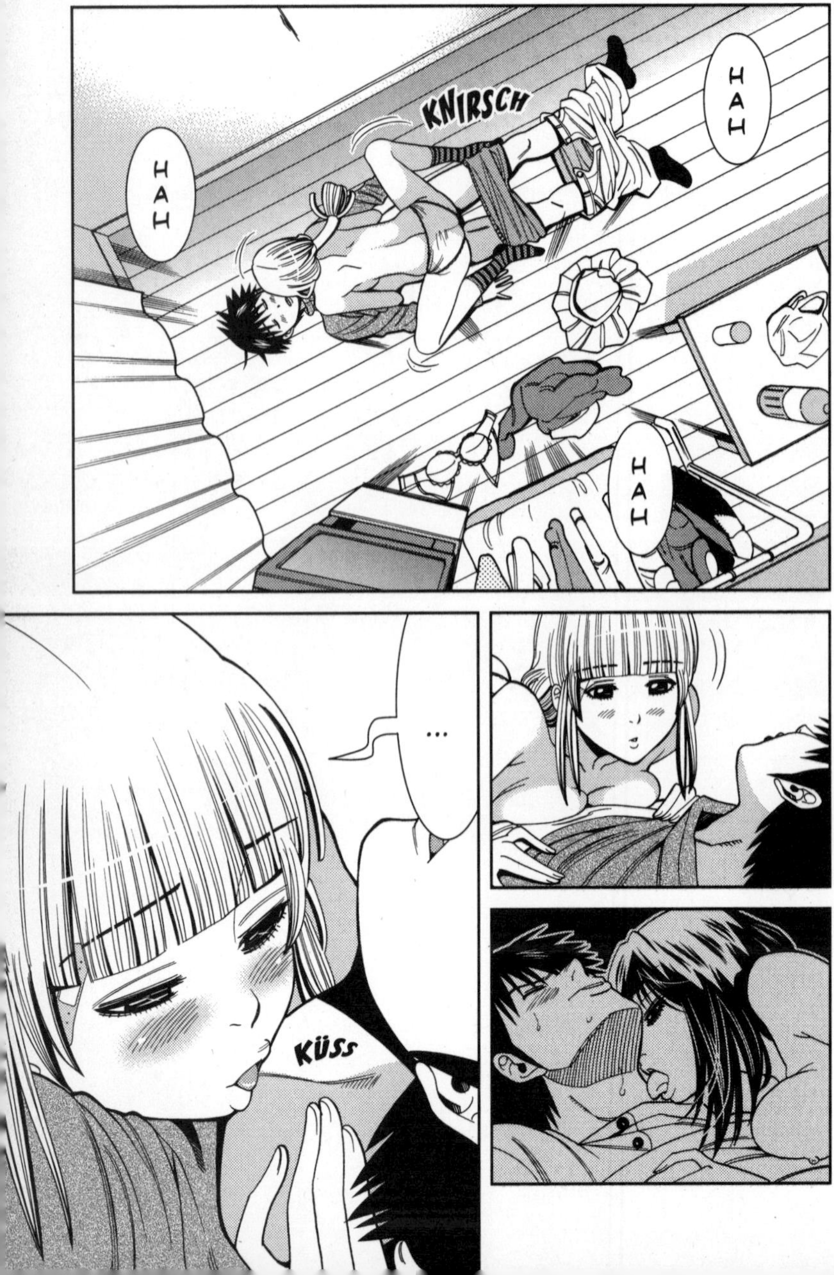

HAH

KNIRSCH

HAH

HAH

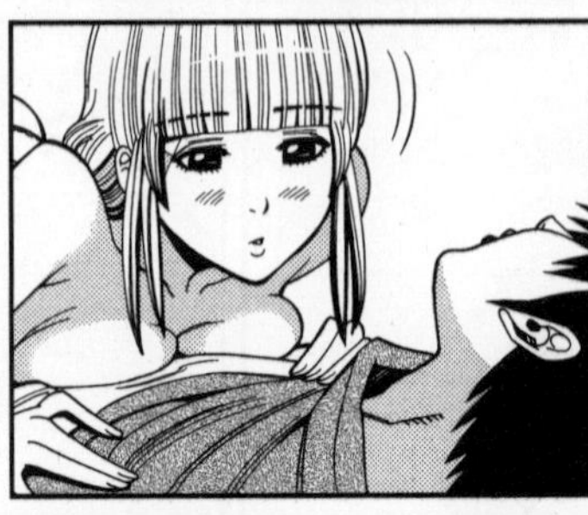

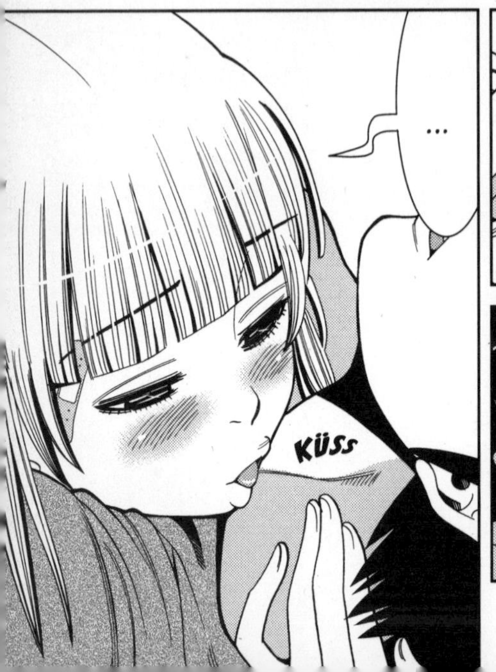

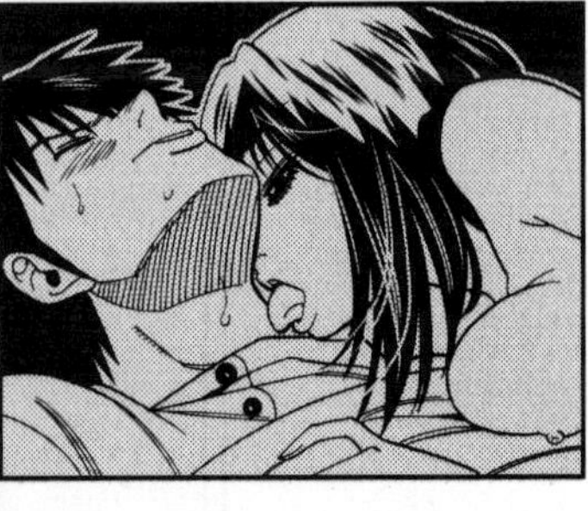

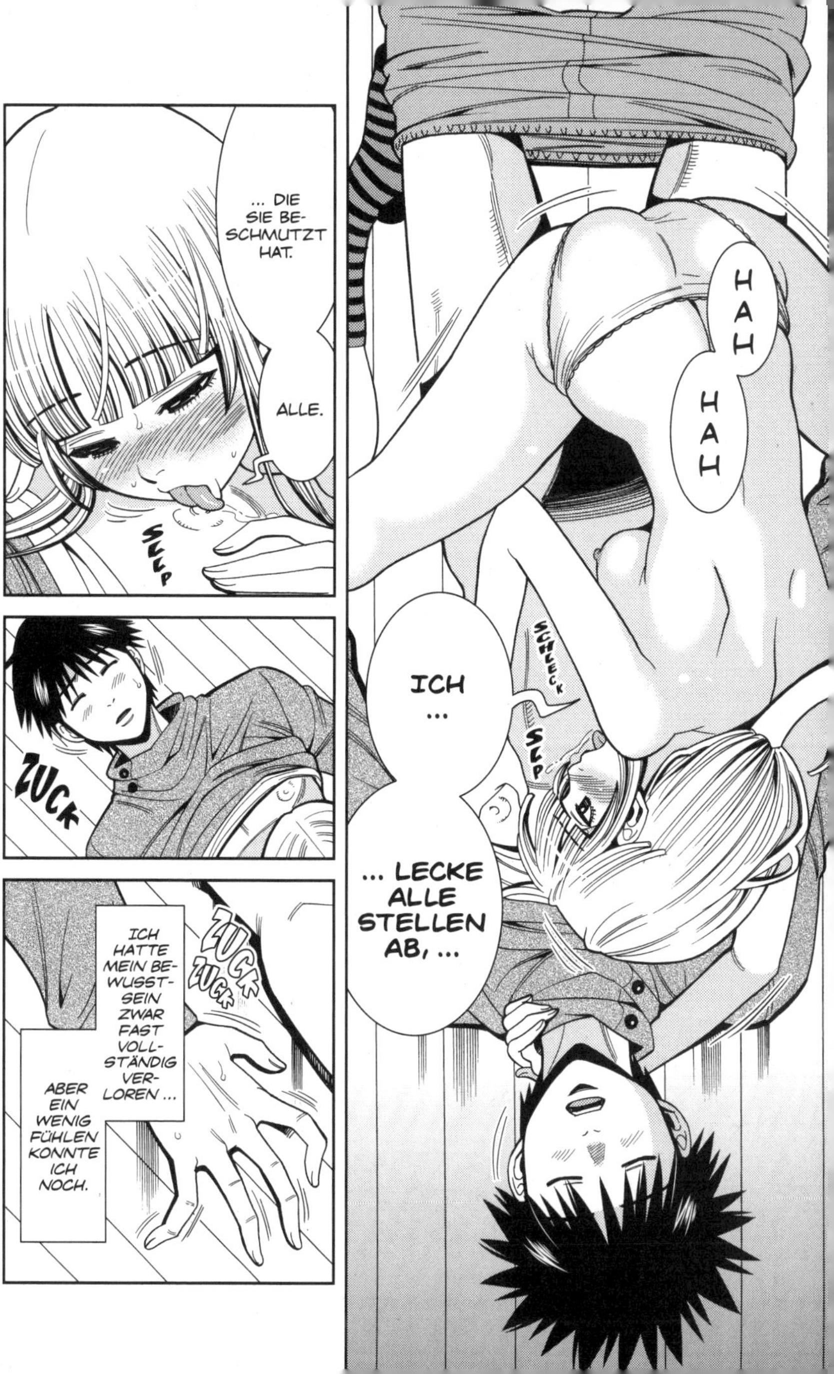

HAH
HAH
ICH ...
SCHLECK
SLUP
... LECKE ALLE STELLEN AB, ...

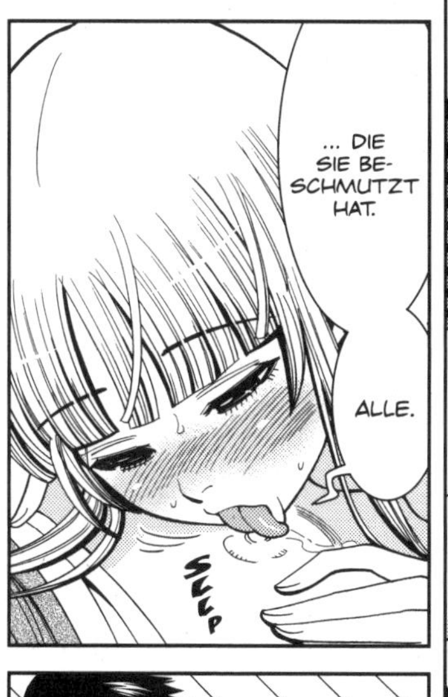

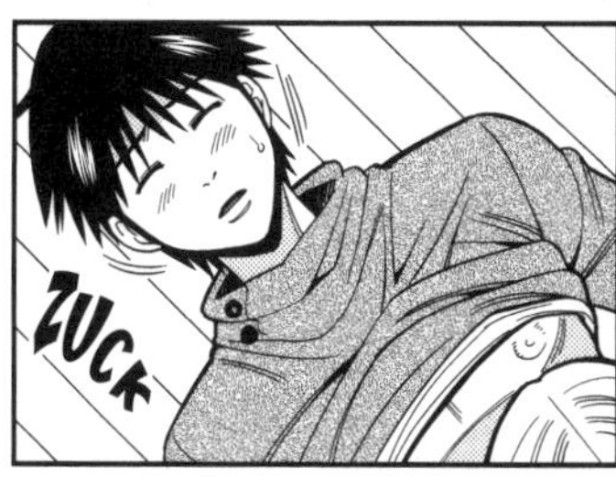

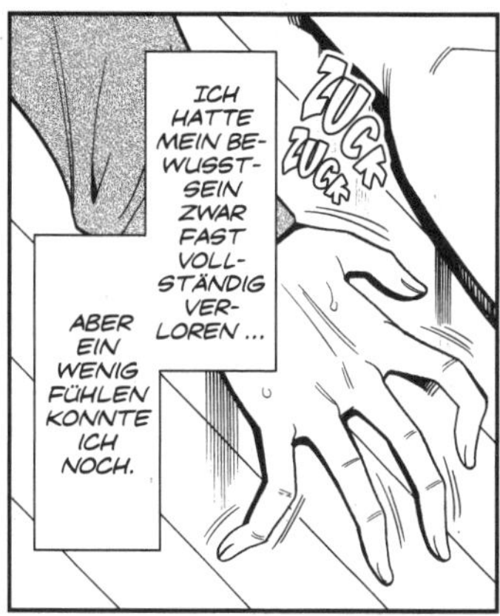

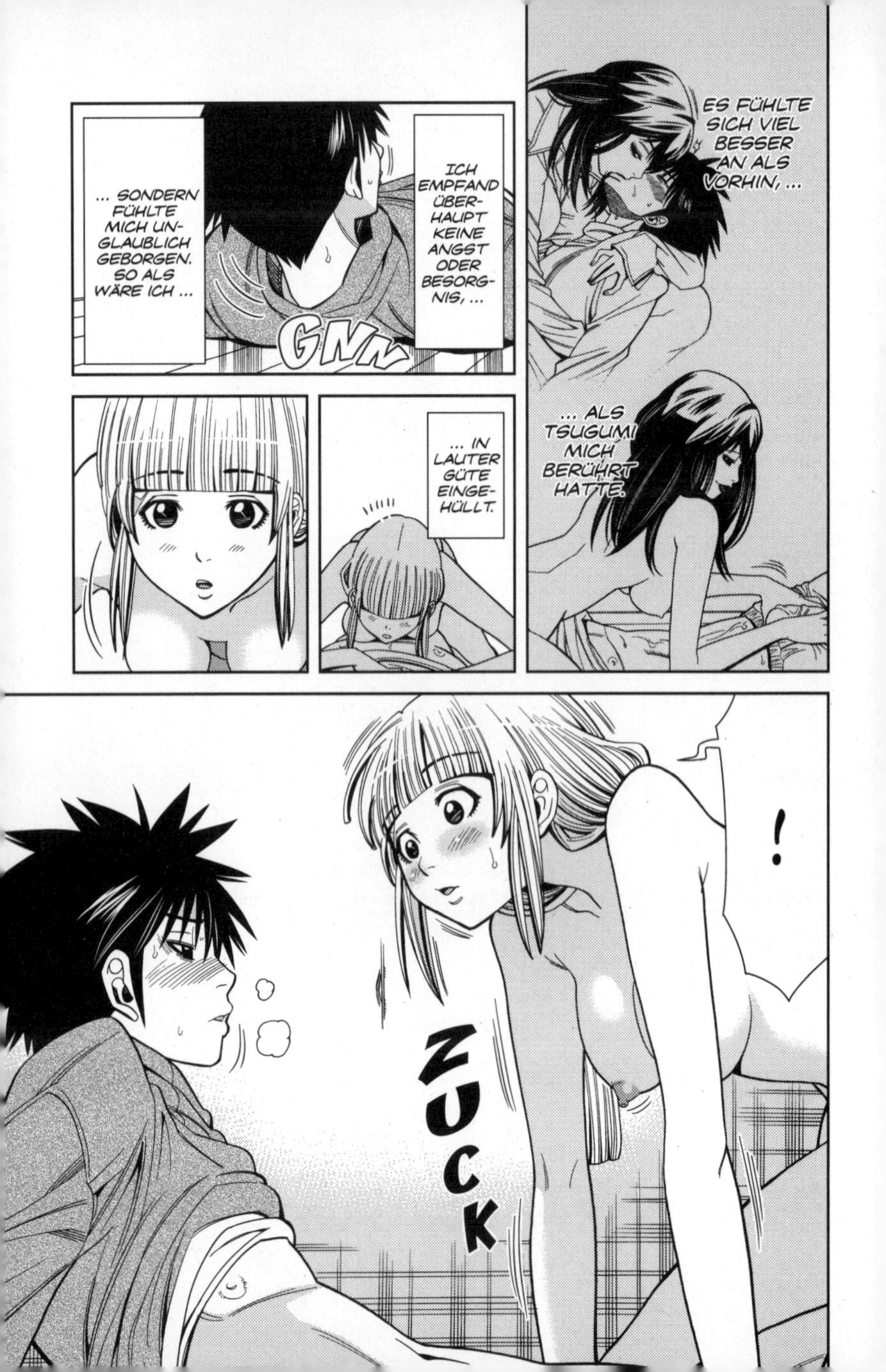

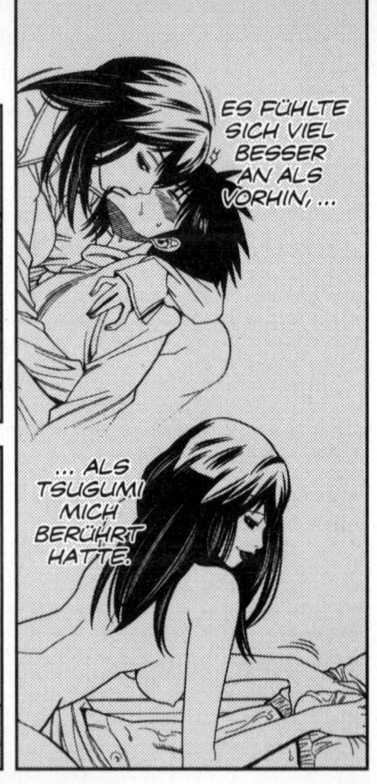
ES FÜHLTE SICH VIEL BESSER AN ALS VORHIN, ...
... ALS TSUGUMI MICH BERÜHRT HATTE.

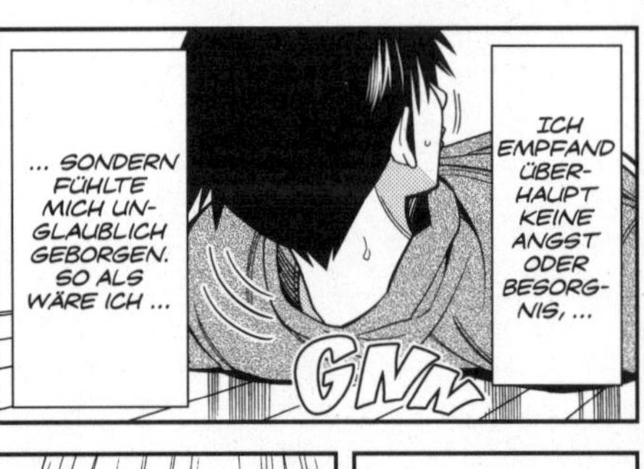
ICH EMPFAND ÜBER-HAUPT KEINE ANGST ODER BESORG-NIS, ...
... SONDERN FÜHLTE MICH UN-GLAUBLICH GEBORGEN. SO ALS WÄRE ICH ...
GNN

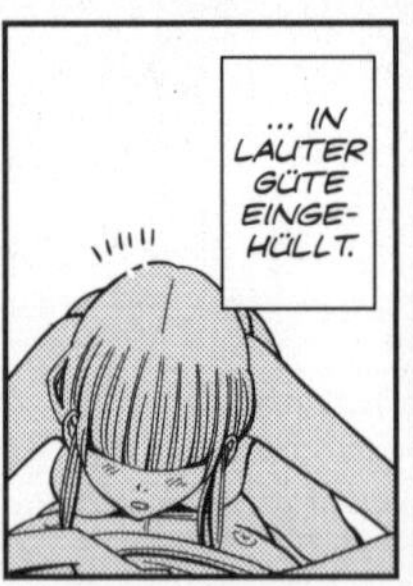
... IN LAUTER GÜTE EINGE-HÜLLT.

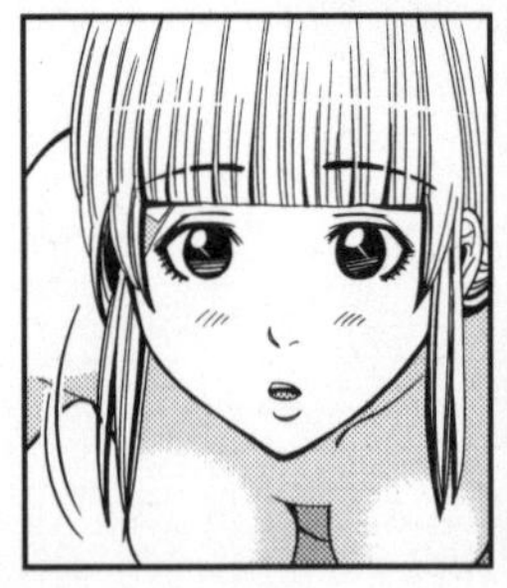

!

ZUCK

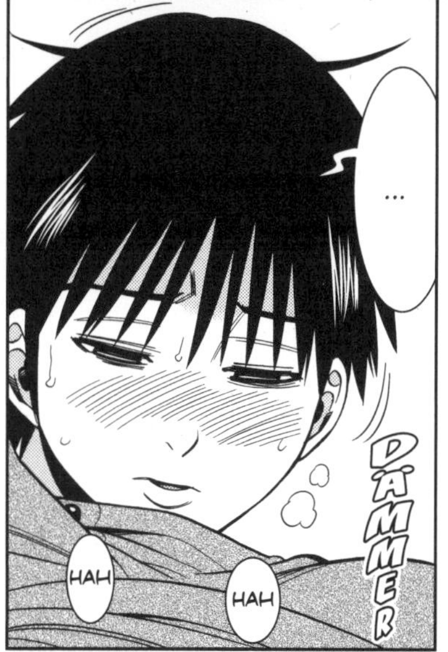
...
DÄMMER
HAH
HAH

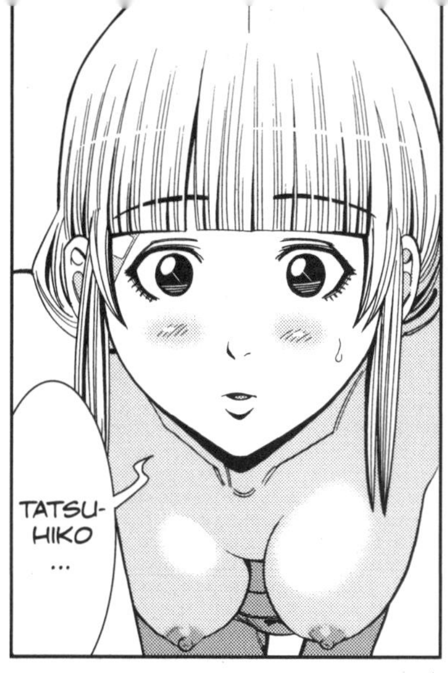
TATSU-HIKO ...

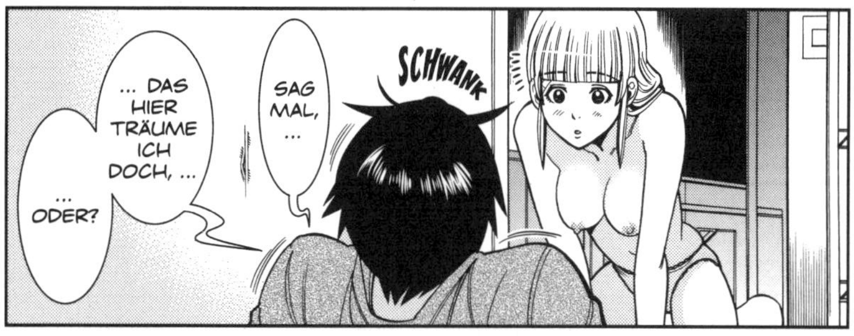
SCHWANK
SAG MAL, ...
... DAS HIER TRÄUME ICH DOCH, ...
... ODER?

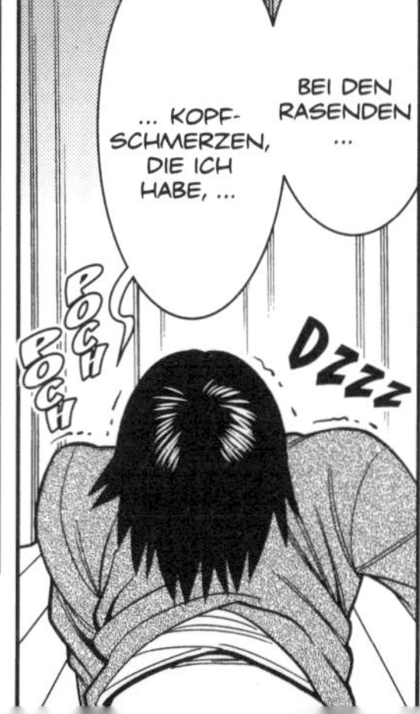
BEI DEN RASENDEN ...
... KOPF-SCHMERZEN, DIE ICH HABE, ...
POCH POCH
DZZZ

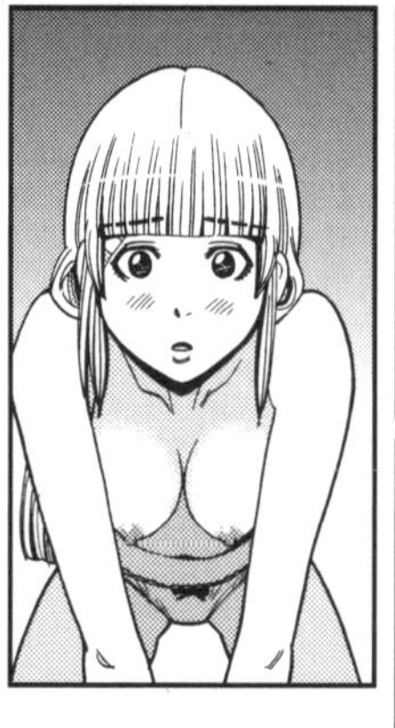

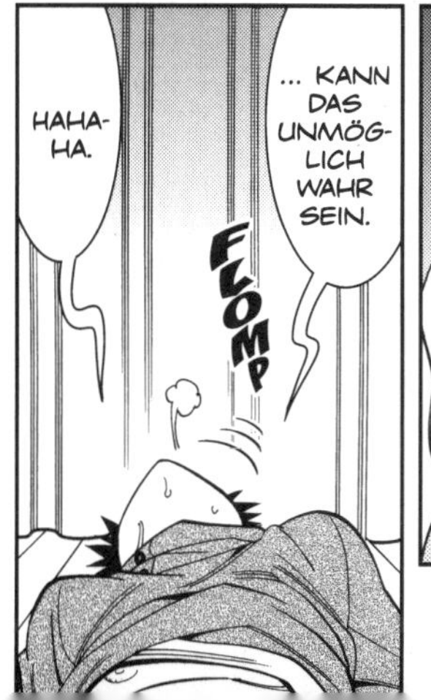
... KANN DAS UNMÖG-LICH WAHR SEIN.
HAHA-HA.
FLOMP

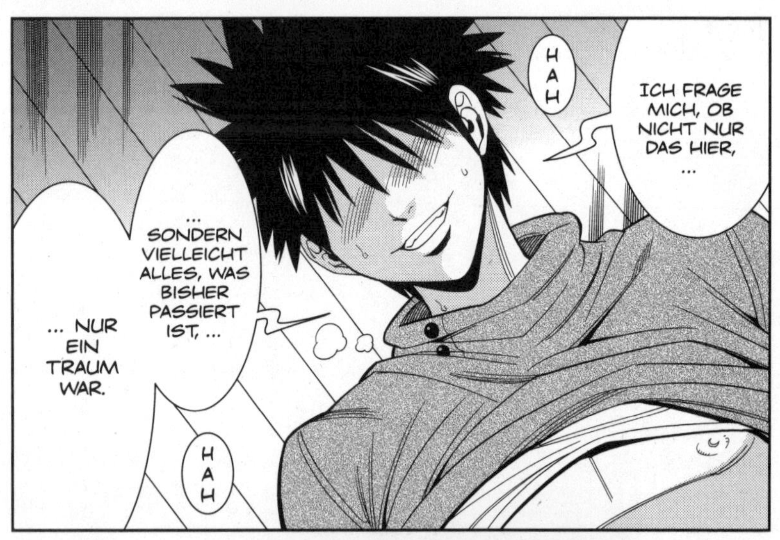
HAH
ICH FRAGE MICH, OB NICHT NUR DAS HIER, ...
... SONDERN VIELLEICHT ALLES, WAS BISHER PASSIERT IST, ...
... NUR EIN TRAUM WAR.
HAH

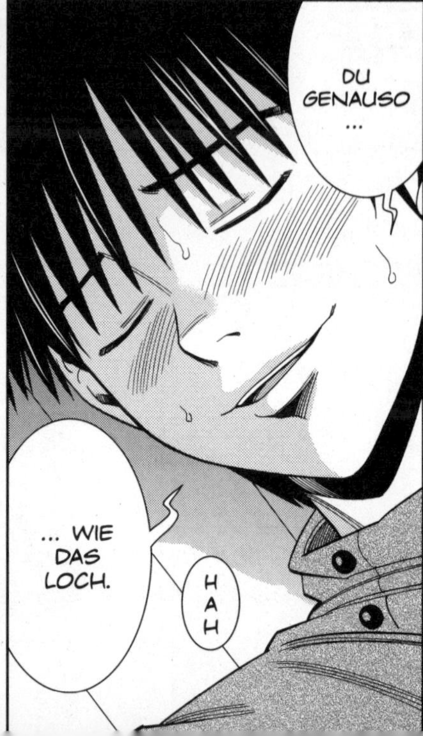
DU GENAUSO ...
... WIE DAS LOCH.
HAH

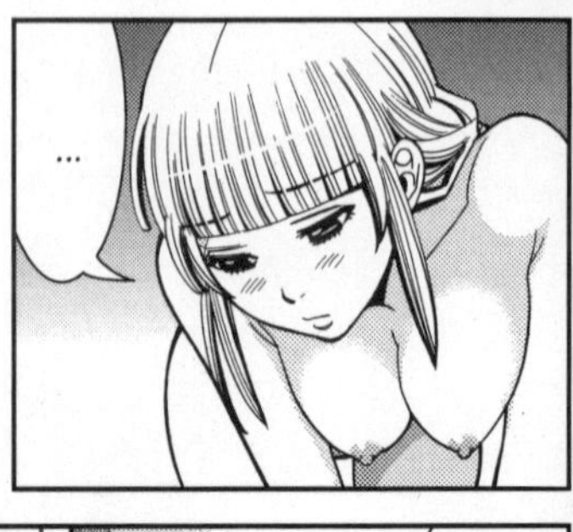
...

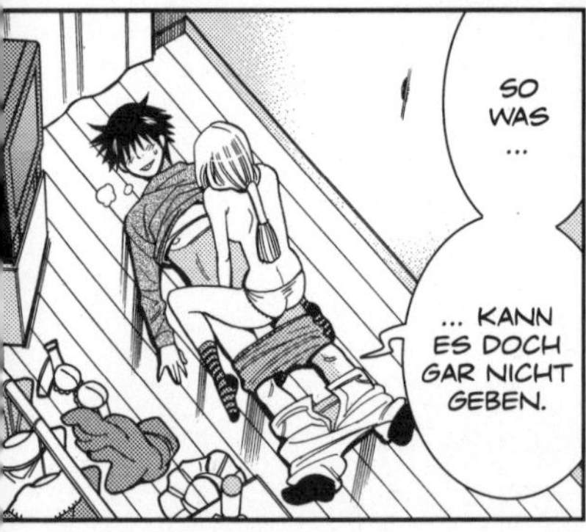
SO WAS ...
... KANN ES DOCH GAR NICHT GEBEN.

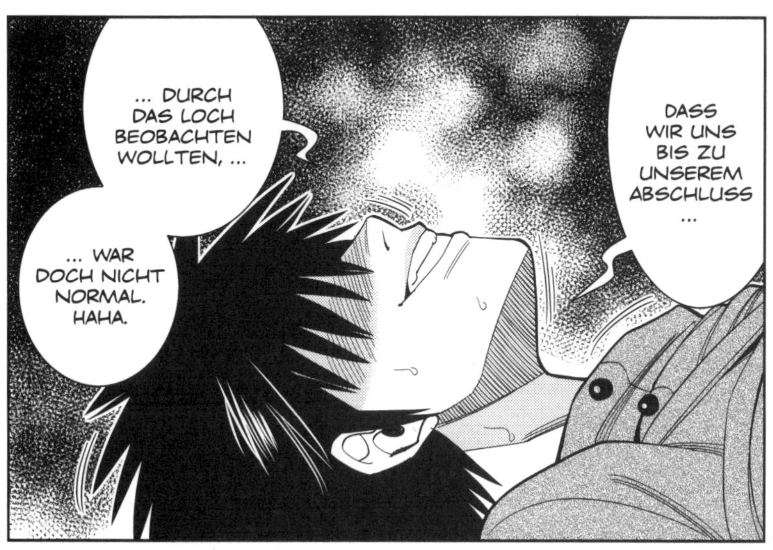
DASS WIR UNS BIS ZU UNSEREM ABSCHLUSS ...
... DURCH DAS LOCH BEOBACHTEN WOLLTEN, ...
... WAR DOCH NICHT NORMAL. HAHA.

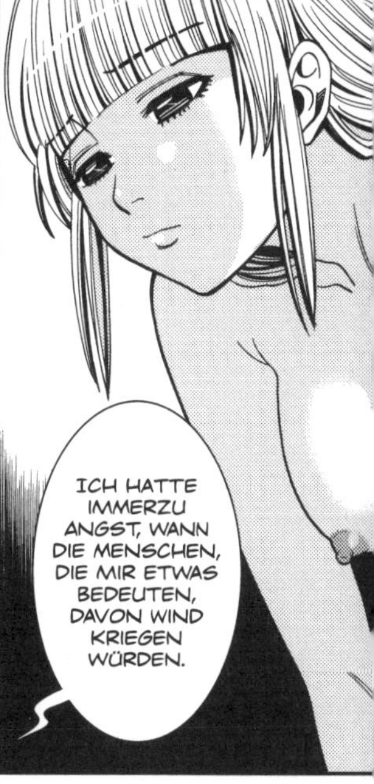
ICH HATTE IMMERZU ANGST, WANN DIE MENSCHEN, DIE MIR ETWAS BEDEUTEN, DAVON WIND KRIEGEN WÜRDEN.

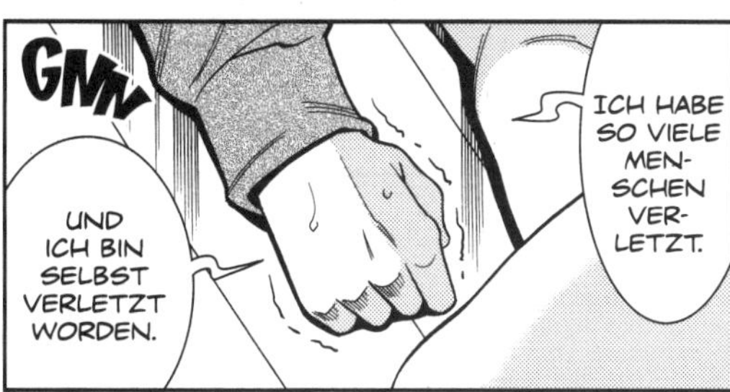
GMN
ICH HABE SO VIELE MEN-SCHEN VER-LETZT.
UND ICH BIN SELBST VERLETZT WORDEN.

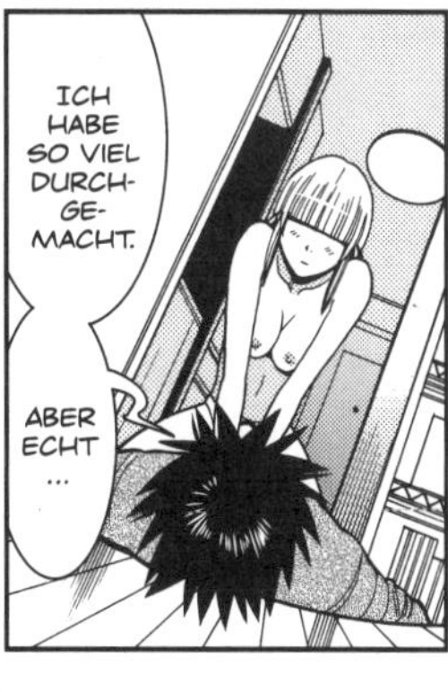
ICH HABE SO VIEL DURCH-GE-MACHT.
ABER ECHT ...

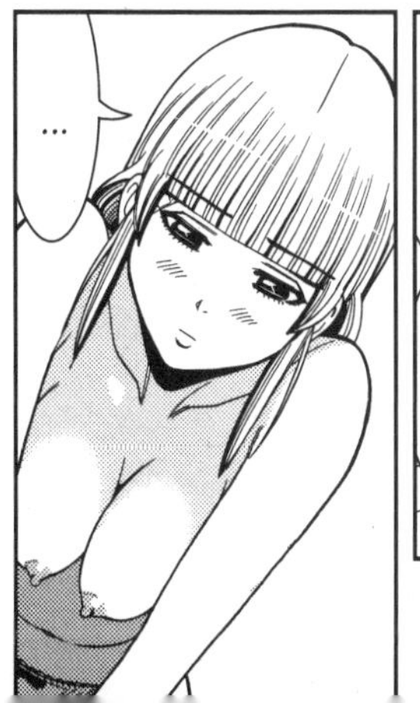
...

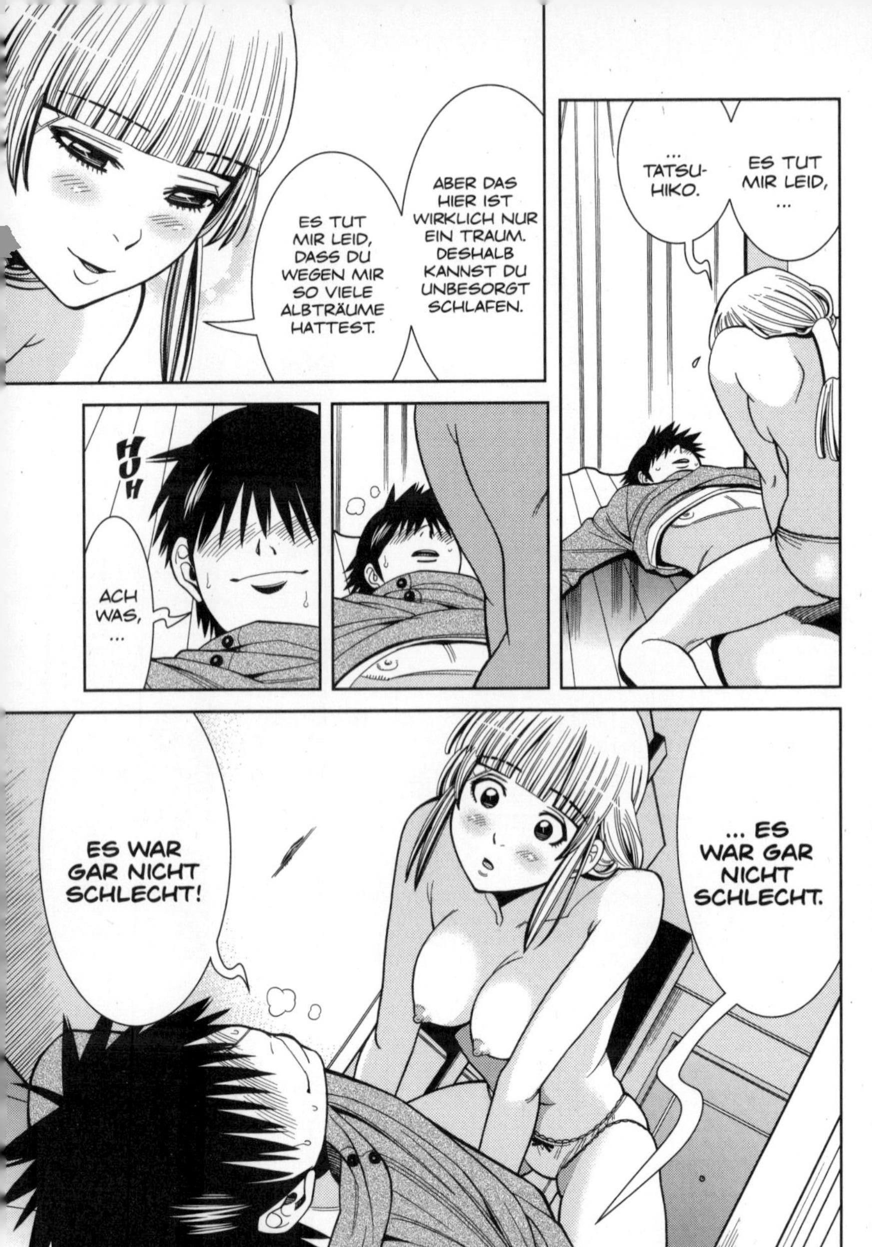

ES TUT MIR LEID, DASS DU WEGEN MIR SO VIELE ALBTRÄUME HATTEST.
ABER DAS HIER IST WIRKLICH NUR EIN TRAUM. DESHALB KANNST DU UNBESORGT SCHLAFEN.
ES TUT MIR LEID, ...
... TATSU-HIKO.
HUH
ACH WAS, ...
... ES WAR GAR NICHT SCHLECHT.
ES WAR GAR NICHT SCHLECHT!

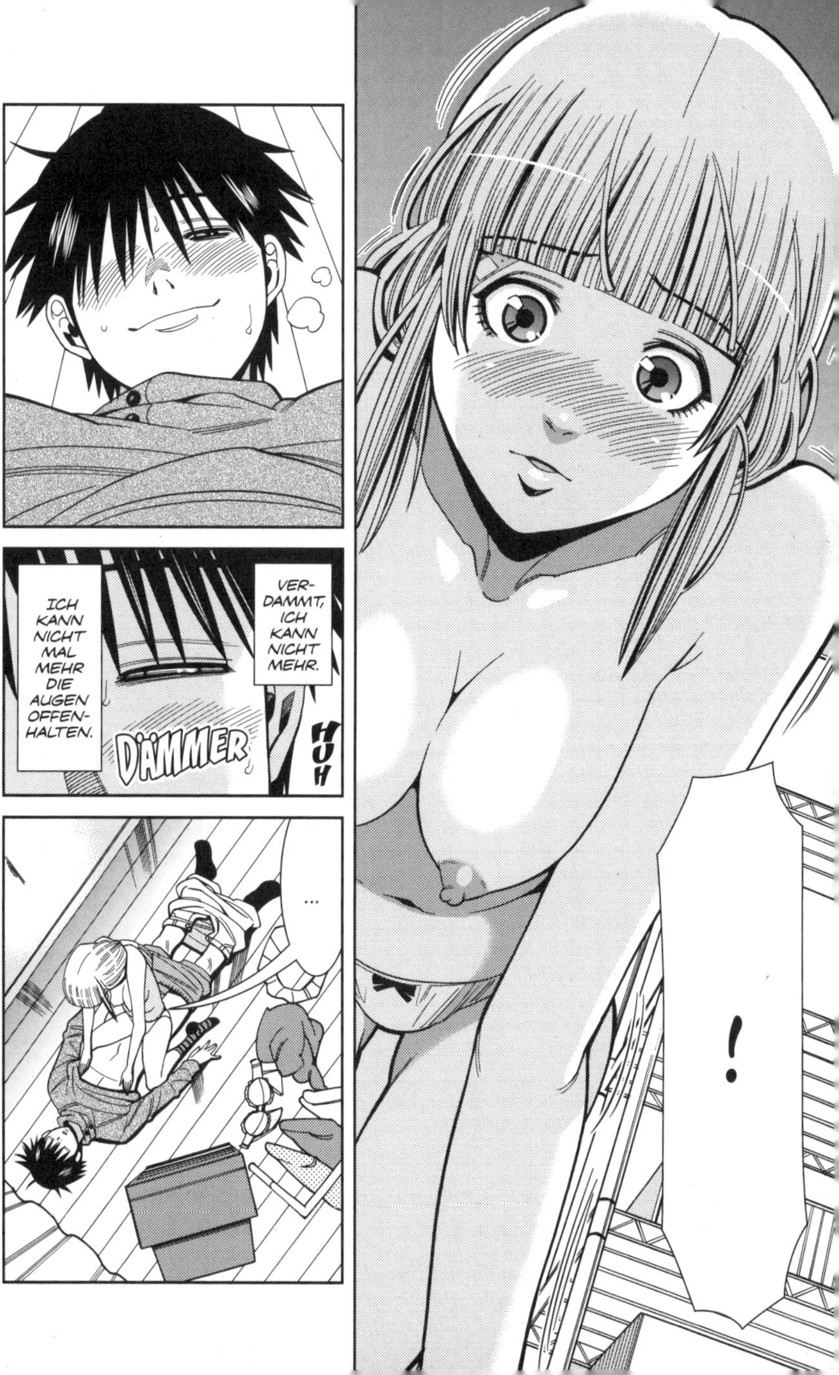

!

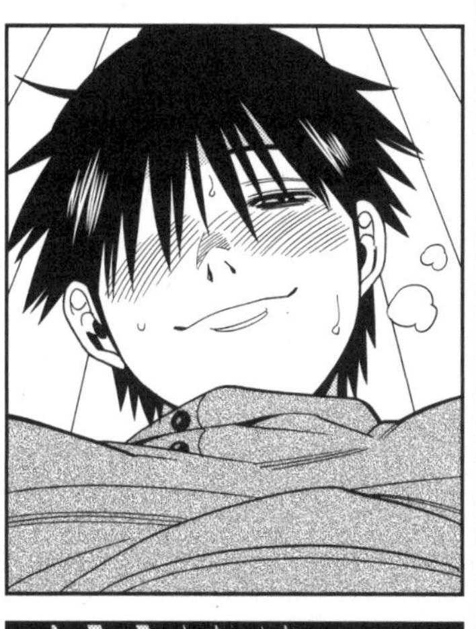

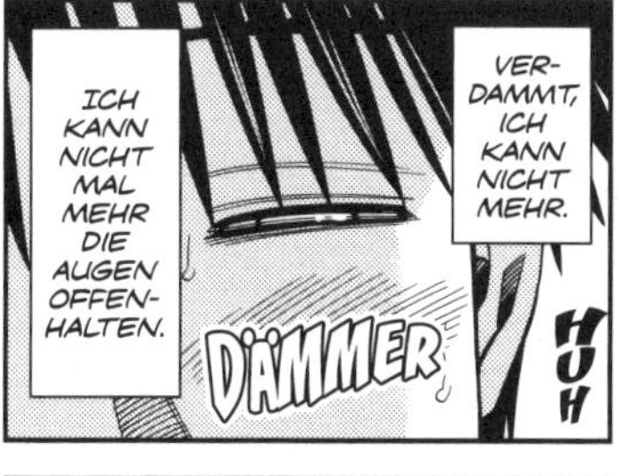
VER-
DAMMT,
ICH
KANN
NICHT
MEHR.
HUH
DÄMMER
ICH
KANN
NICHT
MAL
MEHR
DIE
AUGEN
OFFEN-
HALTEN.

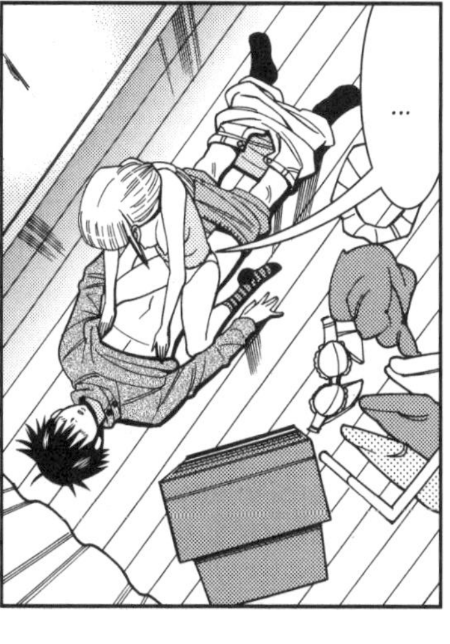
...

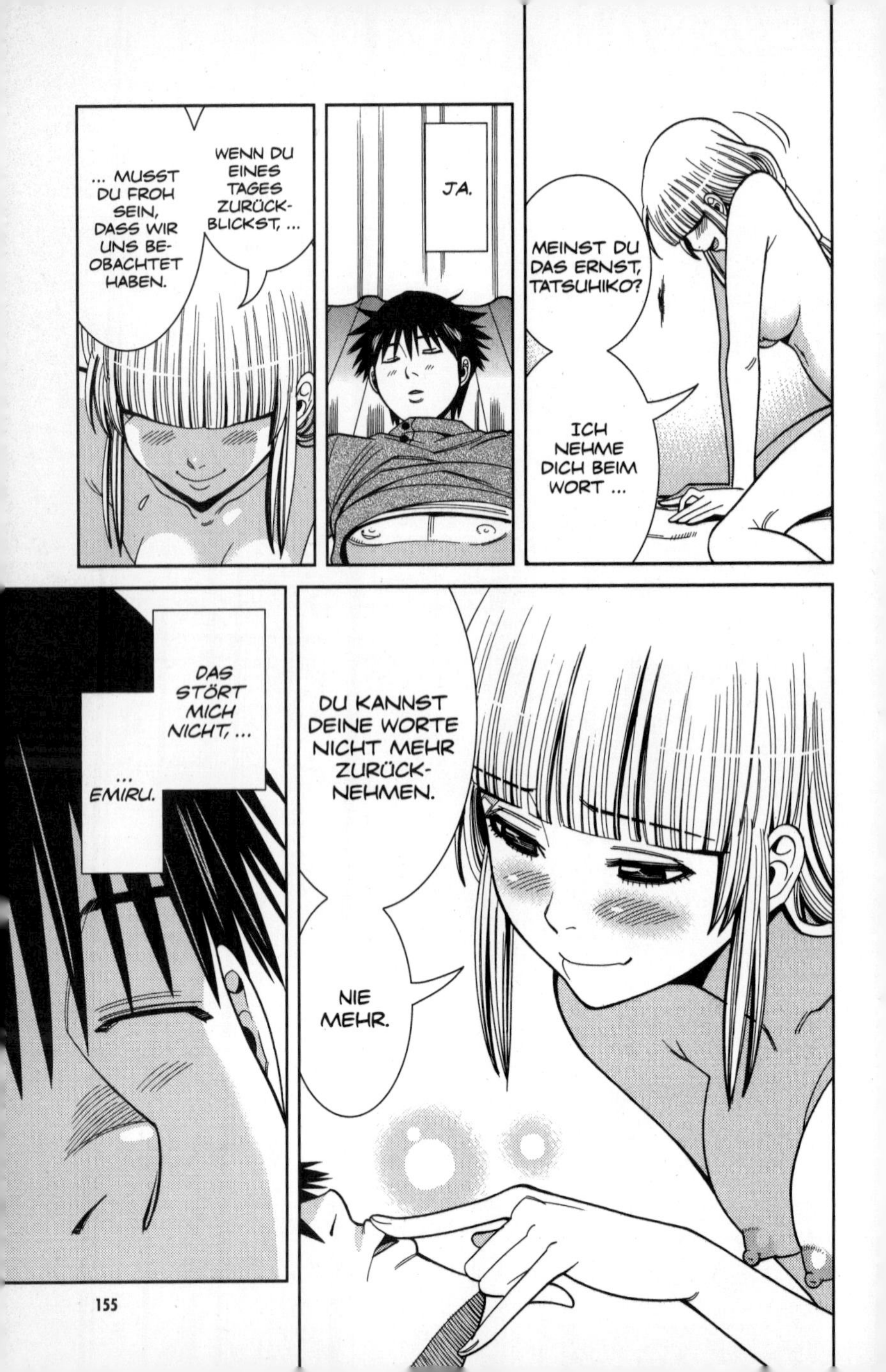

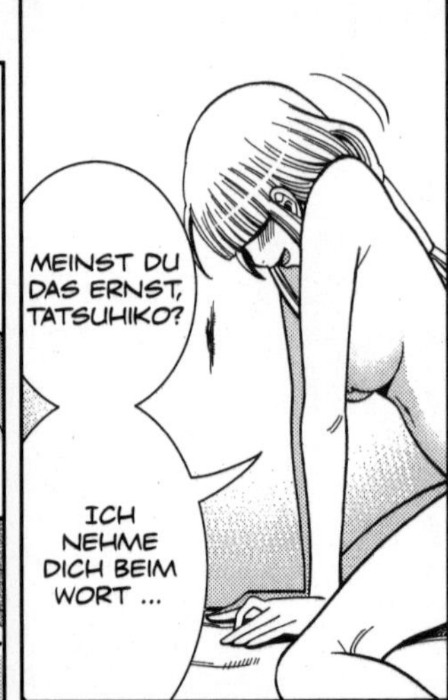

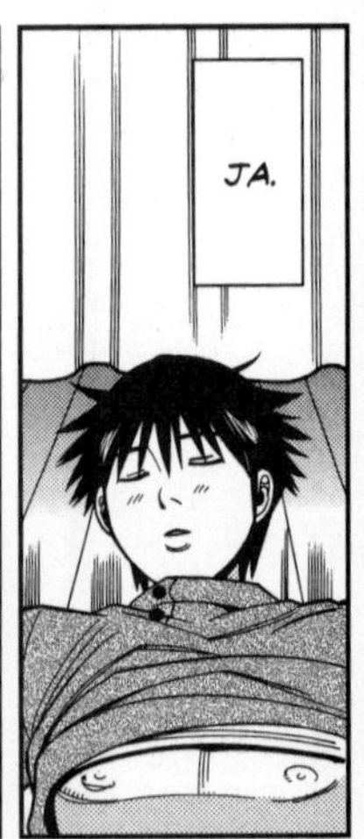

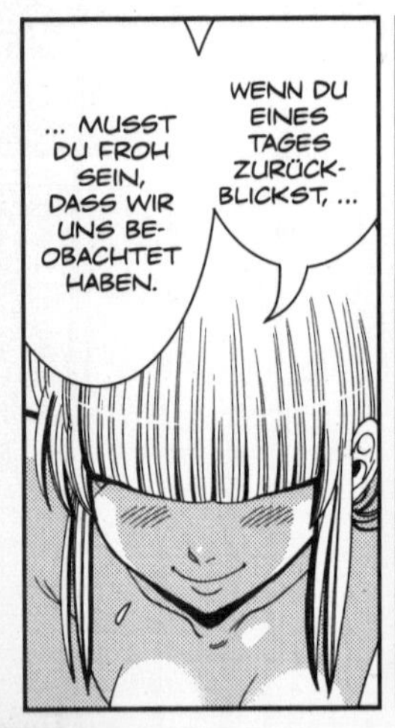

DU KANNST DEINE WORTE NICHT MEHR ZURÜCK-NEHMEN.

NIE MEHR.

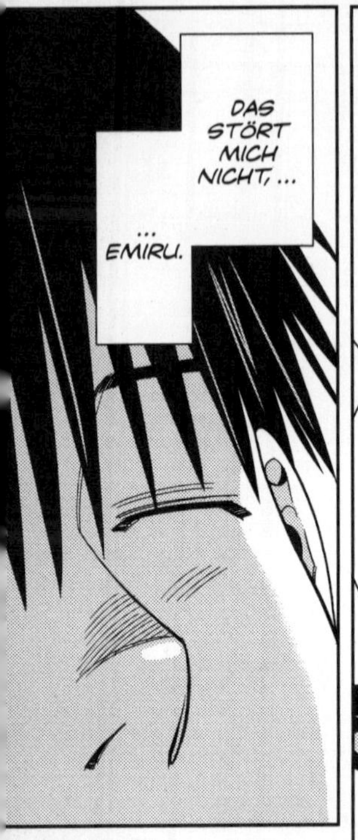

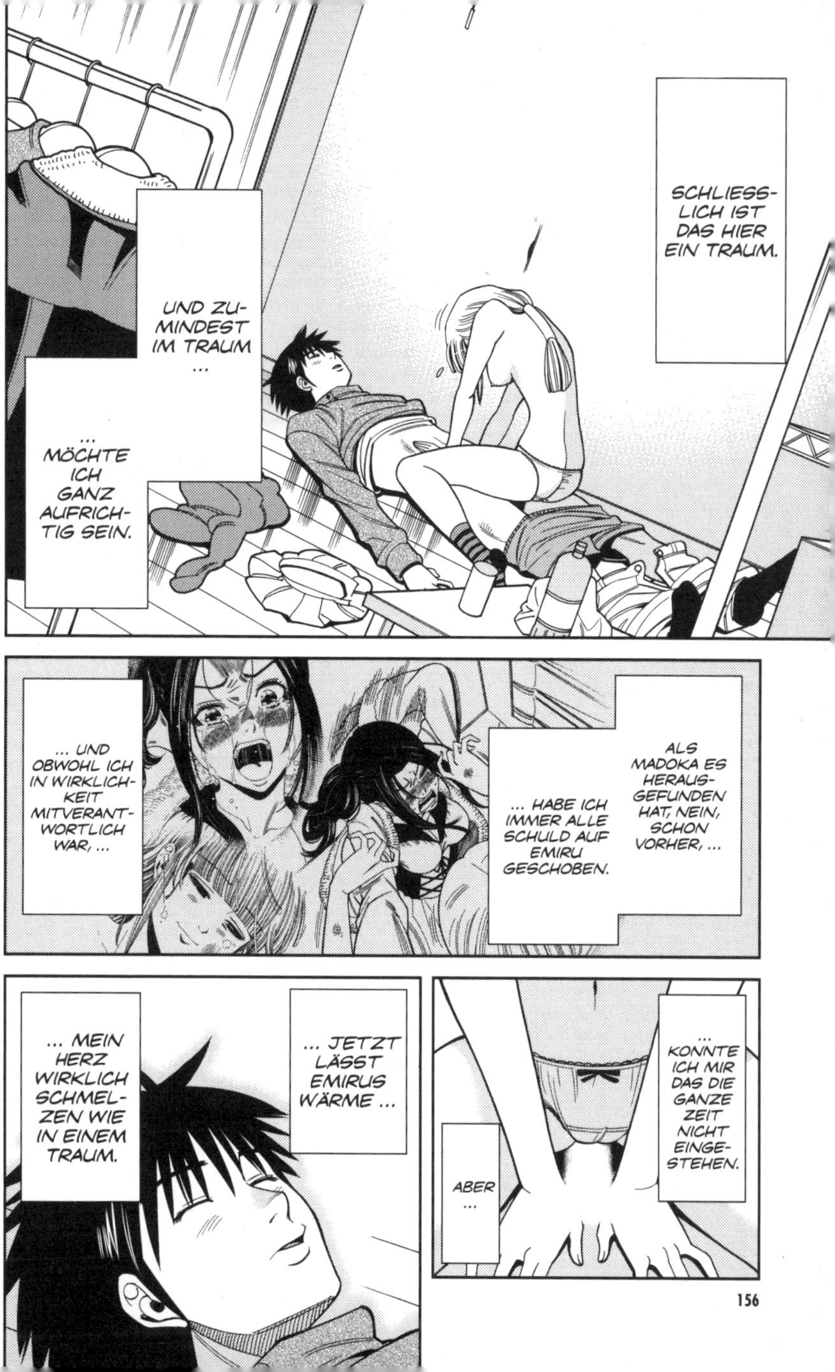

SCHLIESSLICH IST DAS HIER EIN TRAUM.

UND ZUMINDEST IM TRAUM ...

... MÖCHTE ICH GANZ AUFRICHTIG SEIN.

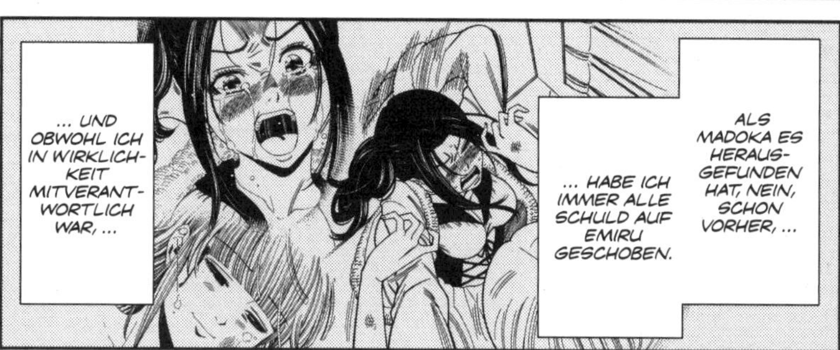

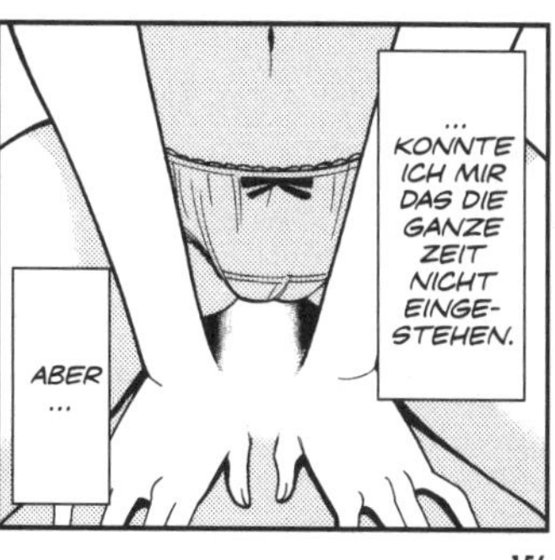

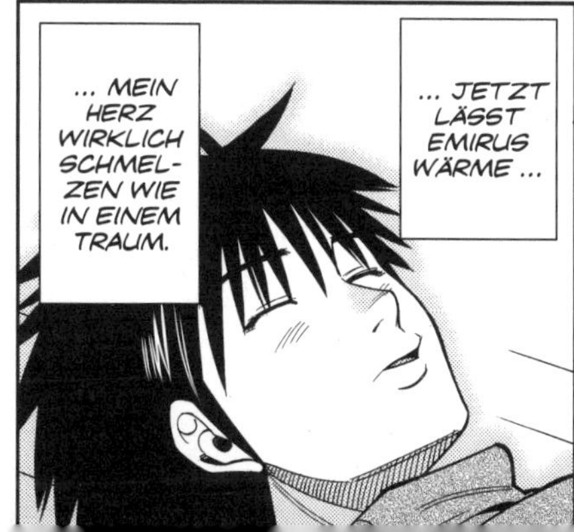

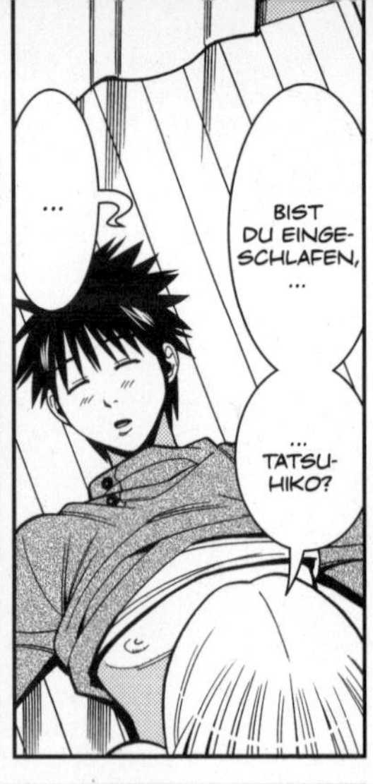
...
BIST DU EINGE-SCHLAFEN, ...
... TATSU-HIKO?

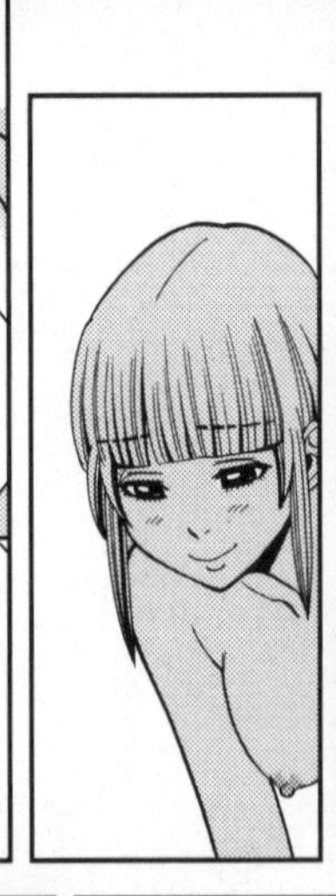

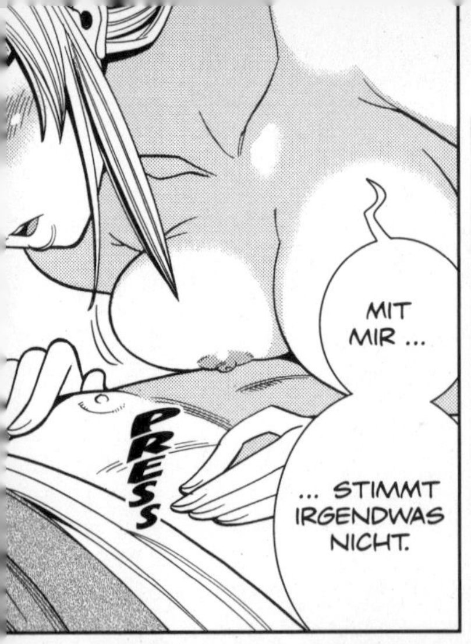
MIT MIR ...
... STIMMT IRGENDWAS NICHT.
PRESS

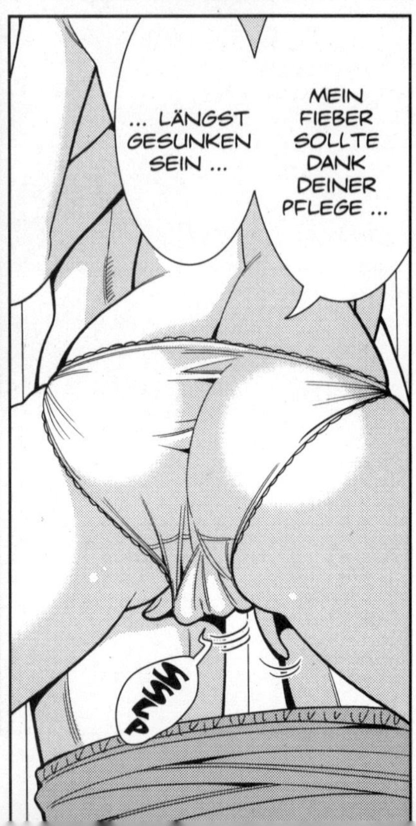
MEIN FIEBER SOLLTE DANK DEINER PFLEGE ...
... LÄNGST GESUNKEN SEIN ...

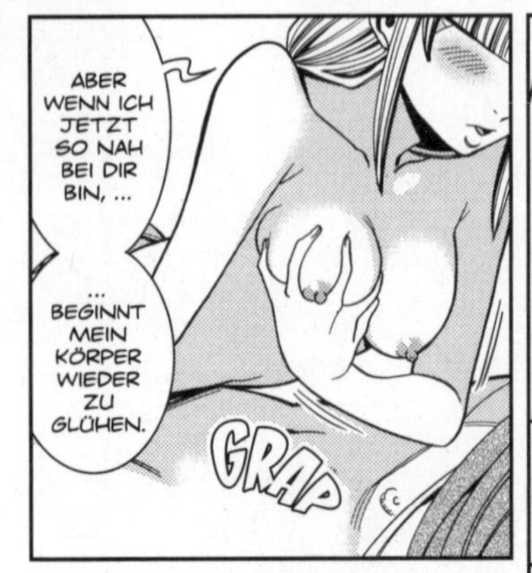
ABER WENN ICH JETZT SO NAH BEI DIR BIN, ...
... BEGINNT MEIN KÖRPER WIEDER ZU GLÜHEN.
GRAP

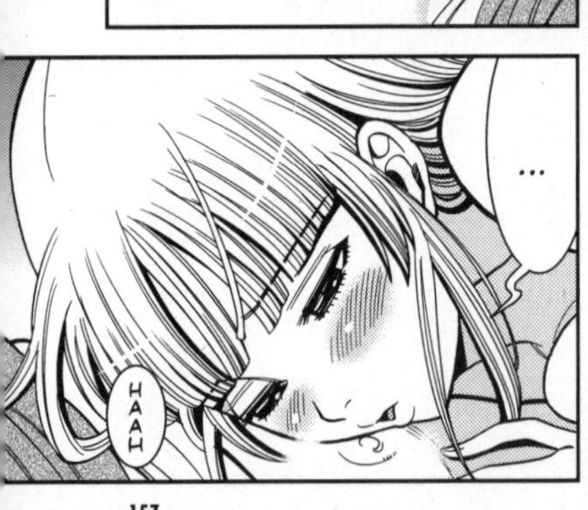
...
HAAH

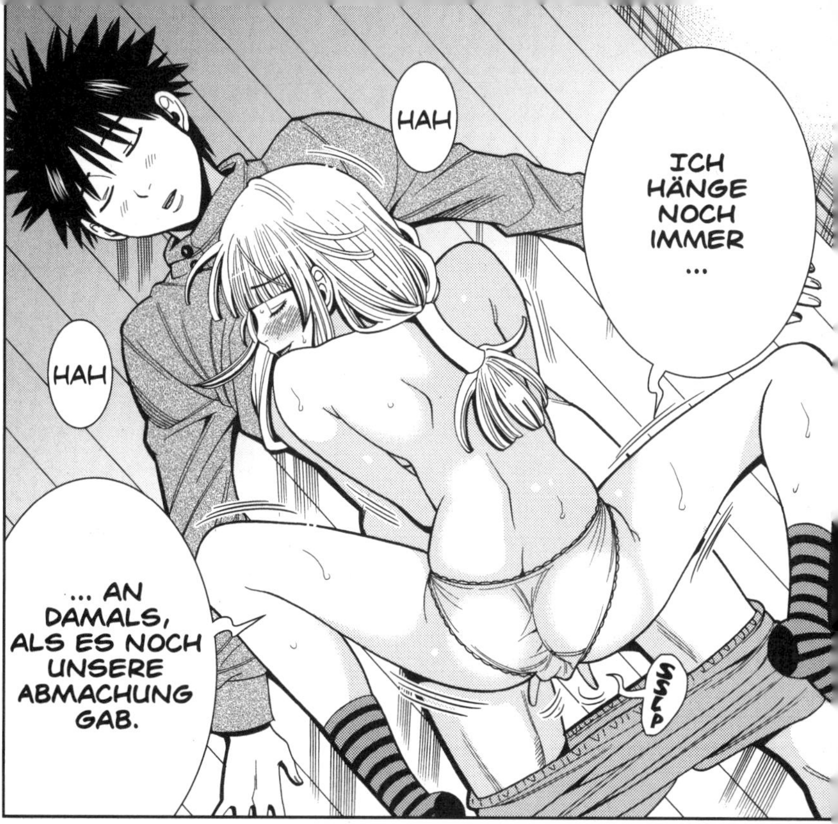

ICH HÄNGE NOCH IMMER ...
HAH
HAH
... AN DAMALS, ALS ES NOCH UNSERE ABMACHUNG GAB.

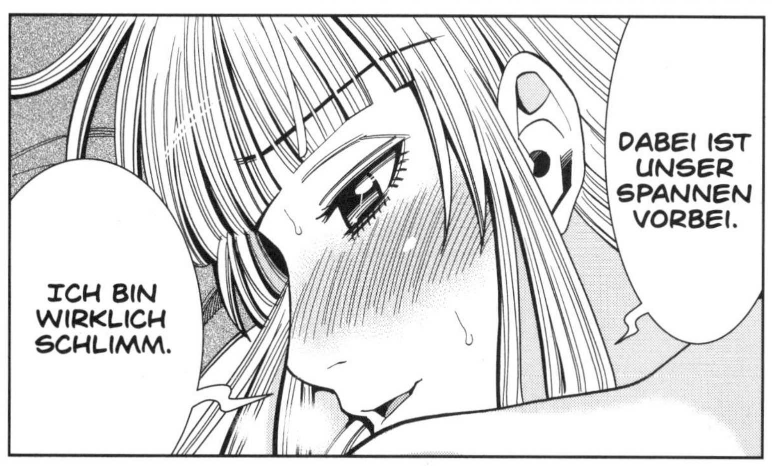

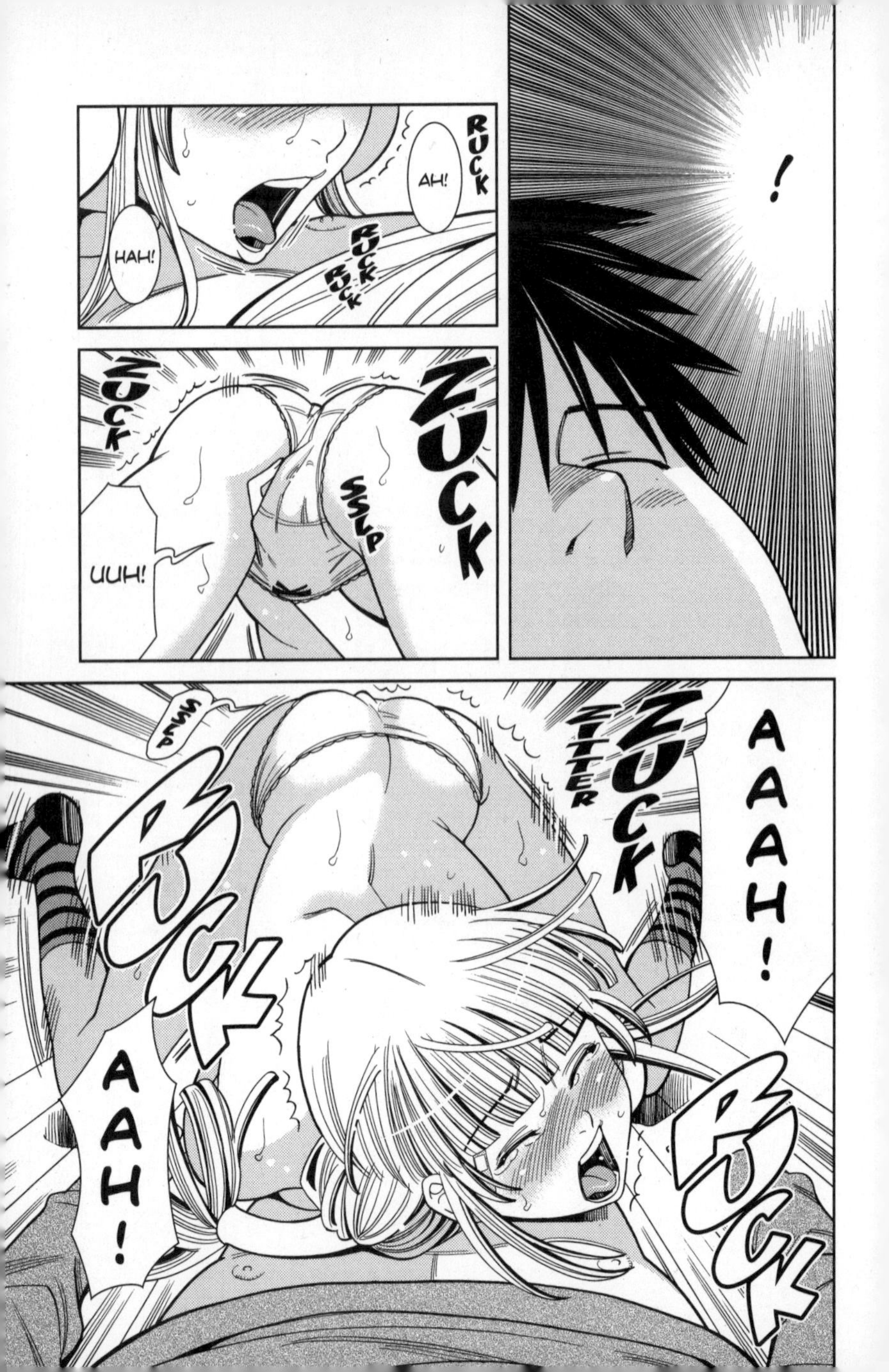

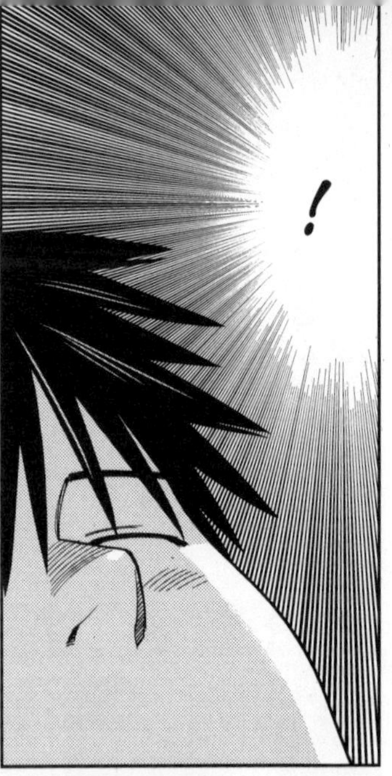
!

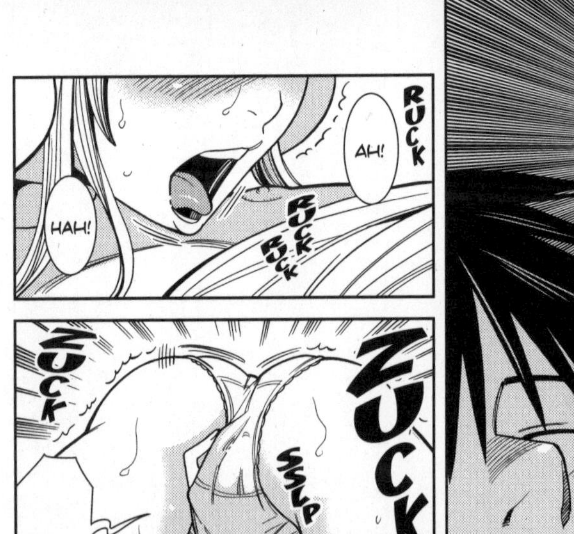
RUCK
AH!
RUCK
RUCK
HAH!
ZUCK
SSLP
ZUCK
UUH!

AAAH!
ZUCK
ZITTER
SSLP
RUCK
RUCK
AAH!

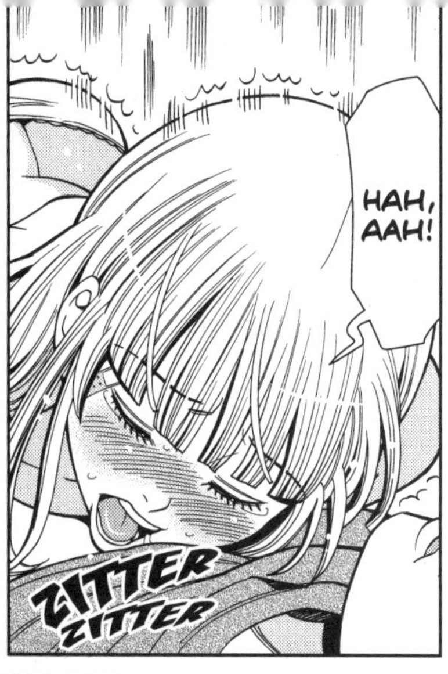
HAH, AAH!
ZITTER ZITTER

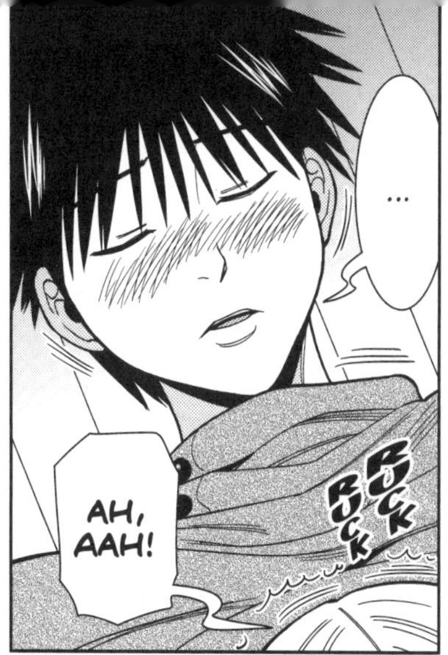
...
AH, AAH!
RUCK RUCK

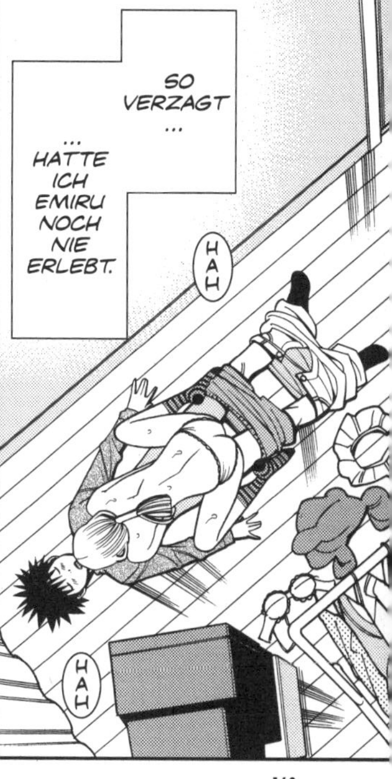
SO VERZAGT ...
... HATTE ICH EMIRU NOCH NIE ERLEBT.
HAH
HAH

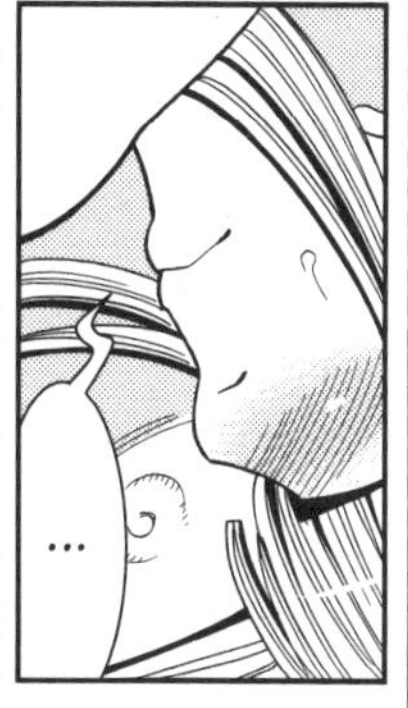
...

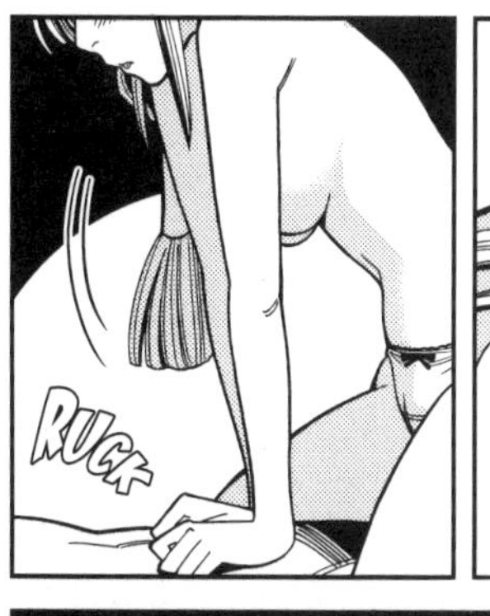
RUCK

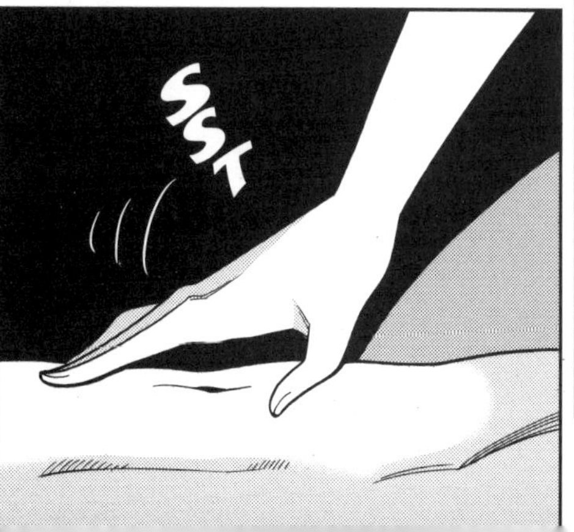
SSK

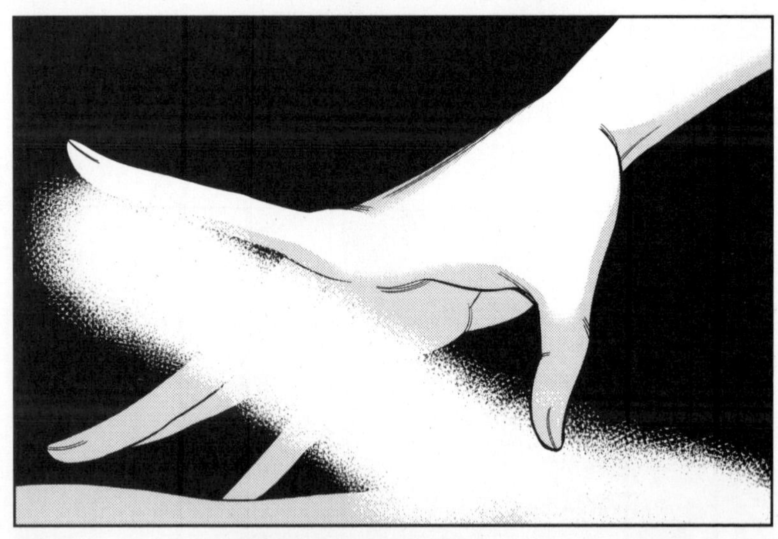

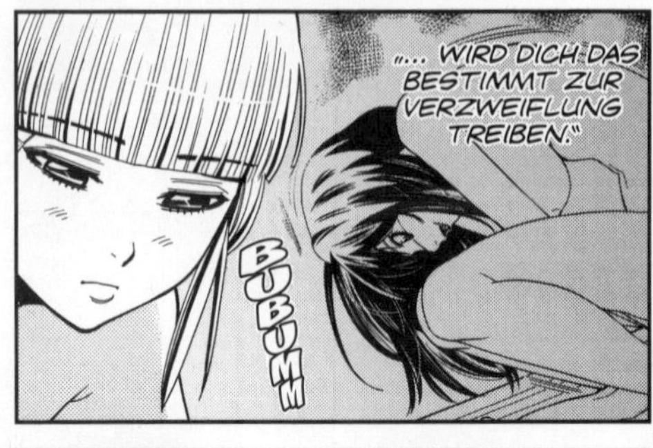
"... WIRD DICH DAS BESTIMMT ZUR VERZWEIFLUNG TREIBEN."
BUBUMM

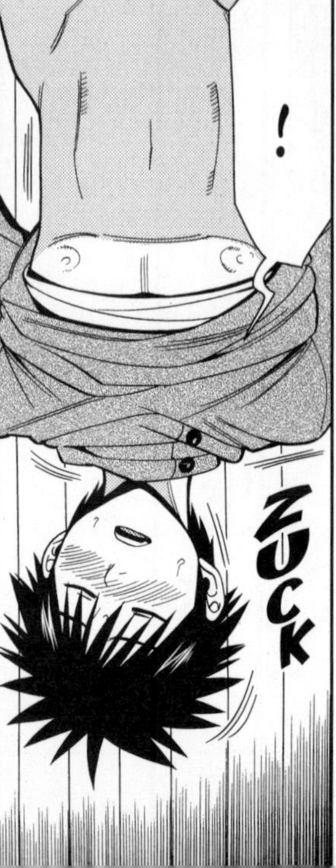
!
ZUCK

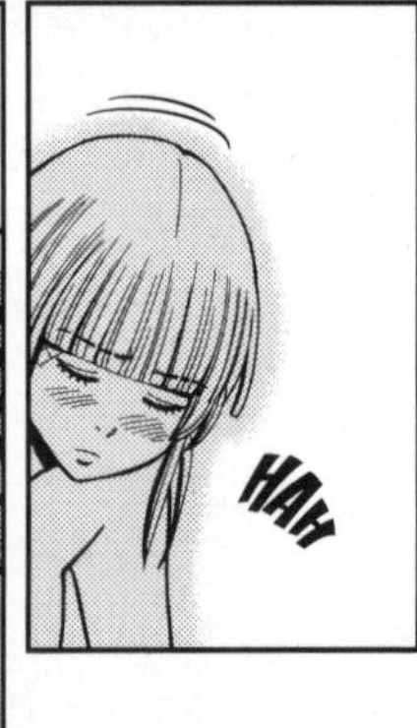
HAH

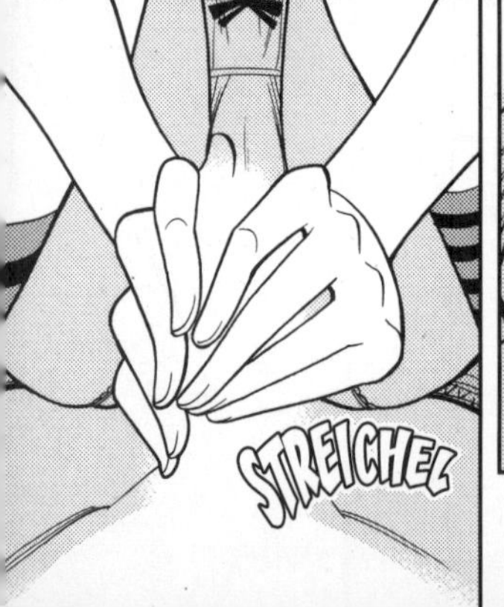
STREICHEL

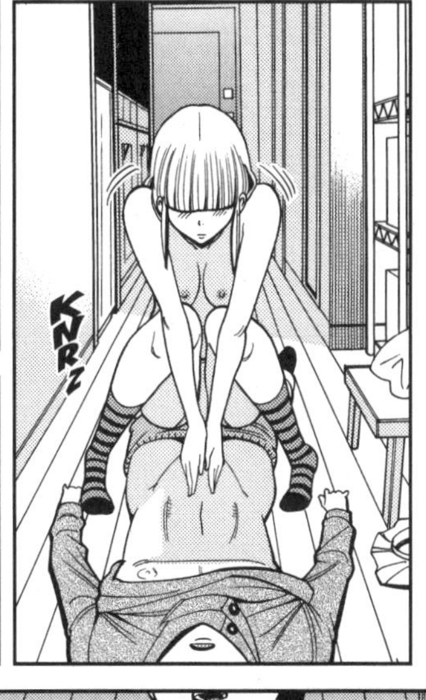
KNRZ

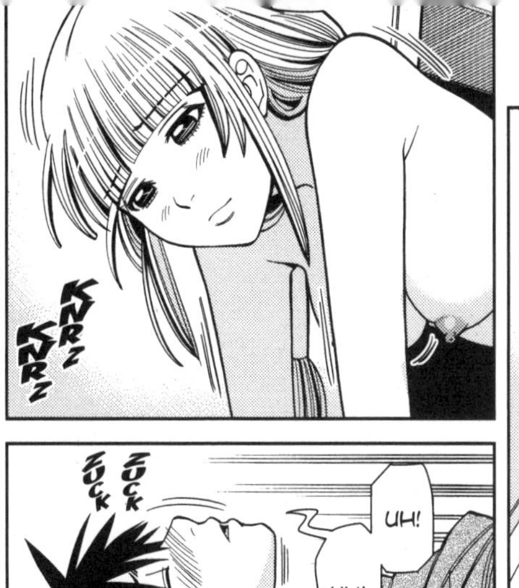
KNRZ
KNRZ

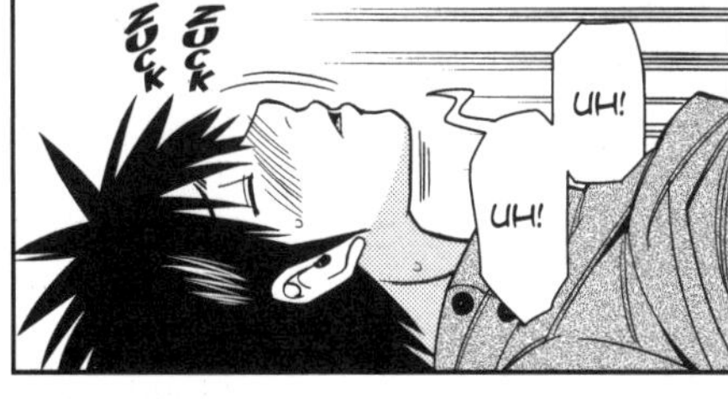
ZUCK
ZUCK
UH!
UH!

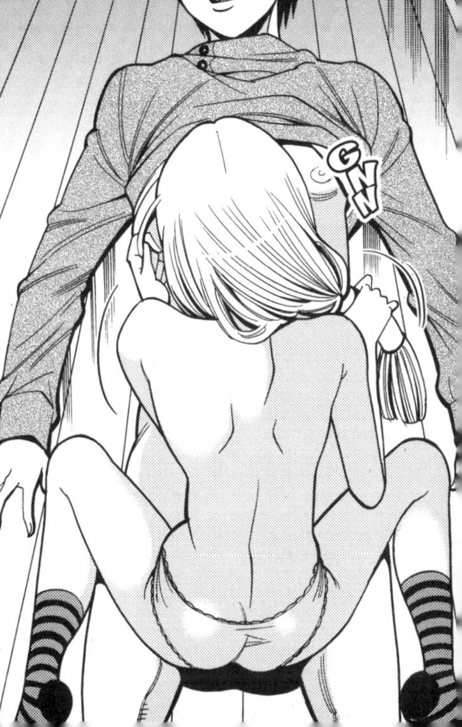
GNN

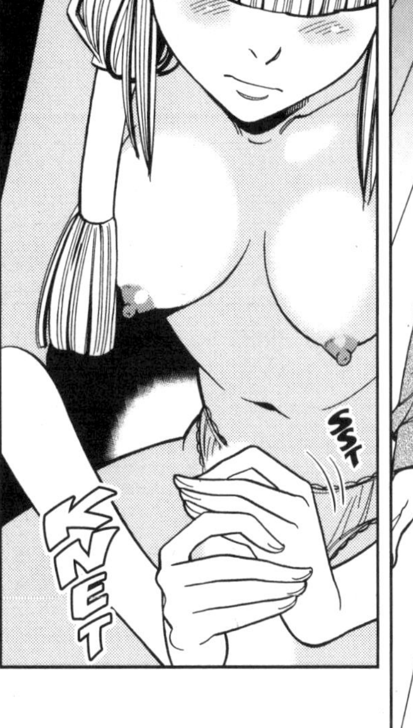
SST
KNET

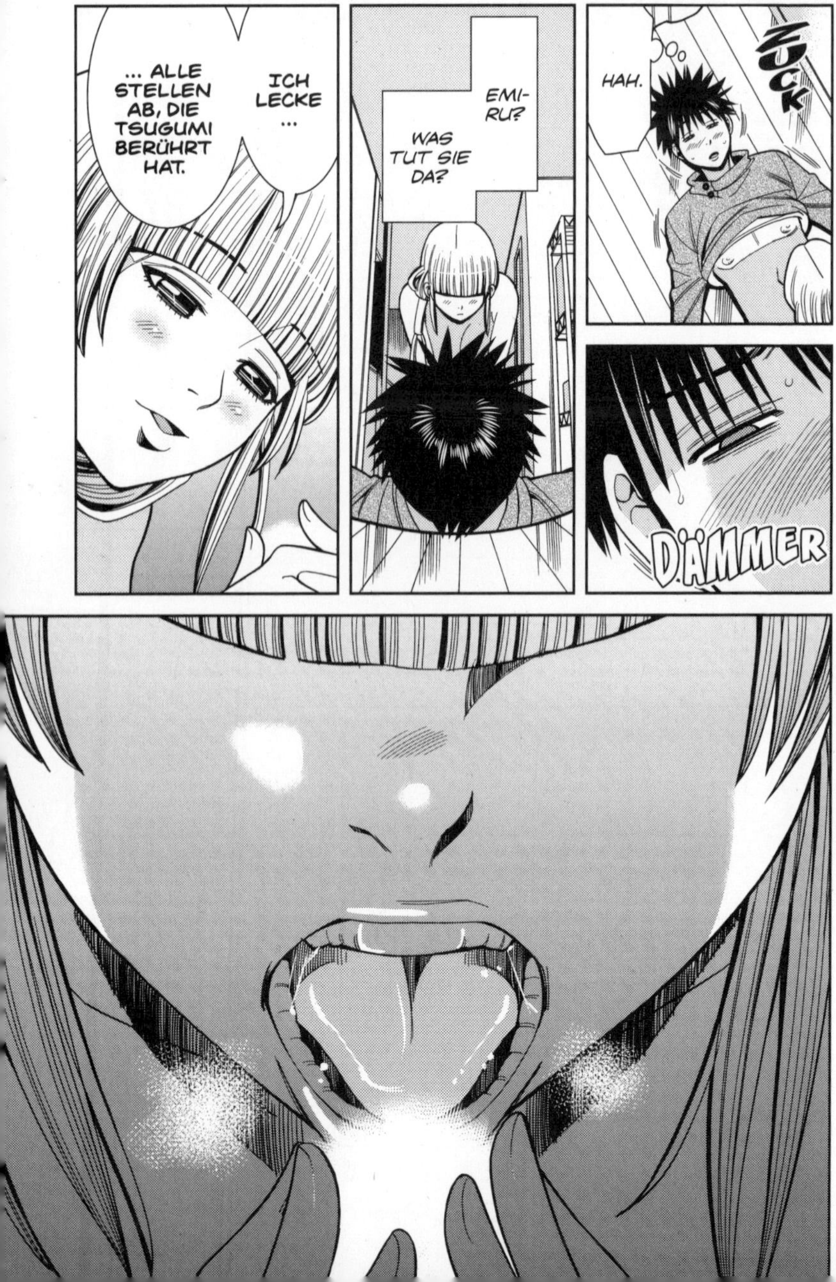

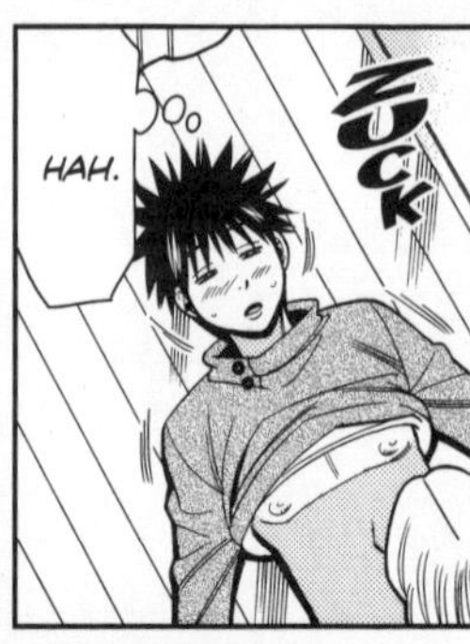
ZUCK
HAH.

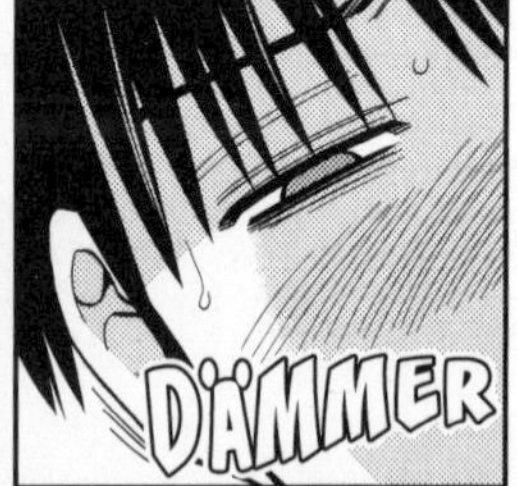
DÄMMER

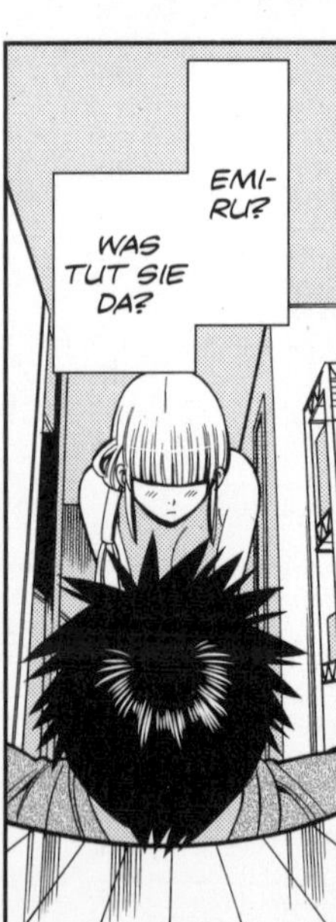
EMI-RU?
WAS TUT SIE DA?

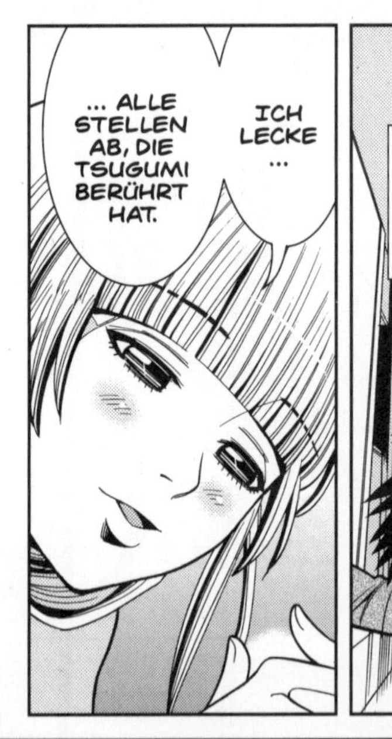
ICH LECKE ...
... ALLE STELLEN AB, DIE TSUGUMI BERÜHRT HAT.

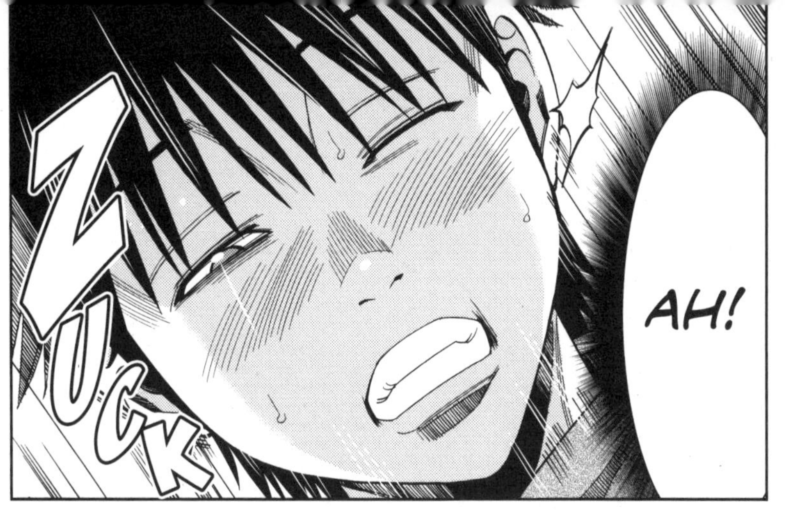

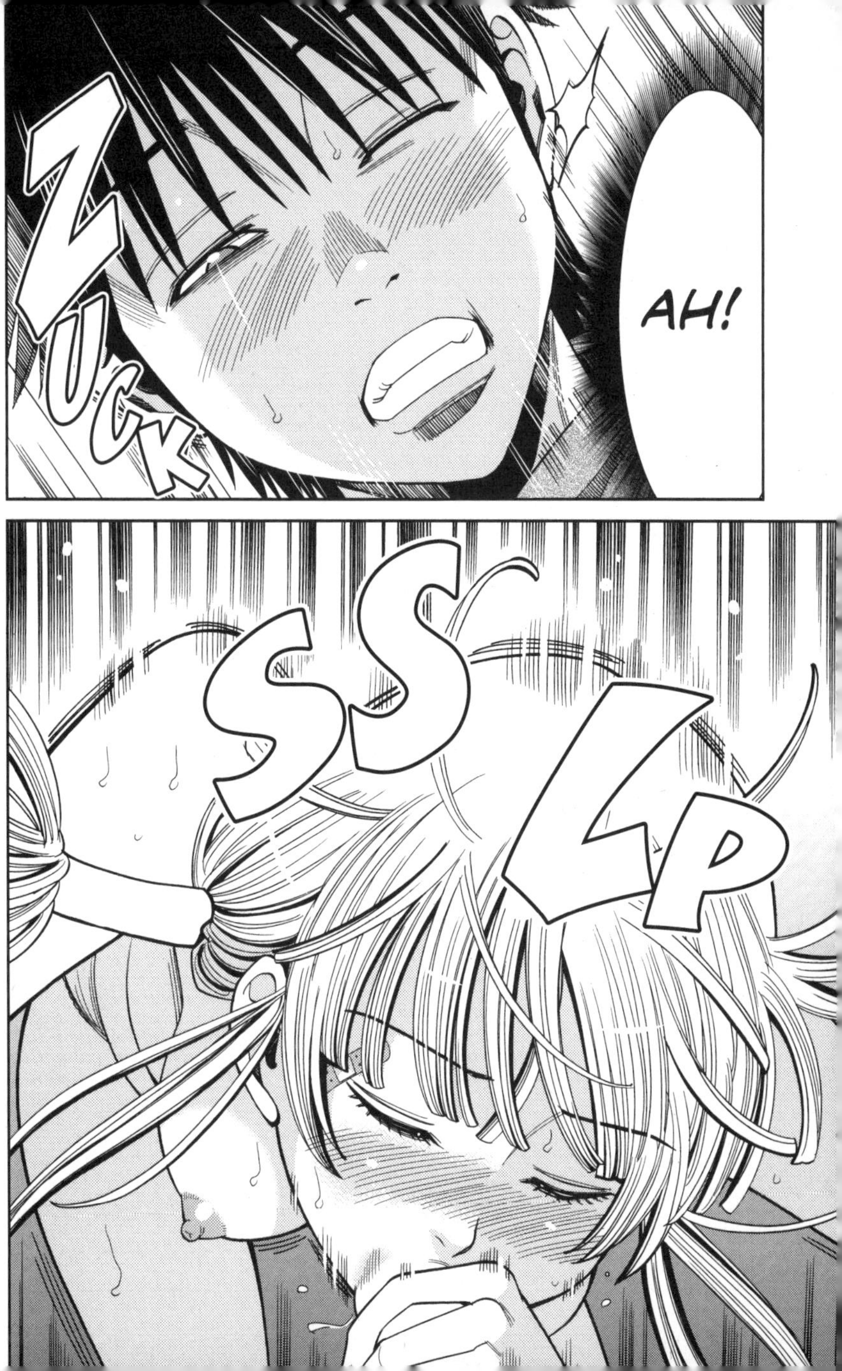

SSLP

HEIMLICHE
BLICKE
10

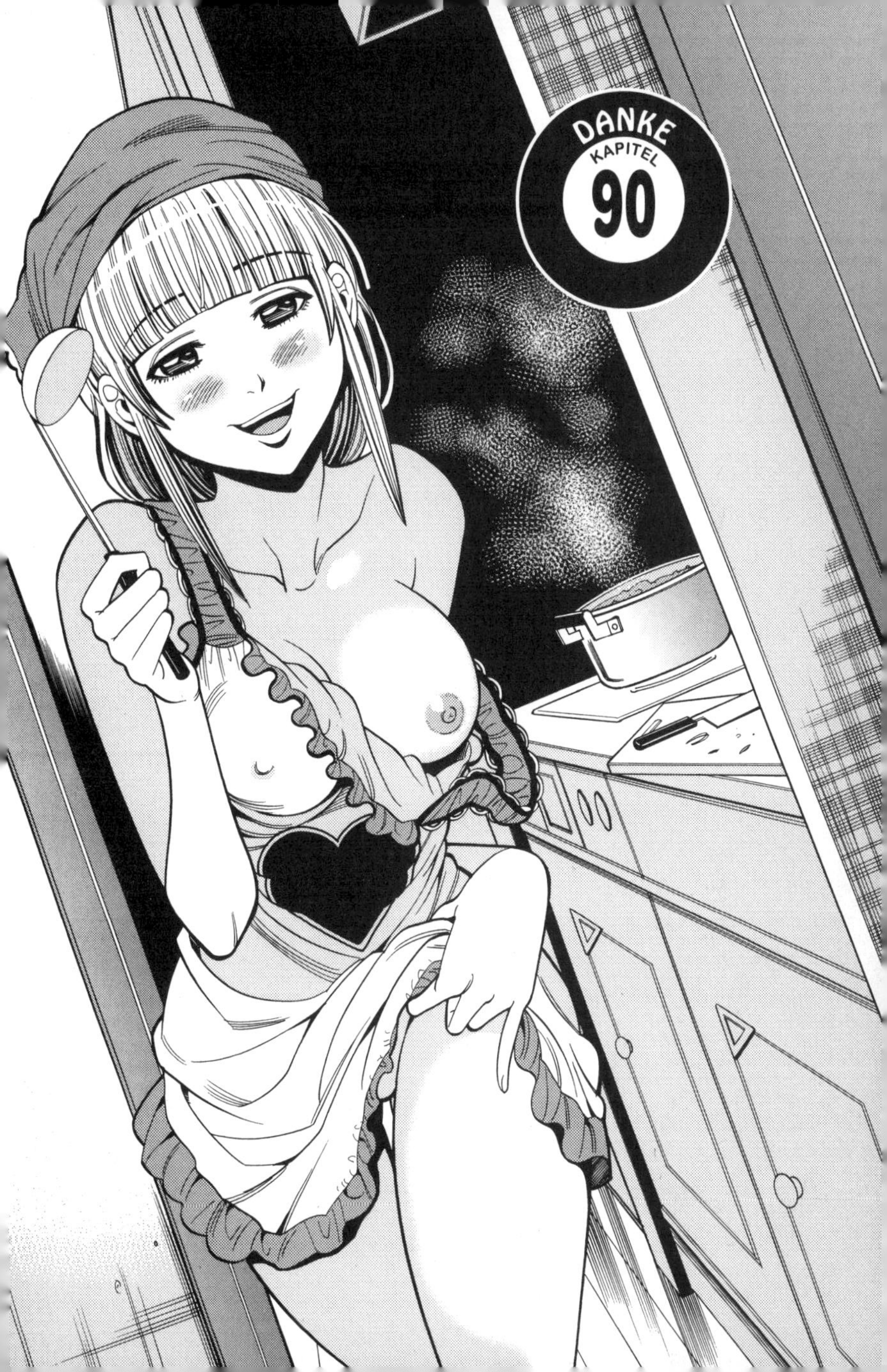
DANKE
KAPITEL
90

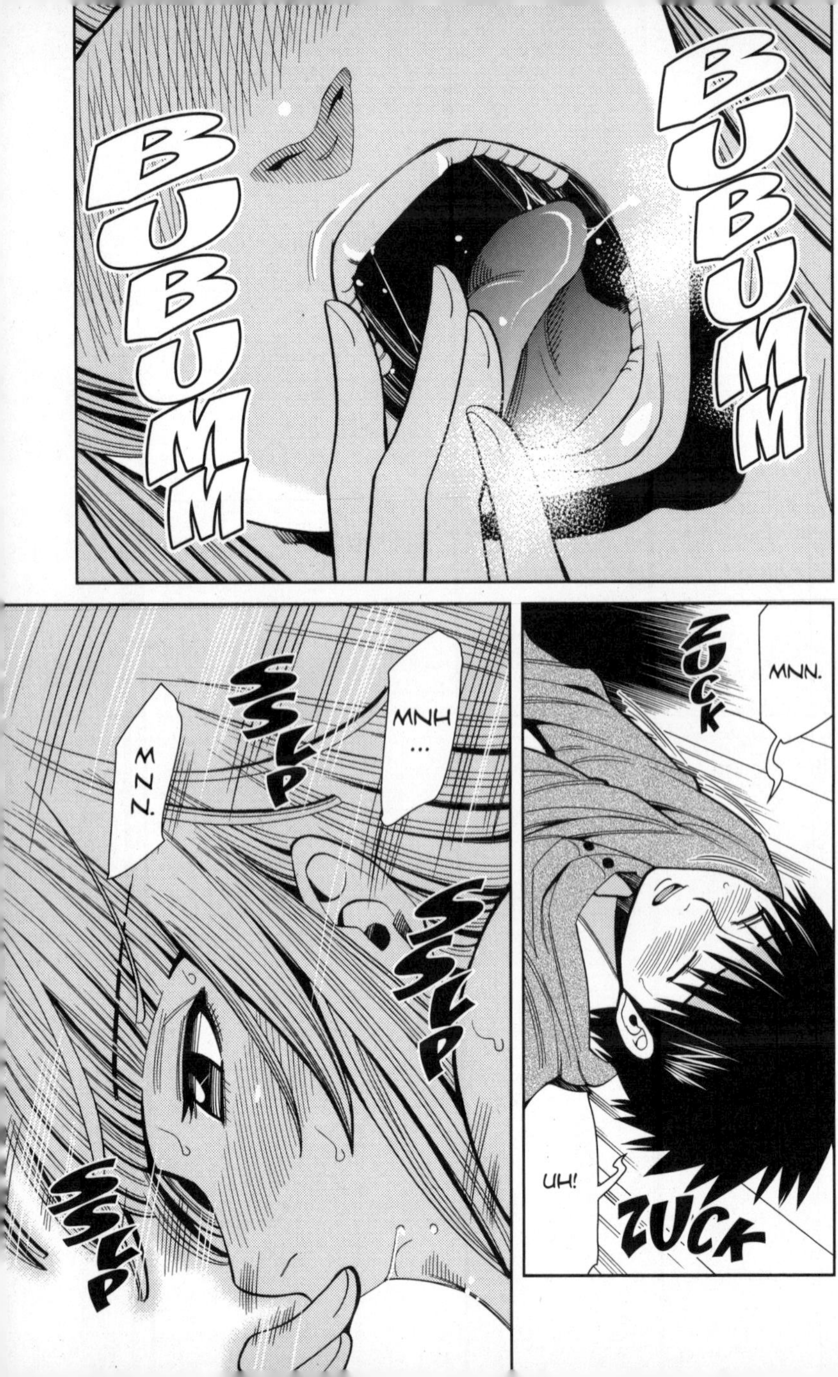

BUBUMM
BUBUMM
ZUCK
MNN.
UH!
ZUCK
MNH ...
SSLP
MNN.
SSLP
SSLP

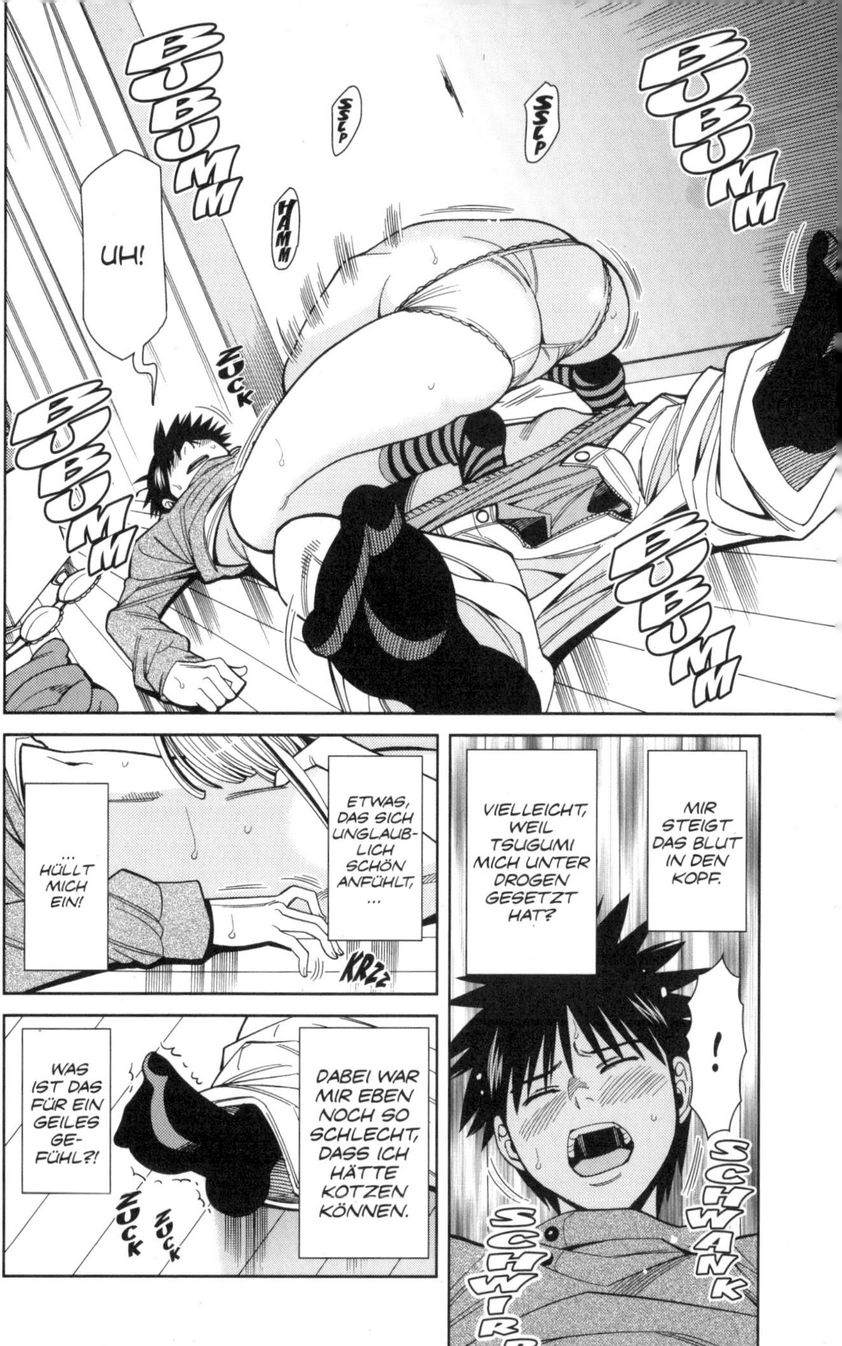

BUBUMM
SSLP
SSLP
HAMM
BUBUMM
UH!
ZUCK
BUBUMM
BUBUMM

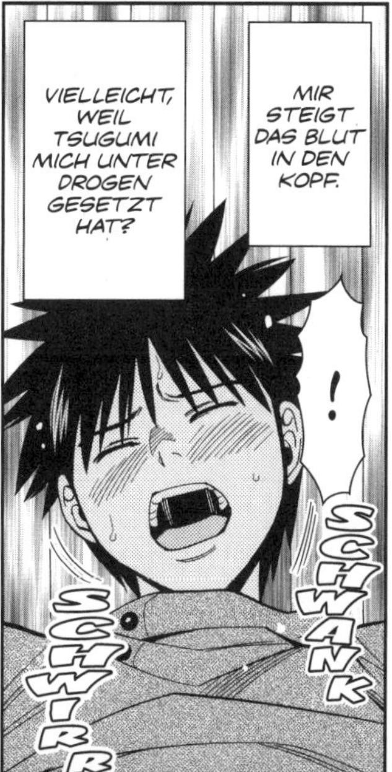

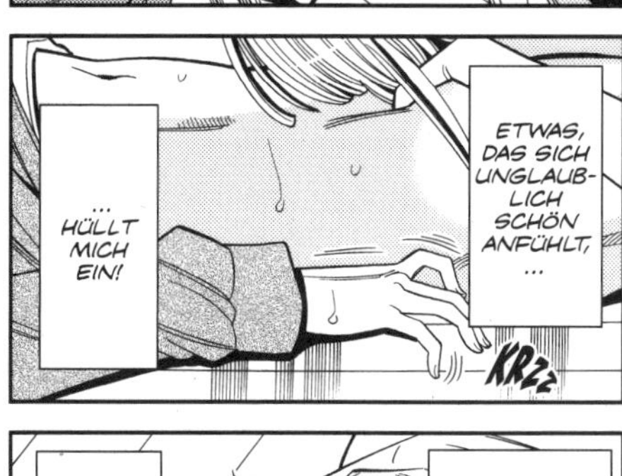

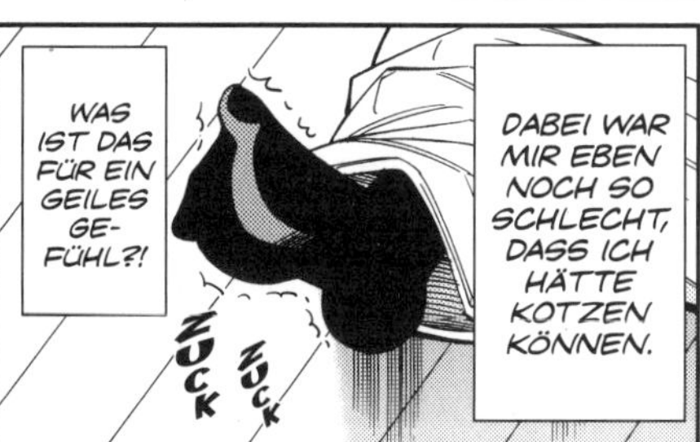

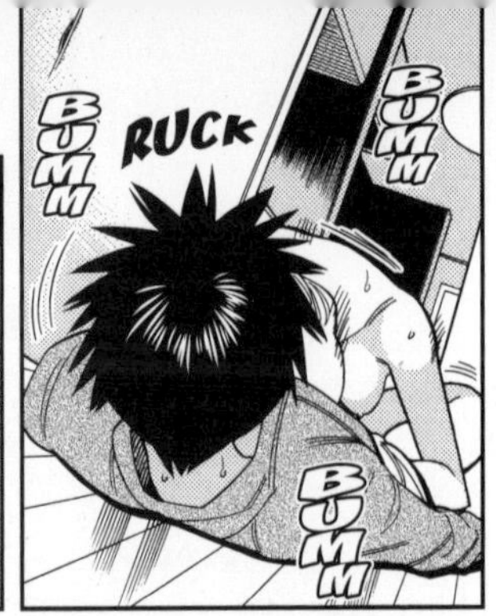
BUMM
RUCK
BUMM
BUMM

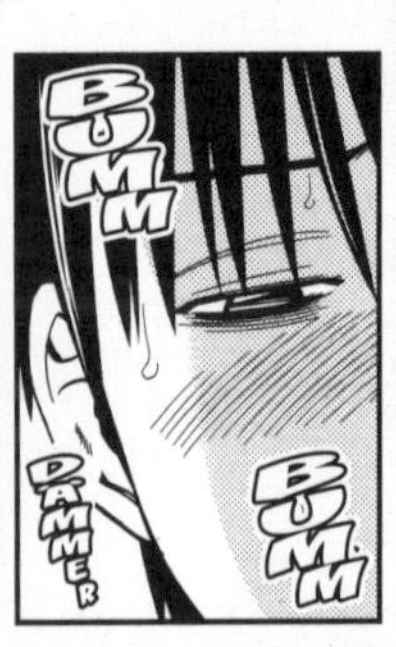
BUMM
BUMM
DÄMMER

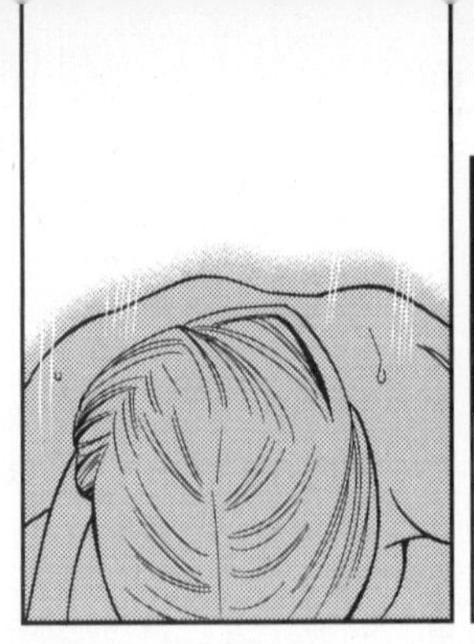

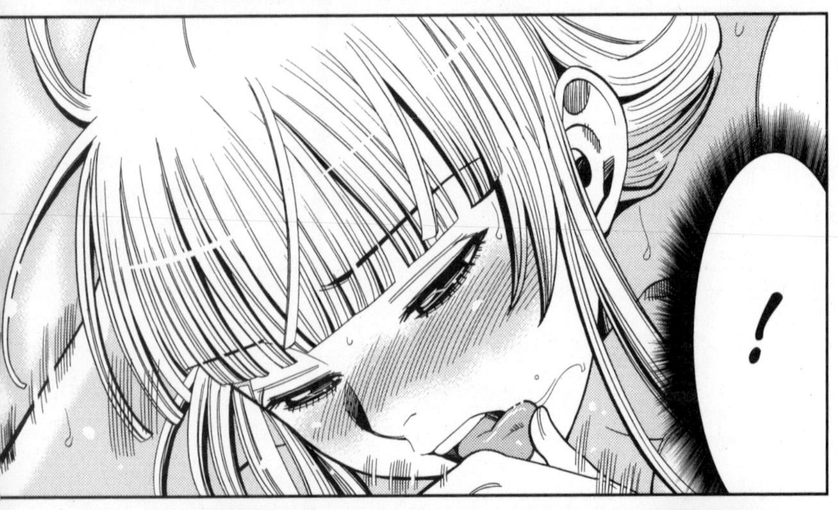
!

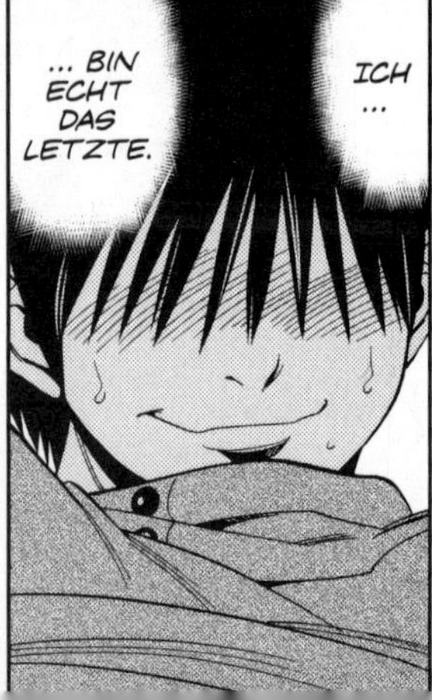
ICH ...
... BIN ECHT DAS LETZTE.

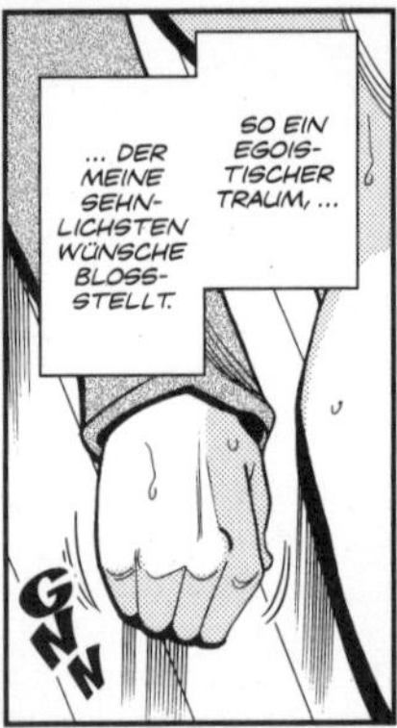
SO EIN EGOIS-TISCHER TRAUM, ...
... DER MEINE SEHN-LICHSTEN WÜNSCHE BLOSS-STELLT.
GNN

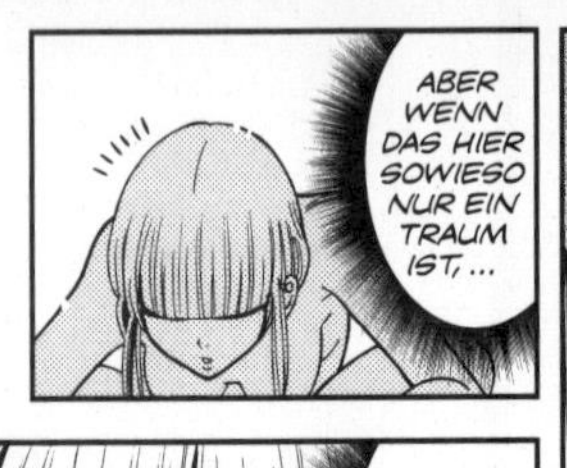
ABER WENN DAS HIER SOWIESO NUR EIN TRAUM IST, ...

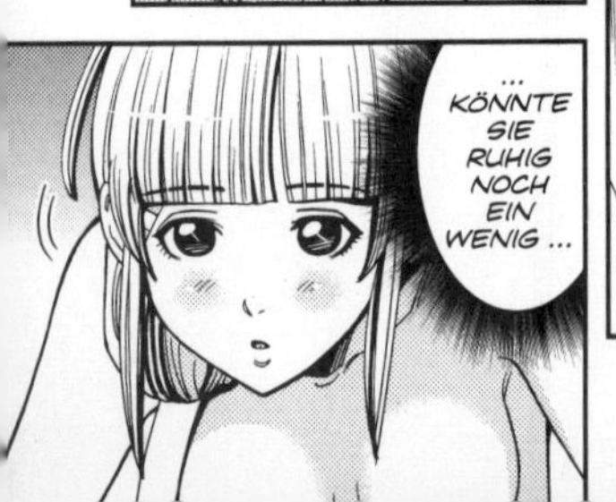
... KÖNNTE SIE RUHIG NOCH EIN WENIG ...

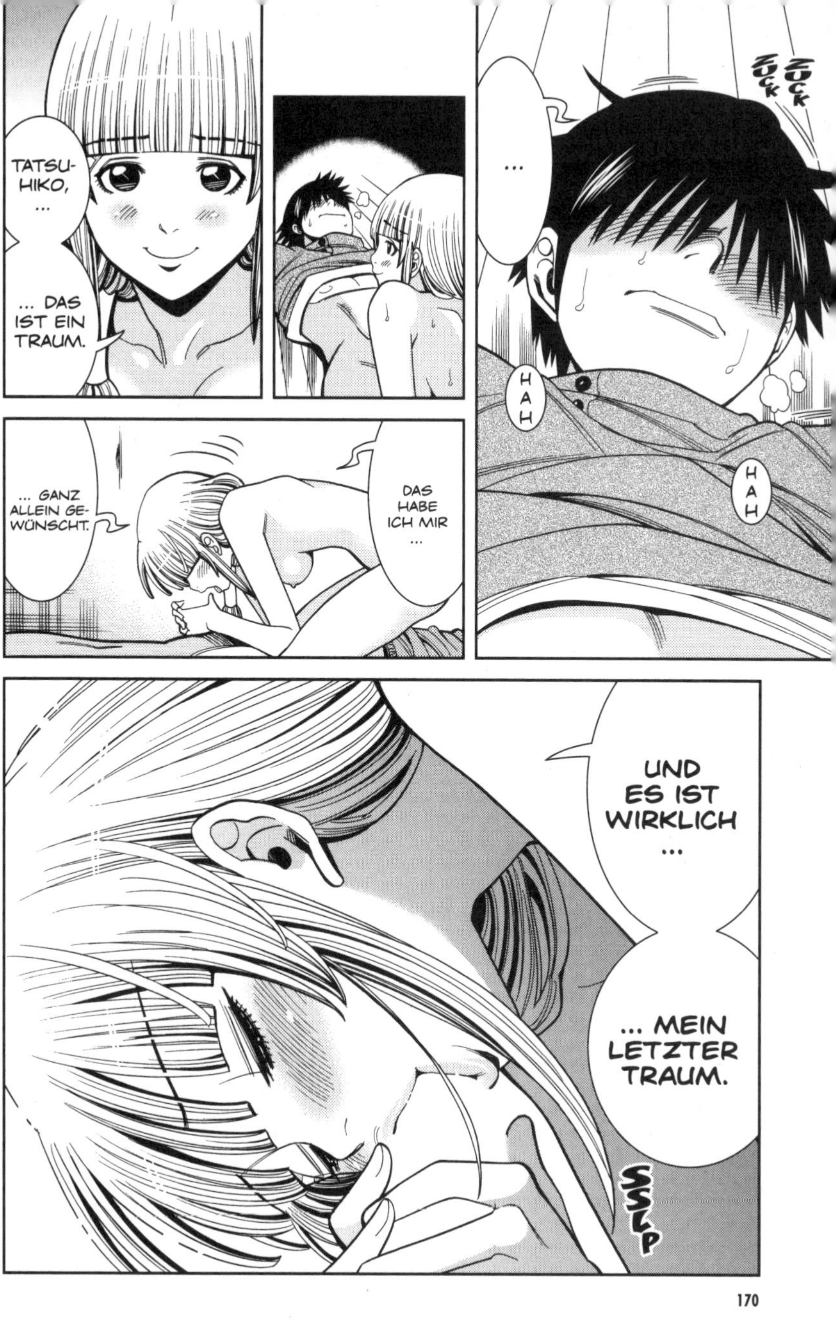

ZUCK ZUCK
...
HAH
HAH
TATSU-HIKO, ...
... DAS IST EIN TRAUM.
DAS HABE ICH MIR ...
... GANZ ALLEIN GE-WÜNSCHT.
UND ES IST WIRKLICH ...
... MEIN LETZTER TRAUM.
SSLP

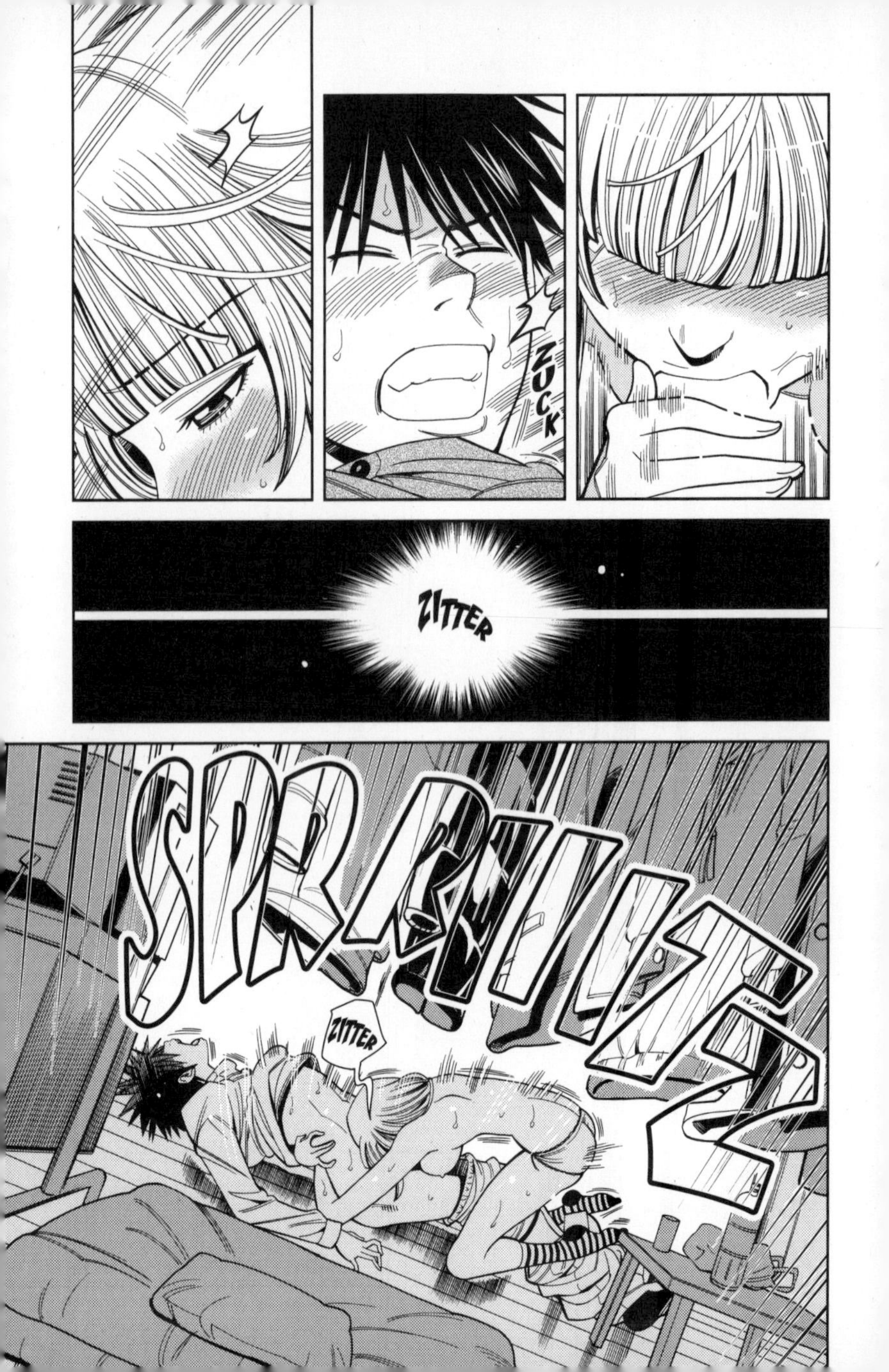

ZUCK
ZITTER
ZITTER

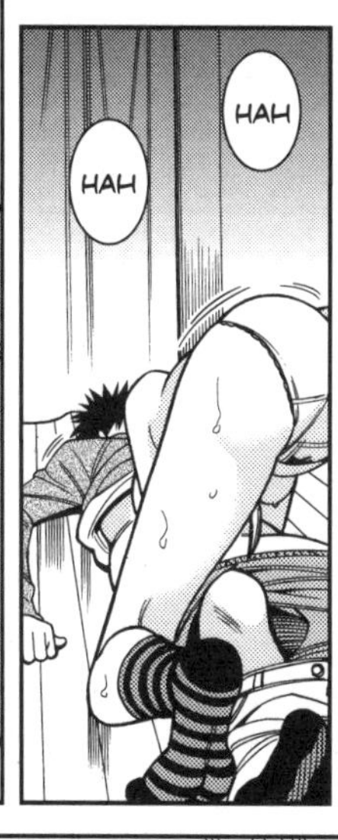
HAH
HAH

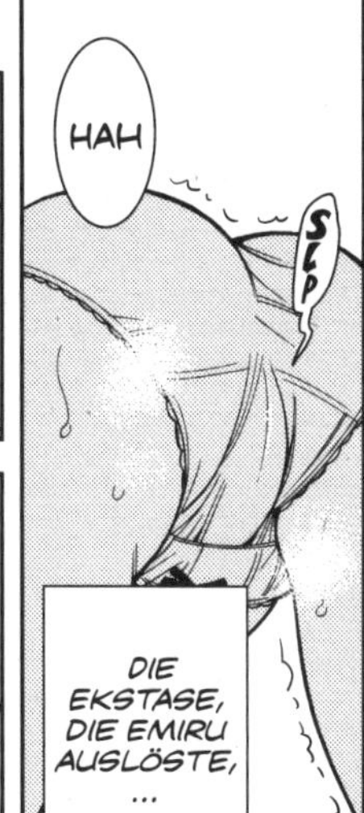
HAH
SSLP
DIE EKSTASE, DIE EMIRU AUSLÖSTE, ...

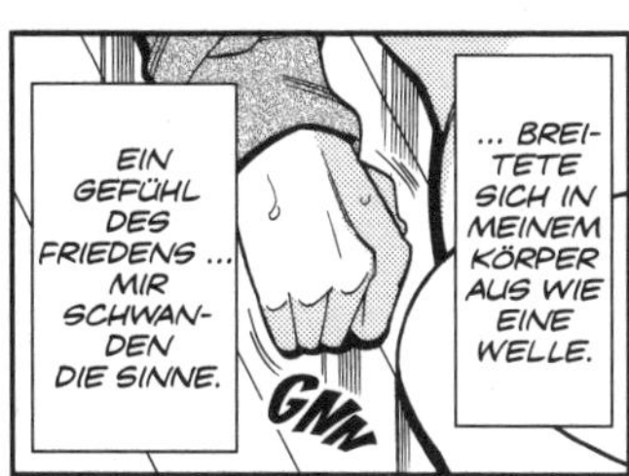
... BREITETE SICH IN MEINEM KÖRPER AUS WIE EINE WELLE.
EIN GEFÜHL DES FRIEDENS ... MIR SCHWANDEN DIE SINNE.
GNN

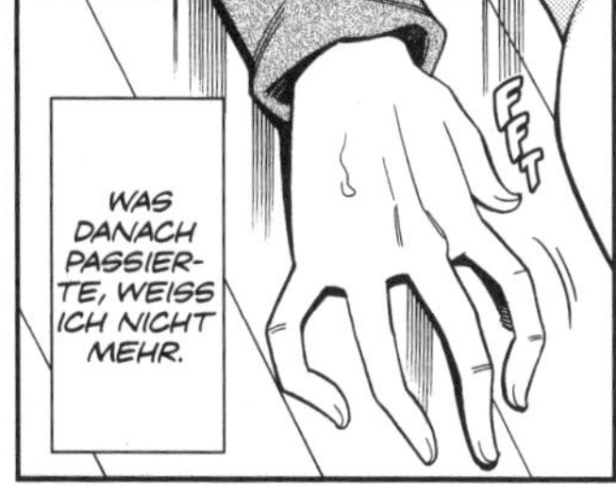
FFT
WAS DANACH PASSIERTE, WEISS ICH NICHT MEHR.

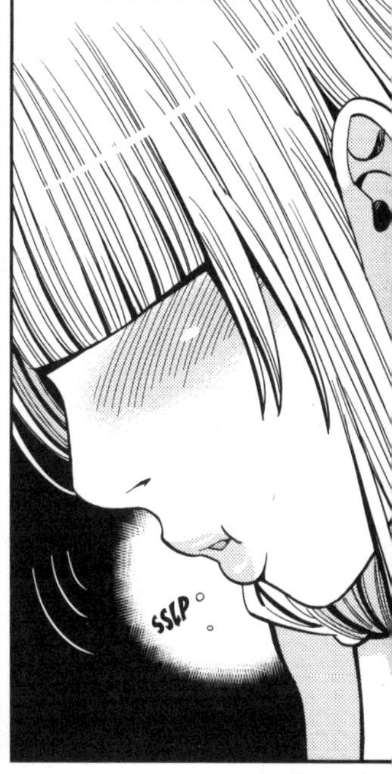
SSLP

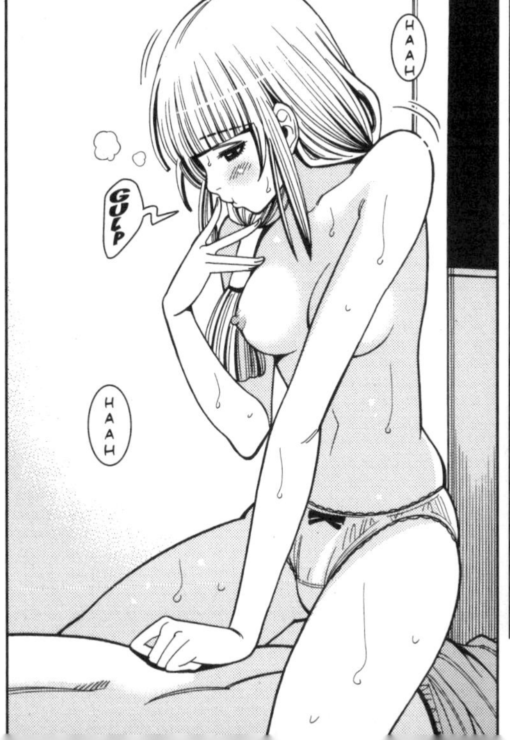
HAAH
GULP
HAAH

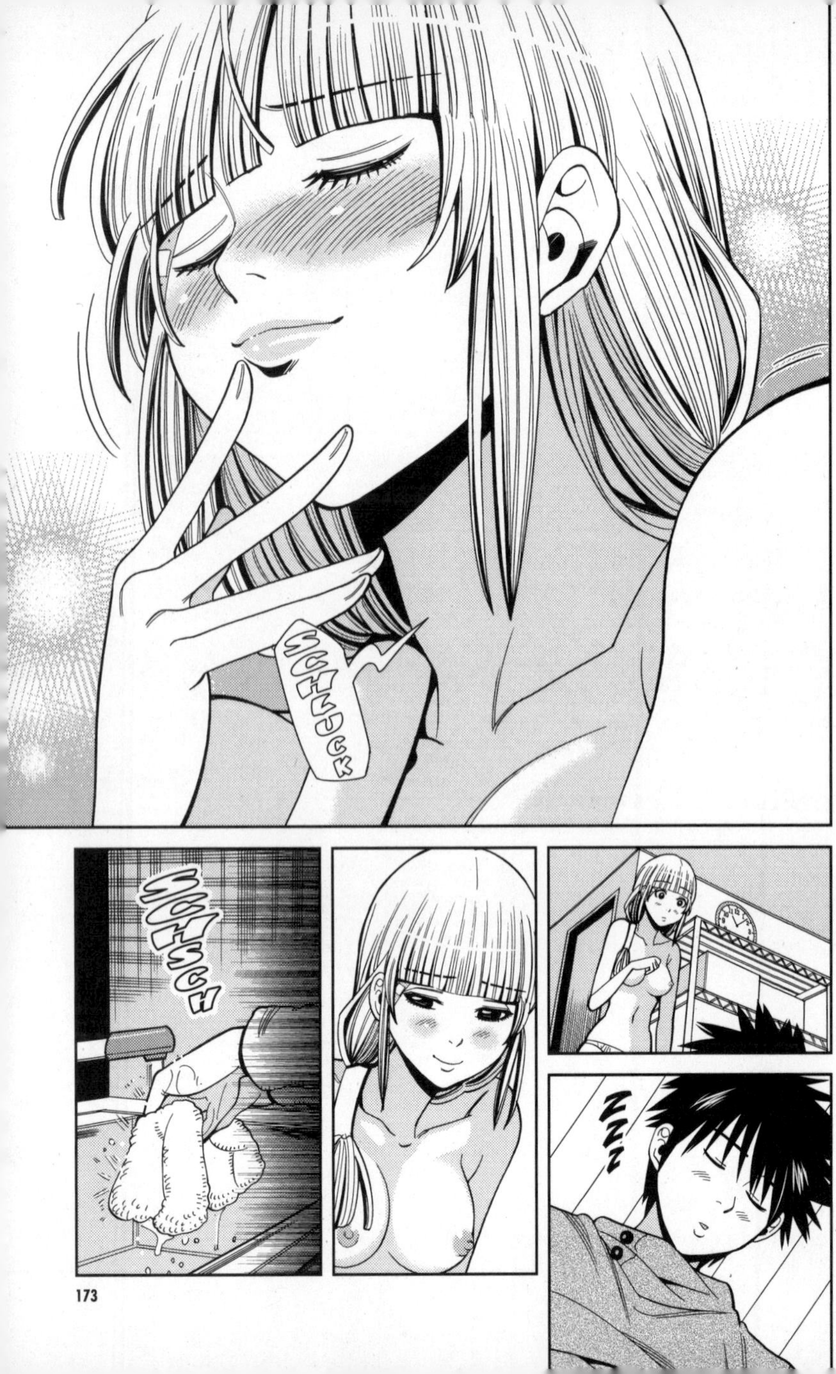

SCHLUCK

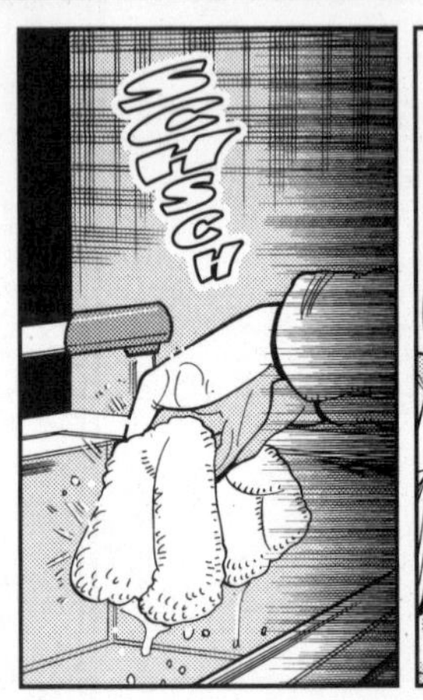

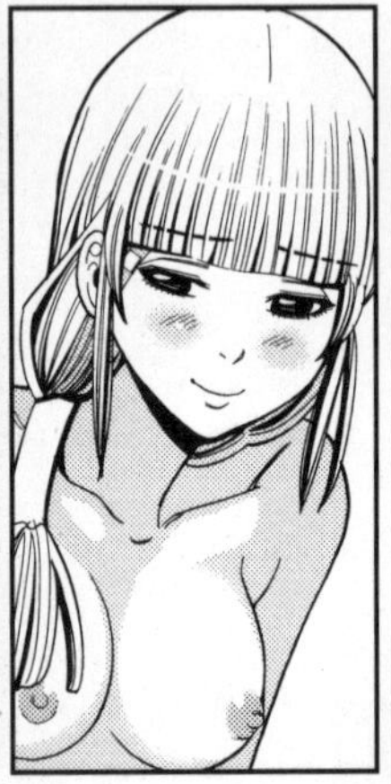

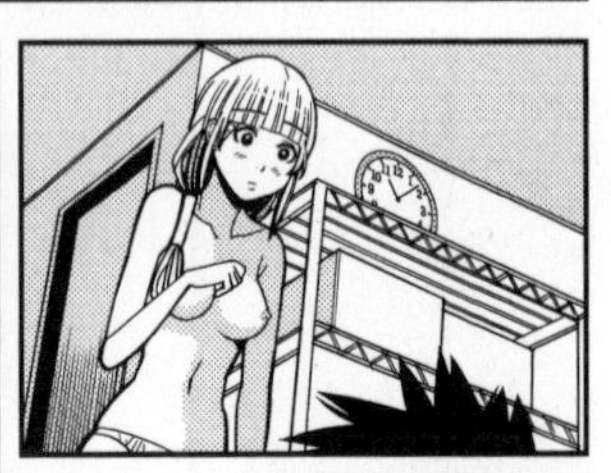

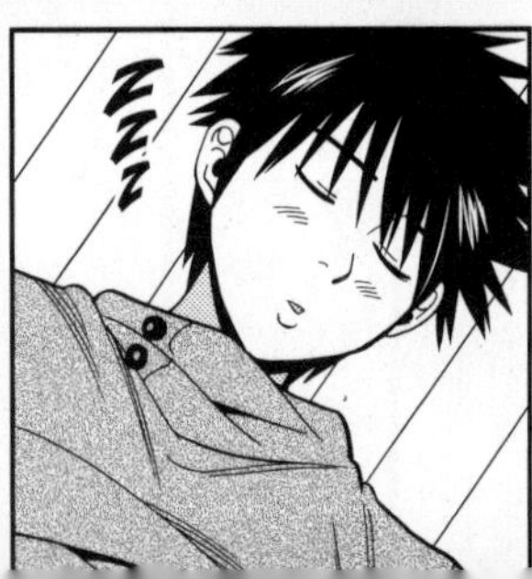

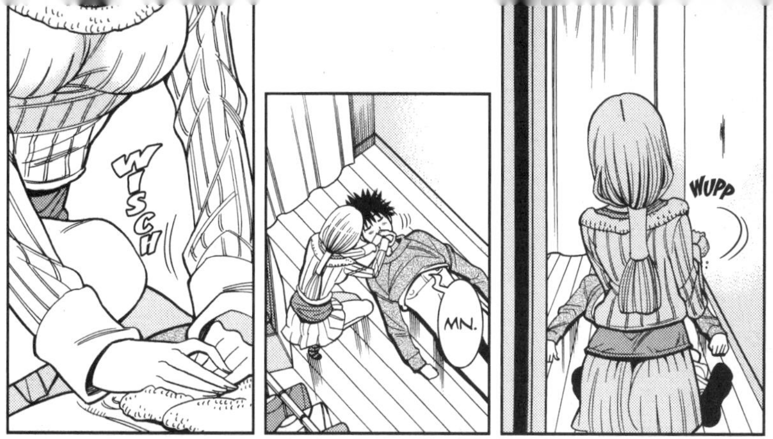
WUPP
MN.
WISCH

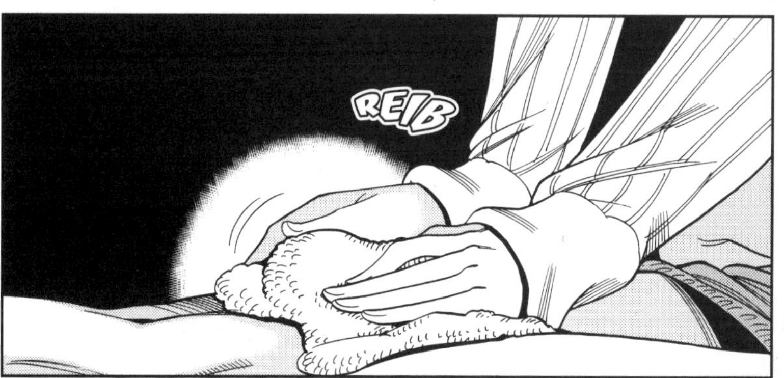
REIB

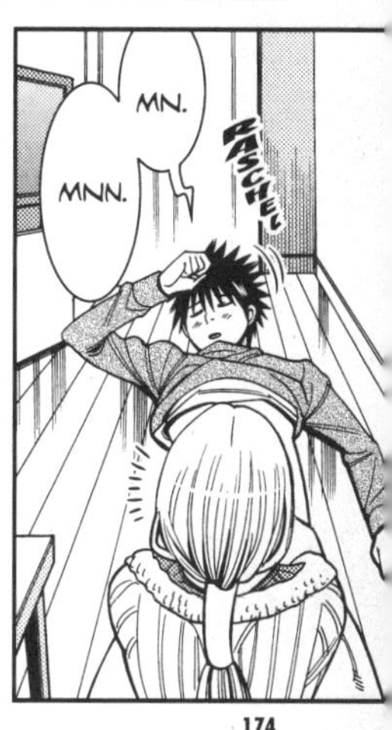
RASCHEL
MN.
MNN.

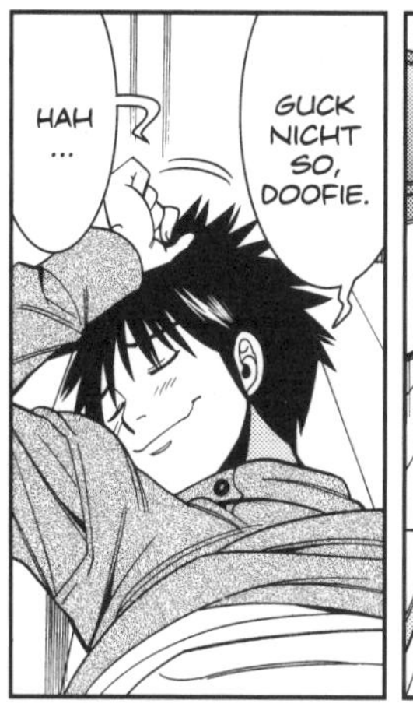
GUCK NICHT SO, DOOFIE.
HAH ...

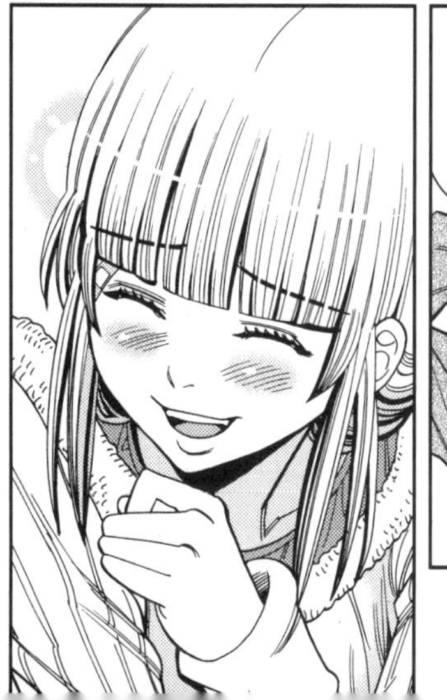

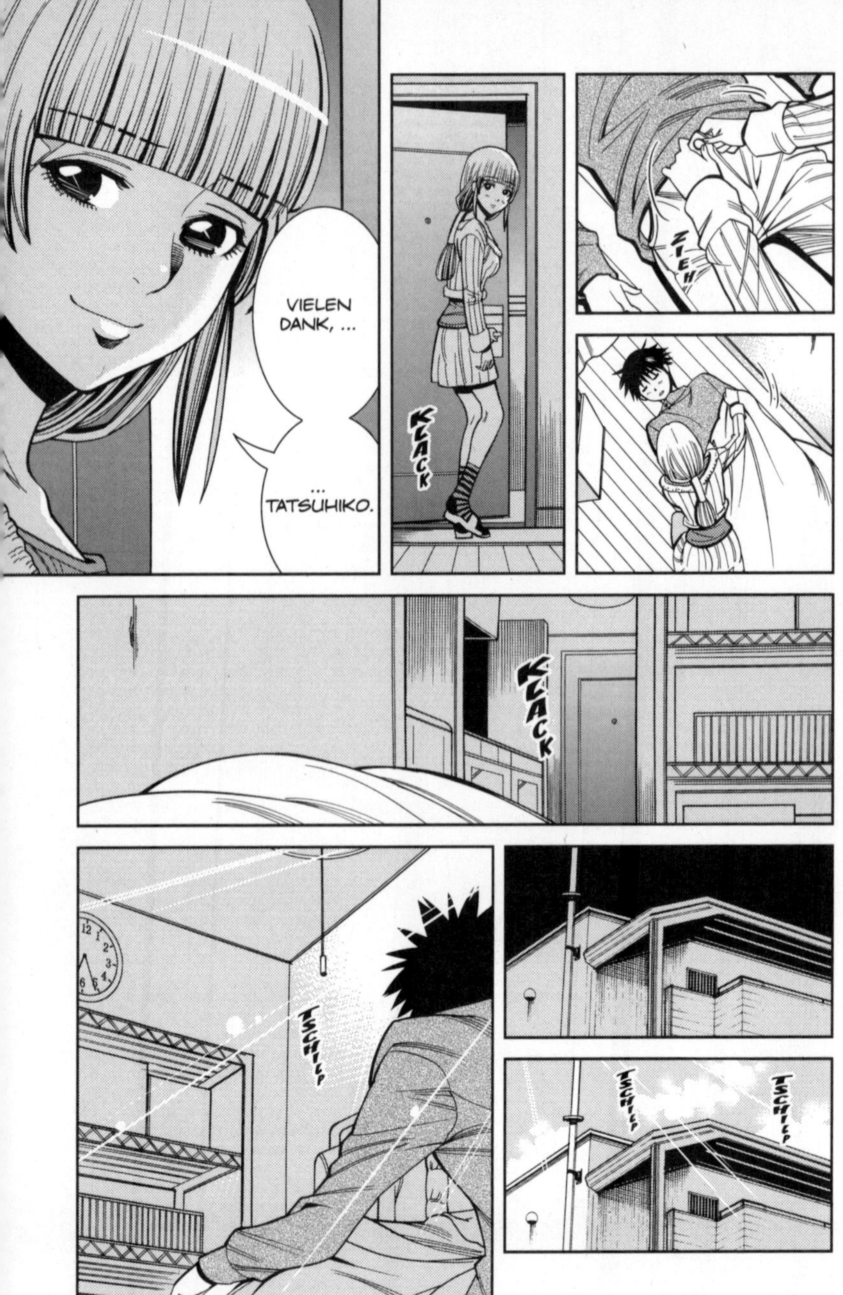
ZIEH
KLACK
VIELEN DANK, ...
... TATSUHIKO.
KLACK
TSCHILP
TSCHILP
TSCHILP

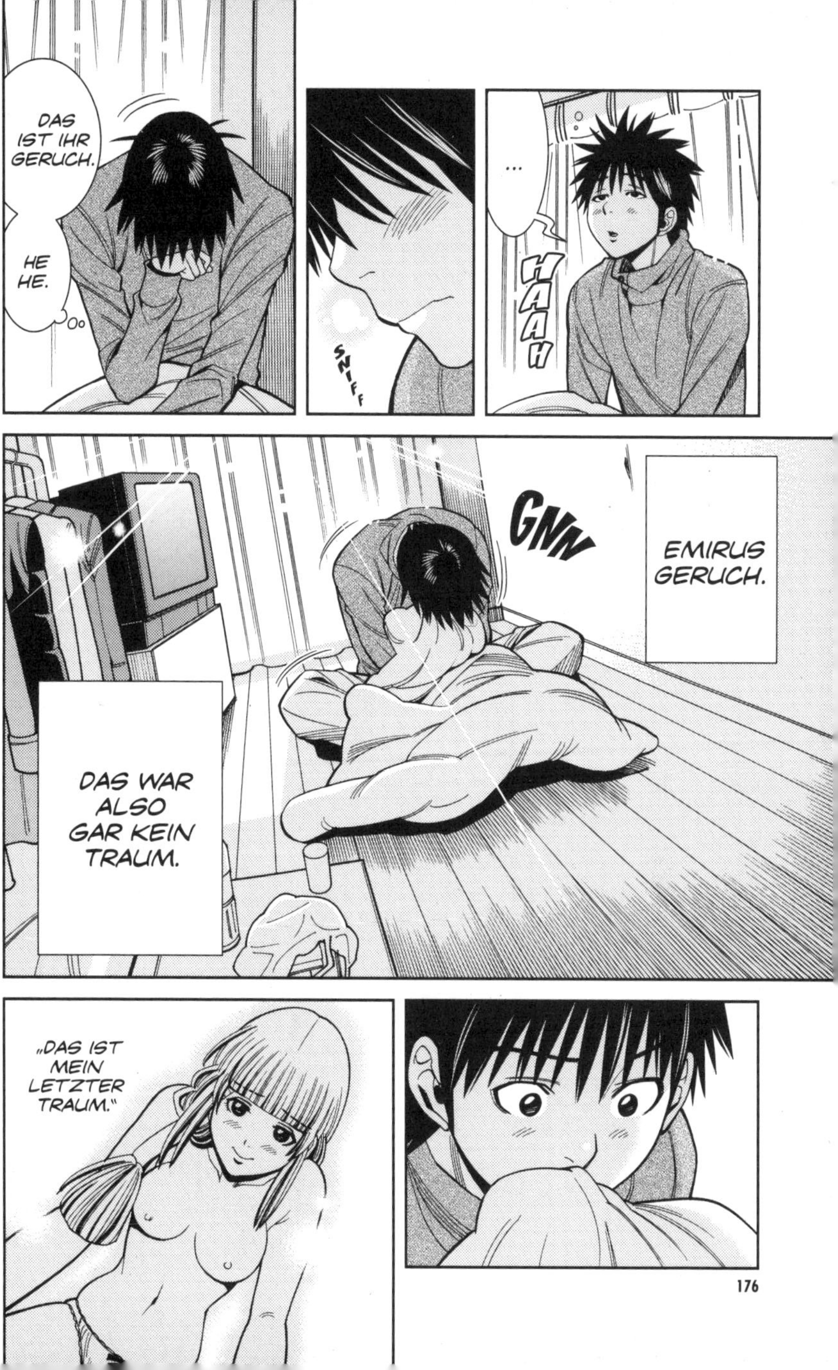

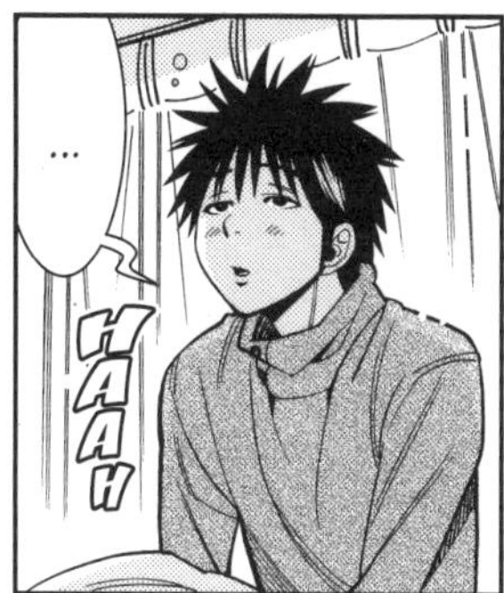

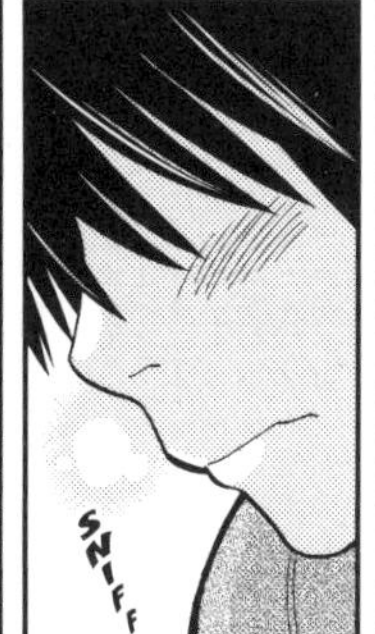

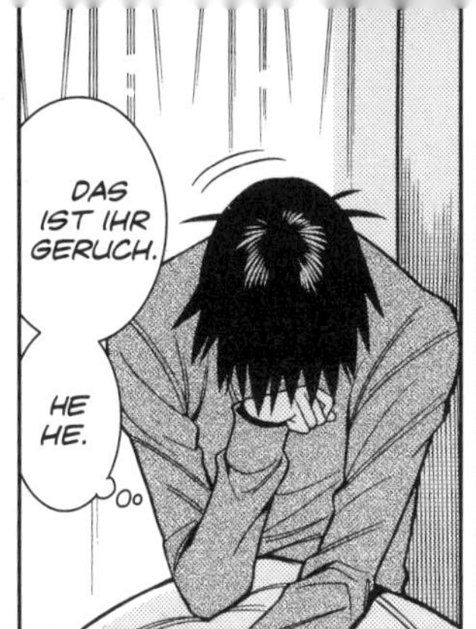

EMIRUS GERUCH.

GNN

DAS WAR ALSO GAR KEIN TRAUM.

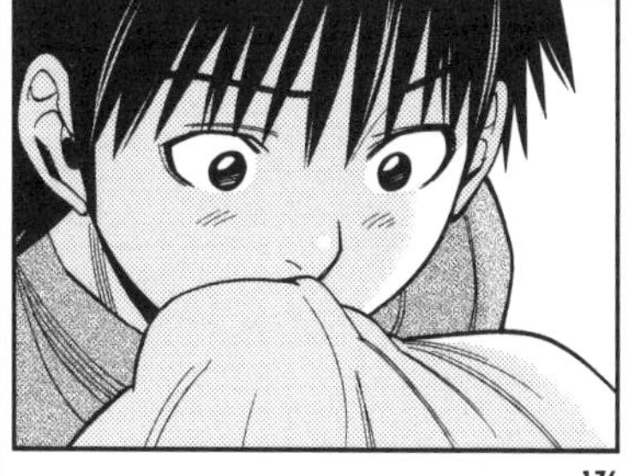

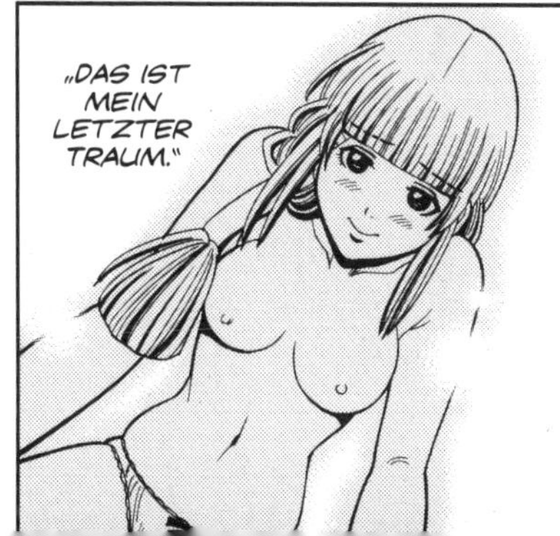

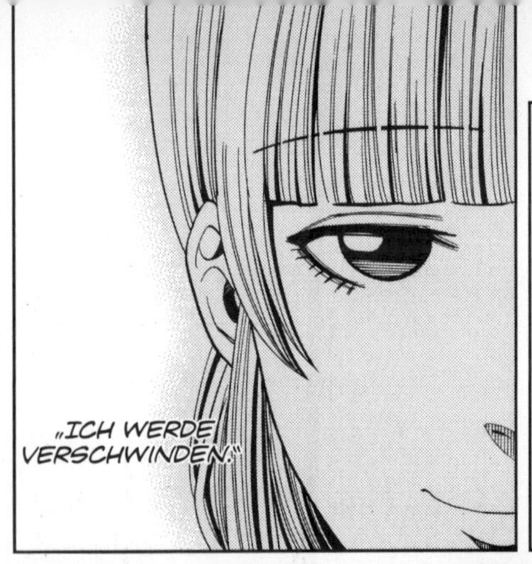
„ICH WERDE VERSCHWINDEN."

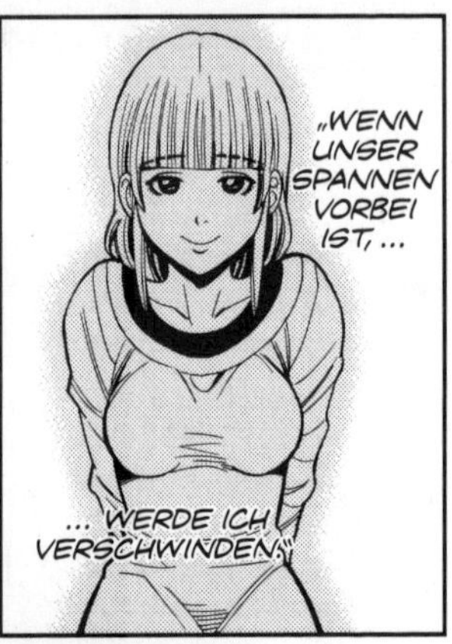
„WENN UNSER SPANNEN VORBEI IST, ...
... WERDE ICH VERSCHWINDEN."

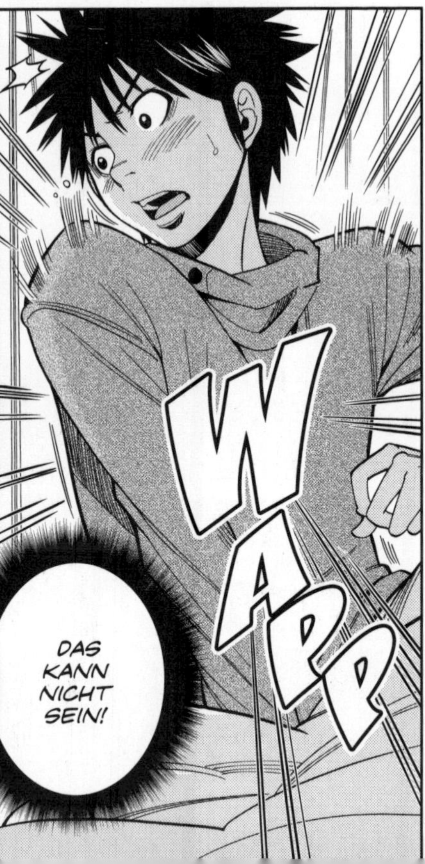
WAPP

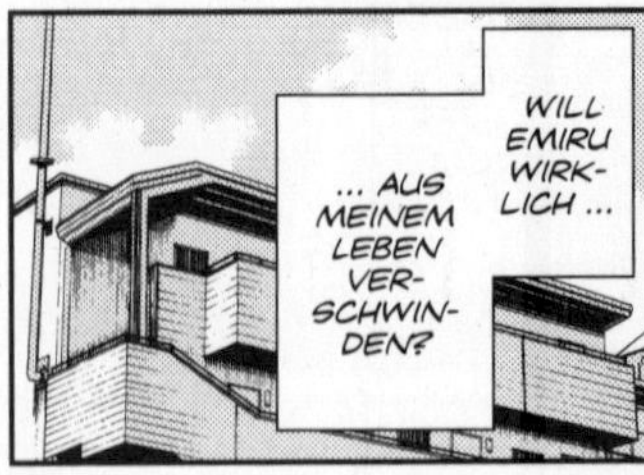
WILL EMIRU WIRKLICH ...
... AUS MEINEM LEBEN VERSCHWINDEN?

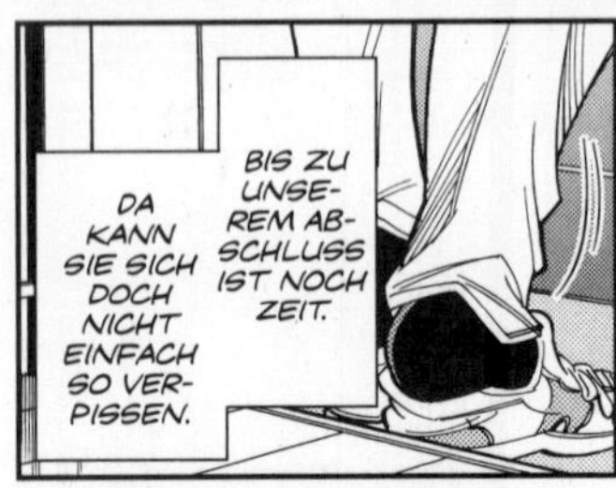
BIS ZU UNSEREM ABSCHLUSS IST NOCH ZEIT.
DA KANN SIE SICH DOCH NICHT EINFACH SO VERPISSEN.

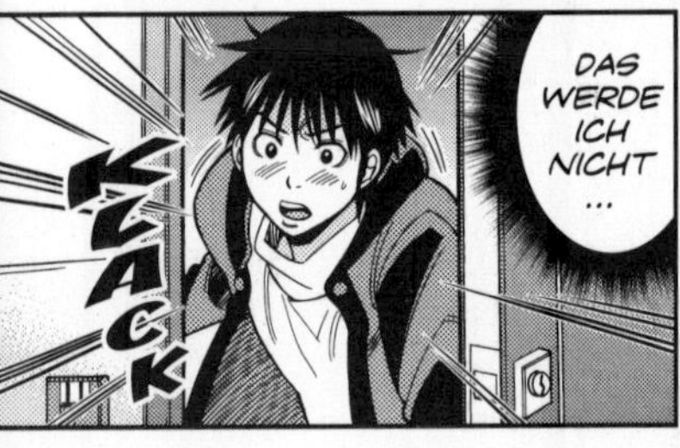
KLACK
DAS WERDE ICH NICHT ...
DAS KANN NICHT SEIN!

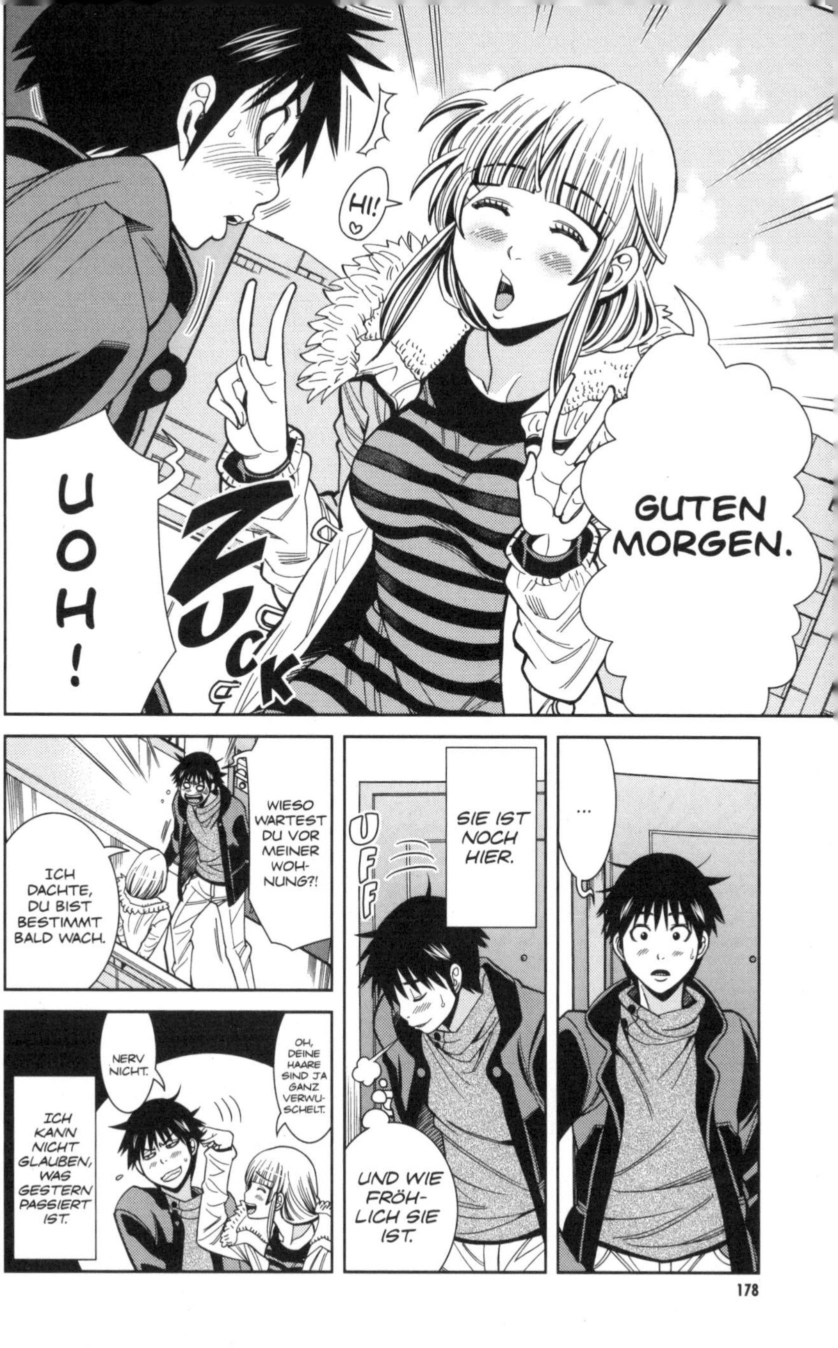

GUTEN MORGEN.

HI!

UOH!

ZUCK

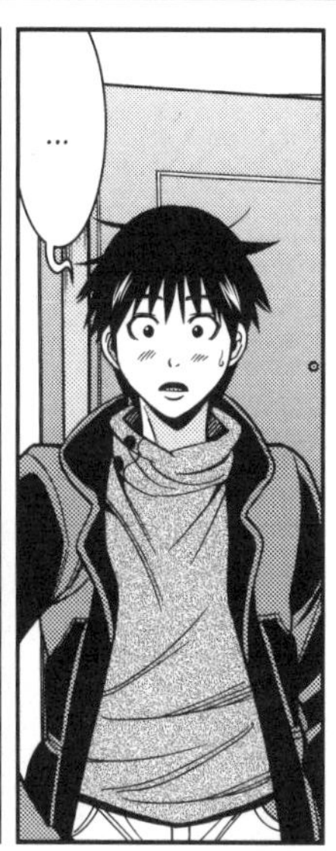

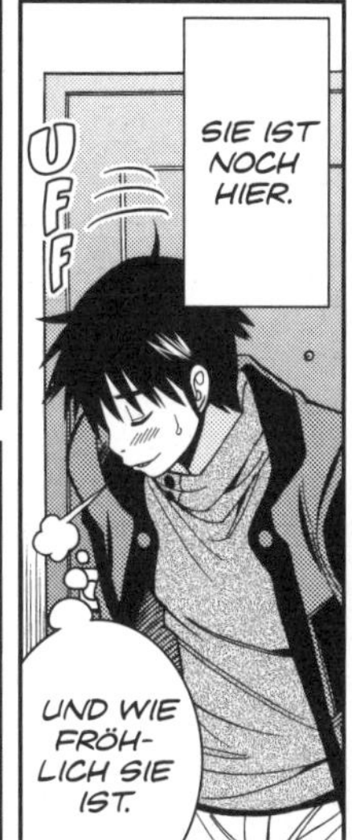

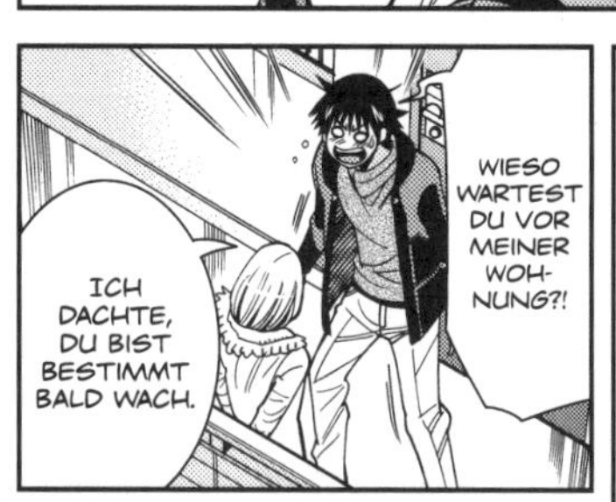

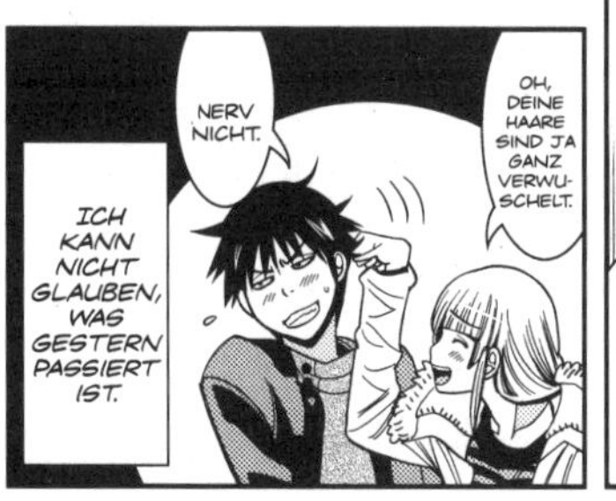

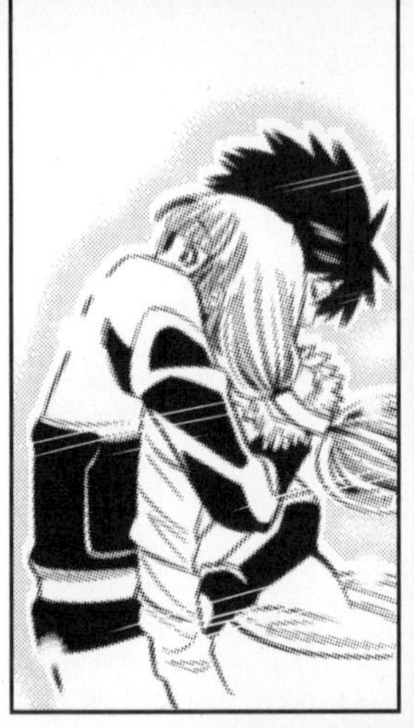

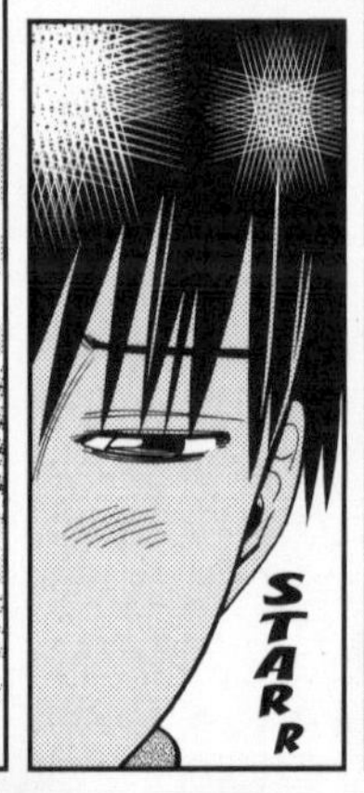
STARR

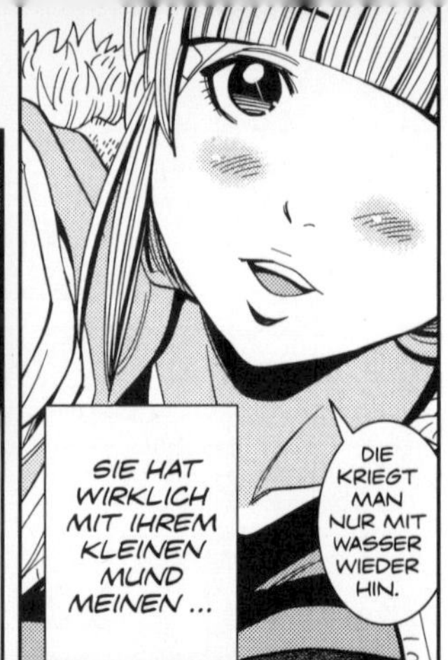
DIE KRIEGT MAN NUR MIT WASSER WIEDER HIN.
SIE HAT WIRKLICH MIT IHREM KLEINEN MUND MEINEN ...

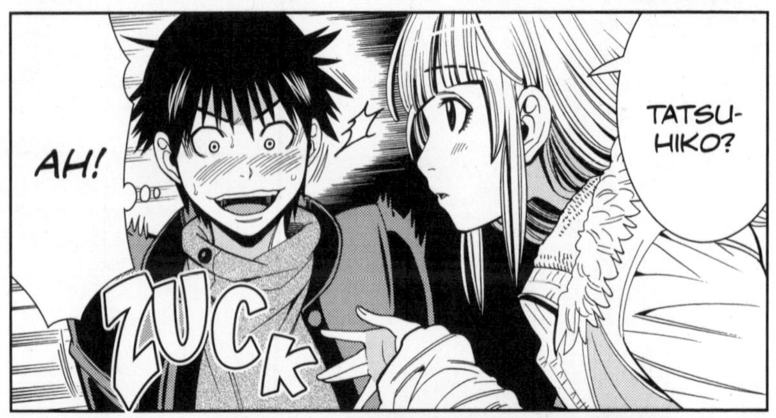
TATSU-HIKO?
AH!
ZUCK

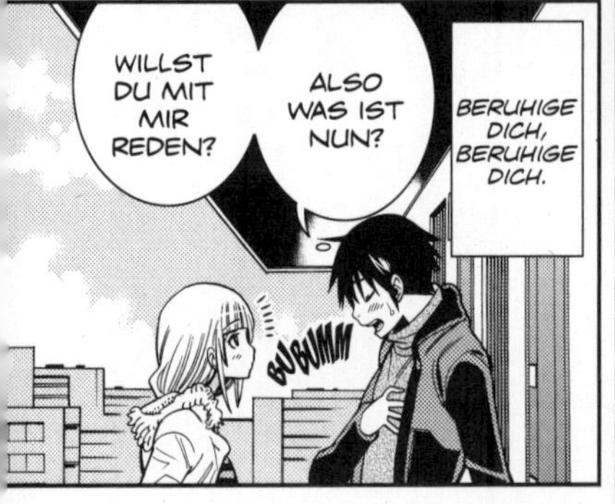
BERUHIGE DICH, BERUHIGE DICH.
ALSO WAS IST NUN?
WILLST DU MIT MIR REDEN?
BUBUMM

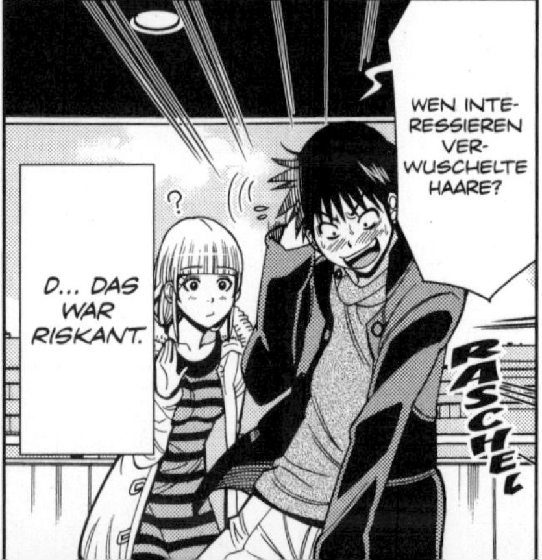
WEN INTE-RESSIEREN VER-WUSCHELTE HAARE?
D... DAS WAR RISKANT.
RASCHEL

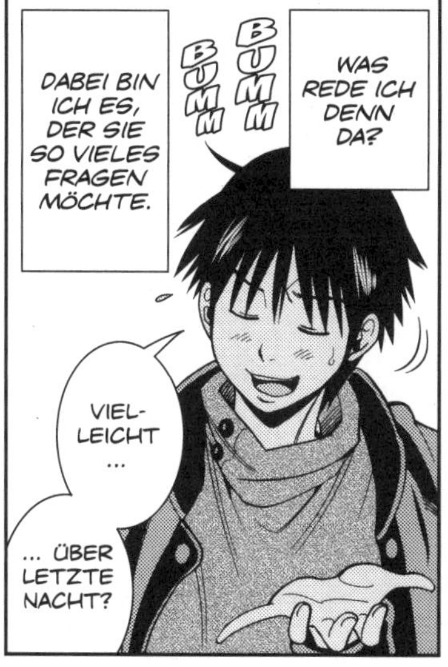
WAS REDE ICH DENN DA?
BUMM BUMM
DABEI BIN ICH ES, DER SIE SO VIELES FRAGEN MÖCHTE.
VIEL-LEICHT ...
... ÜBER LETZTE NACHT?

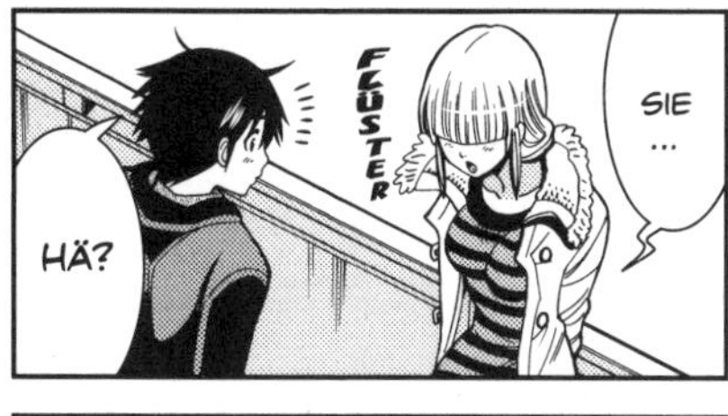
SIE ...
FLÜSTER
HÄ?

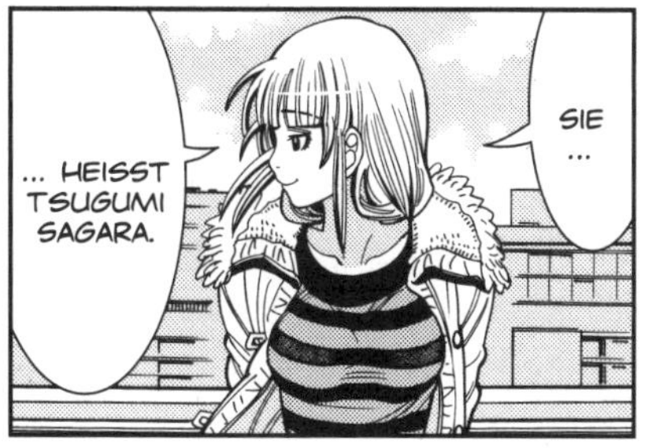
SIE ...
... HEISST TSUGUMI SAGARA.

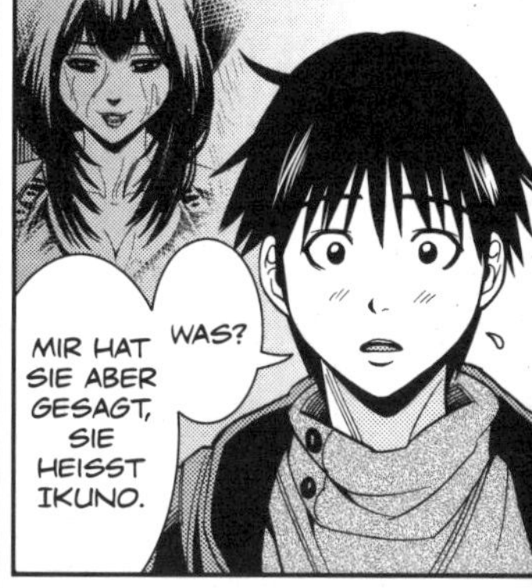
WAS?
MIR HAT SIE ABER GESAGT, SIE HEISST IKUNO.

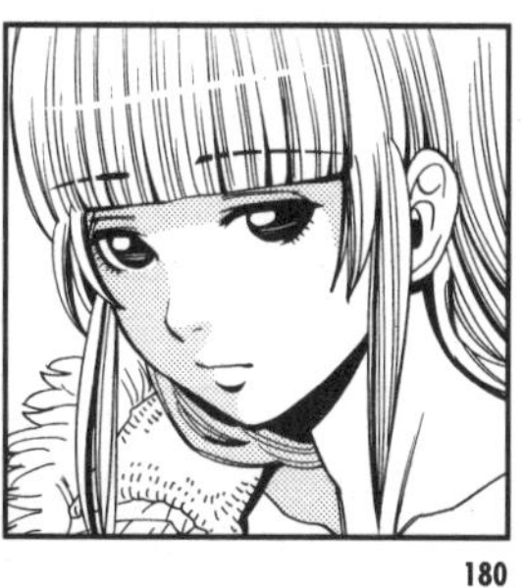

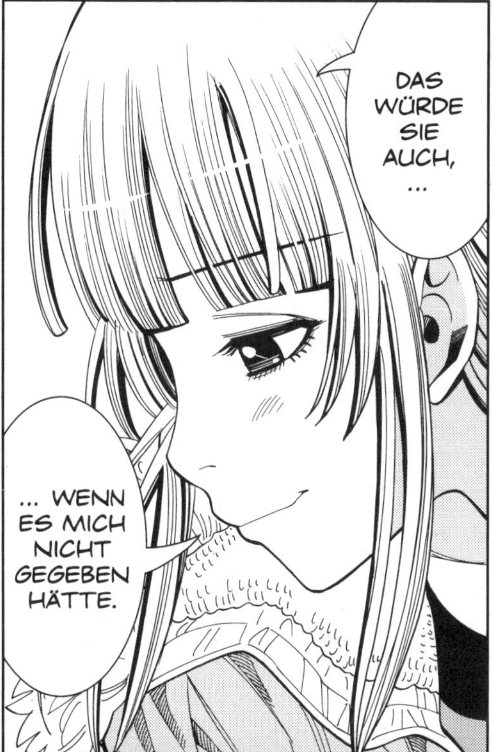
DAS WÜRDE SIE AUCH, ...
... WENN ES MICH NICHT GEGEBEN HÄTTE.

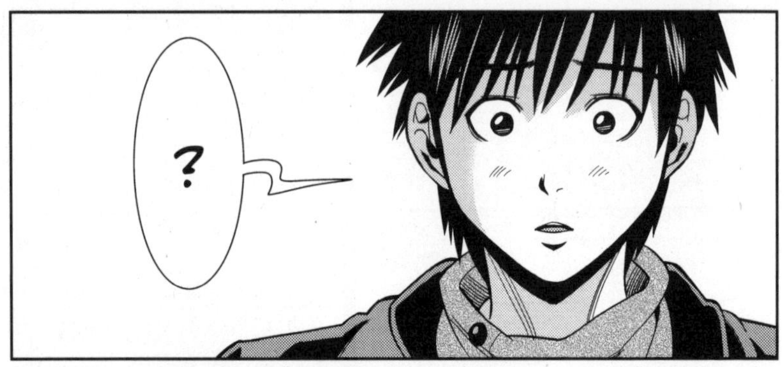
?

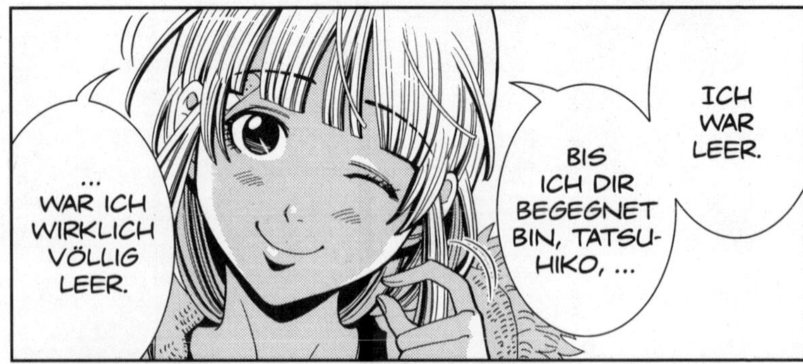
ICH WAR LEER.
BIS ICH DIR BEGEGNET BIN, TATSU-HIKO, ...
... WAR ICH WIRKLICH VÖLLIG LEER.

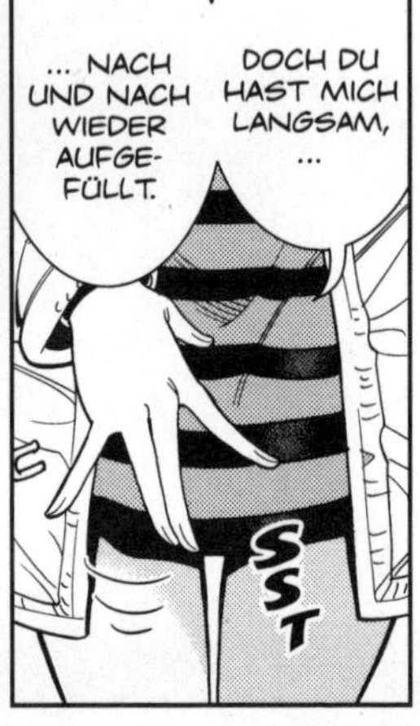
DOCH DU HAST MICH LANGSAM, ...
... NACH UND NACH WIEDER AUFGE-FÜLLT.
SST

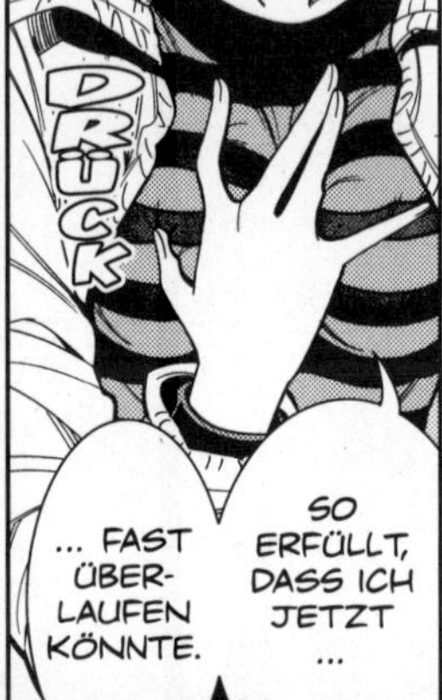
DRÜCK
SO ERFÜLLT, DASS ICH JETZT ...
... FAST ÜBER-LAUFEN KÖNNTE.

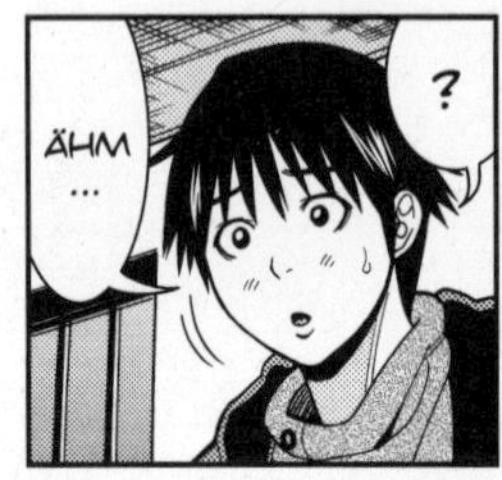
?
ÄHM ...

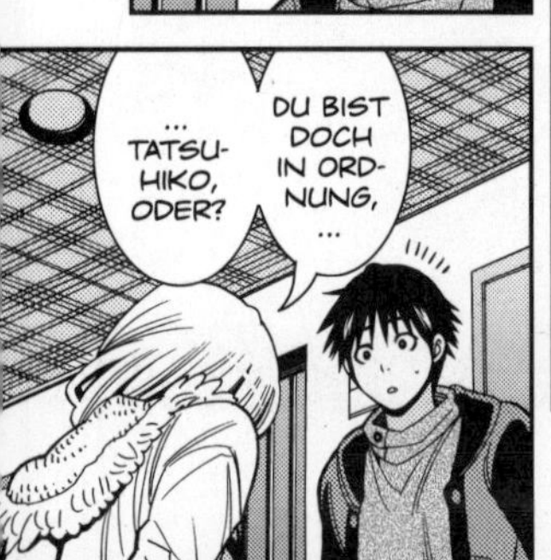
DU BIST DOCH IN ORD-NUNG, ...
... TATSU-HIKO, ODER?

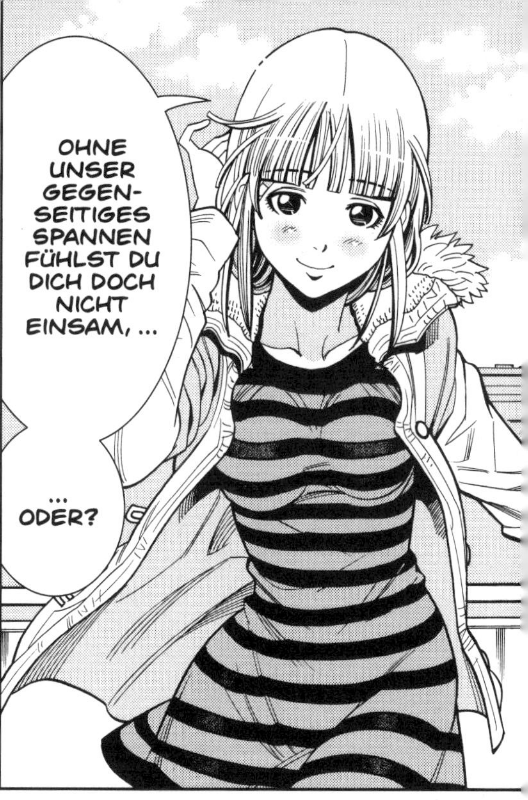
OHNE UNSER GEGEN-SEITIGES SPANNEN FÜHLST DU DICH DOCH NICHT EINSAM, ...
... ODER?

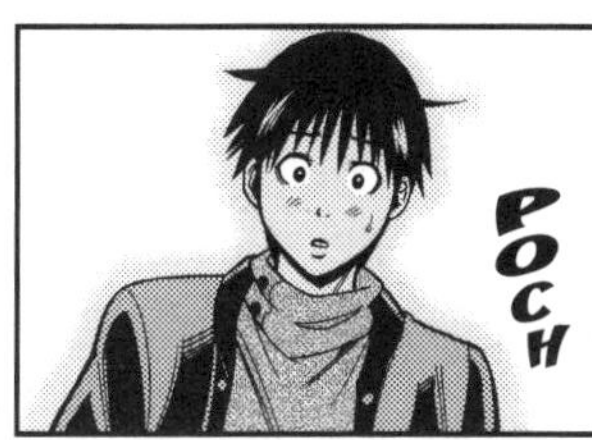
POCH

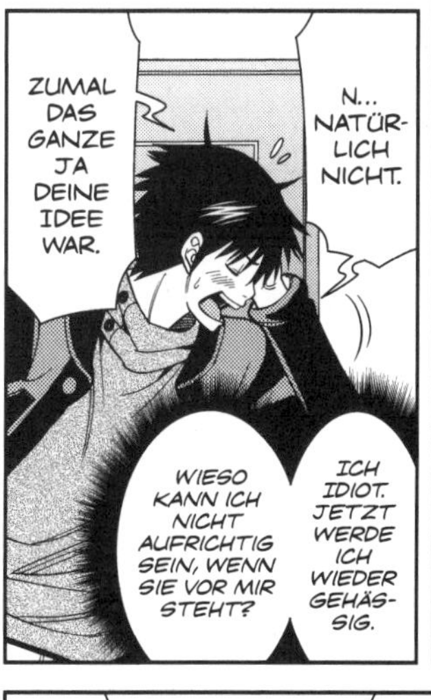
N... NATÜR-LICH NICHT.
ZUMAL DAS GANZE JA DEINE IDEE WAR.
ICH IDIOT. JETZT WERDE ICH WIEDER GEHÄS-SIG.
WIESO KANN ICH NICHT AUFRICHTIG SEIN, WENN SIE VOR MIR STEHT?

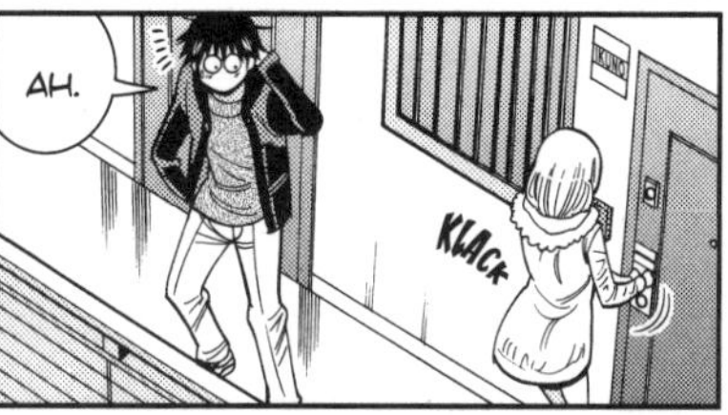
AH.
KLACK

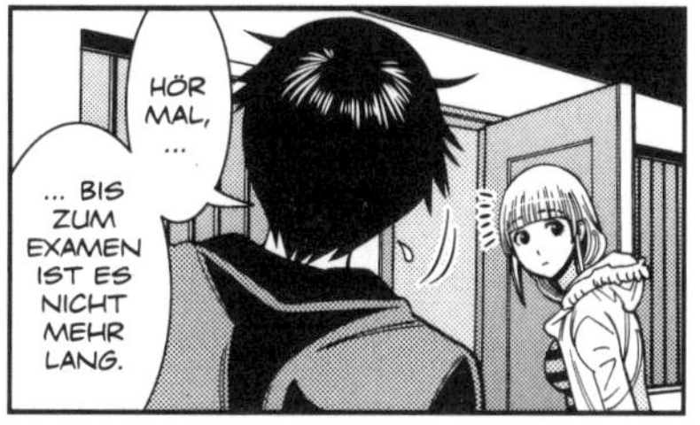
HÖR MAL, ...
... BIS ZUM EXAMEN IST ES NICHT MEHR LANG.

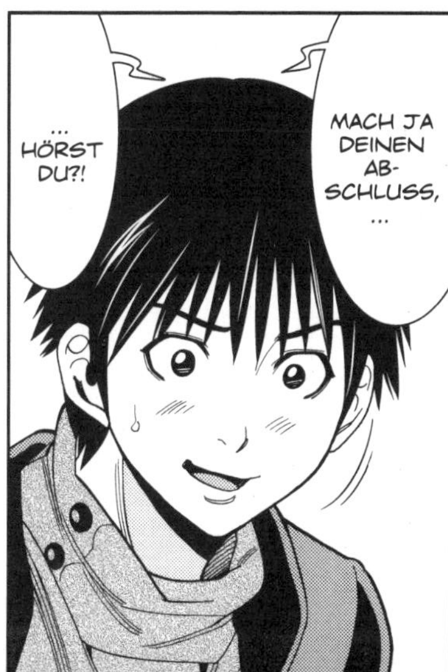
MACH JA DEINEN AB-SCHLUSS, ...
... HÖRST DU?!

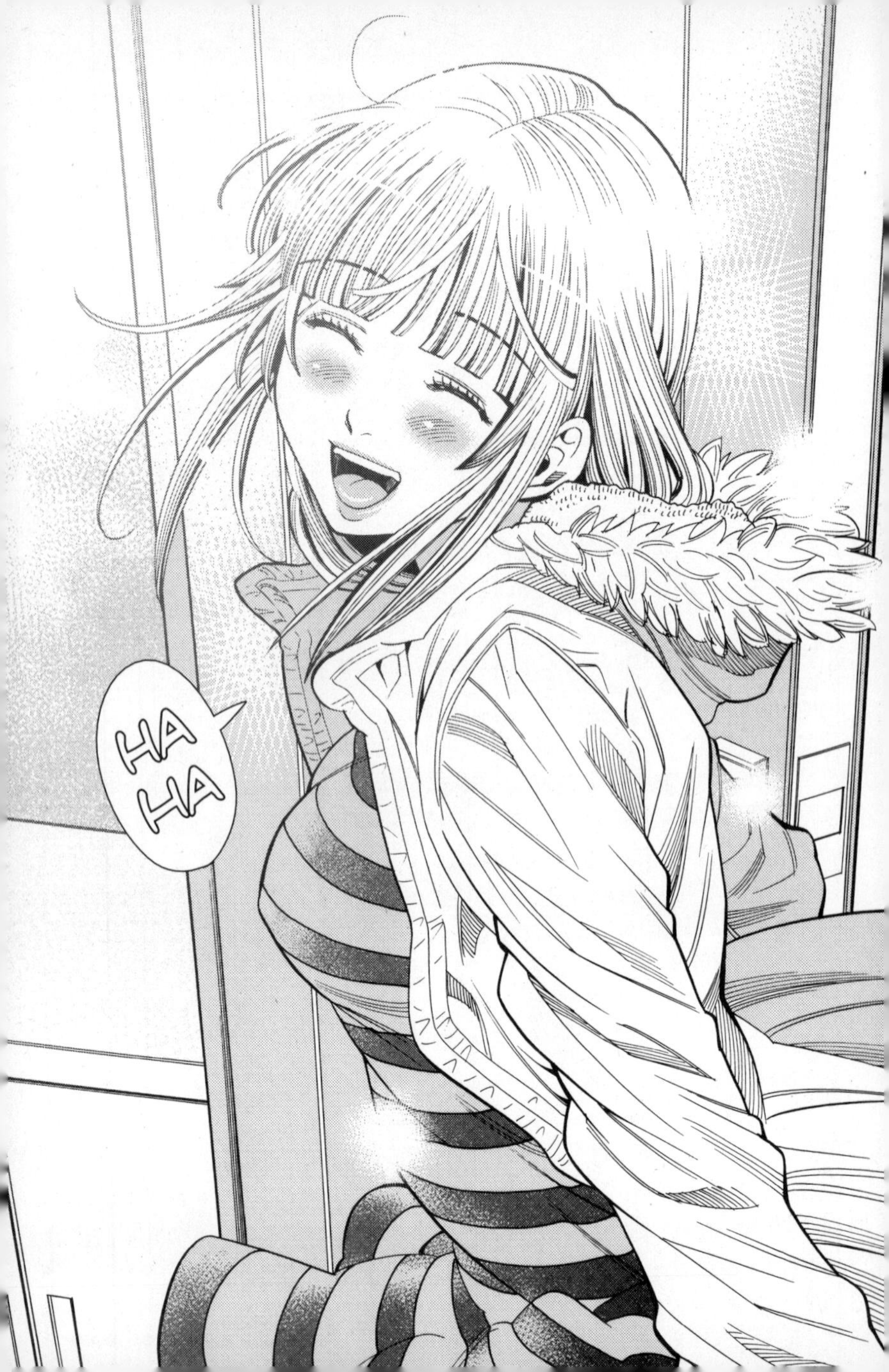
HA
HA

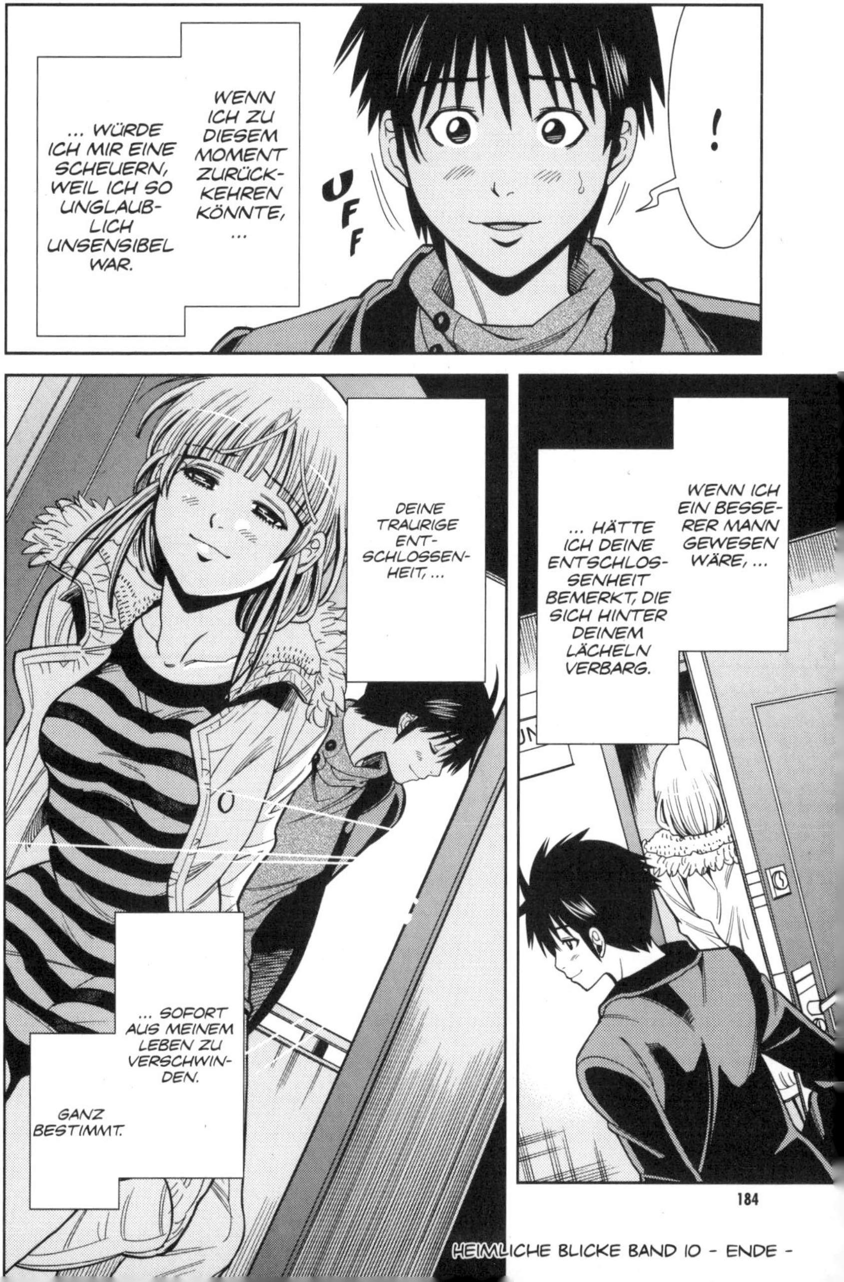

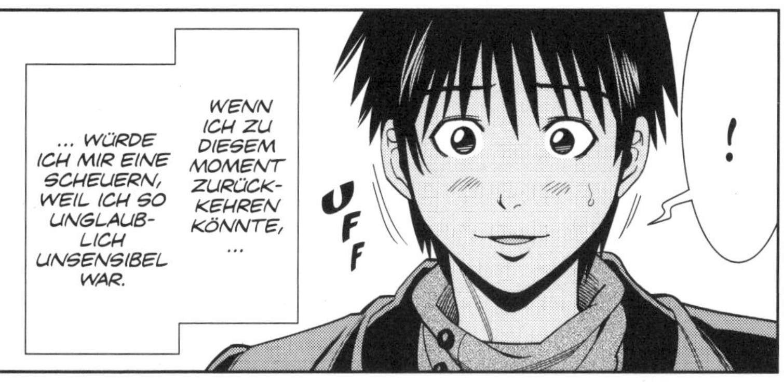

WENN ICH EIN BESSERER MANN GEWESEN WÄRE, ...

... HÄTTE ICH DEINE ENTSCHLOSSENHEIT BEMERKT, DIE SICH HINTER DEINEM LÄCHELN VERBARG.

DEINE TRAURIGE ENTSCHLOSSENHEIT, ...

... SOFORT AUS MEINEM LEBEN ZU VERSCHWINDEN.

GANZ BESTIMMT.

HEIMLICHE BLICKE BAND 10 - ENDE -

• BONUS-MANGA •

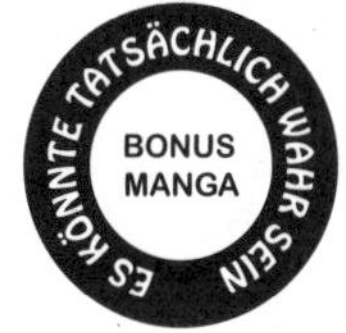

ES KÖNNTE TATSÄCHLICH WAHR SEIN

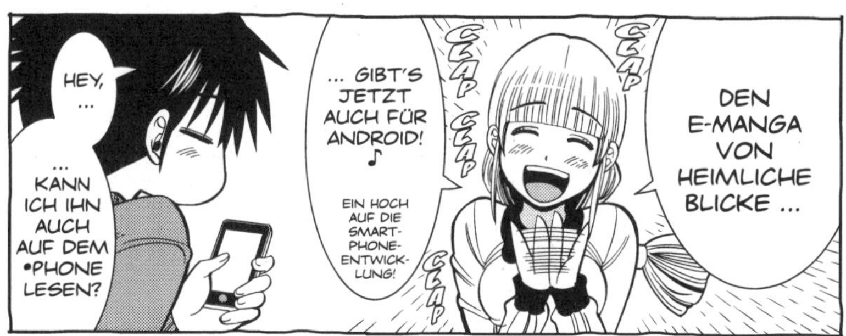

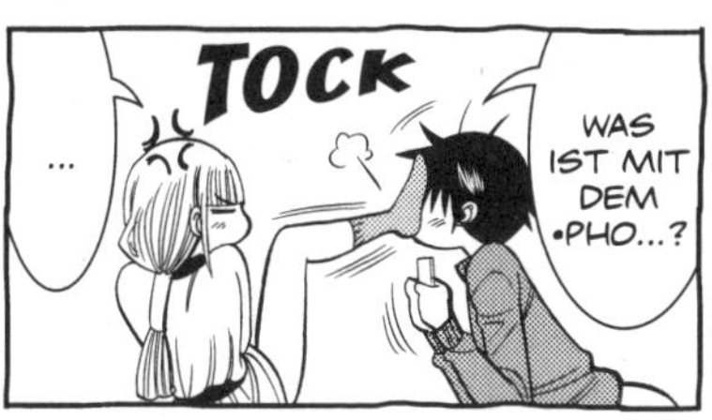

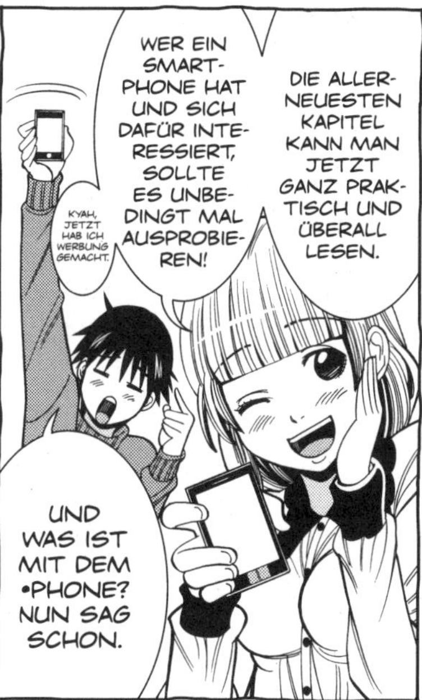

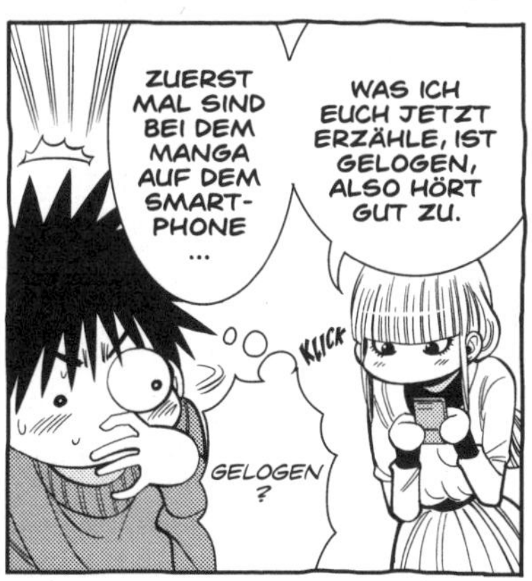

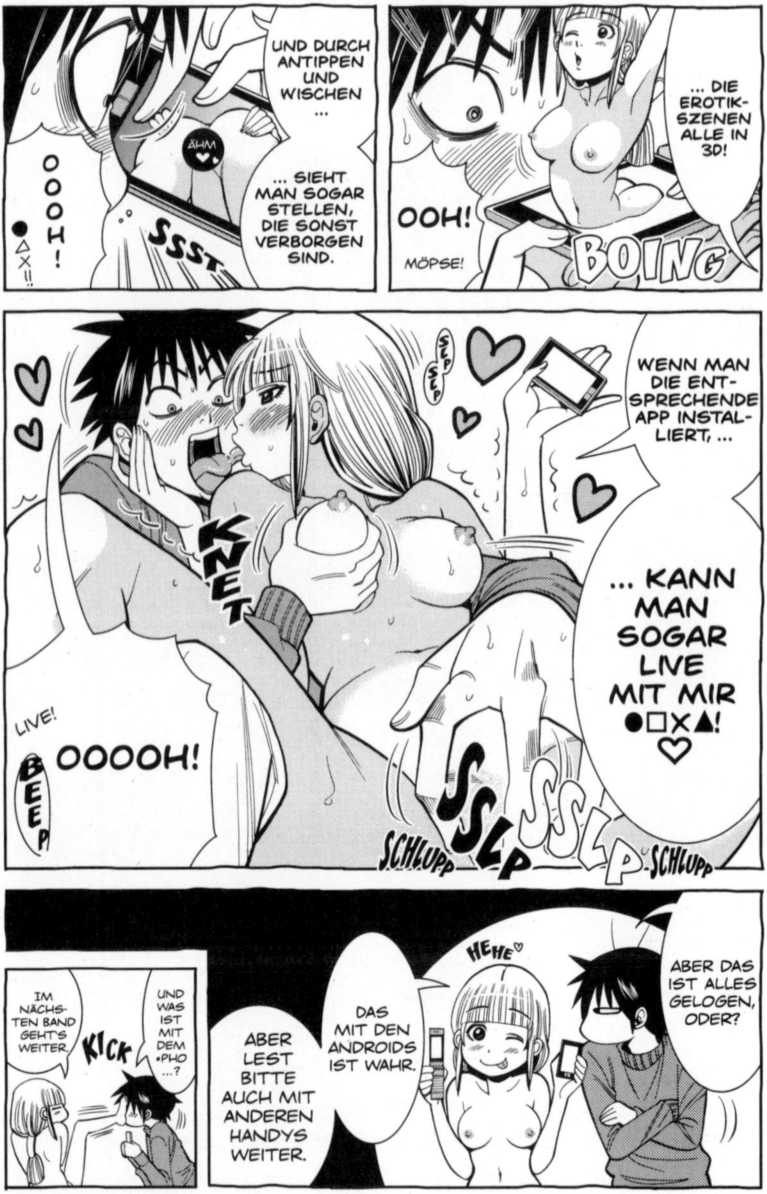

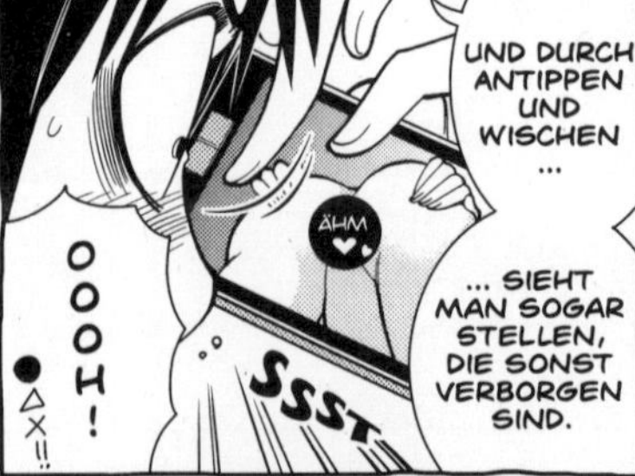

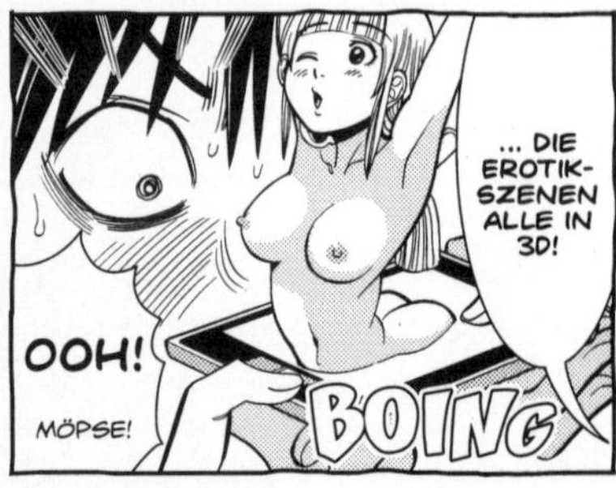

WENN MAN DIE ENT-SPRECHENDE APP INSTAL-LIERT, ...

SLP SLP

KNET

... KANN MAN SOGAR LIVE MIT MIR ●□X▲! ♡

LIVE!

OOOOH!

BEEP

SSLP SSLP

SCHLUPP SCHLUPP

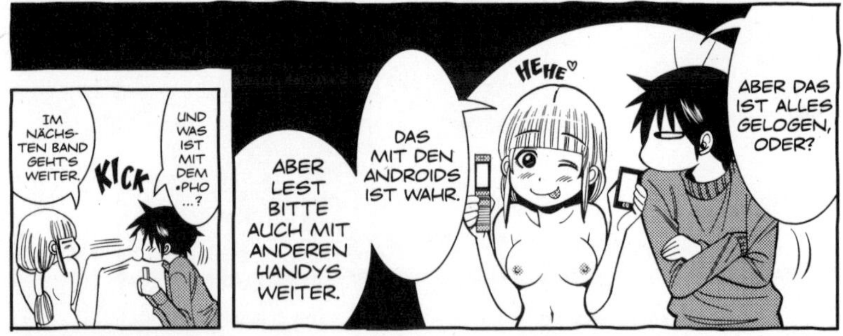

● ENDE ●

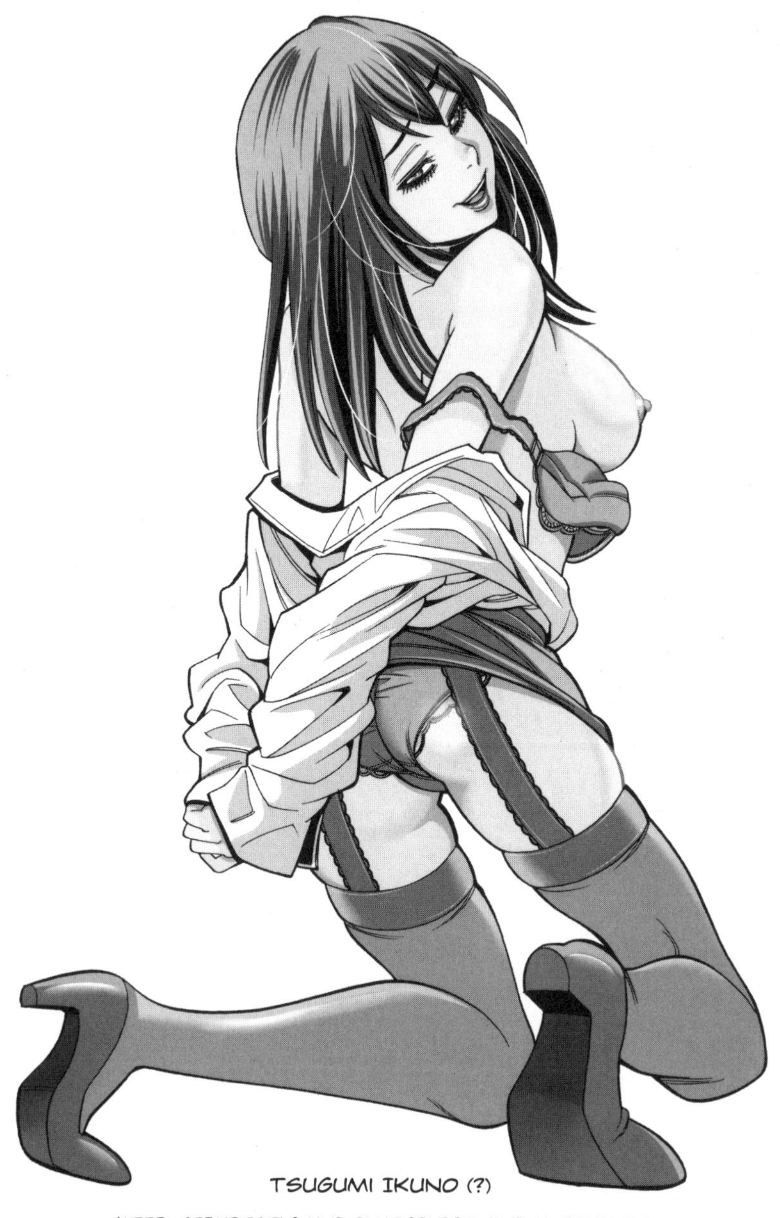

TSUGUMI IKUNO (?)

ALTER, GEBURTSTAG UND BLUTGRUPPE SIND UNBEKANNT.

DIESE RÄTSELHAFTE FRAU TAUCHT PLÖTZLICH AUF UND GIBT SICH ALS EMIRUS GROSSE SCHWESTER AUS.

SIE KENNT EMIRUS VERGANGENHEIT.

HEIMLICHE BLICKE Vol. 10

Wakoh HONNA

NO ZO KI A NA Vol. 10
by Wakoh HONNA

Deutschsprachige Ausgabe / German Edition

CH-1007 Lausanne
2. Auflage

Verlegt unter dem Label KAZÉ MANGA
durch Crunchyroll SA

Aus dem Japanischen von Jürgen Seebeck

Verantwortlicher Redakteur: Patrick Peltsch

Redaktion: Christin Tewes

Produktion: Dorothea Styra

Lettering: Datagrafix, Inc.

Cover-Design: Fabien Vautrin

Druck und Bindung: GGP Media GmbH, Pößneck

ISBN 978-2-88921-492-1